中华传统文化百部经典

罗　炽　解读

太平经（节选）

国家图书馆出版社

图书在版编目（CIP）数据

太平经：节选／罗炽解读 . — 北京：国家图书馆
出版社，2021.6（2025.10重印）
（中华传统文化百部经典／袁行霈主编）
ISBN 978-7-5013-6427-5

Ⅰ.①太… Ⅱ.①罗… Ⅲ.①道藏 ②《太平经》-注释
Ⅳ.① B956.1

中国版本图书馆 CIP 数据核字（2021）第 089990 号

国家图书馆出版社官方微信

书　　名	太平经（节选）
著　　者	罗　炽 解读
责任编辑	于春媚
重印编辑	赵　嫄
特约编辑	孙　光
封面设计	敬人设计工作室

出版发行　国家图书馆出版社（北京市西城区文津街 7 号　　100034）
　　　　　　010-66114536　63802249　nlcpress@nlc.cn（邮购）
网　　址　http://www.nlcpress.com
印　　装　北京科信印刷有限公司
版次印次　2021 年 6 月第 1 版　2025 年 10 月第 2 次印刷

开　　本　710×1000　1/16
印　　张　33.5
字　　数　419 千字
书　　号　ISBN 978-7-5013-6427-5
定　　价　98.00 元（精装）

编纂缘起

　　文化是民族的血脉，是人民的精神家园。党的十八大以来，围绕传承发展中华优秀传统文化，习近平总书记发表了一系列重要讲话，深刻揭示出中华优秀传统文化的地位和作用，梳理概括了中华优秀传统文化的历史源流、思想精神和鲜明特质，集中阐明了我们党对待传统文化的立场态度，这是中华民族继往开来、实现伟大复兴的重要文化方略。2017 年初，中共中央办公厅、国务院办公厅印发《关于实施中华优秀传统文化传承发展工程的意见》，从国家战略层面对中华优秀传统文化传承发展工作作出部署。

　　我国古代留下浩如烟海的典籍，其中的精华是培育民族精神和时代精神的文化基础。激活经典，熔古铸今，是增强文化自觉和文化自信的重要途径。多年来，学术界潜心研究，钩沉发覆、辨伪存真、提炼精华，做了许多有益工作。编纂《中华传统文化百部经典》（简称《百部经典》），就是在汲取已有成果基础上，力求编出一套兼具思想性、学术性和大众性的读本，使之成为广泛认同、传之久远的范本。《百部经典》所选图书上起先秦，下至辛亥革命，包括哲学、文学、历史、艺术、科技等领域的重要典籍。萃取其精华，加以解读，旨在搭建传统典籍与大众之间的桥梁，激活中华优秀传统文化，用优秀传统文化滋养当代中国人的精神世界，提振当代中国人的文化自信。

这套书采取导读、原典、注释、点评相结合的编纂体例，寻求优秀传统文化与社会主义核心价值观之间的深度契合点；以当代眼光审视和解读古代典籍，启发读者从中汲取古人的智慧和历史的经验，借以育人、资政，更好地为今人所取、为今人所用；力求深入浅出、明白晓畅地介绍古代经典，让优秀传统文化贴近现实生活，融入课堂教育，走进人们心中，最大限度地发挥以文化人的作用。

《百部经典》的编纂是一项重大文化工程。在中宣部等部门的指导和大力支持下，国家图书馆做了大量组织工作，得到学术界的积极响应和参与。由专家组成的编纂委员会，职责是作出总体规划，选定书目，制订体例，掌握进度；并延请德高望重的大家耆宿担当顾问，聘请对各书有深入研究的学者承担注释和解读，邀请相关领域的知名专家负责审订。先后约有 500 位专家参与工作。在此，向他们表示由衷的谢意。

书中疏漏不当之处，诚请读者批评指正。

2017 年 9 月 21 日

凡　例

一、《中华传统文化百部经典》的选书范围，上起先秦，下迄辛亥革命。选择在哲学、文学、历史、艺术、科技等各个领域具有重大思想价值、社会价值、历史价值和学术价值的一百部经典著作。

二、对于入选典籍，视具体情况确定节选或全录，并慎重选择底本。

三、对每部典籍，均设"导读""注释""点评"三个栏目加以诠释。导读居一书之首，主要介绍作者生平、成书过程、主要内容、历史地位、时代价值等，行文力求准确平实。注释部分解释字词、注明难字读音，串讲句子大意，务求简明扼要。点评包括篇末评和旁批两种形式。篇末评撮述原典要旨，标以"点评"，旁批萃取思想精华，印于书页一侧，力求要言不烦，雅俗共赏。

四、原文中的古今字、假借字一般不做改动，唯对异体字根据现行标准做适当转换。

五、每书附入相关善本书影，以期展现典籍的历史形态。

太平經複文序

皇天金闕後聖太平帝君太極宮之高帝也

地皇之裔生而靈異早悟大道勳業著於丹

臺位號編於太極上清錫命總統群真封掌

兆民山川河海八極九垓莫不盡關於帝君

而受事焉君有太師上相上宰上傅公卿侯

伯皆上真寮屬垂謨作典預令下教故作太

平複文先傳上相青童君傳上宰西城王君

王君傳弟子帛和帛和傳弟子干吉干君初

得惡疾殆將不救詣帛和求醫帛君告曰吾

太平经一百十九卷　道藏　（明）张宇初等编
明正统十年（1445）刻本　国家图书馆藏

太平經聖君祕旨

傳　上相青童君

聖君曰三氣共一一為精一為神一為氣此
三者共一位本天地人之氣根神者受之於
天精者受之於地氣者受之中和相與共為
一故神者乘氣而行精者居其中三者相助
為理欲壽者當愛氣尊神重精夫人本生混
沌之氣氣生精精生神神生明本於陰陽之
氣氣轉為精精轉為神神轉為明欲壽者當
守氣而合神精不去其形念此三合以為一

太平经圣君秘旨一卷　道藏　（明）张宇初等编
明正统十年（1445）刻本　国家图书馆藏

目　录

导　读

一、《太平经》之版本源流、成书过程考述

　　《太平经》又称《太平清领书》，是中国道教早期的重要经典之一。关于它的出现和演绎，史书上不乏零星记载，多带有一种传奇性的原始道教色彩。透过语境，我们可以寻绎出它产生的时空和历史必然性。汉代秦立以后，为迅速解除连年战争、民生凋敝、人口减少、积贫积弱的社会危机，从恢复农业、发展生产、巩固新生政权的目的出发，刘汉政权采取了黄老无为而治的思想路线，与民休息。是时，儒家思想尚未抬头，法家思想新遭贬黜，而黄老道家思想适与道家神仙方伎派、阴阳五行学派以及巫鬼道相结合，形成了一种仙道思潮，得以在民间浸润流传。西汉中期，汉武帝刘彻在政治与思想路线上抓了两手。一是采纳董仲舒奏议，"罢黜百家，独尊儒术"，设太学以授儒学，敕封五经博士，以复兴儒经；一是扶植董仲舒的今文经学，放任其天人感应的神学目的论泛

滥。武帝更令太祝建太一坛于长安东南郊，亲自祭奉道家太一尊神，多次封禅泰山、祭祀后土，修甘泉宫奉祀太一及天地诸神，掀起造神运动。《史记·封禅书》载："今天子初即位，尤敬鬼神之祀。"上有所好，下必甚之。故神仙方术与谶纬之学开始弥漫朝野①。西汉中叶以后，名义上被独尊的儒学与遭罢黜的黄老道学，竞相向宗教化蜕变已成趋势，而儒学终因种种原因未能蜕变成宗教。《太平经》则是黄老道学和民间方仙、巫鬼诸道以及阴阳五行之家向道教转型的理论先声②。

关于《太平经》现世的传说和卷帙的传闻，首见于《汉书·李寻传》。本传记："李寻字子长，平陵人也。治《尚书》，与张孺、郑宽中同师。宽中等守师法教授，寻独好《洪范》灾异，又学天文、月令、阴阳，事丞相翟方进。方进亦善为星历，除寻为吏。……寻见汉家有中衰厄会之象，其意以为且有洪水为灾。"因谏议哀帝："少抑外亲，选练左右，举有德行道术通明之士充备天官，然后可以辅圣德，保帝位，承大宗。"是以被封为骑都尉，令其负责防汛。本传又说：

> 初，成帝时，齐人甘忠可诈造《天官历》、《包元太平经》（十二卷），以言："汉家逢天地之大终，当更受命于天，天帝使真人赤精子下教我此道。"忠可以教重平夏贺良、容丘丁广世、东郡郭昌等。中垒校尉刘向奏忠可假鬼神罔上惑众，下狱治服，未断，病死。贺良等坐挟学忠可书，以不敬论。后贺良等复私以相教。哀帝初立，司隶校尉解光亦以明经通灾异得幸。白贺良等所挟忠可书，事下奉车都尉刘歆，歆以为不合五经，不可施行。而李寻亦好之。

史料表明：《包元太平经》原是一部谶书③。《汉书·贾谊传》颜师古注云："谶，验也，有征验之书。"因其多配以图形故又称图谶。《四库全书总目提要》谓"谶者，诡为隐语，预决吉凶，《史记·秦本纪》称卢生奏录图书之语是其始也"(《易纬坤灵图》)。据王明先生考证,《包元太平经》出世之前,当有一个民间"秘传的简草本",王称之为"太平本文"。《包元经》应从中脱颖出来。《包元经》之命名,其典出自《春秋元命苞》:"山者气之苞含,所以含精藏云,故触石而出,圣人一其德,智者循其辙,长生久视。"《包元经》现世于汉成帝刘骜鸿嘉三年(前18),共十二卷,作者为齐人甘忠可。是书始传夏贺良、丁广世、郭昌三人,外加刘向,起码四人见到过此书。由于当时图谶尚未流行,而且预言又太过敏感,所以作者被刘向奏其"假鬼神罔上惑众"罪下狱致死,而其书则被藏于兰台④。后来夏贺良等仍继续在民间传授此书。至哀帝初年,是书复现于官方,司隶校尉解光、奉车都尉刘歆、骑都尉李寻均见过。虽然刘歆仍坚持其父反对该书的立场,但它却得到了哀帝认可,一时下诏布告天下,称自己"再受命",改元太初元将,自更名为"陈圣刘太平皇帝",甚至连计时标准(漏刻)也作了更新。岂料昙花一现,仅一个多月,在宗儒大臣的反对下,哀帝又以"其言亡验"收回成命,并将夏贺良等下狱。夏贺良后被反对派诛杀。是书的流传又转入民间。

未几,王莽代汉。公元9年,《包元太平经》关于"汉家历运中衰,当再受命,宜改元易号"(《汉书·哀帝纪》)的谶言兑现了。王莽亦借经谶行新政,《太平经》作者们遂得以在新的历史条件下,敷衍太平经义,延伸原经旨趣,赞颂新君改革,祈望社会安宁。比如:《太平经》(以下注引该经简称《经》)己部《作来善宅法》中就记载了其作者欲扩编本经而采集资料的做法和心态:

> 今四境之界外内,或去帝王万万里,或有善书,其文少不足,乃远持往到京师;或有奇文殊方妙术,大儒穴处之士,义不远万里,往诣帝王,衒卖道德;或有黎庶幼弱老小、田家婴儿妇女,胸心各有所怀善字诀事,各有一两十数,少少又不足,使人远赍持往诣京

师；或有四境夷狄，隐人胡貊之属，其善人深知秘道者，虽知中国有大明道德之君，不能远故赍其奇文善策殊方往也。今天师言，乃都合古今《河》《洛》神书善文之属，及贤明口中诀事，以为洞极之经，乃后天地开辟以来灾悉可除也。帝王长游乐、垂拱无忧也。……如此，四境外内，一旦而同计大兴，俱喜思为帝王尽力，从上到下，从内到外，远方无有余遗策、善字、奇殊方也，人皆一旦转乐为善也。……风雨为其时节，三光为其大明，是天大喜之效也。四夷八十一域中，善人贤圣，闻中国有大德之君治如此，莫不乐来降服。皆赍其珍奇物来，前后成行。

编以为洞极之经，因以大觉贤者，乃以下付归民间，百姓万民，一旦俱化为善，不复知为恶之数也。此所谓必得天地人及四夷之心，大乐日至，并合为一家，共成一治者也。……夷狄闻之，日自却去，中国日以广，不战斗伐而日强也。

显然，文中所谓"帝王""大明道德之君""大德之君"等俱是对新莽的尊称。观其文意，是自称"天师"之人欲造作一部继《包元太平经》之后包罗天下四夷八方、勿使遗漏的、涵盖《河》《洛》和古今神书的所有奇文妙策、殊方妙术秘道的洞极之经，以为帝王尽力，帮助新君除恶化善，解除承负，消去灾变，垂拱无忧，安身长乐，实现"天地人及四夷""并合为一家，共成一治"的"大喜大乐"社会。为了实现这一"乌托邦"，作者希望帝王干预，朝廷支持，调动各方信众（真人）积极参与编撰。值此新朝，故欲更名《太平洞极经》。"洞"者，通也，有通明透彻义；"极"者，有最高的、终极的、中正的准则之义。可知作者自诩的《太平洞极经》，应当是一部洞彻天地万物之终极真理的、超迈前圣经书而不可复制的经书。乃至于用"大洞极天"形容它。本经云：

大者，大也，行此者，其治最优，大无上。洞者，其道德善恶，洞洽天地阴阳，表里六方，莫不响应也，皆为慎善，凡物莫不各得其所者。其为道，乃拘校天地开辟以来天文、地文、人文、神文，皆撰简得其善者，以为洞极之经。帝王案用之，使众贤共乃力行之，四海四境之内，灾害都扫地除去，其治洞清明，状与天地神灵相似，故名为大洞极天之政事也。（《经》丙部《件古文名书诀》）

可知这部构想的《太平洞极经》所定位的是供帝王代天行道、为天下造福、致太平的思想路线和政治路线，充满了天下太平的理想。可惜好梦无长。汉昭以来，国贫官腐，积重难返。新莽政权所进行的改制又不切民情，且复古自拘、与谶纬之说同行，终至众叛亲离而短祚，其书亦未最终修成。好在主持修撰的天师有言在先：

为已校书文殊方也，卷投一善方、始善养性之术于书卷下，使众贤诵读，此当为洞极之经竟者。因各集此方以自养，诵此术以自全，令各乐得久存。上贤可以为国辅，中贤可为国小吏，下小人不能仕者，可长养其亲，而久守其子孙。（《经》已部《作来善宅法》）

意思是说，统编之经虽未能最终结集完成，但真人们可以根据各方搜集情况，选一篇“善方”妙术作结，权当洞极之经已经完成，且各为其用。天师之言，可能就是尔后《太平经》流行多种版本的原因。

新莽政权的十五年是《太平经》传播比较顺利的时期，因为巫觋之术和天人感应谶纬之说正是新莽政权思想路线所依托的一个重要方面。东汉建立以后，阴阳五行灾异说和谶纬之说在社会上流风依旧，汉光武帝刘秀亦是靠谶纬之说论证其做皇帝的合法性的。因而《太平经》在民间流传自然成为一种常态。迨至汉顺帝刘保汉安元年（142），为了取得正统思想地位，被演绎和增益了篇幅的《太平经》以《太平清领书》的新面目被第三次进献朝廷。据范晔《后汉书·襄楷传》载：

> 初，顺帝时，琅邪宫崇（一作嵩）诣阙，上其师于吉（一作干君，盖形近误也）于曲阳泉水上所得神书百七十卷，皆缥白素、朱介、青首、朱目，号《太平清领书》。其言以阴阳五行为家，而多巫觋杂语。有司奏崇所上妖妄不经，乃收藏之。后张角颇有其书焉。

此表明本经当时被有司弹劾秘藏、搁置。二十五年以后，汉桓帝刘志延熹九年（166），诏"祀黄老于濯龙宫"（《后汉书·桓帝纪》），襄楷遂借此机会，连续两次向朝廷上疏献经：

> 延熹九年，楷自家诣阙上疏曰：……臣前上琅邪宫崇受于吉神书，不合明听。……书奏不省。十余日复上书曰……前者宫崇所献神书，专以奉天地、顺五行为本，亦有兴国广嗣之术。其文易晓，参同经典，而顺帝不行，故国胤不兴，孝冲、孝质频世短祚。……（《后汉书·襄楷传》）

疏中，襄楷运用《太平经》文义从天象变化、守一成道、天人感应等方面对当朝宦官外戚等一干"其乱帝王治"的奸邪之臣进行了猛烈抨击，被当朝权贵冠以"析言破律、违背经艺、假借星宿、伪托神灵、造合私意、诬上罔事"的罪名进行打压。桓帝终"以楷言虽激切，然皆天文恒象之数，故不诛，犹司寇论刑"（同上）。

《太平经》既不适用于当朝，必然被当时反抗统治压迫的势力所利用。襄楷事件后将近半个世纪，终于爆发了崇奉《太平经》的黄巾大起义，最终导致四百余年的刘汉王朝灰飞烟灭。

　　纵观《太平经》的造作缘起与扩本集成，约略经历了三个历史时段。第一是西汉中后期即元、成、哀、平四帝时期。西汉自武帝朝之后，由于军事的频繁、官场的腐败、灾荒的严重，致使国库入不敷出，民生凋敝；意识形态虽然表明了"罢黜百家，独尊儒术"，兴办了太学，设置了儒家五经博士，但其所尊儒学却是蜕变了的神学目的论，而且还渗入了阴阳、五行、神仙方术、星象、巫觋之说。董仲舒及其《春秋繁露》，应该是其典型代表。《包元太平经》便是在这种生态土壤中酝酿、完成而后滋生萌蘖的。其情状前已备述。《包元经》的详细内容不得而知，根据史料分析，除了造作赤精子之谶以外，四维六合以内，元气天地之苞、星宿山川之变、阴阳五行之兆、巫觋鬼神之征、祥瑞吉凶之应、善恶祸福之报、王朝兴衰之验、天下太平之愿，应该尽在十二卷之中，而且贯穿了一种神创思维。第二是王莽代汉的"新政"时期。顾刘汉之不继，新莽改元，给太平信众投了些许曙光，《太平经》遂以"洞极"为目标，创议以"三道文书"的方式，广集天下殊方异策、妙术奇文，劝善抑恶，兴国广嗣，助时君辅政。其核心观念亦发生重大转折，冀望参与新君政务，共建太平之治，实现天人合一的神治境界。此等情状可参姜守诚《〈太平经〉研究》第一章第三节之详尽论证。第三是东汉建立至顺、桓二帝时期。新莽政权的迅速崩塌，并未颠覆自汉季以来儒家的天人感应和《河》《洛》图谶以及阴阳五行与星象方术相结合的神学思潮，巫风流韵依然弥漫朝野。作为国家施政法典的《白虎通义》，应该是其典型代表。此书正好与自称"洞极"的《太平经》相呼应。《太平经》恰于此时又以"青领书"面目出现。"青领"之称，盖缘于当时所献经书的外在形式"皆缥白素（月白色的缣帛）、朱介（红界线）、青首、朱目"（《后汉书·襄楷传》）。青，象征东方之木气，有春生万物之义，朱则象征汉家火德，五行主木生火，故曰"青领书"。所谓"包元""洞极""清领"云者，本是从不同视角对《太平经》的修饰之词，各异名而同实。所不同者，由于卷帙较前增多了，故《太平经》所包含的内容多元而丰富。从形式上看，多为诫、诀（法），少量杂以四、五、七言韵文，多表现为天师类神人对真人传道、开示的问答方式。天师的讲述，表现了如下一些方面的价值取向：对皇天的崇敬，对《易》《老》的认同，对谶纬的利用，对儒学的取舍，对百家学的否定，对佛教的排斥，对王权的依附，对生命的尊重，对善行和德治的推崇，对生态的维护，对社会和谐、太平的向往，对阴阳五行调和的追求。值得关注的是，天师的讲述，较前更具有思辨神学的气质和色彩，从而确定了《太平经》自身的历史价值。

《太平经》流传的卷数，据史书与其他文本所记，很不一致。有二卷、十卷、十二卷、五十卷、一百卷、一百四十四卷、一百七十卷、一百八十卷诸说。据已见史料，一般认为，《太平经》的流传可理为两条线。其一是西汉成帝时齐人甘忠可造《包元太平经》并传重平夏贺良、容丘丁广世、东郡郭昌、北海李寻等；其二是所谓上相青童君传上宰西城王君，王传帛和，帛和传北海于吉（干君），再传琅邪宫崇，再传平原襄楷、张角等。此是据《太平经复文序》参以晋葛洪《神仙传》寻绎而来。

> 干君（于吉）初得恶疾，殆将不救，诣帛和求医。帛君告曰：吾传汝《太平本文》，可因易为一百七十卷，编成三百六十章，普传于天下，授有德之君致太平，不但疾愈，兼而度世。（《太平经复文序》）

> 于吉，北海人也，患癞疮数年，百药不愈。见市中有卖药公，姓帛名和，因往告之。乃授以素书二卷，谓曰：此书不但愈疾，当得长生。吉受之，乃《太平经》也。行之，疾愈。乃于上虞钓台乡高峰之上，演此经成一百七十卷。（王松年《仙苑编珠》卷中引《神仙传》）

又据《神仙传》载：

> 宫崇者，琅邪人也。有文才，著书百余卷，师事仙人于吉（干君）。汉元帝时，崇随吉于曲阳泉上遇天仙，授吉青缣朱字《太平经》十部。吉行之得道，以付崇，后上此书。书多论阴阳、否泰、灾眚之事。有天道、地道、人道，云：治国者用之可以长生。此其旨也。

按据《襄楷传》载，宫崇曾于东汉顺帝时诣阙上其于西汉元帝时所得之书，是其当有一百七十余岁之高龄；又据《三国志·吴书·孙策传》注引《江表传》云："时有道士琅邪于吉，先寓居东方，往来吴、会，立精舍，烧香，读道书，制作符水以治病，吴、会人多事之。"后被孙忌诛杀。是其享年当有一百余岁。⑤显然，前说元帝时见帛和事，系年虚谬，不足为据。据李养正考：于吉乃汉顺帝至汉献帝建安五年（200）人。而帛和乃为辽东辽阳（一说益州巴郡）人，传魏晋时已成仙。相传帛和曾于西城山石壁得《太清中经》《神丹方》等道经，后隐居隆虑山（今河南林县西）修仙，曾授《素书》二卷于吉，吉据以衍成十部一百七十卷《太平经》。如此，即可知《太平经》自西汉成帝时甘忠可以十二卷传播至东汉桓帝时襄楷献一百七十卷被封藏的大致脉络，亦可以确认《太平经》断非一人一时之作。纵观《太平经》近二百年的演变历程，可谓事历三朝，人更五代。《太平经》之原作者（按指"本文""素书"作者）及演绎者除了史书上具有名录的如甘忠可、夏贺良、丁广世、郭昌、帛和、于吉、宫崇、襄楷等被称为仙人、神人、天师之人以外，可能还有当时和天师对话的诸位真人做了文字记录和发挥，亦不排除六朝时太平法师周智响及其徒子徒孙臧矜、王远智直至唐末《太平经钞》的作者道士闾丘方远参与其间。而齐人甘忠可是发轫者，琅邪于吉则是集大成者。二人均是方仙道士。

明正统《道藏》所收录的《太平经》是残本，只有五十七卷，且其中多有残缺。原经一百七十卷按十天干顺序排列编辑，其中甲、乙、辛、壬、癸五部完全佚失，其他亦亡佚若干卷。所幸敦煌文献斯四二二六《太平部》保留了本经十部三百六十六篇全部篇目及所属卷次，且大体与《太平经钞》相吻合。今人王明先生费尽心力从《太平经钞》和其他二十七种书中勘录补足成一百七十卷《太平经合校》。这是对道教学术研究的一大贡献。然而，不可否认的是，合校本与顺帝时封藏的一百七十卷本是有很大区别的。

二、《太平经》之主要思想

《太平经》出现于西汉之季绝非偶然。它是在刘汉政权日益陷入严重政治危机的背景下，儒学日益谶纬化、黄老道学日益政治化、社会思潮日益宗教化的情势下，为了缓解社会政治危机应运而生的。《太平经》之作，其初衷是为了表达社会各阶层尤其是底层群众的基本诉求：向当朝统治阶级进献经国之方；并试图利用天谴和神谶迫使统治者改弦易辙，奉行天道，遏抑豪强外戚，敦孝劝善，重生乐生，从而消除矛盾，实现天下太平，王室中兴。唯其如此，它才得以在传播过程中不断吸纳当时社会上流行的各种思想；唯其如此，它才得以发展成为一个庞大而多元的思想体系。

《太平经》的核心理念是"太平"。此"太平"二字包含了多重意蕴。据本经自释：

"太"者，大也；大者，天也；天能覆育万物，其功最大。"平"者，地也，地平，然能养育万物。"经"者，常也，天以日月五星为经，地以岳渎山川为经。天地失常道，即万物悉受灾。帝王上法皇天，下法后地，中法经纬、星辰、岳渎，育养万物，故曰大顺之道。（《太平经钞》癸部补甲部卷一。以下注引该书简称《经钞》）

"太"者，大也，乃言其积大行如天，凡事大也，无复大于天者也。"平"者，乃言其治太平均，凡事悉理，无复奸私也；平者，比若地居下，主执平也。……阴阳相得，交而为和，与中和气三合，共养凡物，三气相爱相通，无复有害者。（《经》丙部《三合相通诀》）

应劭注《汉书·东方朔传》引黄帝《泰阶六符经》谓："三阶平，则阴阳和，风雨时，社稷神祇咸获其宜，天下大安，是为太平。"是则秦汉间所传道书便有"太平"一词。又，《汉书·窦田灌韩传》亦有：

婴、蚡俱好儒术，推毂赵绾为御史大夫，王臧为郎中令，迎鲁申公，欲设明堂，令列侯就国，除关，以礼为服制，以兴太平。

可知"兴太平"的问题早已成为当时朝野所考虑的大问题。武帝即位之初，鉴于吴楚七国之乱，即欲废止黄老无为之治的政治思想，下诏举天下贤良方正，并于建元五年（前136）置五经博士。次年，窦太后崩，武帝即启动天人策问，董仲舒应运而出。董仲舒以"臣谨案《春秋》之中，视前世已行之事，以观天人相与之际，甚可畏也"（《汉书·董仲舒传》）一语，甚得武帝欢心。于是他又趁机提出了"人副天数""天人感应"等一系列神学目的论。这些"兴太平"的儒术，后来都成为《太平经》造作的重要的思想资源。

《太平经》之造作，就是企望帝王以天下生民为重，顺天地阴阳和气之道，并与之相爱相通，实现"治太平均，凡事悉理，无复奸私"的平均、平等、平正、平和的大顺之治。其政治愿景与《礼记·礼运》的天下大同理想较为接近。

立足于当时社会"五星失度，兵革横行，夷狄内侵，自虏反叛"，"人民云乱，皆失其居处；老弱负荷，夭死者半"的苦难现实，《太平经》"专以奉天地、顺五行为本"，力图实现"去乱世，致太平"的理想。作者们把实现理想的期望，寄托于天神之力、圣王顺道和百姓劝善方面，因而在传道过程中不断增扩经文，推广经书，宣传神意，开示法诀，诫喻百姓，影响上层，体现了《太平经》的造作者们以神道设教的良苦用心。

《太平经》构建了一个多元归一的仙道思想体系。它将道家、儒家、法家、墨家、神仙家、阴阳五行家的思想汇集杂糅和沙汰，围绕着"太平"二字为其所用。"内则治身长生，外则治国太平"（《道藏目录详注》卷四），应该说是本书的基本宗旨。经中的主要思想，约略梳理一下，可有三端：

（一）神道设教的政治思想

《太平经》本来就是一部干政之书。其主导思想就是借助神权驾驭君权，以太平神道教化臣民百姓，实现天下和谐有序之神治，此即所谓神道设教。神道，系指一种具有神格，同时又被赋予了人格的超自然的必然性，它是神灵乃至天子必须奉行的规矩和法度，其在本经就是太平真道。为何此时要以神道设教呢？天师对真人的疑问回答说："夫神，乃天之正吏也。今邪神多，则正神不得其处，天神道内独大乱，……夫邪多则共害正，正多则共禁止邪，此二者，天地自然之术也。"（《经》己部《火气正神道诀》）现在适逢太阳火气最盛，"夫火者乃是天之心也。心主神，心正则神当明，故天使吾下理神道也"。否则就会造成"奸气常以阴中往来"，"阴乘阳路，病而昼作，名为阴盛兴，为阳失其道，君衰间"的灭亡后果。本经所设之教内容很多，入手处就是理顺几种关系，以确立人君德治的至上权威。

1. 天君与人君   《太平经》构建了一个天人相通的一元化的神民

系统：一为神人，二为真人，三为仙人，四为道人，五为圣人，六为贤人。此下还有民人、奴婢。神人象天，真人象地，仙人象四时，道人象五行，圣人象阴阳，贤人象山川，民人象万物，奴婢象草木（参《经》戊部《致善除邪令人受道戒文》）。以其分工则是"神人主天，真人主地，仙人主风雨，道人主教化吉凶，圣人主治百姓，贤人辅助圣人"。民人、奴婢则是被统治的对象（同上）。在这个神治系统之上，更有一个至尊至上的上神"天君"。天君拥有控管、治理天下的绝对权威。"惟太上之君有法度，开明洞照，可知无所不通，豫知未然之事。神灵未言，豫知所指；神见豫知，不敢欺枉，了然何所复道！"（《经》庚部《九君太上亲诀》）天君之下，人分九等，等级森严。可知《太平经》的政治机器构架，是假借神权以维护君权的绝对统治。因为天庭一如朝廷，人间的帝王天子、大德之君，是天君教化出来赐予人间代天行道的。因此，君主是天君之下至高无上的"种民"之宗主，亦是精心修炼待入神界的圣王，自当拥有绝对的治决权。

2. 君权与民本　　《太平经》既强调人君的绝对统治权力，同时也呼吁民人的生存权利，循着一条立君为民、民为邦本、政在养民、民富君安的逻辑。其神道设教的载体就是君主专制政体。君主是"受命主理"者，负有生民、养民、治民、富民、和民之责。所谓"君，阳也，主生"；帝王"上法皇天，下法后地，中法经纬、星辰、岳渎，育养万物"（《经钞》癸部补甲部卷一）。君主要实施统治，必须固民。"无民，以何自名为君也"；"无民，君与臣无可治、无可理也"（《经》丙部《三合相通诀》）。首先是君主、臣僚构成的一套国家机器需要人民百姓供养，才能正常运转。"民者，职当主为国家王侯治生"（《经》戊部《天谶支干相配法》），"君少民，乃衣食不足，令常用心愁苦"（《经》丙部《三合相通诀》）。凡民百姓的劳作，是统治者赖以维系统治机器运转的基本支撑。其次，凡民百姓亦是君主势力的依靠。君之忧乐，唯民臣可以同甘苦。"夫民臣，乃是帝王之使也，手足也。当主为君王达聪明，使上得安而无忧，共称天心，天喜悦则君延年。"否则，君主就会"绝聪明，得愁苦"，以致"灾变纷纷，危而不安"（《经》己部《来善集三道文书诀》）。再次，国之兴衰、安危系于民。《太平经》认为，按照神道，"太阳为君之身、君之位也"，而"太阴为民。民流行而不止，故水流行而不知息也。民者，职当主为国家王侯治生，故水者当随生养木也。……太阳畏太阴，是故国有道与德而贤明，则民从也；国无道德，则民叛也"（《经》戊部《天谶支干相配法》）。正如五行之水生木，君王得民而生。君王若无道德，则民会如水之流而去国叛君，形成"有国土而无国"的名存实亡局面。是故人君兴国致太平，当以民为本。

3.道法与德政　　《太平经》十分强调致天下太平应谨遵道法以行德政。作者认为，所谓"道"，是天地万物的终极根源，也是人类以及人类社会得以产生、形成和发展的唯一依据。

　　　道者，乃皇天之所取法也。最善之称。冠无上，包无表，内无里，出无间，入无孔，天下凡事之师也；生之端首，万事之长，古今圣贤所得之长。（《经》庚部《天咎四人辱道诫》）

　　　天畏道，道畏自然。夫天畏道者，天以至行也，道废不行，则天道乱毁，天道乱毁则危亡无复法度，故自然使天地之道守、行道不懈，阴阳相传，相付相生也。道乃主生。道绝，万物不生，万物不生则无世类，……何有天地乎！……故天畏道绝而危亡。道畏自然者，天道不因自然则不可成也。故万物皆因自然乃成，非自然悉难成。（《经钞》壬部《相容止凶法》）

　　　夫道者，乃大化之根，大化之师长也，……是故天与道者，主修正凡事，为其长，故能和阴阳，调风雨，正昼夜，列行伍，天地之间，莫不被恩受命，各得其所者。（《经》庚部《天咎四人辱道诫》）

综上可知，《太平经》之谓"道"，实乃一种先验的精神本体，它以阴阳元气的律动为其存在方式。如其所云："夫天道，比若循环，周而复始。"（《经》庚部《音声舞曲吉凶》）它不可得名，恍惚无形，周行不懈；它无表里，无间隙，法自然，和阴阳，生天地。其与《老子》之道论，本质上是完全一致的。其所谓"道法"，则是指阴阳元气自然之运动规律。如说："元气自然，共为天地之性也。……太阴、太阳、中和三气，共为理，更相感动，人为枢机。"（《经钞》乙部《名为神诀书》）"夫天地之性，半阳半阴。阳为善，主赏赐；阴为恶，恶者为刑罚，主奸伪。……阳者主赏赐，施与多则德王用事。阳与德者主养主生，此自然之法也。"（《经钞》壬部《闭奸不并责平气象诀》）其与《易·系辞上传》一阴一阳，感而遂通之说颇一致。它与《老》《易》不同之处，在于它赋予了阴阳元气以善恶、正邪、德刑等范畴的道德属性，从而使道凌驾于元气之上，具有了至高无上的、无所不至又无所不能的真、善、美的神格，为其主张的德治路线编织了说服信众的理论依据。

《太平经》反复浓墨重彩地神化天道，目的乃是将天之神道回归于人道。如它说："道者，乃天所案行也。天者最神。"（《经》丙部《分别贫富法》）何谓"神"？它说："夫道乃洞，无上无下，无表无里，守其和气，名为神。"（《经》丁部《戒六子诀》）"天乃为人垂象作法，为帝王立教令，可仪以治，万不失一也。""是故夫古者神人、真人、大圣，所以能深制法度，为帝王作规矩者，皆见天文之要，乃独内明于阴阳之意，乃后随天地可为以治，与神明合其心，观视其所为也，故其治万不失一也。"（《经》丙部《案书明刑德法》）

帝王德法之治的第一要义，是人君应像天道，具有绝对权威。它说："天道助弱。""夫弱者，道之用也；寡者，道之要也。故北极一星而众星属，以寡而御众也。道要一，而道属焉。是故国王极寡而天下助而治，助寡之效也。"（《经钞》壬部《天道助穷太平君臣不得相无诀》）此亦老子崇一守柔不争之道，黄老自然无为之术。惟其无为不争，方能执要而御众，得天下众星之助，收韩非所云"圣人执要，四方来效"（《韩非子·扬权》）之效。其次，人君必须象天而行，积善修道。它说：

> 为人君上者，当象天而行，乃以道德仁为行三统。君上乐欲无事者，朝常念道，昼常念德，暮常念仁，既无一事矣。（《经钞》壬部《治天为三时念道德诀》）

何谓善？它说：

> 理之第一善者，莫若乐生，其次善者乐养，其次善者乐施。故生者象天，养者象地，施者象仁。此三者，天地之大纲也。（《经钞》壬部《效请雨止诀》）

道主生，德主养，仁主成。三者统一，万物即可生长发育。故善与道是同实而异名。它说：

> 帝王（思仁善）者，时气即为和良，政治益明，道术贤哲出为辅弼之，帝王之道，日强盛矣，夷狄灭息，垂拱而治，刑罚自绝，民无兵革，帝王思善之证。（《经钞》乙部《阙题》）

帝王居百重之内，其言行感应天下。若法象天道思仁善，必有贤臣辅佐，治世清明，人伦慈孝，家给人足，乃可垂拱而治。反之则会迅速败亡。"道无奇辞，一阴一阳，为其用也。得其治者昌，失其治者乱；得其治者神且明，失其治者道不可行。"（《经钞》乙部《合阴阳顺道法》）再次，人君若使道法之治得以贯彻，必须选贤任能。它说：

故王者御天道，以民臣为股肱，为御不良，则乱其道矣。古者圣人将御天道，索道德仁贤明共御之，乃居安也。（《经钞》壬部《与天有人王相日不恐诀》）

夫天道无心，遭不肖则乱，得贤明则理。古者帝王得贤明乃道兴，不敢以下愚不肖为近辅。（《经钞》戊部《占中不中诀》）

天道无心，人君之要在顺天道，御贤明，行德政，使至道、大德、盛仁三者相统合，从而召来太平之气，实现"三五气和"、"日月常光明"、物泰民和、兵革不兴、酷刑废止、社会公正、中国盛兴、四夷朝奉，"皆称万岁"的太平之世。《太平经》的治国理念，尽管充满了专制皇权意识，但它所提出的和民、富民、寿民的民本思想，既反映了小农经济基础上的农民阶层的生存利益诉求和对仙界的向往，同时也反映了作者们对汉末社会腐败、追逐浮华、虚妄的丑陋现实的尖锐批评。其在尊道、均平、公正、道德、劝善、息兵、重生、养生、生态等方面的论述，在今天仍有积极的借鉴意义。

（二）以元气为本根、以阴阳为用、"三合相通"的哲学思想

《太平经》所构建的国家政权结构及其致太平的社会政治理想，是以其元气自然论为理论依据的。从某种意义上讲，其神道也是对《老子》道生万物论的具体阐发。本经说："夫物，始于元气。"（《经》丁部《六罪十治诀》）天地开辟以前，"元气乃包裹天地八方，莫不受其气而生"（《经》丙部《分解本末法》）。元气一词，较早见于董仲舒《春秋繁露·王道》篇，具有气之初始之义，而且被赋予了和善的道德属性[⑥]。大约同时的《淮南子·天文训》亦出现了元气一词[⑦]。其后"纬书"[⑧]亦多有用元气表意者，《包元经》便是从纬书中引入元气范畴的。而"元气一元论"和"元气自然论"则是《太平经》提出的，东汉王充只提出了"元气自然之论"，恰与《太平经》相呼应。至两汉之际，元气论亦随纬书开始流行，

并被赋予了某种神秘性，然仍以自然为其本性。本经即谓上士高贤当知"元气自然之根"（《经钞》癸部《贤不肖自知法》）。它说：

> 天地开辟贵本根，乃气之元也。欲致太平，念本根也。……夫一者，乃道之根也，气之始也，命之所系属，众心之主也。（《经钞》乙部《修一却邪法》）
>
> 元气自然，共为天地之性也。（《经钞》乙部《名为神诀书》）
>
> 元气恍惚自然，共凝成一，名为天也；分而生阴而成地，名为二也；因为上天下地，阴阳相合施生人，名为三也；三统共生，长养万物名为财。（《经钞》戊部《占中不中诀》）

从《太平经》关于元气的经典论述可以看出其作者们在宇宙生成论上延续并发展了《老子》的思想。《老子》认为：天地未形之先，有一种恍惚无名之物，其中包含着精和物，它无名无形，强以命名曰"道"，其外化为一，便分而为二（阴阳），合焉为三，然后化生万物。本经亦认为：天地万物之本根是恍惚自然的元气，共凝成一，此即道之根。"夫道何等也？万物之元首，不可得名者。六极之中，无道不能变化。元气行道，以生万物。天地、大小，无不由道而生者也。"（《经钞》乙部《守一明法》）"道无所不能化。故元气守道，乃行其气，乃生天地。"（《经钞》乙部《安乐王者法》）此是说，似有若无的自然之气，外化为一以后分为天地阴阳，阴阳相合复生中和，从而有了天地万物和人类。在这个过程中，元气始终守持道的法则进行运化，是以天地、万物莫不依由道而生，"道"在这里，既是一种气本体，同时又是元气运行的法则、规律。故"元气""一""道"三范畴，既是元气之凝（外化），又是道之别称。三者实是异名同实。元气不缘道而生，它是道之体，是万物之自然。而道则是自然元气之用，二者乃为体用关系。

　　《太平经》对《老子》道论的发展在于沿着纬书的方向走向了神秘。它首先赋予了元气（道）以人格，使其获得了善恶、爱憎、正邪等道德情感属性；进而又将其人格超越为神格，使其成为无所不能、无所不在的集真善美于一体的绝对精神，从而为人间帝王确立了"凡事之师长"的地位，并为其实现太平理想铺垫了理论基石，找到了神学依据。

　　从方法论看，《太平经》继承和发展了由《周易》所奠定和由《易传》《老子》发展形成的思维方式，即：天人合一的整体思维、奉常守变的循环思维、寓理于象的形象思维、直觉顿悟的灵感思维。从总体上讲，相对于西方以理论思维为特色的思维方式而言，中国传统的思维方式则以经验思维为特色，它以阴阳范畴的对立和统一为核心。《庄子·天下》说"《易》以道阴阳"；《易·系辞上传》说"一阴一阳之谓道"；《老子》说"万物负阴而抱阳，冲气以为和"。随着易学的发展，春秋战国至于秦汉，阴阳学说在儒、墨、道、名、法等诸子百家学中已经成为重要的哲学观念。儒家的伦理学说更赋予了阴阳范畴以阳尊阴卑的伦理属性。汉儒董仲舒在其《春秋繁露》中更以《阳尊阴卑》作篇名，对其进行了神学论证。

　　《太平经》毋宁说正是以元气阴阳变化说为其立论，并贯穿全经的。《太平经》的阴阳论大体有如下内容：

　　1. 阴阳对立统一是天地万物存在的普遍方式和基本属性。如说："天地之道，乃一阴一阳，各出半力合为一，乃后共成一。"（《经钞》壬部《两生成一诀》）"夫天地之性，半阳半阴。阳为善，主赏赐；阴为恶，恶者为刑罚，主奸伪。……阳者主赏赐，施与多则德王用事。阳与德者主养主生，此自然之法也。"（《经钞》壬部《闭奸不并责平气象诀》）它说：

　　　　自天有地，自日有月，自阴有阳，自春有秋，自夏有冬，自昼有夜，自左有右，自表有里，自白有黑，自明有冥，自刚有柔，自男有女，自前有后，自上有下，自君有臣，自甲有乙，自子有丑，自五有六，自木有草，自牝有牡，自雄有雌，自山有阜，此道之根柄也，阴阳之枢机，神灵之至意也。（《经钞》癸部《和合阴阳法》）

天地之道、天地之性既是如此，在作者看来，道所派生的每一种具体事物的单一方面也是各有阴阳的。如"天虽上行无极，亦自有阴阳，两两为合。……地亦自下行何极，亦自有阴阳，两两为合。如是一阴一阳，上下无穷，傍行无竟。大道以是为性，天法以是为常，皆以一阴一阳为喉衿"（《经》庚部《天乐得善人文付火君诀》）。无极之天亦自有阴阳之说，是对"易有太极""道生一""明君贵独道之容"等儒、道、法诸家之阴阳说的一大超越。具有重要的理论意义和历史意义。

2. 阴阳双方相互摩砺而转化，其轨迹表现为一种封闭性的循环。如它说："阴气阳气更相摩砺，乃能相生。"（《经钞》癸部《还神邪自消法》）又说："天地之性，阳好阴，阴好阳，故阳当变于阴，阴当变于阳。凡阴阳之道，皆如此矣。"（《经》己部《男女反形诀》）阴阳双方既相对立又相依存，从而促成事物转化、新生，故云"阴阳反形以致道"（同上）。男女之道如此，天地之道亦如之。《太平经》认为，阴阳矛盾的相互转化，始终坚持一种物极必反的规律。如它说："夫阳极者能生阴，阴极者能生阳，此两者相传，比若寒尽反热，热尽反寒，自然之术也，故能长相生也，世世不绝天地统也。"（《经》丙部《守三实法》）物极必反是自然规律，从而使天地岁月相续。政权亦如是："极上者当反下，极外者当反内，故阳极当反阴；极于下者当反上，故阴极（当）反阳，极于末者当反本。""道弊末极也，当反本。夫古者圣人睹此，知为末流，极即还反，故不失政也，而保其天命。"（《经》丙部《四行本末诀》）所以人君行道执政，当力致阴阳中和而勿使矛盾激化。在《太平经》看来，阴阳之道的运化，表现为一种周而复始的循环。它说："夫天道比若循环，周而复始。"（《经》庚部《音声舞曲吉凶》）"无极之政，周者反始，无有穷已也。"(《经》庚部《天乐得善人文付火君诀》)这种奉常守变的循环思维,自《周易》以来一直没有理论上的突破。《太平经》的贡献在于,它以此论证并直言了任何一个王朝的统治者,如果失道,违逆了自然天地规律,都将闭塞太平之气而权位不保。反之,如果顺道而行,就可以延缓这一循环过程,它说:"故顺天地者,其治长久。顺四时者,其王日兴。道无奇辞,一阴一阳,为其用也。得其治者昌,失其治者乱。"(《经钞》乙部《合阴阳顺道法》)

3. 阴阳中和,三统相生。在《太平经》看来,阴阳转换是不能直接生物的,必须是阴阳二气交会,形成和气,才能生成万物。它说:

> 故纯行阳,则地不肯尽成;纯行阴,则天不肯尽生。当合三统,阴阳相得,乃和在中也。(《经钞》乙部《名为神诀书》)
>
> 阴阳者,要在中和。中和气得,万物滋生,人民和调,王治太平。(《经钞》乙部《和三气兴帝王法》)

"中和"是先秦儒家着力提炼的一个核心范畴。孔子认为,"过犹不及",当执其中以用两端,亦称中庸之道。中具中正、中和之义。在和同范畴的价值取向上,孔子主张"和而不同",他把中庸视为"至德"。在其后的《礼记·中庸》篇中,中和更被提升为天下之"大本""达道":"中也者,天下之大本也;和也者,天下之达道也。致中和,天地位焉,万物育焉。"道家老子无为而治的养生治国之论,也是秉持中道的。所谓"多言数穷,不如守中"(《老子》)。在汉代的官方哲学中,中和范畴自董仲舒而下,一直是被十分看重。《太平经》中,中和范畴是高频出现的范畴之一。甚至将一分为二这一规律延伸出了一个"三合为一"的模式。它提出:元气有三名,形体有三名,天有三名,地有三名,人有三名,治有三名,"欲太平也,此三者常当腹心,不失铢分,使同一忧,合成一家,立致太平，延年不疑矣"（《经钞》乙部《和三气兴帝王法》）。从天地自然到王治、民事、夫妇之间，莫不受其规范。它说："阴阳相得，交而为和，与中和气三合，共养凡物，三气相爱相通，无复有害者。"（《经》丙部《三合相通诀》）"天、地、中和凡三气，内相与共为一家，反共治生，共养万物。"（《经》丙部《起土出书诀》）可知："天法皆使三合乃成"；"凡事皆当三合共事"；"天之命法，凡扰扰之属，悉当三合相通，并力同心，乃共治成一事，共成一家，共成一体也。乃天使相须而行，不可无一也"（《经》丙部《三合相通诀》）。《太平经》这种"三合相通""三统共生"的一多关系论，固然是《老子》"三生万物"论的演绎，固然是阴阳对立统一规律的延伸，但也确实反映了事物存在与变化的客观现实，对于防止处理矛盾时的绝对化倾向提供了一种思路，是对辩证法思想的一种补充。其对于缓和古代的阶级矛盾和今天建设和谐生态、和谐社会亦有一定的借鉴意义。

（三）修德延命、兴国广嗣的生命伦理思想

受《易传》生生哲学的影响，《太平经》对生命、生态和人口问题十分关注，使之成为全书论述的主线之一。本经认为，一个国家的贫与富，首要的评判标准应该是人口的多寡。它说："治国之大要，以多民为富，少民为大贫困。"（《经》戊部《天谶支干相配法》）故民为国之本，而人口则更应重其质量。因此，要疏导人民向德为仁，尊师重道，勤谨有爱，泛爱万物，贵生乐生，恪守伦常，兴国广嗣，并申明这是本经的创作目的之一。

1.重生乐生，修德延命论　《太平经》认为，行道的终极目标是致天下太平。欲致太平，须是天、地、人三者相得，实现中和。欲致中和，人是至关重要的因素；而太平也是为了人生，故提出了重生乐生、修德延寿的思想。它说：

明天道至在太平也，故万物不生者失在太阳，生而不养者失在太阴，养而不成者失在中和。故生者父也，养者母也，成者子也。生者道也，养者德也，成者仁也。一物不生，一道闭不通；一物不养，一德不修治；一德不成，一仁不行。……故理之第一善者，莫若乐生，其次善者乐养，其次善者乐施。故生者象天，养者象地，施者象仁，此三者，天地人之大纲也。（《经钞》壬部《斈请雨止诀》）

《太平经》认为，三者之中，人是关键，最为重要："太阴、太阳、中和三气，共为理，更相感动，人为枢机。"（《经钞》乙部《名为神诀书》）为什么？因为行天、地、人之三统，施之者在人。"人乃天地之子，万物之长也"，"所能作最众多，象神而有形"（《经》丙部《起土出书诀》）。"人者，顺承天地中和，以道治，主动道"（《经》丁部《六罪十治诀》），"主为天地理万物"（《经》庚部《音声舞曲吉凶》）。"人乃道之根柄，神之长。"（《经钞》乙部《录身正神令人自知法》）"夫天地之为法，万物兴衰反随人"（《经》丁部《兴衰由人诀》），是故"尊天、重地、贵人也"（《经钞》癸部补甲部《修古文法》）。人之可贵，是因为人能遵循天地之道德，将天地之善付诸实施。"人生乃受天地正气，四时五行，来合为人，此先人之统体也。"（《经》丙部《努力为善法》）人贵，就应该延命长寿。所以说"天地之性，万二千物，人命最重"（《经》丙部《分别贫富法》），"夫寿命，天之重宝也"（《经钞》乙部《解承负诀》）。依据这一基本的生命伦理价值取向，《太平经》将不重视生命、不教人长生的行为视作人之六大罪行的首罪。它说："人积道无极，不肯教人开蒙求生，罪不除也。或身即坐，或流后生。所以然者，断天生道，与天为怨。"（《经》丁部《六罪十治诀》）犯了这种逆天之罪的人，要么得先世之报，要么将业报承负于子孙，可见其对生命重视的程度。

本经认为，凡人的生命是有限的。"夫物生者，皆有终尽；人生亦有死，天地之格法也。"（《经》己部《冤流灾求奇方诀》）凡人有三寿，"上寿一百二十，中寿八十，下寿六十。……如行善不止，过此寿谓之度世。行恶不止，不及三寿，皆夭也"（《经钞》乙部《解承负诀》）。也即是说，人之寿命皆有定数，若得长生，当修善以改变先验的宿命，此是唯一途径。它说："善自命长，恶自命短，何可所疑所怨乎？"（《经》庚部《大功益年书出岁月戒》）要想避免夭死而得长寿，只须成就天地道德，和谐三统，就能做到。《太平经》将修道德与解承负、延寿命以至延国命、致太平等理念有机地联系起来，贯穿于全书，反映了它欲调和当时社会各阶级间的矛盾，致天地之中和以维持汉代封建统治的良苦用心。

2. 人天和谐的保护自然生态论　　在和谐天、地、人三统的同时，《太平经》对建立人与自然的和谐生态关系也十分关注。认为构建和谐的太平社会，要在天地与人之间的和谐。人居天地之间，人首先要做到的是尊天法地。天生万物而地养育之，人当象天为行，谨遵天地之道法，才能成就万物，实现和谐的三统关系。它说："夫人命乃在天地，欲安者，乃当先安其天地，然后可得长安也。"（《经》丙部《起土出书诀》）天地自然相安的标志就是四时不失其序，风调雨顺，万物茂盛，俗谓之丰年乐岁。针对当时社会的乱象，本经作了尖锐的批评。它说"天者养人命，地者养人形"，而人却"愚蔽且暗，不知重尊其父母"。比如"四时天气，天所案行也，而逆之"；"人以地为母，得衣食焉，不共爱利之，反共贼害之"；"人乃甚无状，共穿凿地，大兴起土功，不用道理，其深者下著黄泉，浅者数丈"（同上），破坏了地下的生态，影响到天上的气候，引发了水旱虫灾，造成了百姓不得安生，社会动乱。作者声言，《太平经》就是要告诫那些不善之人，"慎无烧山破石，延及草木；折华伤枝，实于市里，金刃加之，茎根俱尽"（《经》庚部《写书不用徒自苦诫》）。否则上天报复起来会是不惜减人的年寿的，所谓"获罪于天，令人夭死"（《经钞》乙部《解承负诀》）。《太平经》认为生态遭到破坏，是逆天道、破坏了三气之和谐关系造成的。"时气不和，实咎在人好杀伤，畋射渔猎，共兴刑罚，常有共逆天地之心意，故使（气候）久乖乱不调"，以致"帝王前后得愁苦焉，是重过也"（《经》庚部《天神考过拘校三合诀》）。故上天赐太平文书晓谕诸神、百姓，断好杀伤之恶行而兴礼乐制度，保护生态平衡以顺天道，令百姓免受灾难之苦，免去承负之厄。为了治理社会的朽弊，恢复封建社会的统治秩序，作者借助天神信仰，劝善诫恶以维护自然生态，甚至在治水土、植林木、种稻谷等问题上，运用阴阳五行生克原理进行说教。文中虽然出现了不少杜撰牵强之处，但其和谐天地人、保护生态的初衷，却具有积极的意义。人们无节制地开发自然，破坏生态环境，必然会遭到自然的报复，这是古今共识，更是值得警醒。

3. 繁荣太平社会的"兴国广嗣"论　　"兴国广嗣"是后汉襄楷上书顺帝时所提出的一个概念。意思就是说，人者当尽天地人之道，使国家社会兴旺发达，人口繁衍。《太平经》说："理国之道，多人则国富，少人则国贫。"（《后汉书·襄楷传》注引《太平经·兴帝王篇》）在作者看来，生育子女是天地之正道，"如男女不相得，便绝无后世。天下无人，何有夫妇、父子、君臣、师弟子乎？以何相生而相治哉？"（《经》丙部《守三实法》）从建立社会人伦秩序的角度讲，天子有国，自当有多民。本经认为，天乃人父，主生；地乃人母，主养；天地阴阳交汇，中和气相得而生子女。人之生成和生存，传后和延续，决定了天地元气、阴阳统绪的承传，也是人君得道、行道优劣的重要标志。所以子孙之生养繁衍是天下之"大急"。"上古所以无为而治，得道意、得天心意者，以其守本，不失三急。"（同上）此是从统绪传承意义上说。此其一。其二，从当时统治集团的现实看，有汉一代，自前汉中后期至后汉中后期近两百年间，竟出现过两次"国统三绝"的状况。西汉成帝、哀帝、平帝三世无嗣；而东汉冲帝、质帝、桓帝亦如之。据姜守诚《〈太平经〉研究》考，仅东汉宗室绝嗣之王侯便多达 33 人。西汉哀帝时，方士夏贺良进献《包元太平经》即称"成帝不应天命，故绝嗣，今陛下久疾，变异屡数"，此时如果"改元易号"，"乃得延年益寿，皇子生，灾异息矣"。东汉桓帝时，襄楷进献《太平清领书》并上书云："前者宫崇所献神书，专以奉天地、顺五行为本，亦有兴国广嗣之术。其文易晓，参同经典，而顺帝不行，故国胤不兴，孝冲、孝质频世短祚。"他强调，《太平经》的宗旨之一，乃在"兴国广嗣"，可解决桓帝的不嗣问题。可见皇嗣问题一直是两汉上层统治集团困扰的大问题。它威胁到皇权的承继与稳定。从《后汉书》所载的部分奏疏内容也可以看出这个问题的严重性。《太平经》也是抓住统治阶级的心理问题做足了文章。其三，广嗣问题也关涉到汉代的经济发展问题。西汉自武帝之后，"文景之治"已成过去，频繁的战争和内乱，加之连年灾荒、瘟疫，造成了严重的社会危机。人口急剧下降，生产力遭到严重的破坏，这些在史书和本经中多有反映。作者亦多次声言，造作神书（《太平经》）就是为了觉悟众生，行善道，和三统，使太平之气重兴，以解元元承负之厄。《太平经》的兴国广嗣理论，广泛地吸取了儒学、黄老之学、阴阳和谶纬神学、哲学以及社会学等各方面的相关思想，在本书中亦作了充分发挥。

另一方面，在形下的广嗣之术上，《太平经》也提供了若干方法，俗称"房中之术"。例如：择日优生法、和合阴阳法、顺道延年法等等，其中表现了朴素的优生广嗣理念（其中也有一些属于荒诞的推理和流行的巫术文化）。此外，围绕广嗣主题，《太平经》还提出了防病治病、攘除灾厄以防夭死的具体方术。汰除其中的鬼神迷信之说，其内容多有可借鉴之处。

三、《太平经》之社会历史意义和当代价值

如前所述，本经之编撰宗旨本在于以替天宣道之名，替刘汉王朝提供

一副医国良方，以解国祚不继的沉疴，从而消弭社会矛盾，拯救社会危机，和谐天人关系，中兴大汉的政治经济。此谓"助帝王化天下"（《经》丙部《守三实法》），"为皇天陈列道德，为帝王制作万万岁宝器"（《经》丙部《道无价却夷狄法》）。其实《太平经》是一柄"双刃剑"。风行谶纬的东汉王朝本来可以利用它来改弦更张，解除承负，兴国广嗣，维系自身的长治久安；奈何封建王权专制下的刘汉王朝延续了四百余载，显得疲惫不堪，已经是苟延残喘，病入膏肓，沉沦不起。欲以神道救亡也只能是一种美好的梦呓。而《太平经》所传播的德政、均平、亲善、长生、乐岁、孝行等天道大法，却满足了广大农民阶级的社会诉求，正好被张角、张鲁等民间道团奉为创宗立教的圭臬。他们揭竿而起，天下四应，最终让刘汉这个庞然大物背负着沉重的承负之谪而断绝了长达二十七代帝王的王朝世系。正因如此，《太平经》也凸显出自身的历史意义和时代价值。

（一）伸天抑君与伸君抑民论对延缓封建王朝的理论意义

两汉共历时409年，占据中国2132年封建王朝的近五分之一。固然刘汉王朝适当封建专制政权处于上升的历史阶段，充满了新的生产力的活力，同时又吸取了秦王朝速亡的历史教训，奉行了新的思想路线和政治路线，奠定了长治久安的经济和政治基础；但其至于西汉武帝时期，便已出现了亢龙有悔的诸多征兆，武帝关于天人之策的诏问便已露出玄机。大儒董仲舒关于天人感应的神学目的论便是为汉武帝解决这一危机的。董仲舒的神学目的论包含有天人感应、人副天数、天主五行、化生万物、天令谓命、君权神授、天人合一等诸多内容，其核心理念有两点：一是赋天以神格，奉天为"百神之大君""万物之祖"；认为"万物非天不生"，"人之人，本于天"，从而使天具有予夺生杀的绝对的创世神权。二是赋予天以至善尽美的人格，其本性是扬善黜恶。基于这种性情观，他提出了"天谴论"。他警告武帝说："《春秋》之中视前世已行之事，以观天人相与之际，甚可畏也！国家将有失道之败，而天乃先出灾害，以谴告之；不知自省，又出怪异以警惧之；尚不知变，而伤败乃至。"（《汉书·董仲舒传》）是以人君当"法天而立道"，"上谨于承天意，以顺命也；下务明教化民，以成性也；正法度之宜，别上下之序，以防欲也"（同上），不可有失天道。天道者何？它表现于人类社会就是人道。董仲舒说天道就是"所由适于治之路也，仁义礼乐皆其具也"（同上）。也即是天尊地卑、君尊民卑、三纲五常等儒家礼法之制。在上层建筑意识形态领域，董仲舒还提出了"罢黜百家，独尊儒术"的建议。他说："《春秋》大一统者，天地之常经，古今之通谊也。今师异道，人异论，百家殊方，指意不同，是以上亡以持一统；法制数变，下不知所守。臣愚以为诸不在六艺之科孔子之术者，皆绝其道，勿使并进。邪辟之说灭息，然后统纪可一而法度可明，民知所从矣。"（同上）董仲舒对策的基本精神就是"以人随君，以君随天，……屈民而伸君，屈君而伸天"（《春秋繁露·玉杯》），以一统于君权为大。这种君听命于天、民服从于君的神学目的论与当时社会上流行的谶纬说相结合，对于西汉王朝尔后的政治意向，几乎起了决定性的作用。

　　《包元太平经》便是与天谴论相呼应的，直至后来的《太平洞极经》，都是以神学目的论为核心理念的。《太平经》的神道设教，首要的就是要求德君奉行天道，治同天行，不得有违天之格法，要保持与上天的沟通联系。否则就会天命不保。《包元经》谓"汉家逢天地大终，当更受命于天"，正是在西汉后期政治危机出现拐点时对统治集团发出的严重警告。所不同的是，《太平经》在肯定君主为"皇，天下第一，无复能上者也"（《经》丙部《三合相通诀》）的绝对权威的前提下，对于民本的思想也十分强调。认为君主就是为了代天治理、教化、养育民众，以体现天地的好生之德。国之兴衰系于民，"治国之大要，以多民为富"（《经》戊部《天谶支干相配法》），"民臣，乃是帝王之使也，手足也"（《经》己部《来善集三道文书诀》），故"治国之道，乃以民为本也"（《经》丙部

《三合相通诀》)。本经还认为，君臣民三者相通，缺一不能成治；社会上的人虽然分为三六九等，即使是处于下层的奴婢，如果虔诚修道，亦可以升阶为仙；还认为"三道行书"要多听百姓、民间的意见。这些无疑反映了作者们对民众的地位、作用和诉求充分重视的观点和立场。此外，与"独尊儒术"不同，本经只是于《周易》独具只眼，同时尽力阐扬《老子》，却把儒家经书和百家言斥为"外书""邪文"，借《老子想尔注》所言："何谓邪文？其五经半入邪，其五经以外，众书传记、尸人所作，悉邪耳。"《太平经》还排斥佛法，直指其为污辱皇天之神道、皆为四毁之行的恶人。这也表明了其独尊《太平经》的价值取向。尽管《太平经》的伸天理论未能让汉王朝长存不倒，但应该看到，其对天道、天君绝对权威的建树，对汉代大一统的封建王朝苟延至于四百年后，是起了重要作用的。"苍天已死，黄天当立"，此亦是新一轮甲子轮回的开端；而"屈君伸天，屈民伸君"则应该是封建王朝的普适策略。

（二）《太平经》劝善说、承负说、和谐论的社会历史意义和现实意义

贯穿《太平经》的一个重要思想是"劝善"二字。作者认为，造成当时社会不公平、不和谐、不富裕、不友爱、不长寿、不诚信的根本原因，就在于人们不守道德，轻信邪恶，与天为仇，引起上天愁苦、愤怒，于是风雨不调、不生善物、妖变怪异，祸害人间。因而有针对性地推出神书，宣传至善道德于国、于家、于寿命的重要作用。《太平经》为人们设置了一个最高信仰偶像"天君"，设置了一个最理想的权位目标"天君左侧"，即给天君当助手。它劝导世人，上自天神，下至人君、臣民，都要尊天、循道、修德、向善。唯虔诚、永恒向善，既可以解除先人之承负，使自己改变社会等级身份，升入仙阶，乃至位至天君左侧，又可以使家族人丁兴旺、出仕、富贵、长寿康宁。为善须读经循道、远浮华邪恶、自立自尊、周穷济急、尽孝尽忠等等。《太平经》的劝善，固然是立足于《易·文言》"积善之家，必有余庆，积不善之家，必有余殃"的因果报应说，但其内容则表现为一种仁爱的公善，因而更容易为百姓接受。其对于消除社会腐败和丑恶风气，起到了正面的导向作用。

"承负说"则是从反面论述了人不为善的恶果。承负说是本经首创的词汇。意为人若作恶，必须对其恶行负责。以其恶行大小的报应，皆由其本人或五服以内的子嗣承担，其重谪可至于"灭其世类"。这是属于恐吓的一手。但它也给这种恶人留了一条活路：如能彻底改恶从善，也能根据其为善程度和能否长久坚持行善而酌情减免。也即是说，劝善不是目的，而是惩前毖后，是使人受天之佑的唯一手段。

"和谐论"是《太平经》的又一重要思想。天下太平的具体体现就是天下和谐，其主要内容是人民丰衣足食，人与万物各得其所，各安其位，天地人和合、君臣民和合、人际和合、男女和合、牝牡和合。因和而公正、廉明、均平、仁爱、无刑罚、无战争而天下太平、人民与君臣同寿。这种社会和谐思想继承了传统的和文化，固然带有阶级调和的色彩，有忽略矛盾斗争性的片面性，从而引人容易陷于幻想，但当阶级矛盾不再成为主要矛盾的时候，它的积极性便显得突出了。尤其是人与自然生态的和谐，比如本经所谓破坏土地、烧伐山林、绝灭人性等自私行为，都将自食其果。经中所表达的和谐思想，其积极的一面对于今天我们建设政治文明、生态文明均有重要的借鉴意义。尤其本经提出了以声音乐舞治国的乐治思想，表达了重生、乐生的理念及以乐去刑的诉求，将传统的礼乐文化普及到全民的主张，对于引导人珍惜和热爱生命、提高民族的整体素质、提升生命质量，亦有重要的现实意义。

《太平经》的价值还在于，它对多种社会恶习（包括酗酒、弃亲不孝、好逸恶劳、追逐浮华等）的批判，表明了古代广大人民群众朴素的社会和生存价值观念。

四、《太平经》之学术史价值

《太平经》包裹着一层浓厚的神学外衣，当我们剥开其外在形式，便可以看到其内里的丰富内容和复杂构建。《太平经》自称是拘校三古文书又经过三道文集议而成的"天言"，其内容从民间奇方妙术、医药房中、巫风鬼祀，到天地阴阳、天文历律、声音乐舞、神道设教、治国理政，无所不包，差不多是一部包罗万有的百科全书。用以纲维其说的大致是以《老子》为代表的道家学说和象数易学，以及阴阳、五行谶纬神学和以巫术为代表的方伎之学，偶尔还浸染了一点经学章句的余韵。其内容包括诸如两汉流行的元气自然说，星占说，神仙说，气功养生说，五行、干支、八卦休王说，神学目的论和儒家的仁爱说以及政治伦理学说等等。作者们努力地试图将这些理论糅和成一部超越"外学"的、包罗万象的"内学"，成为"皇天洞极政事之文"。从理论上看，如果说汉初奉行的黄老之学后来为儒学所容纳、经学的今古文之争又成就了董仲舒的儒学独尊主张，《太平经》则不自觉地遏制了儒学宗教化，为中国本土宗教道教的萌生、成立，打下了理论基础。虽然它的初衷不是为中国道教开宗而作，但它却为道教种下了中国神学的基因，从而理所当然地被奉为道教的原始教典。同时，也对后来中国佛教的神学化给予了重要的影响。

回顾中国学术思潮，自两汉经学至魏晋玄学，《太平经》应该是一个重要的中间环节。其与扬雄的《太玄》、董仲舒的《春秋繁露》、张鲁的《老子想尔注》互为犄角，互通声息，相互翕辟，为玄学思潮的形成起到了推波助澜的作用。作为起自民间的方仙道书，其在学术思想史上的地位实在不容小觑。

比如，在哲学史方面提出的元气自然之说，适与当时王充的元气论相呼应而显出自身的神学特色；关于三合相通的理论，则表现了对传统哲学的继承和发展。《老子》云"万物负阴而抱阳，冲气以为和"，此即含有阴、阳、冲和元气三合的思想；屈原《楚辞·天问》亦有"阴阳三合，何本何化"之问；又《春秋穀梁传·庄公三年》也有"独阴不生，独阳不生……三合然后生"之说。《太平经》的"三合相通说"则更加趋于哲理化，使其上升为一个普遍规律性的认识。

又比如，《太平经》所继承的先秦老学，在经书中多有表现。而其思想对其时《道德经河上公章句》和《老子想尔注》，尤其是后者，影响颇深。据饶宗颐先生研究："其书每提及太平符瑞，多合于《太平经》经义，不特东汉老学神仙家一派之说。""《太平经》言'守一''中和''合五行'，《想尔》每取以为说。"他说：

　　汤锡予曰："《太平经》者，上接黄老图谶之道术，下启张角、张陵之鬼教。"其说良信。道教之创立，其渊源颇远，而实以《太平经》为其理论之中心。既目孔子儒书为邪说，而其本身原无经典，乃借《老子》五千文为之。使《道德经》与《太平经》治而为一，以别树教义，具见苦心所在。《想尔》此注，大部分即以《太平经》解《老子》，故与韩非以来说《老》者，截然异趣。由今观之，其义固多牵强傅会，然道教原始思想之本质，及其与《老子》书关系之一斑，可以概见。此自来言中国学术史者，多未尽解。（《老子想尔注校证·〈想尔注〉与〈太平经〉》）

饶先生对《太平经》在中国学术史上的地位的看法，极具代表意义。

又比如，关于生命学说。《太平经》秉承了道家"重人贵生"的生命理念，认为"生"是真道的一种存在形态，乐生是大善大德，长生才是修道德的终极目的，乐生长生是太平社会思想的重要标志。《太平经》以此为基点，构建了一套生命价值学说，包括生命的来源、生命的本质、生命的寿夭、生命的传续、生命的质量、生命的伦理等。这一套生命论思想涉及婚姻、子嗣、房中、医药、炼养、孝道等诸多方面，系统地反映了作者悦生恶死、重人贵生的生命价值观。检点先秦以来见存的古籍，其于生命学说，可以说没有一家有如此系统的论述。这种生命学说固然与先秦老子道家求长生思想有承继关系，但它却又开启了中国道教贵生、养生、乐生思想的先河。

再比如，关于易学。《太平经》是道家易学向道教易学发展的一道重要津梁，是中华易文化传统在汉代体现的一个典范。诚如詹石窗等所言："《太平经》的理论体系乃是以《易》学为根本，因为'阴阳五行'正是秦汉以来（尤其是汉代）《易》学的理论主体。"⑨ 相对于儒家易学，道家易学以天地自然和人体自身健康长寿为关怀的起点，并延及人君南面之术，从而为实现天地人事的阴阳和谐，建立一种自然无为的中和的社会秩序提供了理论依据。而《太平经》的一个主要特点则是以"道"释《易》，借《易》明"道"。实际上是将太平主旨建立在易理之上。它不仅将阴阳理论贯穿于宇宙发生论、物种起源论、自然变化论等多方面，而且将阴阳变化的理论与五行、四时、干支等学说相结合，解释气候和社会变化，突显垂象说、感应说、中和说，将汉代的象数易学直接推向了宗教神学。

再比如，关于汉语言文字学。《太平经》语言平实、朴素、形象，其语言艺术所营造的口语语境，对于古代汉语言文字学的发展起到了一种孵化器的作用。有学者指出，《太平经》语言的一个重要特点，就是不大引用前人的陈言，其"动词系统是先秦动词系统演变的结果，同时也是六朝动词系统的源头"⑩。《太平经》在句式上不仅习惯地"以其俗语习教其言"（《经》己部《国不可胜数诀》），而且多用四言韵语敷陈，其间还有不少七言韵语，这种诗谣与俗语相结合的特色，在汉代的文论之林享有重要的一席之地。其在语言文字上还有一个重要特色，就是往往基于神学立场，袭用纬书拆字析义，并用形训、声训之法解诂文字，为汉代的字书如许慎的《说文解字》等提供了重要的资源。季羡林先生序《饶宗颐史学论著选》说:"《说文解字》中有许多不甚可解之说,可于《太平经》中获得解答。许慎有时用阴阳五行之说来解释字源,有人颇以为怪。其实这是东汉学术风气使然,不足诟病。"(例见该书《〈太平经〉与〈说文解字〉》)

这里还必须指出,《太平经》尚保留了《兴上除害》《令尊者无忧》《德行吉昌》《神佑》等四篇复文,据《太平经复文序》云,该复文托名为"皇天金阙后圣太平帝君"所作,一并保存于《太平本文》中,由帛和传于于吉。这些复文实际上为尔后道教符箓派开启了先河,成了符箓派创制符箓的重要资源。

此外,《太平经》于民俗学、政治学等方面的论述,都具有值得深研的价值。

五、本书所据版本及选目

见存明正统《道藏》"太平部"的《太平经》残本仅五十七卷。今人王明先生极尽心力,从《太平经钞》及各种道书中扒搜辑集,校、补、附、存,终成《太平经合校》,当为可据之善本(本人前主编之《太平经注译》即以此为基本文本)。然是书为了圆成一百七十卷之数,乃将本非《太平经》内容的《灵书紫文》赫然列为本经的甲部的开篇,与原经异趣,文体有失原经之貌。之所以会如此,饶宗颐先生认为合校本虽然"用力至勤,惜于敦煌此卷,未曾寓目"⑪。2001年俞理明《〈太平经〉正读》问世。该书据新发现的敦煌写本《太平经》目录(以下简称《敦煌目录》),通过考订,确认《太平经钞》之癸部实为原经甲部一至十七卷的内容,故而调整了篇目次序。同时,作者为了尽量恢复本经原貌,进一步对全书的文字、篇目进行了校勘,汰去了一些无着的补附文辞，虽未尽善，但文本部属次序可信，故而本书选目以此为据，选文篇目次第亦依序排列。文中个别错夺衍之处，径自改正。缺字用（）标出，错字用［］标出，衍字用〈〉标出。其中选文句读、词语释义、观点简评，则是择时贤之善而从，断以己意。

本书为《太平经》和《太平经钞》合观的选本。考虑到经书内容丰富、烦琐冗杂，重复之处颇多，而本书篇幅又十分有限，故而只选取了六十篇（其中丙部《乐生得天心法》《案书明刑德法》《起土出书诀》《三合相通诀》《急学真法》等为节选）进行注释、评点，约占原经六分之一，基本包括了《太平经》的主要内容和核心观念，读者可通过本书，窥其斑而及全豹。本书另附有全部《敦煌目录》，有心人可按目索骥，以解阙文之憾。

本书之注释，参考了国内学人之研究成果以及晋汉以前之若干古籍，限于篇幅，书末仅注明主要书目数种，其他大量论文恕未一一列出。导读也者，亦是本人多年研究的一点心得感悟，见仁见智，庶几能为太平真道之一偏，不致导读者入于五里雾中，是为万幸。

①　《后汉书·方术传》："汉自武帝颇好方术，天下怀协道艺之士，莫不负策抵掌，顺风而届焉。"此风一开，绵延而至于东汉，"习为内学，尚奇文，贵异数，不乏于时矣"。

②　胡孚琛："东汉时，方仙道演变为黄老道，《太平经》在民间的黄老道和巫鬼道的道士中传开，张陵、张角等道首皆以《太平经》布道组织教团。张陵以《太平经》中'天师'之号创天师道，张角则传《太平经》直称太平道，从而创立了中国道教……"（姜守诚：《〈太平经〉研究·序一》，社会科学文献出版社 2007 年 10 月，第 2 页）

③　"汉代的谶纬，是混合儒书与方术，诡托鬼神，用以解经及预言吉凶之书。"（萧登福：《谶纬与道教》，台北文津出版社 2000 年 6 月，第 352 页）"汉成帝时，方术化的谶书已具雏形，并试图获取主流文化的认可。《包元》可称得上是一部谶书。或者说，它是汉代谶书之先驱。"（姜守诚：《〈太平经〉研究》，第 57 页）

④ 《汉书·王莽传》："案其本事，甘忠可、夏贺良谶书臧兰台。"

⑤ 参李养正：《道教概说》第二章《道教的形成》，中华书局 1989 年 2 月。

⑥ 《春秋繁露·王道》："春秋何贵乎元而言之？元者，始也，言本正也。道，王道也。王者，人之始也。王正则元气和顺，风雨时，景星见，黄龙下；王不正，则上变天，贼气并见。"

⑦ 《淮南子·天文训》："道始于虚霩，虚霩生宇宙，宇宙生气，气有涯垠。"王念孙云：《太平御览·天部一·元气》引此为"宇宙生元气，元气有涯垠"。

⑧ 纬书本来是解释经书的一种辅助性撰述。随着汉代儒家经学的兴起，纬书亦以其独特的解经方式伴随着儒家经学走过了一段从武帝朝到王莽朝再到光武朝的鼎盛时期。纬书解经有两大特点。其一是将天人感应论贯穿于释义之中，其所涉及之天文、地理、历史、神话、方伎、星历、政治、吉凶等都被附会了一种天人感应关系。质言之，就是将天意置于"六经"之中，赋予"六经"以天书的权威，同时又使"六经"有固定着，不至于无垠，要让人于儒家"六经"中读出天意之所在。其二是紧密联系社会现实，如气候变化、星历灾异、年成丰歉、王政得失等都被赋予了天意。此即汉人之"究天人之际"。东汉时期，纬学已经成为占统治地位的官方意识形态。《太平经》之利用《道德经》和《周易》也是沿着这一思路。

⑨ 连镇标、詹石窗：《〈太平经〉易学思想考》，《福建师范大学学报（哲学社会科学版）》1994 年第 2 期，第 41 页。

⑩ 参刘文正：《〈太平经〉动词及相关句法研究》，湖南大学出版社 2015 年 1 月，第 5 页。

⑪ 参饶宗颐：《饶宗颐史学论著选》，上海古籍出版社 1993 年 11 月，第 294 页。

太平经

钞癸部（补甲部）

引言

一曰神道书[1]，二曰核事文，三曰去浮华记，都曰大顺之道。"太"者[2]，大也；大者，天也；天能覆育万物，其功最大。"平"者，地也，地平，然能养育万物。"经"者[3]，常也，天以日月五星为经[4]，地以岳渎山川为经[5]，天地失常道[6]，即万物悉受灾。帝王上法皇天[7]，下法后地，中法经纬、星辰、岳渎，育养万物，故曰大顺之道。

王明《太平经合校》置此文于癸部无题。今据《敦煌目录》移补甲部卷一之首，酌补"引言"二字。

[注释]

[1]"一曰神道书"以下四句：可以见到的"神道书""核事文""去浮华记"合称为人君顺承天地之善德以养生、为政的永恒之道。都，总合，合计。大顺之道，完全顺承天地之善德的为政、

养生的经世理论和处世之道。 [2]"'太'者"以下十句：覆育有庇护、化育义，谓天覆盖、滋生万物；地承载、长养万物。此即所谓天覆地载、天生地养之意。 [3]"经者"二句：经即永恒不变之常。经与纬相对，经就事物的纵向而言，纬则是就事物的横向而言。 [4]天以日月五星为经：日月五星的规律运行构成恒常天象。五星，指金、木、水、火、土五大行星。 [5]地以岳渎山川为经：岳渎山川的分布和形貌构成了恒常地象。岳渎，山脉和水系。古谓中国有五岳（嵩山、泰山、华山、衡山、恒山）四渎（长江、淮水、黄河、济水）。 [6]"天地失常道"二句：如果日月五星和岳渎山川不遵循常道，天地间万事万物以至人类都要遭受灾难。 [7]"帝王上法皇天"以下五句：帝王为政，效法天地之常道治养万物和人民，就是奉行大顺之道。法，效法，师法，取法。皇天后地，本指自然天地，《太平经》将其神化为人格神。

［点评］

本文为《太平经》甲部十七篇文字之开篇引言。它开宗明义，阐明了《太平经》之本义："太平经"者，就是一种使天地万物包括人类社会实现永葆太平的大顺之道。此道包括了"神道书""核事文"和"去浮华记"等三方面内容。得其道者，万物就能受到天地之覆育、繁衍、长养；而失其道者，万物和人类将并遭灾殃。故人君为政，当掌握此道并循道而行。按此之谓"道"，实际是指天地奉以为经的自然规律。如日月星辰之运行、显隐，河岳川原之荣枯、代谢，都各具其固有的客观规律。《老子》云："人法地，地法天，天法道，道法自然。"《荀子·天论》谓："天行有常，不为尧存，不为桀亡，应之以治则吉，应之以乱则凶。"《太平经》之大旨是与其一脉相承的。但是其"大顺之道"却引进了汉代流行的谶纬神学，而且将"神道书"置于首位，赋予自然规律以神格，使之成为一种超自然的人格神，从而使人君为政带有履行天命的神学性质。

神人真人圣人贤人自占可行是与非法

古者神人自占是非、得与不得[1]，其事立可观也[2]。不但暗昧[3]，昭然清白。神道至众[4]，染习身神[5]，正心意得[6]，无藏匿[7]。善者出[8]，恶者伏，即自知吉凶之法，如照镜之式也。于此之时[9]，贤明自安，时不再来，物不重应，乃得独盛，洽远方。故事见其应见[10]，慎无拒逆，撰以为宝器，可谓得天地之心意矣。其事时矣[11]，事皆职矣[12]；神道来矣，贤者谋矣，吉人到矣，邪者不来矣；清明见矣，四方悦矣，幽人隐士出矣[13]；得天心矣，得治术矣，邪不发矣，自然达矣[14]；真人来辅矣，天下善应矣；各以其事来矣，去愦乱矣[15]。此应出腹中[16]，

此是一种摈弃
感观，通过意念内
视五脏神灵以体道
的修炼方法。

"不明乎善，
不诚其身矣。是故
诚者，天之道也；
思诚者，人之道
也。至诚而不动者，
未之有也。"（《孟
子·离娄上》）

发于胸心，乃若雷电之应证也。夫瑞应反从胸中来，随念往来，须臾之间，周流天下。心中所欲，感动皇天，阴阳为移，言语至诚感天[17]，正此也。念者能致正[18]，亦能致邪[19]，皆从志意生矣[20]。使能动天地，和阴阳，合万物，入能度身[21]，出能成名[22]，贤不肖皆由斯生[23]。故贤者善御[24]，万不失一也。

《道典论》卷四《妙瑞》篇引《太平经》云：

"人君为善于内，风雨及时于外，故瑞应反从人胸中来。故有所欲为皆见瑞应[25]，何有不来者乎？夫至诚乃感皇天，阴阳为之移动，谁往为动者乎？""身形不能往动也[26]。动也者冥，乃心中至诚感天也。"

"人腹中有过[27]，反面赤，何也？""心者[28]，五脏之主，主即王也。王主执正[29]，有过乃白于天也。""惊即面青，何也？""肝者主人[30]，人者忧也，反骇肝，胆为发怒，故上出青也。诸神皆有所主[31]，以万物相应。故令人常自谨良，而顺天地，而灾不得复起也。"

［注释］

［1］自占：自我占卜命运。此处所言自占疑为一种强调心灵感应的扶乩式的巫术。占，占卜，上古时期流行的一种预测是非、吉凶的方术。　［2］立可观：立竿见影。　［3］"不但暗昧"二句：自占之术不只是看来神秘莫测，一入其境便会感到光明洞照，无比清晰。但，徒然，只是。暗昧，神秘，令人迷蒙。昭然清白，与暗昧相反，十分清楚。　［4］神道至众：神道内容多方。　［5］染习身神：可从多角度感染、影响当事人的精神和意识。　［6］正心意得：端正人的心志，使人思无邪。　［7］藏匿：隐其私。　［8］"善者出"以下四句：自占者之身神一旦染习了神道，其善端就会出现，而恶念就会降服，可知此趋吉避凶之法，有如对镜一般清明。　［9］"于此之时"以下六句：当此之际，贤者会从容面对这一时不再来、物象仅此一见的难逢机遇，独领神道之盛，并和洽于四野八方。贤明自安，贤明之人心地坦然，从容对待。　［10］"故事见其应见"以下四句：对于将出现的事物和现象要谨慎小心地对待，不要轻易地排斥或迎合，而是把经过详细记述下来，以为传世的宝典，这才是符合天地之心意的正确做法。事见其应见，该出现的兆应自然会出现。见，通"现"，出现。无，通"毋"。拒，排斥，拒绝。逆，迎合。撰，记述。宝器，神圣的宝典。　［11］时：时机恰当。　［12］职：功能、职责，此处作动词，意谓事象适时呈现，且都发挥出本然的功能。　［13］幽人：被幽禁之人才。　［14］自然达矣：道法自然，畅通无阻。　［15］去愦乱矣：社会的糜烂得到清除。　［16］"此应出腹中"以下三句：自占之人的感应意念应当自胸中而发，霎时闪现于心，如雷电之应证，历历可视。　［17］至诚感天：是说"诚"在自占之人心中的重要性。诚，即意念虔诚。　［18］致正：招致正能量、真神。　［19］致邪：招致邪恶。　［20］志意：即意志，志向。　［21］入能度身：入道

修炼，可以度越凡胎而成仙。　[22]出能成名：出仕经世，可以成就功名。　[23]不肖：指不成器、无行、无出息之人。　[24]贤者善御：意谓贤明之人善于掌控自己的情感和意念。御，通"驭"，驾驭，操控。　[25]所：原作"可"，下同。　[26]"身形不能往动也"以下三句：阴阳往来，非人之身形所为，而是人心中那冥冥之"诚"，让皇天感动。冥（míng），幽暗无形可见。　[27]腹中有过：心里有犯罪感。过，过错。　[28]"心者"二句：《黄帝内经》称人之心、肝、脾、肺、肾五种器官为五脏，心为之主。　[29]"王主执正"二句：心又称心王，心王统领五脏；《易纬》以五脏、五色、五方、五常与五行交错相配，认为心主火，火色赤，故腹中有过之人因羞耻而脸红。白，告知。　[30]"肝者主人"以下五句：肝主仁，仁者本无忧，受惊以后反吓于胆，使之惊骇震怒，胆色亦青，故人受惊即面露青色。肝者主人，人者忧也，两"人"字假借为"仁"。"仁者忧"当为"仁者无忧"，《论语》"仁者不忧"。纬书以肝主仁，又肝属木，东方之木，其色为青。　[31]"诸神皆有所主"以下五句：五行之神分主万物，而各具仁、义、礼、智、信之德，藏于腹中，可使人恭谨善良；发于胸心，则可周流天下，从而奉行大顺之道，使各种灾害不再发生。诸神，指五行之神。谨良，恭谨善良。

外学多[1]，内学少。外事日兴[2]，内事日衰[3]。故人多病，故多浮华[4]。浮者表也，华者末也。夫天道远，入邪中不能自还[5]。所谓神道书者[6]，精一不离，实守本根，与阴阳合，与神明同。核事文者，考核异同、疑误不失[7]。浮华记者，离本已远，乃居野[8]，其文错乱，不可常用，时可记也。守本者[9]，治若神矣；守中者，少乱而烦矣；守末者，昏矣。故贤者守本戒中[10]，不敢从末也。夫能守之不止，六方善来者无拒逆[11]，撰为宝器[12]，万世不复易也。人力自为善者可厄乎[13]？邪辟夷狄却乎？兵革绝乎？杖策绞无声乎？四方安乎？道路通乎？人君明乎？

神策[14]：

大人守之动四方[15]，中士为之令臣良，小人为之不相伤，其辞约，其法明，占神文乎可不行[16]。不能持乎慎无伤[17]，以拘奸乎以自防[18]。

"守本戒中"亦即《老子》所云"多言数穷，不如守中"之意。

[注释]

[1]"外学多"二句：《太平经》称儒家经学为外学，称谶纬之学为内学。道教成立以后，道教经典被称为内学，道教以外之经学和诸子百家之学则被称为外学。　[2]外事：指经世之事。　[3]内事：指修道之事。　[4]浮华：华而不实，外在形式。此是批评当时修道人不虔敬、离本逐末的现象。　[5]入邪中不能自还：此是批评深入外学而不能归于神道的现象。　[6]"所谓神道书者"以下五句：神道书实指《太平经》，并认为它是合于阴阳，同于神明之术。精一，惟精惟一，惟道是从，不离不弃。本根，《太平经》以天地、人、阴阳中和三合一为宗，视之为神道

之本根。　[7]考核异同、疑误不失：对流行道书之异同、疑误之处，道法之然否、真伪，进行全面核实，不使遗漏。　[8]居野：处于离事实太远的边际。　[9]"守本者"以下六句：恪守神道之君，其政治与神道相若；恪守中道之君，其政治清明，百姓安宁；离本崇浮华之君，其政治混乱糊涂。少乱而烦，很少烦琐杂乱之处。　[10]守本戒中：以中为戒，恪守中和之道。　[11]六方善来：吉善之瑞应从天地、四方奔来汇聚。　[12]撰为宝器：汇集为传世之宝典。　[13]"人力自为善者可厄乎"以下七句：贤者守本戒中、守之不止的惊人效果：还会有厄运吗？还会有邪辟夷狄为害吗？还会有战乱和酷刑吗？还会愁四方不安、言路不畅、君主昏聩吗？厄，厄运。邪辟，放辟邪侈之人，坏人、恶人。夷狄，对周边少数民族之蔑称。兵革绝，战争平息。杖策绞无声，不闻杖刑、鞭刑、绞刑等刑罚。　[14]神策：《太平经》的神道箴言、方略。多为韵语。　[15]大人守之动四方：王侯守此神道，四方之民会携妻负子来投奔。　[16]占神文：神道书之自占术。可不行：难道没效验，不可行吗？行，依韵读作 háng。　[17]不能持乎慎无伤：不能坚持守本就要小心遭到伤害。　[18]拘奸：抓捕奸人。以自防：三字原窜入下文之标题，今据改。自防，自我防卫。

[点评]

　　本文是《太平经》甲部紧接着引言的第一篇。钞本误置于癸部。文章详论了得道之人自占以通神道的是与非问题；描述了他们自占过程中的神秘体验。指出当神道独盛之时，各种瑞应现象会自然显现，只要主观上勿拒勿迎，听其自然，就可以悟得天心，亦可以将其所见撰以为宝典，作为万世不易之经典。认为神道显现之时，吉人到，清明现，四方悦，天心得，治术明，愦乱去；祥瑞之兆发于胸中，周流天下，自身之至诚感动皇天。作者还特别强调至诚之念，生出坚定的意志，其功能可以"动天地，和阴阳，合万物，入能度身，出能成名"。因此要守本戒中。尤其是人君，只要守之不止，就可以收到却奸邪夷狄、绝兵革酷刑、安四方、通言路、明君听的神效。换言之，只要坚持奉行《太平经》这一大顺之道，就可以立致天下太平，使国家兴旺，奸邪不起。这鲜明地表达了作者神道设教的价值取向。作为《太平经》的第一篇，可以看到作者对《易·系辞上传》"感而遂通天下之故"这一命题作了充分发挥，对《中庸》之"诚"范畴也作了充分的发挥。

据敦煌经卷斯四二二六《太平部》卷二引《太平经》甲部第一谓："诵读吾书者之灾害不得复起，此上古圣贤所以候得失之文也。书有三等，一曰神道书，二曰核事文，三曰（去）浮华记。神道书者，不离实，守本根，与阴阳合，与神同门；核事文者，考核异同，疑误不失；（去）浮华记者，离本已远，错乱，不可常用，时时可记，故名（去）浮华记。然则精学之士，务存神道，习用其书，守得其根。根之本宗，三一为主。一化以三，左无上，右玄老，中太上。太上统和，无上摄阳，玄老总阴；阴合地，阳合天，和均人。人天及地，号为三才，各有五德。五德伦分，修事毕，三才后一。得一者生，失一者死。能遵上古之道，则到太平之辰。故曰：三老相应，三五气和，和生生气，气行，无死名也。和则温清调适，适则日月光明。人功既建，天地顺之。故曰：'先安中五，乃选仙士，贤者心贤，必到圣治。'" 由此可知，《太平经》之宗旨在于强调人君为政当去浮华，守住根本，即以三一为主，如此方能一化以三，三五气和，阴阳和均，到太平之辰，最终达于圣治。

纵观全文，固然在于以神道设教，不仅排斥外学，鼓吹内学，有浓厚的神秘主义色彩，而且带有巫觋之术和心灵感应的成分；但文中对善与和的张扬与肯定，对浮华虚妄的批判，对现实太平理想的诉求，还是有值得肯定的一面。

却不祥法

顺用四时五行 [1]，外内思正 [2]，身散邪 [3]，却不祥。悬象而思守 [4]，行顺四时气 [5]，和合阴阳，罗网政治鬼神 [6]，令使不得妄行害人。

立冬之后到立春 [7]，盛行用太阴气，微行少阳之气也。常观其意，何者病为人使 [8]。其神吏黑衣服 [9]。思之闲处四十五日，上至九十日，令人耳目聪明。

立春盛德在仁 [10]，气治少阳，王气转在东方，兴木行。其气弱而仁，其神吏青衣。思之幽闲处四十五日，至九十日，令人病消以留年。行不止，令人日行仁爱。春分以前[11]，盛行少阳之气，微行太阳之气，以助少阳。观其意无疑，深思其意，百邪服矣。

立夏日盛德火[12]，王气转在南方，太阳之气以中和治。其神吏用之，得其意，口中生甘。神吏赤衣，守之，百鬼去千里。夏至之日，盛德太阳之气，中和之气也。其神吏思之，可愈百病。季夏六月，盛德合治，王气转在西南，回入中宫。其神吏黄衣，思之令人口中甘。每至季[13]，思之十八日。

立秋日盛德在金[14]，王气转在西方，断成万物。其神吏白衣，思之四十五日，至九十日，可除病；得其意，令骨强老寿。秋分日少阴之气[15]，微行太阴之气也，逆疾顺之。

立冬之日盛德在水，王气转在北方。其神吏黑衣，令人志达耳聪。守之四十五日至九十日，百病除。此五行四时之气，内可治身，外可治邪。故天用之清，地用之宁；天用之生，地用之藏，人用之兴。能顺时气[16]，忠臣孝子之谓也。此名大顺天地阴阳四时五行之道。故道为仁贤出，

此言修道之人根据五行运转和节令递变，分别悬挂当时保护神之像以思守，就可以收到身散邪、却不祥、身康体泰、福寿延绵的功效。悬象思神遂成为尔后道教祛病延年之一种功法。

不为愚者生矣。

[注释]

[1] 顺用四时五行：遵循四时（春夏秋冬）五行（金木水火土）之气的时序变化。　[2] 外内思正：感官所感和心中所思须存善念。　[3] "身散邪"二句：祛除身体所习染的邪恶之气，即可以使灾祸避除。却，除去。　[4] 悬象而思守：道家神仙派修心延命之法。其法认为四时五行各有神灵。春属木，有青童子十；夏属火，则赤童子十；秋属金，则白童子十；冬属水，则黑童子十。四季（指每季后十八日）属土，则有黄童子之十二。其神亦分男女，皆以一尺为幅，在人体为五脏之保护神（详参《经钞》乙部《以乐却灾法》）。悬象即依四时五行之季，将当值神像悬于心中默默思念。　[5] 四时气：亦即五行之气。指春少阳之气，夏太阳之气，季夏中和之气（季夏，参注 [13]），秋少阴之气，冬太阴之气。　[6] 罗网政治鬼神：以正控邪，搜捕拘役并控制妖魔鬼怪等邪神。　[7] "立冬之后到立春"以下三句：立冬转变为立春正是太阴之气转化为少阳之气之时。古历将一年气候分为二十四个节气，平均每个节气十五日。每个节气都要祭祀天地。其中立春、春分、立夏、夏至、立秋、秋分、立冬、冬至为主要的八节。立冬是冬天开始的标志，立春则为春天之始。两个季节之间，太阴之气将由盛而衰，少阳之气则开始生起。一阳初生，故曰"微行"。太阴，《周易》象数学四象说有老阳（太阳）、老阴（太阴）、少阳、少阴之说。以数言，九为老阳，六为老阴，七为少阳，八为少阴；以象言，三为奇，二为偶，三奇为老阳，如"☰"，三偶为老阴，如"☷"，一奇二偶"☵"为少阳，一偶二奇"☲"为少阴。　[8] 何者病为人使：五行神中哪一尊神忌讳被人驱使呢？病，忌讳、厌恶。此作动词。　[9] "其神吏黑衣服"以下四句：此神应是冬天太阴之水神，其神饰以黑衣，悬其

象思之四十五日至九十日，则可令人耳目聪明。　[10]"立春盛德在仁"以下十一句：是说立春之时，王（旺）气转向东方。按"五行休王"说，五行之气一年之内会按季节不同兴旺一次。如春木王，夏火王，六月和每季末的十八日土王，秋金王，冬水王。东方为木行，木之德配五常仁、义、礼、智、信之"仁"。木色青，故其神为青衣童子，此时于静室悬象思青衣神四十五日至九十日，则可令其人病去延年。常思之，其人则会日日施百姓以仁爱。　[11]"春分以前"以下七句：春分以前，盛行少阳之气。到了春分时节，太阳之气便会升起以助少阳之气，如果观之坚信不疑，则百邪自然降服。　[12]"立夏日盛德火"以下二十句：是说立夏之时王气转向南方，南方属五行火，此时太阳之气由微而盛，阴气亦潜生于阳盛之时，故以阴阳中和为治。其神为赤衣童子，如果思之得其神意，可使口生甘味；守之则可远离百鬼。至于夏至之日，太阳气旺，土德微行，二者合为中和之气，此时悬象思神，可愈百病。夏季六月之最后十八日内，王气转向西南，西南为坤位，属土德。土居五行之中宫，其保护神为黄衣童子。土主五脏之脾脏，配以甜味，故思其神能口生甘味。《春秋元命苞》云："甘者食常，言安其味也。甘味为五味之主，犹土之和成于四行也。"夏季六月为四季之中，亦称"长夏"。按《黄帝内经素问·六节脏象论》："岐伯曰：'春胜长夏，长夏胜冬。'"王冰注："春应木，木胜土，长夏应土，……所谓长夏者，六月也。……长夏土，内合脾。"　[13]"每至季"二句：按《礼记·月令》季夏："中央土，其日戊己。"《正义》注曰："木配春，火配夏，金配秋，水配冬，土则每时辄寄，王十八日也。虽每分寄，而位本未，宜处于季夏之末（六月），金火之间。"即一年三百六十日，金、木、水、火、土各应占七十二日，如今春、夏、秋、冬四季各占了九十日，则中央之土就没有可王之日；土居五行之中，中和五行又非土不成，为了与五行、五方、五法相配应，历家遂于每季之末各抽出十八日共七十二日以存思土德之保护神，此即"每至季，思之十八日"。　[14]"立秋日盛德在金"以下三句：立秋居五行之金，王气转向西方。此时万物停止生长，进入成熟之季。　[15]"秋分日少阴之气"以下三句：时行少阴之气，太阴之气尚微弱。如果二气发生矛盾，当迅疾调养。逆，违逆。　[16]"能顺时气"以下五句：能遵循四时五行之气而行的人，可称为忠臣孝子。行大顺之道，是对仁人贤者的要求。

[点评]

本法诀是教人如何修身养德以抵御、祛除邪气的方式和方法。作者认为，修炼此法的前提是必须顺循四时五行之气，端正思绪、驱散杂念，同时要根据时序之气的不同，进行悬象思守，和同阴阳、物我，勿使妖魅为害。

作者宣称行此法诀，内可治身，外可制邪，进而可使天地安宁、万物和谐生长繁育、社会兴旺。故奉法行法是忠臣孝子的必行之善。质言之，宣扬奉行《太平经》这一"大顺之道"，可以却不祥、安天地、兴社稷，是本文的主旨。虽然所谓"悬象思守"法具有神秘色彩，但其强调人必须顺应自然规律以炼气、修德、养生、却病、治世，还是有积极意义的。

盛身却灾法

年十岁[1]，二十年神。年二十，四十年

神。年三十，六十年神。年四十，八十年神。年五十，百年神。年六十，百二十年神。年七十，百年神。年八十至百二十，神尽矣。少年神加^[2]，年衰即神灭，谓五脏精神也，中内之候也。

千二百二十善神为其使^[3]，进退司候，万神为其民，皆随人盛衰。此天地常理。若以神同城而善御之^[4]，静身存神，即病不加也，年寿长矣，神明佑之。

故天地立身以靖^[5]，守以神，兴以道，故人能清静，抱精神，思虑不失，即凶邪不得入矣。其真神在内^[6]，使人常喜，欣欣然不欲贪财宝，辩讼争，竞功名，久久自能见神。神长二尺五寸^[7]，随五行五脏服饰^[8]。君仁者道兴^[9]，君柔者德生。中心少有邪意^[10]，远方为之乱。神气周流^[11]，疾于雷电，急还神明^[12]，以自照内，故病自愈而人自治。故人生百二十上寿，八十中寿，六十下寿，过此皆夭折^[13]。此盖神游于外^[14]，病攻其内也。

思本正行^[15]，令人相亲爱。古之求寿，不失其道者^[16]。天地有常行^[17]，不可离本也；故

"人生百二十上寿，八十中寿，六十下寿，过此皆夭折"的观点至今仍未过时。

儒家谓"身体发肤，受之父母，不敢毁伤，孝之始也；立身行道，扬名于后世，以显父母，孝之终也"。本经则谓"夫孝者，莫大存形，乃先人统也"。二者何其相似。

求安而长存者[18]，慎无忘此道本元也[19]。故画图以示后来[20]，陈人物生受命之时[21]，久远以来到今，不失阴阳传类[22]，更相生而久长，万万余世，不可缺也。一衰一盛[23]，高下平也[24]；盛而为君[25]，衰即为民；盛即得道，衰即受刑。

夫孝者[26]，莫大存形，乃先人统也[27]。扬名后世，此之谓善人谨民[28]。天地爱之，五行功之[29]，四时利之，百王任之[30]，万民好之，鬼神佑之，五脏神留之[31]。遇一得生[32]，今且失之，离我神器[33]，复为灰土，变化无常，复为万物矣。

[注释]

[1]"年十岁"以下十六句：十岁少年，具有二十年的精神体魄。按《太平经》提法，人之年寿以百二十岁为极，故人之精神亦以百二十为极。六十岁之前，人之精神倍增，故至六十可具百二十岁的精神体魄。过此，七十岁即开始递减为百年神；八十岁具八十年神，九十岁，六十年神，递减至百二十岁，精神殆尽，至于死亡。神，指人五脏精神。   [2]"少年神加"以下四句：谓人体内五脏之精神的加减规律以六十岁为坐标呈反比。灭，当为"减"之误。中内之候，体内脏气变化的征候。   [3]"千二百二十善神为其使"以下五句：大凡人的生命有千二百二十种善神听其调遣，伺候其吐故纳新，新陈代谢；上万种神为其民，服从

其命，他们都随生命之盛衰而旺盛、衰老，这是天地间之常道。千二百二十善神，人体内之神，从十年具二十年神到百岁年神相加为一千一百神，再加一百二十岁所具一百二十年神，共达一千二百二十之数。为其使，供人役使。进退司候，进退当释为吐纳，纳入为进，吐泄为退。　　[4]"若以神同城而善御之"以下五句：意谓人如果与神相互配合，使思虑清静、念想神的善德，就可以得到神的保佑，防止生病，延长寿命。以，与。同城，城作动词，共同筑起抵御病邪的城防。善御，善于防御邪气入侵。　　[5]"故天地立身以靖"以下七句：此言天地以明静建立其秩序，恪守神灵，发扬神道。若人能效法天地，不思邪道，亦可以抵御各种凶邪疾病。靖，靖明、清静。抱精神，道家修炼法谓之"抱（守）一"。　　[6]"其真神在内"以下六句：此言心中善德之神可使人摒除贪欲和功名利禄之心，坚持久了就能内视腹内诸神。真神，正神，善种。　　[7]神长二尺五寸：此"身中神"疑指附于人体之灵魂，其高矮与人体相若。　　[8]五行五脏服饰：即上文中所举五行之神分着黑、赤、青、黄、白诸色衣服。　　[9]"君仁者道兴"二句：仁爱之君兴天生之道，温柔之君行养育之德。　　[10]"中心少有邪意"二句：此言统治者心中不得有一点点邪恶想法，否则边远之民会因人君背离天道而生祸乱。　　[11]"神气周流"二句：此言人之精神感应现象。如《易·系辞上传》所云"千里之外应之"。　　[12]"急还神明"以下三句：思虑一旦离道失控，就需立即返思体内善德之神，迷途知返，则神光自照，既可愈己之病，亦可以管理好自己。　　[13]过此皆夭折：即年岁超出了六十的下限或还不到六十岁死亡者，都叫夭折。　　[14]"此盖神游于外"二句：这大概是人之精神失守，游离于体外之邪道，疾病侵扰五脏、大脑。盖，大概，大约。　　[15]思本正行：念想善德之神，行为遵循神道。　　[16]不失其道：不背离神道。　[17]常行:永恒不变的运行轨道。　[18]安而长存:个人安于寿考,社稷长存不衰。　[19]本元:神道之本原。元,通"原"。　[20]画图:指《太平经》中用以喻道的图画。　[21]陈:铺陈、陈现。受命:接受天命,即人君承继王位。　[22]阴阳传类:阴阳二气之交合以生中和之气而产生下一代,代相延续。　[23]一衰一盛:既指年寿由盛而衰,也指王朝兴衰互变。　[24]高下平:指阴阳矛盾运行趋势为相对平衡。　[25]"盛而为君"二句:王侯与平民无种。奉行神道,具有盛德之人,会受命为君王;反之,背离神道,德衰之人,只能成为平民百姓。　[26]"夫孝者"二句:最大的孝道,莫过于保存生命,保全身体。形,形体,身体。　[27]先人统:祖先之血统。统,统绪。　[28]善人谨民:能光宗耀祖的处世恭谨之人。　[29]五行功之:五行为之纪功劳。功,作动词。　[30]百王任之:被百代帝王任用为官。　[31]五脏神留之:五脏之神愿意长留在他身体内,即使其人长寿。　[32]遇一得生:得道之人就可以长生。一,指道。　[33]神器:精、神、形之统一体,即身体。

[点评]

此为前以黄老道家之术健身除病的养生法诀。文中提出:(一)人之生命有限,以一百二十岁为极限;人之精神以年龄六十岁为极,六十岁之前呈倍增之势;此后则呈倍减之势,此为少健而老衰之规律。(二)人之生命炼养当效法天地自然以"靖"为宗,其一是靖净,摒弃名利物欲;其二是靖静,抱一守神,思本正行,勿忘道本。(三)"夫孝者,莫大于存形。"其一,爱惜身体、生命,可使老人后世无忧,又可以使家族枝繁叶茂,相生久长。此即《周易》生生之盛德；其二，传承先人之统绪，发扬先人之功业，都是以生命为基础，故生命乃人生之最大价值追求。文中虽然离不开对神的人格化叙述，但于人之爱惜生命、修养德行、炼养身体，却具有重要借鉴意义。

分别形容邪自消清身行法

道之生人，本皆精气也，皆有神也，假相名为人[1]。愚人不知还全其神气[2]，故失道也[3]。能还反其神气[4]，即终天年，或增倍者，皆高才。

或求度厄[5]，其为之法：当作斋室[6]，坚其门户，无人妄得入。日往自试[7]，不精不安复出，勿强为之。如此复往，渐精熟即安。安不复欲出，口不欲语，视食饮，不欲闻人声。关炼积善[8]，瞑目还观形容[9]，容象若居镜中，若窥清水之影也，已为小成[10]。

无鞭策而严，无兵杖而威，万事自治，岂不神哉？谓入神之路也[11]。守三不如守二[12]，守二不如守一[13]。深思此言，得道深奥矣。

自觉闭关，排除干扰，入静、守一，传此为修道之人清身净心以得道之重要法门。

［注释］

[1]假相名为人：此是说假借人的身形相貌为载体，称其为人。意谓道生人乃是生出精气与神之偶合，寓于人的形体之中。假，假借。相，相貌。　[2]还：返还回归。　[3]失道：（认识）偏离了神道。　[4]"能还反其神气"以下四句：如果能聚敛散逸之神气回归于身，就可终其天年，甚至可以加倍延寿。能如此者即是道术高明之人。　[5]度厄：度过生命中的难关。厄，灾难。　[6]斋室：指修道专用的密室。修道时闭门净身、静虑，断绝与外界来往。俗称"闭关"。　[7]日往自试：天天去自筑的斋堂体验。　[8]关炼：道家术语，闭关修炼。关指摒弃外界声色财货的诱惑，去除内心的嗜欲贪念；炼指炼气，即以呼吸吐纳为主，辅之以导引、按摩，以求益寿延年。　[9]瞑目还观形容：闭目自视身中五脏神之形象。　[10]小成：初步进入道之境界。　[11]入神之路：指炼功渐进的三个层次。这是一个渐进过程。　[12]守三：思想注重精气神三宝。守二：思维抽象为守德和阴阳二气。　[13]守一：只守住道。

［点评］

此文即上文"思本正行"之具体注释，亦即黄老道之方仙派所主张的炼气方术。其术认为，道生人之说是生人之精、气、神，假人之身躯为载体。如果离开了精、气、神三宝，便无人的生命。反之，则可使人尽天年，进而增寿成仙。强调修炼积善，须经三个过程，循序渐进。此法后成为传统的气功炼养法。文题谓"分别形容邪自消"，是说人在炼功时瞑目反观神之精气与容貌，可以清晰到如同照镜的效果时，病邪之气会自行消去。表达了炼功要坚持刻苦的态度。

修古文法

是道修古文[1]。人本生时[2]，乃名神也，乃与天地分权、分体、分形、分神、分精、分气、分事、分业、分居，故为三处：一气为天，一气为地，一气为人，余气散备万物。是故尊天、重地、贵人也[3]。故三皇五帝皆立师[4]，疑者跪问之[5]。故国常治，虽灾厄亦可愈也。

《易·说卦传》："立天之道，曰阴与阳，立地之道，曰柔与刚，立人之道，曰仁与义。"此盖"尊天、重地、贵人"之所由出。

［注释］

[1]是道：这个大顺之道。是，此处作指示代词。修：修习，遵循。古文：往圣先贤的教诲。　[2]"人本生时"以下七句：此句是说人从自然元气形成"人"以后，便被赋予了人格，具有了迥异于天地的形体和独立的精神意识、语言以及生存方式、生活方式、生产方式。人有自己的职责（所谓"天生之，人成之"）；元气分为三，是说元气可以分为天、地、人三类。人本生时，乃名神也，人自出生，即有精神与其形体相附，可谓神妙啊。　[3]尊天、重地、贵人：自战国后期荀子《天论》提出人可"制天命而用之"命题后，将人与天地之地位相提并论，尊天、重地、贵人之说，此文应是先见。　[4]三皇五帝皆立师：三皇五帝都被立为人们崇拜的先师。　[5]跪问：弟子、学生问道，行跪问的礼节，

表示对老师的虚心虔敬之情。

[点评]

"尊天、重地、贵人"，此为《太平经》又一可贵命题。《太平经》推天引神，然其落脚点仍在"人"上。它把人分为六至九等，最低等是平民、凡人、奴婢，但经书认为人之等级定位并非世袭，而是靠修炼积善、行大顺之道；坚持修炼不仅可以改变身份，还可以延年益寿。帝王更可以免灾厄，国长治。强调了修古文、尊师和法往圣先贤的重要性。

还神邪自消法

分别三气所长[1]，还神守身[2]。太阳[3]，天气，故称神。形者[4]，太阴，主祇，包养万物，故精神藏于腹中，故地神称祇。精者[5]，万物中和之精，故进退无常。天地阴阳之精，共生万物，此三统之历也。

神者主生[6]，精者主养，形者主成。此三者，乃成一神器[7]。三者法君臣民[8]，故不可相无也。故心神动摇[9]，使形不安，存之不置。利其所安，即留矣，不用其所安，即去矣。始学[10]，用其所安之教之，久久自都安不去矣。

阴气阳气更相摩砺[11]，乃能相生。人气亦轮身上下[12]，神、精乘之出入。神、精有气，如鱼有水。气绝神、精散，水绝鱼亡。故养生之道，安身养气，不欲数怒喜也[13]。古者明师，教帝王皆安身，使无忧，即帝王自专矣[14]。天喜[15]，太平气出，无不生成；天恨，形罚之气出，莫不杀伤，万物莫不被其毒，故同忧也。

天不守神[16]，三光不明；地不守神，山川崩沦；人不守神，身死亡；万物不守神，即损伤。故当还之乃日强，不还自守日消亡也。

"养生之道，安身养气，不欲数怒喜也"之说，适与今天保健养生科学相一致。喜怒无常，情绪过于激动，是健康长寿之大忌。

[注释]

[1]三气：神（天气、太阳）、形（地祇、太阴）、精气（人、中和）。长（zhǎng）：职掌。　[2]还神守身：使体内之神气各归其位，以护卫修炼之人的身体。　[3]"太阳"以下三句：太阳乃是天气之凝聚，其运化过程神妙莫测，故称"神"。　[4]"形者"以下六句：有形之物属太阴。《太平经》谓万物始于元气，气分阴阳，阳气上升为天，天气属阳；阴气则凝成有形，称为地。祇（qí）亦称地祇，祇有成就之意，其职责是养育万物。"故精神藏于腹中"七字与上文"包养万物"不构成因果联系，疑衍文或被误置。又"精神藏于腹中"之意，可参《神人真人圣人贤人自占可行是与非法》。此应为"出腹中，发于胸心"一节。　[5]"精

者"以下六句：精，此处有两种区分，一为"万物中和之精"，指万物的共同本质，其特点是"进退无常"，亦即变化无常。一为"天地阴阳之精"，指阴阳之气相交而化生万物之精气。道家认为，人之生命乃精、气、神三者的统一，后更有"炼精化气，炼气化神，炼神还虚"之说。精与神本是一对范畴，精为本体，神为体之用（或谓精为魄，神为魂）。精气往往连用与神相对应，后被错误地把精与神联用，当作一个范畴与气范畴相对应，误导至今。三统，《太平经》将周代建子为天正，称为"天统"，殷建丑为地正，称为"地统"，夏建寅为人正，称为"人统"，合称"三正三统"。并将此杜撰为历法，与"三统历"相附会，成为本书的基本观点之一。　[6]"神者主生"以下三句：神为天，属阳气，主生万物；形为地，属阴气，主成就万物；精者为人中和之气，主养育万物。本文论述三者有龃龉之处，此注于此正之，以与注[1]相统一。　[7]神器：指精、神、形三者有机结合而形成的生命统一体。　[8]三者法君臣民：指精神形三者的关系如同君、臣、民的关系，不可或缺。　[9]"故心神动摇"以下七句：是说神保存于形体中，但不固定化，如果它能使人体安好，就藏于身中；如果不能使人体安好，它就自行离去，人就会死亡。置，安置，置留，固定化。　[10]"始学"以下三句：对初学道之人，宜用安神之术教之，时间长了，心神就会融入人体，二者相安而不分离。　[11]"阴气阳气更相摩砺"二句：阴阳二气相互对立、渗透，相依相争才能激发产生新事物的潜能，从而化生万物。　[12]"人气亦轮身上下"二句：人亦有阴阳二气在体内交会循环，两者相依相争，渗透转化，神精乘气出入其过程之中。　[13]不欲数怒喜：不希望经常喜怒无常，此言养生要在身安心静，宽容仁厚。　[14]帝王自专：此指帝王身安心泰，不为俗事影响情绪，可以专心致志地处理政务。　[15]"天喜"以下八句：天神高兴便兴太平阴阳元气以生万物；反之便兴形（刑）罚之气，殃及万物，以致王者忧愁。形，通"刑"，其气属阴。　[16]守神：固守自己的心神。

[点评]

本篇强调了"还神守身"对于养生的重要性。《太平经》认为，人之一身，神、精、形三者有机统一，不可相无，而心神尤为重要。心神动摇，在天三光不明；在地山川纷沦；在人身死国亡，万物皆受其殃；故当让心神回归守住形体，勿使亡逸。文中提出了"阴气阳气更相摩砺，乃能相生"的论题，机智地猜测并揭示了万物生成的矛盾运动机制，对古代朴素辩证法思想的发展是一个重要理论贡献。

令人寿治平法

三气共一，为神根也[1]。一为精，一为神，一为气，此三者，共一位也。本天地人之气[2]，神者受之于天，精者受之于地，气者受之于中和，相与共为一道[3]。故神者乘气而行，精者居其中也，三者相助为治[4]。故人欲寿者，乃当爱气、尊神、重精也。

世上本无事，庸人自扰之，自扰即无事生非。于身可致病，于国家社会，可致动乱。故当记取"无事乃生无事"。

欲正大事者[5]，当以无事正之[6]。夫无事[7]，乃生无事，此天地常法，自然之术也，若影响。上士用之以平国[8]，中士用之以延年，下士用之以治家。此可谓不为而成[9]，不理而治。大道坦坦[10]，去身不远，内爱吾身，其治自反也。

[注释]

[1]神根：生命之本元。　[2]天地人之气：天之太阳之神气，地之太阴之形气，人之中和之精气。　[3]相与共为一道：神、形、精三气相统一构成"道"。换言之，道之内涵即太阳、太阴与中和之气。中和乃阴阳二气之运动、相交的过程和结果，此即是"道"。　[4]三者相助为治：神寓于形，精居其中，三者相融同一，共同治生、健身。　[5]正：此作动词，治理国家政务。　[6]无事：即无为而治。　[7]"夫无事"以下五句：此言黄老无为而治，乃人和天地自然规律，行之必有效验。夫无事，乃生无事，无为而治导致天下安定。常法，恒常法则，亦称常道。自然之术，即自然运化的法术。术，数。影响，形必有影，形动影随；言必有风，风发响应。　[8]平国：即儒家经世之治国平天下。　[9]"不为而成"二句：无为而无不为，不治而无不治。此谓治理天下当顺天地自然之法则，不要妄为。　[10]"大道坦坦"以下四句：是说道并不隐秘；道不远人，就在人的炼养与行为过程之中。如果真诚地爱身重地，它的功能就可以使你重获健康。反，返回。

[点评]

本文又一次借养生表达了黄老无为而治的政治主张。

提出了"夫无事，乃生无事"的命题，认为无为而治是天地自然的常道。养生长寿，当爱气、尊神、重精，寡欲无为；治国理政亦应"以无事正之"。老子有云"治大国若烹小鲜"，扰民太过，即是造成社会不安定的重要原因，是违背天地自然之道的。

是神去留效道法

神人言：明行效道[1]，视命在谁乎？令人昭然觉悟，知命所从来。法审谁者[2]，持其正也。人法阴阳生[3]。阳者常正，阴者常邪；阳者常在，阴者常无；阳者常息，阴者常消；阳者常生，阴者常杀。

人日三变[4]，象三气，其政殊异，相与分争乖错，不相从也。而习使其常[5]，守人形容者[6]，吉。唯有真道者能专精[7]，自殊异也。不学者，则不知神去留之效[8]，立见之物[9]，不可隐也。故君子制尸不制鬼[10]。

人不卧之时[11]，行坐言语，分明白黑，正行住立，文辞以为法度，此人神在也。及其瞑目而卧[12]，光景内藏[13]，所念得之，但不言，神

道之得失，全在人之意念。意念对于人之生命、身体具有重要作用，此为现代科学所证明。

在内也。及其定卧^[14]，精神去游，身不能动，口不能言，耳不能闻，与众邪合，独气在，即明证也。故精神不可不常守之，守之即长寿，失之即命穷^[15]。人之得道者^[16]，志念耳；失道者，亦志念耳。

[注释]

[1]"明行效道"以下四句：正确地法道而修炼，可以察知己命被谁在控制着，从而幡然觉悟，知己命来自何处。明，清楚明白。效，效法。视，自视，反察。　[2]"法审谁者"二句：以什么法则为准绳呢？就是坚持遵循正道。　[3]"人法阴阳生"以下九句：人之生起于阴阳中和之气，阳与阴之功能反映在正邪、有无、消息、生杀等方面；二者对立而统一。息，生长。杀，死亡。　[4]"人日三变"以下五句：人之心理、情绪随三气的变化而变化，早晨如太阳之气，下午为太阴之气，傍晚为中和之气，时序不同，其处理事物的情绪、态度、取舍也各不相同；甚至自相矛盾，不能协调从一。三气，太阳之气，太阴之气，中和之气。　[5]习使其常：人之处世处事与三气同调，反复如此，形成习惯。　[6]"守人形容者"二句：能被精神守护不离之人才是吉祥的。　[7]"唯有真道者能专精"二句：此是说获得真道之人，具有特殊精气神，殊异于一般人。　[8]不知神去留之效：不知人之守护神离开人体或留在体内有何不同效应。　[9]"立见之物"二句：是说神之去留的影响，立竿见影，是隐瞒不住，不可假装的。　[10]制尸不制鬼：俗谓人体内藏有三尸之神，上尸名彭倨，中尸名彭质，下尸名彭矫，它们常欲使人速死，便在庚申日上白

天曹，下述地府。故道徒每于庚申日不眠，守制三尸，使其不得告人是非，此即制尸。而小鬼就不必管它了。　[11]"人不卧之时"以下六句：是说一个正常人不睡觉时人神附着于身，他很清醒，其行住坐卧、言语辞令都是正常的。文辞以为法度，言语辞章合于礼法。　[12]瞑目而卧：闭目养神。　[13]"光景内藏"以下三句：此言事物之形象藏于心中，心中所想的与实事无异，只是未说出来而已。光景，光与影。　[14]"及其定卧"以下七句：当人熟睡之时，灵魂暂时出游，而人自身则不能有任何作为，只有气守其身，维持生命。定卧，熟睡。　[15]命穷：寿命短促。穷，尽。　[16]"人之得道者"以下四句：是说人之得道与否，在于意念正确与否和守护意念的修炼方法正确与否。志念，意志、理念，即意念。

[点评]

"是神去留效道"是说人之神气脱离人的形体与留在人的体内之迥然不同的事实足以验证道论的真理性。"是神去留"，是肯定人体内神气离去与留守有不同效应的意思。以真道为准则，就能知道精气神对人寿命的决定作用。神在命在，神去气绝则命亡，故"精神不可不常守之，守之即长寿，失之即命穷"。人要获得真道，关键在人自身的意志与信念坚定。本文所说的"真道"有两层含义。一是说，人是法阴阳之道而获得生命的。本书曾多次强调"阴阳二气"具有正邪、刚柔、生杀、消息等固有的对立功能；二者相辅相成，互相依赖，其中和之气是生天、地、人、物的机制和原因。这种思想源之于《周易》和《老子》。本文赋予阴阳之气以固定属性的思想，其实否定了阴阳之气的相互转化功能，表明了其阴阳辩证思想的不彻底性。二是认为"神"可以离开人体，神之去留人体便是人之寿命存亡的区别。"神"或称为灵魂，其能否离开人体而独立存在，目前还是生命科学研究的重大问题。不过，生命与精、气、神有着本质联系，得之则生，失一便死，这是不可否定的。

钞乙部

合阴阳顺道法

还年不老[1]，大道将还人年，皆将候验。瞑目还自视[2]，正白彬彬[3]。若且向旦时[4]，身为安[5]。著席[6]，若居温蒸中。于此时[7]，筋骨不欲见动，口不欲言语，每屈伸者益快意，心中忻忻，有混润之意；鼻中通风，口中生甘，是其候也。故顺天地者[8]，其治长久。顺四时者，其王日兴。道无奇辞[9]，一阴一阳，为其用也。得其治者昌[10]，失其治者乱；得其治者神且明，失其治者道不可行。详思此意，与道合同[11]。

此为顺应阴阳运化之道以求长生不老之法诀。《庄子·人间世》："夫徇耳目内通而外于心知。"徇，使也。道家谓内观。《周易参同契·巨胜尚延年章》："薰蒸达四肢，颜色悦泽好。"《淮南子·原道训》："与刚柔卷舒兮，与阴阳俯仰兮。"诸说俱可参。

[注释]

[1] "还年不老"以下三句：意谓法阴阳自然之道进行修炼，人之年寿亦可随道的往复而返老还童，此说修道之人都将在自己的身上得到验证。还年不老，返老还童。大道将还人年，"反

者道之动"，大道将使人返还年轻。候，征候，征兆。　[2]瞑目还自视：道家炼养之法。其法双目微闭，摒绝耳目等见闻感观和心智思维功能，以元神内视腹身。　[3]正白彬彬：光明盛大，秩序井然。此谓内观感觉，清晰悦目。《庄子·人间世》谓"虚室生白"即此意。　[4]向旦：黎明破晓之时。　[5]身为安：安坐调息以吐纳元气。　[6]"著席"二句：在席垫上静坐时如同处于温室之中。著席，坐于席垫之上。著，同"着"。温蒸，有如暖室中接受薰蒸，祛除湿毒。　[7]"于此时"以下九句：平旦之时炼养，有一种不欲言语的舒适感，心中产生一种滋润、甘甜的欣慰便是内观内养功力的征候与反应。忻（xīn），同"欣"。混润，全身爽润。　[8]"故顺天地者"以下四句：此言王者以顺天地四时之气的养生之道治国，亦可长治久安、国家兴盛。王（wàng），政权。　[9]"道无奇辞"以下三句：道无玄奥之辞，只是阴阳运化而已。"一阴一阳之谓道"，即是道体之功用。"一阴一阳"是道体存在方式的动态描述。　[10]"得其治者昌"以下四句：人君理国，依道之阴阳对立统一转化规律而行则兴昌，悖之则乱亡。掌握了阴阳二气运化之理者，可谓圣明神妙之君；不悟此理者，道亦不可能被运用。　[11]与道合同：与道实现同一性。

[点评]

本文宣示了合阴阳顺道法诀的精要及其体验。其要在"瞑目还自视"。此法道家称为"心斋"。即摒绝感观与心之官的感性认识与理性认识功能，通过灵感直觉去体认道。

关于直觉顿悟的认知方式，学界尚有不同看法。本文重在强调顺天地自然四时之道，认为顺道不仅可以"遂年"，而且可以兴王长治、得道者"昌"，失道者"亡"，这是可取之论。

录身正神令人自知法

天之使道生人也[1]，且受一法：一身七纵横；阴阳[2]，半阴半阳，乃能相成。故上者象阳[3]，下者法阴，左法阳，右法阴。阳者好生[4]，阴者好杀；阳者为道[5]，阴者为刑。阳者为善[6]，阳神助之；阴者为恶，阴神助之。积善不止，道福起[7]，令人日吉[8]。

阳处首[9]，阴处足，故君贵道德，下刑罚，取法于此。小人反下道德[10]，上刑罚，亦取法于此。故人乃道之根柄[11]，神之长也。当知其意，善自持养之[12]，可得寿老[13]。不善养身，为诸神所咎[14]。神叛人去[15]，身安得善乎[16]？

[注释]

[1]"天之使道生人也"以下三句：此谓人之形体是禀天道而生，形体之构造纵横有七个部分：头部、胸部、腹部和四

肢。　[2]“阴阳”以下三句：谓人禀阴阳中和之气而生，阴阳之气各占其半，两相对应。　[3]“故上者象阳”以下四句：指阴阳二气之属性在人体之分布比例关系。道家论阴阳谓孤阳不生，独阴不长。故阳中有阴，阴中有阳。任何一个过程的阴阳分析，总是以上下、左右、前后、昼夜、阴晴、雌雄等对立范畴相剖断。此处是说上属阳，下属阴；左属阳，右属阴。道家炼养以腰际为人体上下之分界，以任督二脉为左右之分界。象，取象。法，取法。同具模拟、从属之意。　[4]“阳者好生”二句：阳气偏重于生长，阴气偏重于毙杀。生，施生。杀，克杀。　[5]“阳者为道”二句：同上句义。道，指天道，生物之母。刑，与道相对应，指毙杀。　[6]“阳者为善”以下四句：道家认为，精、气、神构成人之生命，亦分阴阳，二者相互依存、制约，但阳与阴都具有道德属性，阳善而阴恶。善，指阳主生为善。　[7]道福：和善而造成的福祉，指生生不已。　[8]日吉：天天吉祥。　[9]“阳处首”以下五句：阳处于头部，阴处于足部。意在说明阳生阴杀、阳尊阴卑、阳善阴恶之根据在于阳处上而阴处下。引申义为人君处上当贵道德而远刑罚。　[10]“小人反下道德”以下三句：此与上对应，喻君主属阳而民属阴。　[11]“故人乃道之根柄”二句：人是道得以成立的根基和神的决定者。道和神都为人而生。根柄，根基，根本。长（zhǎng），首要决定者，关键。　[12]持养：持守法诀炼养。　[13]寿老：延年益寿。　[14]为诸神所咎：言被体内各脏腑之神灵责罚。　[15]神叛人去：元神弃人之形体而去。　[16]善：完善，保全。

　　为善不敢失绳缠[1]，不敢自欺。为善亦神自知之[2]，恶亦神自知之，非为他神，乃身中神也。夫言语自从心腹中出，旁人反得知之，是身中神告也。故端神靖身[3]，乃治之本也，寿之征也[4]。无为之事[5]，从是兴也。先学其身[6]，以知吉凶。是故贤圣明者，但学其身，不学他人，深思道意，故能太平也。君子得之以兴[7]，小人行之以倾[8]。

人之善恶行为，都是主观故意使然，故为道不能自欺，为善亦不能自欺，自欺不诚，必遭咎。故此处提出：一、不失绳缠，端神靖身；二、先学其身。

[注释]

[1]为善不敢失绳缠：行道不可背离道的基本原则。绳缠，木工矫正曲木的墨线。此喻原则、准则。　[2]"为善亦神自知之"以下四句：是说行道背离道的基本法则与否，其实自己身中的五脏诸神是知道的。　[3]端神靖身：专心致志，正定身心。　[4]寿之征：长寿的象征。　[5]无为之事：指政务。汉初黄老派倡《老子》无为之治。　[6]"先学其身"以下七句：使自己成为先觉，方能知晓吉凶之所由来。故往圣先贤总是首先注重自身觉悟而非觉悟他人。只有深刻地觉悟了道意才能致治太平。先学其身，使自己成为先觉者。学，通"敩"，觉悟，知觉。《说文·敩部》："敩，觉悟也。学，篆文敩省。"又《玉篇·子部》："学，觉也。"　[7]兴：兴旺。　[8]倾：覆亡。

[点评]

篇名意为修善德规约自身以端正体内诸神，促进人悟道的法诀。"录身"即以道诫约束自身之意。方仙道认为，不唯世上万物有神灵，人体内诸脏器亦有诸神守护，且与体外诸神相类相通。神在体安，神去命亡。神分阴阳。阴神好刑杀，阳神主善德；小人重阴神，君子贵阳神。故提倡录身正神，洞晓道意以致太平。此中含有先修身而后方可治国的儒家思想，亦可供今之从政者借鉴。

修一却邪法

天地开辟贵本根[1]，乃气之元也。欲致太平，念本根也[2]。不思其根，名大烦[3]，举事不得[4]，灾并来也。此非人过也，失根基也。离本求末[5]，祸不治，故当深思之。夫一者[6]，乃道之根也，气之始也，命之所系属[7]，众心之主也。当欲知其实，在中央为根[8]，命之府也。故当深知之，归仁归贤使之行[9]。

人之根处内[10]，枝叶在外，令守一皆使还其外[11]，急使治其内[12]，追其远[13]，治其近。守一者[14]，天神助之。守二者，地神助之。守三者，人鬼助之。四五者，物佑助之。故守一者延命[15]，二者与凶为期。三者为乱治，守四五者祸日来。深思其意，谓之知道[16]。故头之一

人之成立在于气，气之本根即为"一"。"一"存在于人体五官、五脏、百骸之中，欲延长寿命，当思守一。修身亦然，为政致太平亦同然。"离本求末，祸不治。"岂独养生，治国亦然。

一为本，离本逐末，本末皆失，故"祸不治"。欲养生治国，守本第一。

者[17]，顶也；七正之一者[18]，目也；腹之一者，脐也[19]；脉之一者[20]，气也；五脏之一者[21]，心也；四肢之一者，手足心也[22]；骨之一者，脊也[23]；肉之一者[24]，肠胃也。能坚守，知其道意[25]。得道者令人仁，失道者令人贪。

［注释］

[1]"天地开辟贵本根"二句：此谓天地开辟的根是"气之元"，即形成阴阳之气的元气。古代思想家认为世界缘起于混沌的元气，元气自然运化而后有天地、物质世界、人类及人伦社会。战国时《易传》称其为"太极"。　[2]念本根：不可忘记本根。念，挂念，长记。　[3]名大烦：就会造成大的烦恼。名，是为。　[4]举事不得：做任何事都不成。得，成功。　[5]离本求末：此指人欲养生延寿，却不爱惜精、气、神这些命之本，而去追逐声色犬马等物质欲望。　[6]"夫一者"以下三句：《老子》认为一即道。"道生一"就是道外化为一，为混沌之气，再分为阴阳及冲和之气以生万物。《庄子》认为，一即一切，无处不在，其大无外，其小无内。汉董仲舒根据汉代纬书进一步提出元气说。《太平经》此论即承继了这一观点。　[7]"命之所系属"二句：意思是说人之形体、五脏以及五脏之诸神、精气、心志都为道所主宰。指"一"（道）的重要地位和作用。系属，决定性，关键性。　[8]"在中央为根"二句：中央指人之心脏。心居五脏之中，是生命之根府，又称心王。《经钞》辛部《人腹各有天子文归赤汉诀》称："天有五气，地有五位，其一气主行为王者，主执正凡事，居人腹中，自名为心。心则五脏之王，神之本根，一身之至也。"　[9]归仁归贤

使之行：此谓将此付诸仁人、贤明之士，使之付诸行为。 [10]"人之根处内"二句：根指藏纳精气神的五脏器官，枝叶指代四肢、感官。 [11]守一皆使还其外：此谓守住精气神这个根本。还其外，从外在的感性认知回归到内视的体验中来。 [12]急使治其内：首当以善道养护人腹内五脏诸神。急，当务之急，首要。治，指控制欲望、养护。 [13]"追其远"二句：远则追回已逸失的精气神，近则协调人体内诸神之间的生克关系。 [14]"守一者"以下八句：守一之人有天神佑助，守二之人有地神佑助，守三之人有人鬼佑助，守四、五之人，只有"物佑助之"。《经钞》戊部《占中不中诀》："元气恍惚自然，共凝成一，名为天也；分而生阴而成地，名为二也；因为上天下地，阴阳相合施生人，名为三也。"一，指元气之本，道之根柄，纯阳之气，即元气混沌之天。二，指阳气和阴气即天和地。三，指阳、阴、冲和之气，天、地、人。四五，为余气、杂乱之气、散乱之万物。"天神""地神""鬼神"即此之谓。 [15]"故守一者延命"以下四句：能坚持行天道者可以长生；只行地道者难免碰上凶祸；只行人道，舍弃阳阴元气者，必然败乱政治；至于背离了天地人之道的人，每天都会遭受灾祸。 [16]知道：懂得太平大顺之道。 [17]"故头之一者"二句：头部第一重要的地方是头顶，即百会穴。 [18]七正：亦称"七政"，此指耳、目、口、鼻七窍。 [19]脐：肚脐，指神阙穴。 [20]"脉之一者"二句：脉搏跳动的关键在于精气。脉，血脉，脉搏。 [21]五脏（zàng）：指心、肝、脾、肺、肾。 [22]手足心：手心和足心。 [23]脊：背脊。此指贯穿脊梁骨之督脉。 [24]肉：肌肉。人皮肤以下的肌肉脂肪层通称为肉。《黄帝内经素问·阴阳应象大论》："中央生湿，湿生土，土生甘，甘生脾，脾生肉，肉生肺，脾主口。其在天为湿，在地为土，在体为肉，在脏为脾。"汉刘熙《释名·释形体》："肉，柔也。"与骨骼之刚相对应。故人体内之脏腑皆称肉。　[25] 道意：道的本质。

［点评］

本法诀之要点在于修炼"一"。"一"乃道之根，气之元，命之属，心之主。守一即可却邪，"守一者延命"，"欲致太平，念本根也"。足见守一之于养生的重要意义。此所谓守一，就是"皆使还其外，急使治其内，追其远，治其近"。即收回关注于外部（枝末）的意念，用本心守住"道"这个根本，以道制约、平衡身体内诸神之间的关系和作为，使其平静、协调、和谐，类似于丹道的内功炼养。本经有多个法诀论及"守一"之术，皆属于道家之静功，对于人们健身养生是一种基本功法。

行道有优劣法

夫道何等也 [1]？万物之元首，不可得名者。六极之中 [2]，无道不能变化。元气行道，以生万物，天地大小，无不由道而生者也。故元气无形 [3]，以制有形，以舒元气，不缘道而生 [4]。自然者 [5]，乃万物之自然也。不行道 [6]，不能包裹天地、各得其所，能使高者不知危。

天行道 [7]，昼夜不懈，疾于风雨，尚恐失道

元气不缘道而生，但其可以行道；元气无形，但其可制有形，离道则不可制也。故元气乃万物之自然。由道当训缘道，训自于道非是。

意，况王者乎？三光行道不懈[8]，故著于天而照八极，失道，光灭矣。王者百官万物相应[9]，众生同居，五星察其过失。王者复德[10]，德星往守之[11]；行武[12]，武星往守之[13]；行柔[14]，柔星往守之[15]；行强，强星往守之[16]。行信，信星往守之[17]。相去远[18]，应之近。天人一体，可不慎哉！

春王当温[19]，夏王当暑，秋王当凉，冬王当寒，是王德也[20]。夫王气与帝王气相通[21]，相气与宰辅相应，微气与小吏相应，休气与后宫相同，废气与民相应，刑死囚气与狱罪人相应，以类遥相感动。其道也，王气不来[22]，王恩不得施也。古者圣王以是思道[23]，故得失之象，详察其意。王者行道，天地喜悦；失道，天地为灾异。夫王者静思道德，行道安身，求长生自养；和合夫妇之道，阴阳俱得其所，天地为安。天与帝王相去万万余里[24]，反与道相应，岂不神哉？

天人一体，天得道，故王者亦当得道。道得，天地喜悦；道失，则天地为灾变祸人；道得，身安长寿，夫妇好合，阴阳各得其所。"道"的地位和作用大矣哉！

[注释]

[1]何等：是何物。 [2]六极：指天、地、东、西、南、北。 [3]"故元气无形"以下三句：元气散则无形，聚则成形状

各异之万物，它们均受元气制约。舒，舒散。　[4]不缘道而生：此谓元气先于道而存在，不因缘道而生。此谓元气产生之前即有元气之道。　[5]"自然者"二句：此言自然乃是万物自已而然，非关道意更无主宰。　[6]"不行道"以下三句：万物形成以后道即在其中起运化作用，倘使道不运行，元气便不能包裹天地、使万物各正其位，使处高位的天不觉有下坠的危险。此言道是以行为其存在方式的。　[7]"天行道"以下五句：天道运行，雷厉风行，应变无穷而不懈，尚且担忧有违真道的本旨，帝王治国岂能没有忧危意识？　[8]"三光行道不懈"二句：此指日月星辰，依道之规律运行，显耀于天空而照临四面八方之遥。　[9]"王者百官万物相应"以下三句：是说帝王与百官、万物相呼应，与众生同居于皇天之下，自有五星监察其行为。五星，金、木、水、火、土五大行星。西方太白（金星）、东方岁星（木星）、北方辰星（水星）、南方荧惑（火星）、中央镇星（土星）。　[10]复：系"履"之形误。[11]德星：即木星。[12]行武：用兵，行战伐。[13]武星：即金星。金坚性刚，表兵器。[14]行柔：施行怀柔政策。[15]柔星：水星。《老子》七十八章："天下莫柔弱于水，而攻坚强者莫之能胜，其无以易之。"[16]强星：火星。以明察善恶且能惩恶扶善得名，亦称罚星。　[17]信星：土星。人伦五常之"信"属土，故得名。　[18]"相去远"二句：此言人君与天相去遥远，但天神对人君行政善恶、优劣之报应，却如近在咫尺。　[19]王（wàng）：旺盛。　[20]王德：旺气之特质。　[21]"夫王气与帝王气相通"以下七句："王气""相气""微气""休气""废气""刑死囚气"，皆为汉代阴阳五行家赋予元气属性的一些概念。见于"五行休王"说及其推衍的"支干休王"说和"八卦休王"说。"五行休王"说是说金、木、水、火、土五行在一年四季中与王、相、休、囚、死五气相应的旺衰变化状态。其变化由旺而衰，由衰转旺，有其客观规律，如：春则木王、火相、水休、金囚、土死；夏则火王、土相、木休、水囚、金死；秋则金王、水相、土休、火囚、木死；冬则水王、木相、金休、土囚、火死。即春则木王，木生火，为相；水生木，木既王，水便为休；木之子火克金，故金为囚；木克土，故土为死。余可类推。本文所说的王、相、微、休、废、刑、死、囚气，当是据"八卦休王"说。其说将一年三百六十天分为八节之气，每节四十五日，即：

八气 八节	王	相	胎	（刑）没	死	囚	废	休
立春	艮 ☶	震 ☳	巽 ☴	离 ☲	坤 ☷	兑 ☱	乾 ☰	坎 ☵
春分	震 ☳	巽 ☴	离 ☲	坤 ☷	兑 ☱	乾 ☰	坎 ☵	艮 ☶
立夏	巽 ☴	离 ☲	坤 ☷	兑 ☱	乾 ☰	坎 ☵	艮 ☶	震 ☳
夏至	离 ☲	坤 ☷	兑 ☱	乾 ☰	坎 ☵	艮 ☶	震 ☳	巽 ☴
立秋	坤 ☷	兑 ☱	乾 ☰	坎 ☵	艮 ☶	震 ☳	巽 ☴	离 ☲
秋分	兑 ☱	乾 ☰	坎 ☵	艮 ☶	震 ☳	巽 ☴	离 ☲	坤 ☷
立冬	乾 ☰	坎 ☵	艮 ☶	震 ☳	巽 ☴	离 ☲	坤 ☷	兑 ☱
冬至	坎 ☵	艮 ☶	震 ☳	巽 ☴	离 ☲	坤 ☷	兑 ☱	乾 ☰

[22]"王气不来"二句：旺气不当时令降临，帝王便无从施布恩德于天下。   [23]"古者圣王以是思道"以下三句：是说古圣王正是据此以详察天意、时令，选择旺气（吉日）之时行事。   [24]"天与帝王相去万万余里"以下三句：是说天与帝王天壤相隔，却感应如此逼真确切，真是神奇。

[点评]

本篇阐述了元气与道的关系，提出了"元气行道，以生万物，天地大小，无不由道而生"；"元气无形，以制有形，以舒元气，不缘道而生"；"自然者，乃万物之自然"等命题，肯定了元气生道，而道对于元气变化、包裹天地、使物各得其所的重要作用，表达了道不依人的主观意志为转移的意思，具有重要的理论意义。同时，本篇也指出了天人之际的神秘感应关系，强调了王者与百官、万物同居相应，故当效天履德，尤其是"王者行道，天地喜悦；失道，天地为灾异"。从而更应该"静思道德，行道安身，求长生自养；和合夫妇之道，（使）阴阳俱得其所，天地为安"。这些都具有重要的历史和现实意义。

名为神诀书

元气自然[1]，共为天地之性也。六合八方悦喜，则善应矣；不悦喜，则恶应矣。状类景[2]，象其形，响和其声也。太阴、太阳、中和三气[3]，共为理，更相感动，人为枢机，故当深知之。皆知重其命，养其躯，即知尊其上，爱其下，乐生恶死。三气以悦喜[4]，共为太和，乃应并出也。但聚众贤[5]，唯思长寿之道，乃安其上，为国宝器[6]。能养其性[7]，即能养其民。夫天无私佑[8]，佑之有信[9]。夫神无私亲，善人为效[10]。

此言神诀之妙旨有三：重命养生；尊上爱下；乐生恶死。

三气之中，人为枢机。

元气自然，天无私佑，神无私亲，故人当法元气自然之道。

[注释]

[1]"元气自然"二句：此指元气和自然并非二物，它们同质共行，构成天地之物质运动。 [2]"状类景"以下三句：情状相类，形象相似，声音相和。指自然、元气之二而一、一而二的如影同形关系。 [3]"太阴、太阳、中和三气"以下四句：此指地（太阴）、天（太阳）、人（中和）相互感应，而人之言行对于和谐天地元气至关重要，故人是其枢机。枢机，关键。 [4]"三气以悦喜"以下三句：指人之乐生恶死、重命养生、尊上爱下等生命道德伦理的践行，促使社会形成高度和乐，则上天之各种吉祥征兆也会同时出现。 [5]"但聚众贤"以下三句：唯此诀可聚贤、安上，专注长寿之道。 [6]国宝器：此指本《神诀书》。 [7]"能养其性"二句：圣人能涵养自己的德性，也便能养育治下之百姓。 [8]私佑：以私心对佑助对象。 [9]佑之有信：福佑那些诚信之人。 [10]善人为效：以行善积德之人为效证福报的标准。效，检验，验证。

　　一身之中[1]，能为贤，能为神，能为不肖，其何故也？误也，神灵露也。故守一之道[2]，养其性，在学之也。众中多瑞应者[3]，信人也；无瑞应者，行误人也，占而是非即可知矣。夫斤两所察[4]，人情也，天之照人，与镜无异。审详此意[5]，与天同愿，与真神为其安，得不吉哉？成事□□[6]，不失铢分，欲得天地中和意。故天地调则万物安[7]，县官平则万民治[8]。故纯行阳[9]，则地不肯尽成；纯行阴，则天不肯尽生。当合三统，阴阳相得，乃和在中也。古者圣人治致太平，皆求天地中和之心，一气不通[10]，百事乖错。

古圣先王治致太平者，皆得天地中和之意。"天地调则万物安，县官平则万民治。"治平之金语也。

[注释]

[1]"一身之中"以下七句：同是一人之身，其言语行为却可以为贤、为神、为不肖，这种善恶不同的原因，乃身体内诸神失守造成的。误，贻误。神灵露，此谓护守人身之诸位神灵出外游逛而不归。露，通"路"，路游而不归。　[2]守一之道：守一这种道术。　[3]"众中多瑞应者"以下五句：得到多种吉兆者，是诚信守道之人，得不到吉兆的则是修炼方法失误所致。信与误通过预测可知。占，占卜，预测。　[4]"夫斤两所察"以下四句：一般人只能观察到斤两锱铢小事，而上天对人世的观察，却如同以镜照人，令人无所隐瞒。　[5]"审详此意"以下四句：此言守一之法术与天意和神灵的意愿都相一致的，能不吉祥吗？　[6]"成事□□"二句：□□疑当为"之效"，通过成功事例验证，与占卜结果没有毫厘之差。铢分，古衡制中细微的重量差别。　[7]天地调：天地调和、和谐。　[8]县官平：官吏执法平正。县官，汉时主要指朝廷、官府或天子。　[9]"故纯行阳"以下七句：天地之性，天阳主生，地阴主成，天地阴阳中和方能化生人和万物，使其各得其养而成。纯行阴或纯行阳就犯了孤阳不生、独阴不长的片面性。合三统，天地人结合。　[10]"一气不通"二句：阴阳二气与中和之气倘有一种不能结合，各种事务都会发生混乱。乖错，乖戾错乱。《新书·道术》："刚柔得道谓之和，反和为乖。"

[点评]

神诀书即神灵的诀法，被视为国之宝器。其诀要求聚众贤，思长寿，做到"重其命，养其躯，尊其上，爱其下，乐生恶死"，中和三统，共同营造太和气氛，以养其性，安其上，养其民。书诀认为，天地之本性是元气自然，公正无私，对人之言行监听得十分清楚；唯有精修守一道术的信人方能得天的佑助。所以圣人欲治致太平，当"与天同愿，与真神为其安"。诀中对太和内涵（养性、安上、养民）的向往，对"元气自然"的认识，都能引起今人的共鸣。

和三气兴帝王法

实现天下太平之道，关键在于调和阴阳两极之气，使之达于中和。《中庸》谓"致中和，天地位焉，万物育焉"，即此是解。

通天地中和谭[1]，顺大业，和三气，游王者使无事[2]，贤人悉出，辅兴帝王，天大喜。真人问神人曰："吾欲使帝王立致太平，岂可闻邪？"神人言："但大顺天地[3]，不失铢分，立致太平，瑞应并兴。元气有三名[4]，太阳、太阴、中和；形体有三名，天、地、人；天有三名，日、月、星，北极为中也；地有三名，为山、川、平土；人有三名，父、母、子；治有三名，君、臣、民。欲太平也，此三者常当腹心，不失铢分，使同一忧，合成一家，立致太平，延年不疑矣。故男者象天[5]，故心念在女也，是天使人之明效也。臣者为地通谭，地者常欲上行[6]，与天合心，故万物生出地，即上向而不止；云气靡天而成雨[7]，故忠臣忧常在上，汲汲不忘其君，此地使之明效也。民者主为中和谭[8]，中和者，主调和万物者也。中和为赤子[9]，子者乃因父母而生，其命属父，其统在上托生于母，故冤则想君父也。此三乃夫妇父子之象也。宜当相通辞语[10]，并力共忧，则三气合并为太和也。太和，即出太平之气。断绝此三气，一气绝不达，太和不至，太平不出。阴阳者[11]，要在中和。中和气得，万物滋生，人民和调，王治太平。

[注释]

[1]通天地中和谭：通晓天、地、人之对话精神。谭，通"谈"，谈论，称说。　[2]游王者使无事：游说于诸侯王之间，劝其止武、无为，息事宁人。　[3]"但大顺天地"二句：遵循天地之道不失毫厘。大顺，释见开篇引言"大顺之道"。　[4]"元气有三名"以下二十句：指自然天道之元气——太阳、太阴、中和三气所生成之天、地、人，日、月、星，山、川、平土，父、母、子，君、臣、民等自然与人伦现象，他们关系紧密，应成为修炼存思

的基本点，它们不越天道之毫厘，共为一体，思之守之，既可延年，又可致太平。北极为中，北极星居于天田三星之中。古称北极星区为紫宫，乃至高天神的居所，故为仙道派存思的心神之一。按北极星即小熊座 α 星，一名勾陈一、北辰，是双星亦即变星，实际上是由三颗星构成的聚星。《春秋元命苞》谓"北者极也；极者藏也。言太一之星高居深藏，故名北极"。　[5]"故男者象天"以下三句：此以男思女论证阳离不开阴，是天道之正。　[6]"地者常欲上行"以下四句：此以山之隆上升高现象说明地（阴）欲与天（阳）相偶，亦是天道之常。　[7]"云气靡（mǐ）天而成雨"以下四句：借云摩天致雨的现象，比喻忠臣常忧心其君的安危，以证明阴不离阳的道理。靡，相摩（mó）相爱之意。陆德明《经典释文》："靡，李云'摩也'，一云'爱也'。"　[8]"民者主为中和谭"以下三句：平民百姓的天职就是要为实行和调万物的中和之论起主要作用。　[9]"中和为赤子"以下五句：子因有父母而生，相对于母，其命属父为阳；然对于父而言，父尊子卑，母子同属阴，这就是子主为中和、协调阴阳的地位和作用。赤子，初生婴儿，代指平民百姓。冤，受到委屈。　[10]"宜当相通辞语"以下三句：是说夫妇父子的关系与天地中和的关系当作同样的关系理解。天地中和同忧同力，则阴阳中和之气便会合一而成太和之气。　[11]"阴阳者"二句：阴阳之关键在于中和。因为：其一，中和为阴与阳相交之产物，孤阴独阳则不会形成中和之气；其二，中和自阴阳异化出来之后，与阴阳并足为三，相互依存不可或缺亦不可替代，阴阳不与中和交则不能生成万物。这是对《老子》"二生三，三生万物"的创造性发展。

人君[1]，天也，其恩施不下至，物无由生，人不得延年。人君之心不畅达，天心不得通于下，妻子不得君父之敕[2]，为逆家也[3]。臣气不得达[4]，地气不得成，忠臣何从得助明王为治哉？伤地之心[5]，寡妇在室，常苦悲伤，良臣无从得前也。民气不上达，和气何从得兴？中和乃当和帝王治，调万物者，各当得治。今三气不善相通，太平安得成哉？"

君心不畅，百气不通，民气不上达，即表天地人"三气不善相通"，三气不相通，天下太平何由而致！有理。

[注释]

[1]"人君"以下五句：此是说上天生物，雨露之恩不下施于地，则物无由生，同理，人君对百姓的养育之恩不施于人世间，则人不能长生。　[2]敕（chì）：告诫。顾炎武《金石文字记》："敕者，自上命下之辞。汉时人官长行之掾属，祖父行之子孙，皆曰敕。"　[3]逆家：违背家道。　[4]"臣气不得达"以下三句：对于天子而言，臣气与地气同属阴气，"不得达""不得成"是说民气如果不能与天子之阳气结合，谈何辅佐君王。　[5]"伤地之心"以下四句：此是说地抱孤阴如同寡妇独守空房、良臣不招人君待见。

[点评]

本法诀旨在申明和融通天之太阳之气、地之太阴之气和人之中和之气，实现"三合相通"。诀文认为如此即可"万物滋生，人民和调，王治太平"。其与《三合相通诀》同旨。

安乐王者法

　　君者当以道德化万物[1]，令各得其所也。不能变化万物[2]，不能称君也。比若一夫一妇，共生一子，则称为人父母，亦一家之象。无可生子，何名为父母乎？故不能化生万物者，不得称为人父母也。故火能化四行[3]，自与五，故得称君象也。木性和而专[4]，得火而散成灰。金性坚刚，得火而柔。土性大柔，得火而坚成瓦。水性寒，得火而温。火自与五行同，又能变化无常，其性动而上行，阴顺于阳，臣顺于君，又得照察明彻，分别是非，故得称君，其余不能也。土者不即化[5]，久久即化，故称后土。三者佐职[6]，臣象也。

[**注释**]

　　[1] "君者当以道德化万物" 二句：此言人君当以德治天下，使君臣、父子、夫妇人伦守序，飞、潜、动、植等万类各顺其性以安。　[2] 变化万物：化导与改造万物，使之趋向文明。　[3] "故火能化四行" 以下三句：火、木、水、金、土五行，火行可以化生其他四行，其与四行合而成五行，故可象征君。　[4] "木性和而专" 以下十七句：详析火化四行之理：木性可曲直，聚生而不

杂乱，遇火则燃成灰烬；金属遇火则柔软可延伸；土亦性柔，遇火则可成陶器；水遇火则可转寒为温热。不唯如此，火之性善变而炎上，既有阴顺阳、臣顺君之德，又能以其光芒，明察是非，是其他四行不具备的，故有君之象。按汉代盛行"五德终始"说，其说始创于战国齐人邹衍，他认为历代王朝兴替皆循五行之德。其顺序始黄帝为土德，夏为木德，殷为金德，周为火德，秦为水德。至汉，又盛行阴阳五行循环说，有五行生成、五行相生、五行相克三种理论。五行生成之顺序为水、火、木、金、土。相生之顺序为伏羲氏（木）、神农氏（火）、轩辕氏（土）、金天氏（金）、高阳氏（水）、尧（火）、舜（土）、禹（金）、商（水）、周（木）。汉贾谊、公孙臣则力主五行相胜之说，即金、木、土、水、火，认为汉以土德胜秦水，色尚黄。东汉光武帝又改汉为火德，色尚赤。由此亦可知此法诀当出于东汉时期。（参《汉书·律历志》）　[5]"土者不即化"以下三句：依本经解释，因地之化育万物需要很久的过程，故称地为后土。这是一个望文生义的创见。按后土与皇天为相应范畴。《礼记·曲礼下》："天子之妃曰后。"天阳地阴，相对天子言，后为地、为阴，故称"后土"。　[6]"三者佐职"二句：指火、土二行之外的木、金、水三行，其职能为辅佐帝王，只能象臣。

　　道无所不能化。故元气守道，乃行其气，乃生天地，无柱而立[1]。万物无动类而生[2]，遂及其后世相传，言有类也。比若地上生草木，岂有类也？是元气守道而生如此矣。自然守道而行[3]，万物皆得其所矣。天守道而行，即称神而无方[4]。上象人君父[5]，无所不能制化，实得道意。地守道而行，五方合中央[6]，万物归焉。三光守道而行，即无所不照察。雷电守道而行[7]，故能感动天下，乘气而往来。四时五行守道而行，故能变化万物，使其有常也。阴阳雌雄守道而行[8]，故能世相传。凡事无大无小，皆守道而行，故无凶。

[注释]

[1]无柱而立：不倚某物支撑而自成立。柱，支撑。《集韵·语韵》："柱，支也。"此言天地乃元气化生，它不需要凭借他物支撑而独立存在。　[2]"万物无动类而生"以下三句：此言万物之生成并没有谁安排，而是自然如此的。到后来世代相传就分类了。　[3]"自然守道而行"二句：此言万物各依其性，自然生长繁育，元气乃为其本（母）。"自然守道"与"元气守道"是同一层面的概念，本经元气自然常相连并用。　[4]神而无方：神妙莫测而没有一定的方所局限。　[5]"上象人君父"以下三句：上天之于世界，就像人间君父一样，没有什么不可制约和教化的，此论确实掌握了道的根本理念。　[6]五方合中央：指东、西、南、北、中五方合于中央。东方属木行，西方属金行，南方属火行，北方属水行。中央属土行，其色黄，主养，故"万物归焉"。　[7]"雷电守道而行"以下三句：阴阳之道，相感相交而生雷电，震动天下。雷电各乘其气而交感，故时有发生。　[8]"阴阳雌雄守道而行"二句：此指牝牡、雌雄、男女各依其生长发育

规律交配、交媾，因而能各依其类世代相续。

今日失道^[1]，即致大乱。故阳安即万物自生^[2]，阴安即万物自成。阴阳治道^[3]，教及其臣，化流其民，受命于天，受体于地，受教于师，乃闻天下要道。守根者王^[4]，守茎者相^[5]，守浮华者〈善〉则乱而无常^[6]。帝王^[7]，天之子也。皇后，地之子也，是天地第一神气也，天地常欲使乐，不得愁苦，怜之如此。天地之心意^[8]，气第一者也。故王者愁苦，四时五行气乖错，杀生无常也。

天地之心意，气第一，而帝王、王后代表了天地之第一神气，如果失道，致气乖乱，天下便会大乱不治。故最高统治者执政顺道与否是天下治乱的关键。

[注释]

[1]"今日失道"二句：此实针对当时而言。两汉之际，农民起义、王莽代汉、王室绝嗣、水旱频仍，民不聊生，作者以为是统治集团失道所致。　[2]"故阳安即万物自生"二句：阳安，阳气安顺于天道；阴安，阴气顺循于地道。安，顺循相安之意，如阴阳相得，协调相处。　[3]"阴阳治道"以下七句：对阴阳平衡治理国家之道要让臣下受教，普遍推广于民间，化民成性。只有通晓性命得之于天生，身体得之于大地之养育，纲常文化得之于明师之教，并努力如此践行才算真正知道。乃闻天下要道，才算真正懂得了太平真道的本质。要道，即真道之实质。　[4]守根者王：能持守道之本根即可以王天下。守根亦即守一。《修一却邪

法》："夫一者，乃道之根也，气之始也，命之所系属，众心之主也。"　[5]守茎者相：持守道之枝干者可以为国相，茎乃根之所生，以护根本。　[6]守浮华者〈善〉则乱而无常：舍道之根本而逐末，华而不实，其治必然混乱无章。浮华，本经《神人真人圣人贤人自占可行是与非法》："浮者表也，华者末也。……入邪中不能自还。"善，疑为衍字。　[7]"帝王"以下五句：此谓帝王与王后是天和地所生，为人间最高统治者，故称天地之间第一神气。　[8]"天地之心意"以下五句：天与地最注重的是第一气，第一气的帝王与王后如果有忧愁，就会引发五行之气生克关系错乱，导致滥杀无辜、世事无常等乱象。

［点评］

　　本法诀是使王治太平、帝王安乐的法诀。其法认为，如欲王治太平，帝王安乐，王者当守其根本，奉天道而行，顺阴阳治道，且教及其臣，化流其民，受教于师，以道德化万物。本法诀为了树立帝王的统治权威，特别指出了帝王与王后是天地之子女，是民之父母，是天地第一神气，且得天地爱怜，令其安乐不愁苦；同时赋予帝王以无所不能制化的权力。

　　本法诀还特别强调五行之德，以火德为贵，谓"火能化四行，自与五，故得称君象也"。适与后汉确认"汉以火德王天下"相呼应，透露了本经成书于东汉的消息。

丙部

分别贫富法

"真人前，子连时来学道，实已毕足未邪[1]？""今天师不复为其说也，以为已足，复见天师言，乃知其有不足也[2]。今意极[3]，讫不知所当复问，唯天师更开示其所不及也[4]。""行[5]，真人来。天下何者称富足，何者称贫也？""然，多所有者为富，少所有者为贫。""然子言是也，又实非也。""何谓也？""今若多邪伪佞盗贼[6]，岂可以为富邪？今若凡人多也，君王少，岂可称贫邪？""愚暗生见天师有教[7]，不敢不言，不及有过[8]。""子尚自言不及，俗人安知贫富之处哉[9]？""今唯天师念弟子之无知，比若婴儿之无知也，须父母教授之，乃后有知也。""善哉！子之言也太谦，

以人口多寡为区分贫富的基本标准，是本经的一大创见。古人早已有此想法，但未达此高度。古人之重人丁，盖出于几种原因：一是地大而民稀，劳动生产力非常缺乏，下无所出而上无所养。二是人丁是重要的战争力，国无强兵，无以为战。三是古人寿命偏短，代谢周期短，故对于生育十分重视，强调早婚早育。四是人多抗灾力量强，后备力量足。尤其在灾害和战乱过后，对人口的需求和重视可想而知。进入现代社会，人口的科学调控仍然是一个重要问题。

亦不失之也。诺。真人自精[10]，为子具言之。富之为言者，乃毕备足也。天以凡物悉生出为富足[11]。故上皇气出，万二千物具生出，名为富足。中皇物小减，不能备足万二千物，故为小贫。下皇物复少于中皇，为大贫。无瑞应，善物不生，为极下贫。子欲知其大效，实比若田家，无有奇物珍宝，为贫家也。万物不能备足，为极下贫家，此天地之贫也。万二千物俱出[12]，地养之不中伤，为地富；不而善养令小伤，为地小贫；大伤，为地大贫；善物畏见，伤于地形而不生，至为下极贫；无珍宝物，万物半伤，为大困贫也；悉伤，为虚空贫家。此以天为父，以地为母，此父母贫极[13]，则子愁贫矣，与王治相应。

[注释]

[1]实已毕足未邪：实际上已经十足掌握了吗？　[2]其：指代自己。　[3]“今意极”二句：而今竭尽思虑，终了也不知还有什么可提问的。讫，至此，终究。　[4]开示：启发开悟。多用于师父对门徒讲经说法。　[5]行：应对用语。如“好吧”“就这样”之类。　[6]邪伪佞盗贼：指邪恶、虚伪、巧言媚惑之人和强盗。　[7]愚暗生：愚昧的学生，此是真人面对天师的自谦之

称。 [8]不及有过：称自己所言要么不及本质，要么说得过头，老是不得要领。 [9]贫富之处：贫富的区别。处，所在。 [10]自精：自己专心，聚精会神。 [11]"天以凡物悉生出为富足"以下十二句：本文将上天生物之阳气分为三等，以应富足、小贫和大贫。此所谓贫富，非指家财多寡，而是指天所生物之备足与不足。凡物悉生，万二千物全部生长出来。万二千物，本经作者推导出世间事物与天数相应，其中祥瑞善物占二千，其他则为万物。其理据是一年十二个月，扩大千倍即万二千物。参本经己部《国不可胜数诀》。 [12]"万二千物俱出"以下十五句：意思是说天生之物地养之，根据全部成长良好或受伤害程度，亦可分地富、地小贫和地大贫。甚且万物被地之刑杀之气伤害，是为极贫；而万物有半数中伤，则为大困贫；全部被伤害灭亡，更为虚空贫家。 [13]"此父母贫极"二句：如果天父地母沦为极贫的话，其子也就要忧虑贫困而不能生物了。

"是故古者圣王治，能致万二千物，为上富君也；善物不足三分之二，为中富之君也；不足三分之一，为下富之君也；无有珍奇善物，为下贫君也；万物半伤，为衰家也；悉伤，为下贫人。古者圣贤乃深居幽室[1]，而自思道德所及，贫富何须问之，坐自知之矣。""善哉善哉！今唯天师幸哀帝王久愁苦，不得行意[2]，以何能致此贫富乎？""善哉善哉！子之难问也，已入微言要矣[3]。然，所行得失致之也[4]。力行真道者，乃天生神助其化，故天神善物备足也；行德者，地之阳养神出[5]，辅助其治，故半富也；行仁者，中和仁神出，助其治，故小富也；行文者[6]，隐欺之阶也，故欺神出助之，故其治小乱也；行武者，得盗贼神出助之，故其治逆于天心，而伤害善人也。

[**注释**]

[1]"古者圣贤乃深居幽室"以下四句：此是说古时圣贤居于幽室深宫之中，修德养性，无须过问亦能对事物之是非及其因果了然于心。 [2]行意：施行自己的意愿。 [3]微言要：微言大义。要，本质，要害。 [4]所行得失致之：此是说造成天地所生养万物的贫富区别，皆由人君奉行天道之正确与否所致。 [5]地之阳养神：以天阳地阴论，天之阳主生，地之阴主养，故"阳"疑"阴"之误。《经钞》此处无"之阳养"三字，疑衍。 [6]"行文者"二句：采取浮华不实的行为进行文饰的虚伪一套，是通往欺天瞒神之路。

"道者[1]，乃天所案行也。天者最神，故真神出助其化也；地者养，故德神出助其化也；人者仁，故仁神出助其化也；文者主相文欺[2]，失其本根，故欺神出助之也，上下相文，其事乱也；武者以刑杀伤服人[3]，盗贼亦以刑杀伤服人，夫以怒喜猛威服人者，盗贼也，故盗贼多出，其治凶也，盗贼多以财物为害[4]，故其治失于财货也。故古者上君，以道服人，大得天心，其治若神而不愁者，以真道服人也。中君以德服人，下君以仁服人，乱君以文服人，凶败之君将以刑杀伤服人。是以古者上君，以道德仁治服人也，不以文刑杀伤服人也，所以然者，乃鄙用之也[5]。上君子乃与天地相似[6]，故天乃好生不伤也，故称君称父也；地以好养万物，故称良臣称母也；人者当用心仁，而爱育似于天地，故称仁也。此三者善也，故得共治万物，为其师长也。夫欺刑者，不可以治，日致凶矣，不能为帝王致太平也，故当断之也[7]。今真人以吾书付有道德之君，力行之，令效立与天相应，而致太平，可名为富家不疑也，可无使帝王愁苦反名为贫家也。""今民间时相谓为富家，何等也？""是者，但俗人妄语耳。富之为言者，乃悉备足也。一事不具，辄为不具足也。故古者圣贤不责备于一人者，言其不能备之也，故不具责之也[8]。今八十一域国[9]，物各少不备足也，不能常足也，故从

"古者上君，以道德仁治服人，不以文刑杀伤服人"，故曰君父。

他国取之也。今一家，有何等富哉？真人其好随俗人妄言邪？”“不敢不敢。”“子既学，慎言无妄谈也。夫妄谈[10]，乃乱天地之正文，不可为人法，慎之！”

[注释]

[1]“道者”二句：道是上天运行所遵照的依据。　[2]文者主相文欺：文主要是以相互蒙蔽欺骗为事。文，文饰，文过饰非。　[3]“武者以刑杀伤服人”以下六句：以武治（亦称霸治）天下者多以刑杀伤吓服人，其与盗贼之行并无二致。相与为盗贼，故天下盗贼多，必致凶灾。　[4]“盗贼多以财物为害”二句：武治犹如盗贼以劫财为目的，聚敛天下财富，这也是其亡国败政的原因。　[5]鄙用：此是说道德之君鄙视、弃用凶败之君的刑杀行为。　[6]“上君子乃与天地相似”以下十一句：奉行天道之德君，辅养万物之良臣，爱育似如天地之仁人，此三者为共治天下的标准。　[7]断之：断绝，了断。　[8]不具责之：不必事事责难。　[9]八十一域国：指代汉朝的统治区域。战国阴阳家倡大九州说，认为天地以内有九大州，中国所占名赤县神州，其内又分九州，九九相乘为八十一域。参己部《国不可胜数诀》。　[10]“夫妄谈”以下三句：是说无根据的妄谈，扰乱了国家的意识形态，不足以为人们取法。人法，世人当遵循之法则。

“唯唯。今天师既加恩爱，乃怜帝王在位用心愁苦，不得天意，为其每具开说所以致上皇太

平之路。愚生受书众多，大眩童蒙[1]，不知当复
问何等哉，唯天明师[2]，悉具陈列其诚。""善哉
善哉！然天法[3]，阳数一，阴数二。故阳者奇，
阴者偶，是故君少而臣多。阳者尊，阴者卑，故
二阴当共事一阳，故天数一而地数二也[4]，故当
二女共事一男也。""何必二人共养一人乎？""尊
者之傍，不可空，为一人行，一人当立坐其傍，
给侍其不足。故一者[5]，乃象天也，二者，乃象
地也，人者，乃是天地之子，故当象其父母。今
天下失道以来，多贱女子，而反贼杀之，令使女
子少于男，故使阴气绝，不与天地法相应。天
道法[6]，孤阳无双，致枯，令天不时雨。女者应
地[7]，独见贱，天下共贱其真母，共贼害杀地气，
令使地气绝也不生，地大怒不悦，灾害益多，使
王治不得平。""何也？""夫男者，乃天之精神
也；女者，乃地之精神也。物以类相感动[8]，王
治不平，本非独王者之过也，乃凡人失道轻事，
共为非，其得过非一也[9]，乃万端，故使治难平
乖错也。天地之性，万二千物，人命最重，此贼
杀女，深乱王者之治，大咎在此也。"

天地自然万物
之本性，"人命最
重"，无分男女。

王治不平，非
独庙堂一厢之责，
乃上下"共为非"
之结果。此论中肯
高妙！

[注释]

[1]大眩童蒙：最迷惑无知幼稚之人。眩，昏眩，迷糊。 [2]"唯天明师"二句：恳请圣明天师把具体诫示一一列出。 [3]天法：皇天之法则。 [4]天数一而地数二：《汉书·律历志》："自伏羲画八卦，由数起。"而数又分为天数和地数。分法为"天一地二，天三地四，天五地六，天七地八，天九地十"，即一、三、五、七、九，五奇数为天数，二、四、六、八、十，五偶数为地数。"天数五，地数五。五位相得而各有合。天数二十有五，地数三十，凡天地之数五十有五。"（《易·系辞上传》）本文则根据天奇地偶和阳善阴恶之说附会为"二阴当共事一阳""二女共事一男"之说。 [5]"故一者"以下十三句：一象天，二象地。一为阳，二为阴。天地之子象父母。阴事阳，阴阳和合共侍父母，此即天地人和。今人却贱女子而轻杀之，使阴气灭绝，是违背了天地人和之法则。是说二人共养一人是天地之法。 [6]"天道法"以下四句：此言天之道是阴阳和合，二气相得。倘若阳无偶而孤，必致枯绝，故时雨不降。 [7]"女者应地"以下八句：是说女属阴，应地，贱杀地气如同残杀其母，有父无母，阴阳失偶，故灾害更多，王治亦不能太平。 [8]"物以类相感动"以下五句：是说天下乱动是人君独尊与世人悖道贱杀女娃以致阴阳失衡所共同造成的。 [9]"其得过非一也"二句：造成过错并非一种原因，而是多种原因共致。

"今天师为王者开辟太平之阶路，太平之真经出[1]，为王者但当游而无事。今是伤女，为其致大灾，当奈何之乎？""善哉！子之问也，得天心矣。然天下所以贱恶女者[2]，本恶过在其行。""何谓也？愿闻之，试得记于竹帛[3]，万万世不敢去也。""善哉，子今能记之，天下无复杀女者也。""唯唯，愿记之，以除帝王之灾；吾所乐也，以救冤女之命。""善哉，子已得益天算矣[4]。""何谓也？""然，活人名为自活[5]，杀人名为自杀。天爱子所为，已得增算于天，司命易子籍矣[6]。""不敢也，不敢也。""无可复让[7]，此乃天自然之法也。然天下所以杀女者，凡人少小之时[8]，父母自愁苦，绝其衣食共养之。非独人也，跂行亦皆然。至于老长巨细，各当随其力而求衣食，故万物尚皆去其父母而自衣食也，贤者得乐，不肖得苦。又子者年少，力日强有余，父母者日衰老，力日少不足也。夫子何男何女，智贤力有余者，尚乃当还报复其父母功恩而供养之也。故父母不当随衣食之也。是者名为弱养强，不足筋力养有余也，名为逆政。少者还愁苦老者，无益其父母，父母故多杀之也。今但为乏衣食而杀伤之，孰若养活之者，而使各自衣食乎？真人，是诚冤绝地统，民之愚甚剧也。""今

孤阳不生。贱杀女子是断绝地统、毁坏三统之恶行。世人重男轻女，当与之同罪。

"活人名为自活，杀人名为自杀"，此句极精辟、辩证。

小生闻是，心大悲而恐骇，知冤者诚多，当奈何哉？""然，夫好学而不得衣食之者，其学必懈而道止也[9]；而得衣食焉，则贤者学而不止也。当使各有所利[10]，不当使其还反相愁穷也。""何谓也？""夫女者无宫[11]，女之就夫，比若男子之就官也，当得衣食焉。女之就夫家[12]，乃当相与并力，同心治生，乃共传天地统，到死尚复骨肉同处。当相与并力[13]，而因得衣食之，令使贤且乐，令使不肖者且苦。比若土地，良土其物善，天亦付归之；薄土其物恶，天亦付归之，不夺其材力所生长也。天地尚不夺汝功[14]，何况人乎哉！如是，则凡人无复杀其女者也。"

［注释］

[1]"太平之真经出"二句：此言有了太平真经指路，王者可以游乐无忧。　[2]"然天下所以贱恶（wù）女者"二句：此言世人厌恶女子在于其生下以后还要父母养育，长大以后，又不能像男孩那样有行为能力，报效父母。故视女子如同累赘，必杀之以减轻负担。恶，厌恶。　[3]竹帛：竹简和帛书。　[4]天算：天赋于人的寿命、岁数。算，数也。　[5]"活人名为自活"二句：给人以活路即是给自己活路，虐杀别人等于自己杀害自己。此是劝善的古语。　[6]司命：道教诸神中掌管人生死寿夭的神，其可以改变人的生死簿籍，功者增寿，过者减年。　[7]复让：辞

让。　[8]"凡人少小之时"以下三十句：人在少小之时（包括爬行动物也一样），父母节衣缩食以辅育其成长，成人以后，各当离开父母自谋生计，各依其能力而享乐或受苦。随着子女强壮而父母衰老，子女无论其能力、贤愚怎样，都应该报效父母养育之恩。父母则不应该继续供养孩子了，否则就是违逆家政。可是有的孩子（女孩）不仅无助于父母，反而令父母愁苦，故多遭溺杀。与其因缺衣食而溺杀她们，哪里比得上养活她们使她们自谋衣食呢？岂不冤枉！可见民之愚昧到了什么程度。跂行，爬行类动物。逆政，违背治家教条。　[9]道止：半途而废。　[10]"当使各有所利"二句：无论贫而好学者与贤而好学者、父母与子女应该认识到各有所利而不应当到头来反而相互愁怨。　[11]"夫女者无宫"以下四句：女子无家室，出嫁以后便依附丈夫而成家，得衣食供养。宫，古时对女子居所的通称。　[12]"女之就夫家"以下五句：女子出嫁后当与丈夫合力谋生、传宗接代、兴旺家道。　[13]"当相与并力"以下十句：结成夫妇后，贤能者生活会好，而不肖者生活就会苦些。就如土地有优劣，收获不相同，而上天是不会干预其成长的。　[14]"天地尚不夺汝功"二句：上天都听任自然，不剥夺你的劳动成果，人又能如何呢？

　　"善哉善哉！一大深害除矣[1]，帝王太平已至矣。""真人何以知之乎？""然，夫父母与子，极天下之厚也，不得困愁焉，不宜杀之也，母乃杀其子，是应寇贼之气，大逆甚无道也，故其乱帝王治最深。夫女，今得生，不见贼杀伤，故大乐到矣。""然，子说是也，可谓知之矣。今天下一家杀一女，天下几亿家哉？或有一家乃杀十数女者，或有妊之未生出，反就伤之者，其气冤结上动天，奈何无道理乎？故吾诚□□重知之也。夫人各自衣食其力[2]，则令妇人无两心，则其意专作事，不复狐疑也。苦而无功，则令使人意常不和调。此者，乃天性自然之术也。真人慎之[3]，无去此书，以付仁贤之君，可以除一大冤结灾害也。慎吾书言，以示凡人，无肯复去女者也，是则且应天地之法也。一男者得二女也[4]，故天制法，阳数者奇，阴数者偶。大中古以来[5]，人失天道意，多贼杀之，乃反使男多，而女少不足也。大反天道，令使更相承负，以为常俗。后世者剧[6]，天下恶过[7]，甚痛无道也。夫男者乃承天统，女者承地统，今乃断绝地统，令使不得复相传生，其后多出，绝灭无后世，其罪何重也！此皆当相生传类，今乃绝地统，灭人类，故天久久绝其世类也[8]。又人生皆含怀天气具乃出[9]，头圆，天也；足方，地也；四支，四时也；五脏，五行也；耳目口鼻，七政三光也；此不可胜纪，独圣人知之耳[10]。人生皆具阴阳[11]，日月满乃开胞而出户，视天地当复长，共传其先人统，助天生物也，助地养形也。今天地神信此家，故天地神统来寄生于此人，人反害之，天大咎之，而人不相禁止，故天使吾出此书，以示后世也。事已发觉[12]，而复故为者，名为故犯天法，其罪增倍，灭世不疑。真人慎之，自励自励。”“唯唯。”“子今既已发觉此事[13]，而逃亡其书，子代人得罪坐之矣。”“不敢不敢。”“行去，各为身计。”“唯唯。”

　　右分别说贫富、君王行之立吉、禁人断绝地统、以兴男女、平复王政。

［注释］

[1] 一大深害除矣：此指天师之论消除了百姓承袭已久的错误和有害心结。以其虐杀女儿，适与贼寇之凶气相通，严重地扰乱了帝王之治，故言“深害”。　[2]“夫人各自衣食其力”以下八句：倘若家人各能自食其力，使女子专一无二心，从而不担忧被虐杀，就会全力兴家；反之苦而无功，就会造成家庭矛盾。这是人之常情，天下的普遍道理。　[3]“真人慎之”以下八句：此是说真人将本经呈献于天子，同时普及到民间，一则可以为帝王“除一大冤结灾害”，二则可使凡人“无肯复去女者”，三则又符合“天地之法”。　[4]“一男者得二女也”以下四句：一男配二女是《易》所规定的。根据是《易》阳爻以“—”表示，阴爻以“--”

表示，阳一阴二。这显然是一种附会，并不排除为古时纳妾制说项。　[5]大中古：大即"太"，太古指上古，即"三皇"（天皇、地皇、人皇）时代；中古则是指以黄帝为首的五帝时代。五帝尚无统一说法，或谓太皥（伏羲）、炎帝（神农）、黄帝、少皥、颛顼。　[6]后世者剧：此言后世虐杀妇女更甚。剧，使动词。　[7]天下恶过：天下人痛恨社会杀女的恶劣罪行。　[8]绝其世类：绝灭传承世系。此句是隐喻汉代多君绝嗣，其因皆在虐杀女婴的风气由来已久，以致地统绝灭。　[9]含怀天气：指人皆怀天地阴阳中和之气而生。下文是以人的体形、五脏构造附会西汉中期以来流行的"人副天数"说。　[10]圣人：盖指黄帝以来至于西汉鸿儒。　[11]"人生皆具阴阳"以下十三句：讲述了女子怀胎产子，传先人统、助天生物、助地养形之功以及其得天地神之信任，将其神统寄生于女子之身。可是时人却反天道而行，虐杀妇女，故出《太平经》以警示之。　[12]"事已发觉"以下五句：此是说明知故犯，其罪增倍，此种恶行，毫无疑问将被绝灭其家族世绪。　[13]"子今既已发觉此事"以下三句：此是说真人如果将天师传授的经书隐匿不传，就会牵连获罪受罚。逃亡其书，指将圣书丢弃或匿藏。坐，坐实，定罪。

［点评］

　　本法诀从社会政治学角度对贫富范畴进行了诠释，赋予了贫富以善恶的含义。认为贫富不仅以拥有物质财富多寡为标准，更重要应参照天地阴阳协调、社会和谐、家庭和睦与否。它说"富之为言者，乃毕备足也。天以凡物悉生出为富足"，"万二千物俱出，地养之不中伤，为地富"，反之即为贫。此"与王治相应"。人君行道德，贤君、良臣、仁人三者共治天下，以道德服人，必致太平，"可名为富家"。反之以刑杀伤服人者为凶败之君，必致失其财货，万物绝生，是为大困穷。认为人君致富，当在力行道德。这些论述，反映了对统治者精神道德建设的强烈愿望。

本法诀同时对当时社会虐杀女婴的风气进行了强烈的批判。认为这是"断绝地统，令使不得复相传生，其后多出，绝灭无后世"的"灭人类"的大罪。本文对造成这种畸形社会现象的原因也进行了分析，给出的秘方则是弘扬《太平经》之和谐三统、平衡阴阳、行道积德精神。这些论述和观点，都有重要的历史和现实借鉴意义。

守三实法

"真人前。""唯唯。""天下凡人行[1]，有几何者大急[2]？有几何者小急？有几何者日益祸凶而不急乎[3]？真人宜自精具言之[4]。""唯唯。诚言心所及[5]，不敢有所匿。""行言之。""凡天下之事，用者为急，不用者为不急。""子言是也，虽然，非也。欲得其常急而不可废者[6]，废之天下绝灭无人[7]，天文并合无名字者，故为大急。今子所

天下大急之事是违背天道而使社会倒退到"绝灭无人，天文并合无名字"的混沌之世的恶行。此论在今天亦有警世意义。

言，但当前小合于人意，反长候致诸祸凶所从起也 [8]。真人前，吾今所问于子，乃问其常急而不可废置者谁也 [9]？""今唯天师为其陈列，分别解示之 [10]。愚生自强过 [11]，壹言不中，不敢复言。""然，子言是也。知之乃可说，不知而强说之，会自穷矣。凡人所不及也，事无大小，不可强知也。及之无难 [12]，不及无易也。""是故唯天师既开示浅暗不达之生，愿为开辟其端首 [13]。""诺，听之。天下大急有二，小急有一，其余悉不急，反厌人耳目 [14]，当前善，而长为人召祸，凡人皆得穷败焉。""何谓也？""愚哉！然天下人本生受命之时 [15]，与天地分身，抱元气于自然，不饮不食，嘘吸阴阳气而活，不知饥渴。久久离神道远 [16]，小小失其指意，后生者不得复知，真道空虚，日流就伪，更生饥渴，不饮不食便死，是一大急也。天地怜哀之，共为生可饮食，既饮既食，天统阴阳当见传 [17]，不得中断天地之统也。

[**注释**]

[1]凡人行：世人的日常生活。　[2]几何者：犹言有多少事。　[3]日益祸凶而不急：日益祸害人却又不能急于解决的

事。　[4]精具言之：详细而具体地讲一讲。精，精确，详细。　[5]诚言心所及：诚实地将心里想到的说出来。　[6]常急而不可废者：唯此为大的当务之急，而不可须臾放弃的事。　[7]"废之天下绝灭无人"以下三句：此指社会如果退回到阴阳混沌不分的无名时代，这种人类绝灭的大事才是严重的急切问题。《易·贲·象传》："刚柔交错，天文也。"如果阳阴刚柔并合而不交，犹言男女不交，故无子嗣，人类就会绝灭，这岂不是最危急的大事吗？　[8]反长候致诸祸凶所从起：反而从长远看，会招致多种祸害由此发生。　[9]常急而不可废置者谁也：常急而不可置之不顾的事是什么。　[10]解示：开示。　[11]自强过：自己无知却自以为是的强说，必然犯过错。　[12]"及之无难"二句：知之就不难，不知自然很难。无易，没有容易的事。　[13]开辟其端首：指点入门的路径。端首，头绪。　[14]厌人耳目：堵塞人的耳目。此是指许多非当务之急的事缠绕，影响了人的聪明智识。　[15]"然天下人本生受命之时"以下六句：人之初生得其性命，即与天地为三，负阴抱阳，靠呼吸阴阳元气维持生命，此时的人是纯粹的。　[16]"久久离神道远"以下八句：婴儿成长过程中受世俗功利观念的影响，渐渐离开了神道，开始背离道德，往后出生的人更不知道以前的情况，致使真道徒有虚名，人则日益变得虚伪，追逐物质利益，大吃大喝，仿佛不吃喝就会死，这种背神道的演变就构成了第一大急事。　[17]天统：亦称天地之传承统绪。其统绪以天地阴阳相交成中和之气，生万物而不绝。

"传之当象天地一阴一阳，故天使其有一男一女，色相好[1]，然后能生也。""何乃正使一阴一阳？""夫阳极者能生阴[2]，阴极者能生阳，此两人从自然界异化出来以后面临的根本问题是生存和发展问题。生存关乎饮食，发展关乎男女相须。故饮食与男女相须乃是人类的大急之事。饮食防饥，而穿衣御寒，故穿衣可称为小急。

天地间若无牝牡（男女、雌雄）相须，以何相传？寂然便空。

孟子曰："羞恶之心，人皆有之。"远古之人，异于禽兽也几希，若人裸体群居，则会因感官刺激而乱伦互相伤害，此即野蛮阶段的人。以衣蔽体，所谓"不见可欲，使民心不乱"，则礼义生焉。故言"衣者，有以御害而已"。

者相传，比若寒尽反热，热尽反寒，自然之术也，故能长相生也，世世不绝天地统也。如男女不相得，便绝无后世。天下无人，何有夫妇、父子、君臣、师弟子乎？以何相生而相治哉？天地之间无牝牡[3]，以何相传？寂然便空[4]，二大急也。故阴阳者，传天地统，使无穷极也。君臣者，治其乱。圣人师弟子，主通天教，助帝王化天下。故此饮食与男女相须，二者大急。天道有寒热[5]，不自障隐，半伤杀人。故天为生万物，可以衣之；不衣，但穴处隐同活耳，愁半伤，不尽灭死也，此名为半急也。所谓天道大急者，乃谓绝灭死亡也，急无过此也。夫人不衣，固不能饮食，合阴阳不为其善。衣则生贤[6]，无衣则生不肖也。故衣者，有以御害而已，故古者圣贤，不效玄黄也。饮食、阴阳不可绝，绝之天下无人，不可治也。守此三者[7]，足以竟其天年，传其天统，终者复始，无有穷已。故古者圣人以此为治也，其余不急，召凶祸物者悉已去矣。"

［注释］

[1] 色相好：容貌好之谓。男女彼此间因容貌相悦。　[2] "夫阳极者能生阴"以下六句：一阴一阳之谓道。一阴一阳是指阴阳

范畴在一定条件（极）下相互转化，如同寒暑至尽时相互转化一样，此是自然法则。　[3]牝（pìn）牡：禽兽之雌性称牝，雄性称牡。　[4]寂然便空：空落落的霅那间没有任何生物。　[5]"天道有寒热"以下十句：是说天道有寒暑。若无衣蔽体，一半人都会受到伤害，故天生万物，人亦可以制衣御寒。如无衣，居于洞穴，即使半数死也不至于绝灭。这只能算半急之事。　[6]"衣则生贤"二句：此是从伦理角度讲衣服对于人的重要性。着衣是文明的象征，裸体则是群居时代野蛮人的象征。不穿衣容易受视觉感官刺激而犯罪。　[7]"守此三者"以下八句：男者为天，女者为地，衣者依靠，守持住这三件根本的事，就足以享尽天年，承传统绪，循环往复而没有尽头。前古圣人治国就是抓住这三件大事，而其他认为是不急的、招致灾祸的都弃而不复过问。

"何谓也？""此三者应天行[1]。男者，天也；女者，地也；衣者，依也，天地父母所以依养人形身也。过此三者[2]，其余奇伪之物，不必须之而活，传类相生也，反多以致伪奸，使治不平，皇气不得至，天道乖错，为君子重忧。六情所好[3]，人人嬉之，而不自禁止，意转乐之，因以致祸，君子失其政令，小人盗劫刺，皆由此不急之物为召之也。天下贫困愁苦，灾变连起，下极欺其上，皆以此为大害。所从来者久[4]，亦非独今下古后世之人过也。传相承负，失其本真实，悉就浮华，

《老子》第十二章："五色令人目盲，五音令人耳聋，五味令人口爽，驰骋畋猎令人心发狂，难得之货令人行妨。"

因还自愁自害，不得竟其天年也。后生多事纷纷[5]，但以其为不急之事，以致凶事，故常趋走不得止也。上古所以无为而治，得道意，得天心意者，以其守本不失三急。中古小多事者，以其小多端也[6]。下古大多忧者[7]，以其大多端而生邪伪，更以相高上而相愁也，因生邪奸出其中也。内失其真实[8]，离其本根，转而相害，使人眩乱，君子虽愁心，欲乐正之，所为亿万端，不可胜理，以乱其治，真人深思此意。""善哉善哉！"

右守三实、平气来、邪伪去、奸猾绝。

"守本不失三急"，只是反映了汉代中国广大农民阶层对生存和发展的基本的物质生活需要。

[注释]

[1]此三者应天行：衣食、男、女三者合于天道。　[2]"过此三者"以下九句：三者之外的奇珍瑰宝都非活命和传宗接代的必需品，追求这些反而伪奸乱政，使社会矛盾尖锐，天灾人祸频发，是人君之重忧。　[3]"六情所好"以下八句：言人们乐于追逐物欲而不知自禁，必遭国败家亡之祸。上失其政，下而盗贼横行，都是这些不急之事酿成的。六情，人之不同情感。《白虎通·情性》："喜、怒、哀、乐、爱、恶谓六情。"　[4]"所从来者久"以下七句：是说灾祸并非仅仅是当世人酿成，还有对前世人悖道行为的承负，舍真道而逐浮华，以致自受殃咎、减损年寿。　[5]"后生多事纷纷"以下四句：后人则以为非关饮食男女之急事无伤大体，竞逐奢华而泛滥不止。　[6]小多事者，以其

小多端：天灾人祸稍微少一点是因为政令不那么苛繁。多端，名目繁多。　[7]"下古大多忧者"以下四句：如今令人大忧的是因为五花八门的政令导致腐败的社会风气甚嚣尘上，使得朝野奸邪层出。　[8]"内失其真实"以下十句：朝廷已经悖离了天道，造成了混乱，虽然有人想改变现状，但是千头万绪无从着手。真人要深思如何应对。

[点评]

　　本法诀实是对朝廷发出政权危殆的严重警告。"三实"即关系国计民生的饮食、男女、衣着三大实际问题。故又称为"三急"（其中衣着为半急）。人不饮食就会饥渴致死；"男女不相得，便绝无后世……何相生而相治哉！天地之间无牝牡，以何相传？""故此饮食与男女相须，二者大急。"至于衣着，一则增进文明，更可以御寒防身，无衣可致人之半伤，故为半急。守此三实，足以传其天统，竟其天年。现在的问题是社会腐败，人们放弃"三实"，以追求奢华、声色、宴乐为时尚，邪伪丛生而朝廷内部却早已"失其真实，离其本根，转而相害，使人眩乱"。欲拨乱反正，奈何积重难返，愁绪亿万端，不可胜理。法诀告诫人们，"三实"是天心道意，统治者必须严肃地面对当下严重的政治危机，坚守"三实"，治浮华，禁贪欲，除奸佞，去"不急"，端正价值取向。三实问题，实际是关系到国本的民生问题，自古及今，执政者都应重视。文中的忧患意识发人深省。

事死不得过生法

"真人前。""唯唯。""孝子事亲，亲终，然后复事之，当与生时等邪？不也？""事之当过其生时也[1]。""何也哉？""人由亲而生，得长巨焉。见亲死去，乃无复还期，其心不能须臾忘。生时日相见，受教敕[2]，出入有所反报[3]；到死不复得相睹，訾念其悒悒[4]，故事之当过其生时也。""真人言是也。固大已失天道真实，远复远矣。今真人说尚如此，俗人冥冥是也[5]，失天法明矣[6]。""何谓也？唯天师。""然，人生象天，属天也；人死象地，属地也。天，父也；地，母也，事母不得过父[7]。生人，阳也；死人，阴也，事阴不得过阳。阳，君也；阴，臣也，事臣不得过君。事阴反过阳，则致逆气，事小过则致小逆，大过则致大逆，名为逆气，名为逆政，其害使阴气胜阳，下欺其上，鬼神邪物大兴，共乘人道，多昼行不避人也[8]。今使疾病不得绝，列鬼行不止也，其大咎在此[9]。子知之邪？子知之耶？"

[注释]

[1] 事之当过其生时：谓对已过世的长辈尽孝礼当超过其生前。此是真人所持的陈旧观念。　[2] 教敕（chì）：教导诫勉。敕，上以令下曰敕。　[3] 反报：外出归家向长辈、亲人禀报、述说。　[4] 訾（zī）念其悒（yì）悒：怀念死去亲人郁郁不乐。訾，思也。悒，忧愁不安。　[5] 冥冥：暗昧，糊涂。　[6] 失天法：背离了天道准则。　[7] "事母不得过父"以下十七句：本经谓孝敬母亲的程度不得超过对父亲的孝敬。以阳尊阴卑论，孝父当优先；若以生死论，生属阳，死为阴，孝生当优先于孝死。类推于君臣关系亦然。阴不过阳，这是伦理。反此便是逆气、逆政。　[8] 昼行不避人：此是说如果阴气逆阳而行，鬼魂就会无忌惮地大白天出现在世间。　[9] 大咎（jiù）：大灾难。咎，灾。

"愚生大不及[1]，有过不也[2]。今见天师已言，乃恻然大觉[3]。师幸原其勉勉慎事[4]，开示其不达。今是过小微，何故乃致此乎哉？""事阴过阳，事下过上，此过之大者也。极于此何等[5]，乃言微乎？真人复重不及矣[6]。又生人，乃阳也。鬼神，乃阴也。生人属昼，死人属夜，子欲知其大深放此[7]。若昼大兴长，则致夜短；夜兴长，则致昼短。阳兴则胜其阴，阴伏不敢妄见，则鬼神藏矣；阴兴则胜其阳，阳伏，故鬼神得昼见也。夫生人，与日俱也；奸鬼物，与星俱也[8]。日者阳也，星者阴也，是故日见则星逃，星见则日入。故阴胜则鬼物共为害甚深，不可名字也[9]。乃名为兴阴反衰阳也，使治失政，反伤生人。此其为过甚重，子深计之。""唯唯。"

［注释］

[1]大不及：太弄不懂了。　[2]过不也：不是罪过吗？　[3]恻（cè）然大觉：从痛悔中顿悟。恻，痛也，悲也。　[4]原其勉勉慎事：体谅我一向行事勤勉谨慎。其，指代自己。　[5]"极于此何等"二句：此过错达到了极点，怎么可以说是微小呢？　[6]复重不及：又更不懂了。　[7]子欲知其大深放此：你如果想知道更深的道理，不妨以此为例。放，仿照。　[8]俱：一同，相似，此言其阴阳属性相同。　[9]不可名字：无从说出，没法形容。

阳尊阴卑被认定为天法，不仅适用于君臣、父子伦常关系，而且可用于裁衡对生死的态度。这种绝对的形而上学观，贯穿于本经始终。

"故天道制法也[1]，阴职常当弱于阳[2]。比若臣当弱于其君也，乃后臣事君顺之；子弱于其父母，乃子事父母致孝也。如强不可动移者，为害甚深剧。故孝子虽恩爱，不能忘其亲者，事之不得过生时也。真人亦宁晓不耶？""唯唯。""慎之慎之！凡事不可但恣意而妄为也。""唯唯。""子欲事死过于生，乃得过于天，是何乎？乃为不敬其阳，反敬其阴，名为背

上向下 [3]，故有过于天也。""愚生大负 [4]，唯天师原之耳。""不也。但自详计之，言事皆当应法 [5]。""唯唯。天师开示之，愿悉闻其不得过其生时意。""其葬送，其衣物，所赍持治丧 [6]，不当过生时，皆为逆政 [7]，尚为死者得谪也。送死不应本 [8]，地下簿考问之失实，反为诈伪行，故得谪又深。敬其兴凶事大过，反生凶殃，尸鬼大兴，行病害人，为怪变纷纷。"

[注释]

[1]天道制法：天道的规则。　[2]阴职：阴性事物的职分、功能。　[3]背上向下：以背上对皇天，是为逆天不敬。　[4]大负：甚负于。此言辜负了天师教导。　[5]应法：与天道法则相呼应、相一致。　[6]赍（jī）持治丧：治理丧事所携陪葬物品如饰物、酒醴、衣物之类。赍，携。　[7]逆政：违背天法。　[8]"送死不应本"以下九句：死人下葬规格如果不与其生前身份、地位、品德、功业相符合，被阴司考问发现，便会以欺诈罪加重对死者的惩罚。以此警告其治丧过于铺张，反而会招致祸殃，以致尸鬼猖獗，危害众人，发生各种怪事。本，死者生前的本来情况。地下簿，阴间专司死人簿籍的官吏。敬，通"警"。凶事，丧事。尸鬼，僵尸鬼魅。

"以何明之耶？""善哉！子难也 [1]。以上古圣人治丧，心至而已[2]，不敢大兴之也。夫死丧者，天下大凶恶之事也，兴凶事者为害[3]，故但心至而已。其饮食象生时不负焉[4]。故其时人多吉而无病也，皆得竟其天年。中古送死治丧[5]，小失法度，不能专其心至而已。失其意，反小敬之，流就浮华，以厌生人，心财半至其死者耳。死人鬼半来食，治丧微违实，兴其祭祀，即时致邪不知何鬼神物来共食其祭，因留止祟人，故人小小多病也。下古复承负中古小失，增剧大失之，不心至其亲而已，反欲大厌生人，为观古者作荣[6]，行失法，反合为伪，不能感动天，致其死者鬼不得常来食也。反多张兴其祭祀[7]，以过法度，阴兴反伤衰其阳[8]，不知何鬼神物悉来集食，因反放纵行为害，贼杀人不止。共［其］杀一人者[9]，见兴事不见罪责，何故不力为之乎？是故邪气日多[10]，还攻害其主也，习得食随生人行不置也。阴强阳弱，厌生人，臣下欺上，子欺父，王治为其不平，而民不觉悟，故邪日甚剧，不复拘制也[11]。是故古者圣贤，事死不敢过生，乃睹禁明也[12]。真人亦岂已解耶？""可骇哉！

淫祀自上古至于当世逐渐发展乃至于事死过于事生，使王治失职，以至于不可拘制，犯了违背上古圣贤之道的重罪。

可骇哉！向天师不示，愚生心无由得知此也。"

［注释］

[1] 难：诘难，问难。　[2] 心至：心里想到、思念。　[3] 兴凶事者为害：大办丧事会造成灾祸。　[4] 不负：此指上供之食物不少于生前。　[5] "中古送死治丧"以下十四句：中古时人治丧开始偏离古法，不像古人专一于"心至"，反而偏重形式，趋于浮华，压制活人，将祭品和财物的一半都给了死人，造成了不知哪里的约半数的死人、鬼魅来享用供品，分享祭祀，招致邪鬼逗留不去而祸害人。小敬，小规模地治丧。以厌生人，以死人压活人。即时致邪，即刻就招来邪气。祟（suì），鬼神为祸。　[6] 为观古者作荣：对那些作古的人炫耀哀荣。　[7] 反多张兴其祭祀：反而大肆张扬兴办祭祀。　[8] 阴兴反伤衰其阳：阴气兴盛反而会致使阳气衰败。　[9] "共［其］杀一人者"以下三句：譬如看到有人杀一人却没有被追究罪责，于是竞相杀人，形成风气。　[10] "是故邪气日多"以下三句：是说邪气未遭封杀反而日渐猖獗，乃至连累那些治丧、主祭的人，邪神则习惯于获取他们的供品而无休无止。习，副词，经常。不置，不休止。　[11] 不复拘制：此是说邪气为害日剧而无力控制。　[12] 睹禁明：看到了上天明令禁止的文书。

"真人前，子与吾合心，必天使子主问事，不可自易也[1]，是以吾悉告子也。所以然者，今良平气且临至，凡事当顺一气，逆转不至[2]。""何谓也？""夫天道，当兴阳也而衰阴，则致顺，令反兴阴而厌衰阳，故为逆也。反为敬凶事，致凶气，令使治乱失其政位[3]，此非小过也。真人无匿此书，出之，使凡人自知得失之处。夫治不调，非独天地人君之过也，咎在百姓人人自有过，更相承负，相益为多，皆悉坐不守实所致也[4]。以离去其实，远本反就伪行，而不自知。"

孝子对死去父母的葬祭，当根据父母生前的实际情况定规格，如果远本而就伪，文饰以廉价的虚荣，反而会给死去的父母在地府带来苦难。

"何谓乎？""生者，其本也；死者，其伪也。""何故名为伪乎？""实不见睹其人所欲[5]，而生人为作知，妄图画形容过其生时也。守虚不实核事。夫人死，魂神以归天，骨肉以付地腐涂[6]。精神者可不思而致[7]，尚可得而食之；骨肉者无复存也，付归于地。地者，人之真母，人生于天地之间[8]，其本与生时异事，不知其所职者何等也。故孝子事之宜以本[9]，乃后得其实也。生时所不乐[10]，皆不可见于死者，故不得过生，必为怪变甚深。真人晓不？慎之慎之！""唯唯，善哉善哉！实已出矣[11]。""子可谓知之矣。行去！""唯唯。"

右事生到终、本末当相应诀。

[注释]

[1]自易：自己掉以轻心，不当回事。　[2]逆转不至：此指事死不得过生，否则违逆天道，太平气就不会来。　[3]治乱失其政位：颠倒混淆了治与乱的正确位置。政，通"正"。　[4]坐：连词，由于。　[5]"实不见睹其人所欲"以下四句：治丧者并不了解死者的欲求，而活着的亲人却佯作知情，将其描摹得比活着时还要理想，坚持假象而不考核实际。　[6]付地腐涂：放置于地下腐烂成泥。涂，泥。　[7]"精神者可不思而致"二句：此是说死者灵魂尚可不思而致，享用祭食。　[8]"人生于天地之间"以下三句：人生于天地之间，生和死却受到不同对待，不知道这样做是为什么。　[9]"故孝子事之宜以本"二句：孝子对待死者的葬仪应根据其生前之本然，才算是符合实际。　[10]"生时所不乐"以下四句：死者生前所不喜欢的事，不可以妄加于死者，超过死者生前，否则就会出现严重的怪异。　[11]实已出矣：（生时不得其乐，死后做给谁看？）事情的实质已经被告知了。

[点评]

　本法诀以汉代流行的阴阳神仙学说对当时社会重丧、厚葬、炽祀的奢侈风习进行了尖锐的揭露和批判。认为这种以死人压活人的行为违背了天法，动摇了国本，混乱了社会，是最大的犯罪。文章持阳尊阴卑的理论，主张重阳抑阴、厚生薄死、重人轻鬼，明确提出"事死不得过生"，其对于先秦以降儒家以礼制强调"事死如事生"、以孝道强调厚葬隆祭的思想进行了否定，表达了广大下层民众的愿望。虽然，阳尊阴卑、鬼神作祟等论点不可取，但其反本归实、"事死不得过生"的本衷对于遏制当时及以后社会的邪风陋俗却是有积极意义的。

五事解承负法

蔽暗弟子再拜言："夫大贤见师说一面[1]，知四面之说；小贤见师说一负，知四负之说。故易为说也。其愚暗蔽顿之人，不事见为说之[2]。犹复心怀疑，故敢具问天师。师既为皇天解承负之仇，为后土解承负之殃，为帝王解承负之厄，为百姓解承负之过，为万二千物解承负之责。又言下愚弟子，乃为天问事，不敢不冒过悉道之[3]，愿具闻其意。""何等也[4]？平言[5]。""今帝王人民有承负，凡事亦皆自有承负耶？""善哉，子为天问事[6]，诚详且谨[7]。""今每与天师对会，常言弟子乃为天问疑事，故敢不详也。""善哉，子有谨良之意，且可属事[8]。行，今子乐欲令吾悉具说之耶？不惜难之也[9]。但恐太文[10]，难为才用[11]。具说天下承负，乃千万字尚少也难胜[12]。既为

造成承负之厄的由来有五：

一、地（后土）无德而伤物，人却代承其过。

子举其凡纲[13]，令使众贤可共意，而尽得其意，与券书无异也[14]。"唯天师语。""明开两耳，安坐定心听。""唯唯。""然天地生凡物，无德而伤之[15]，天下云乱[16]，家贫不足，老弱饥寒，县官无收[17]，仓库更空。此过乃本在地伤物[18]，而人反承负之。一大凡事解未[19]？

［注释］

[1]"夫大贤见师说一面"以下五句：此是以正负举隅，言大贤小贤说事，各能从正面以一反三或从负面以一反三，故容易说明白。　[2]不事见为说之：不见天师每件事情都罗列出来解说。　[3]冒过：甘冒犯过错的风险。　[4]何等：到底是何事。　[5]平言：直截了当地说。　[6]为天问事：犹言就不解之事询问天意。　[7]诚详且谨：的确详尽周谨。　[8]可属事：可以托付事情。属，通"嘱"。　[9]不惜难之：勉为其难。难，意动词，以为难。　[10]太文：太烦琐，复杂。　[11]难为才用：难供人裁断、取舍。　[12]千万字尚少也难胜：即便千言万语也难以说得透彻。　[13]举其凡纲：列举纲要。　[14]券书：天书、神书、真券一类道书之简称。券，契券，契据。　[15]无德而伤之：遭到没有道德之人的伤害。　[16]云乱：像乱云一样混乱。　[17]县官无收：官府收不到赋税。　[18]地伤物：此是说造成上述灾难的原因本来是地神伤残了生长的万物，使人们得不到收成。　[19]一大凡事解未：此第一件寻常之事听懂了吗？

二、伪师以邪说传弟子，以讹传讹，代相沿袭，以至邪说乱正，后世不明所以，反错怪时人，使蒙冤遭受承负之厄。

"复更明听。今一师说教十弟子[1]，其师说邪不实[2]，十弟子复行，各为十人说，已百人伪说矣。百人复行，各为十人说，已千人邪说矣。千人各教十人，万人邪说矣。万人四面俱言[3]，天下邪说（矣）。又言者大众，多传相征[4]，不可反也，因以为常说。此本由一人失说实，乃反都使此凡人失说实核，以乱天正文[5]。因而移风易俗[6]，天下以为大病，而不能相禁止，其后者剧。此即承负之厄也，非后人之过明矣。后世不知其所由来者远，反以责时人，故重相冤也[7]。复为结气不除[8]，日益剧甚。故凡二事解[9]。

[注释]

[1]说教：传授、教导。　[2]其师说邪不实：此言导师之论偏离了正道而不实的情况。　[3]"万人四面俱言"二句：一人作俑，流毒万人以至天下人都相信邪伪之说。　[4]"多传相征"二句：传假渠道太多，它们相互征引，以致积重不可反正。　[5]乱天正文：邪伪之说满天下以致扰乱了天道的真正含义。　[6]"因而移风易俗"以下六句：是说邪说猖盛竟能移风易俗，造成天下大害，政府既不能禁止，以致愈演愈烈，这就构成了承负之灾厄。可知罪谪并非全是后人的过错所造成。　[7]重相冤：冤上加冤。　[8]"复为结气不除"二句：更是冤冤相迭，郁结而不可解。　[9]故凡二事解：这就是欲解除承负的第二件事。

"真人复更明听。令一人为大欺于都市中[1]，四面行于市中，大言地且陷成涵水，垂泣且言。一市中人归道之，万家知之，老弱大小四面行言，天下俱得知之，乃使天下欺[2]。后者增益之[3]，其远者尤剧。是本由一人言是，即承负空虚言之责也，后人何过乎？反以过时人[4]。三事解。

三、一人造谣惑众，众人辗转讹传，蒙蔽天下，使传者承负空言之罪责。

[注释]
　　[1]"令一人为大欺于都市中"以下四句：举例说明邪伪之说乃是由一人造谣而起。　[2]使天下欺：使天下人都受了他的欺骗。　[3]"后者增益之"二句：后面受骗者更是加油添醋，愈远愈邪乎。　[4]过时人：把罪过加到当时人身上。

"然，真人复更明听。夫南山有大木，广纵覆地数百步，其本茎一也。上有无訾之枝叶实[1]，其下根不坚持地[2]，而为大风雨所伤，其上亿亿枝叶实悉伤死亡。此即万物草木之承负大过也。其过在本不在末[3]，而反罪末，曾不冤结耶？今是末无过，无故被流灾，得死亡。夫承负之责如此矣，宁可罪后生耶？四事解。

四、根本不坚牢，不堪风雨摧残，却让枝末承负流灾。

[注释]

[1] 訾（zī）：计量。枝叶实：枝、叶和果实。   [2] 不坚持地：扎地不牢。   [3] "其过在本不在末"以下三句：此言枝叶实是末，却以其伤亡承负了大树根本不坚牢的罪过，造成了冤结。

五、山有恶气，祸害众人，却被误以为某人失德行恶，连累天下人承负罪责。

"然，真人复更明听。南山有毒气，其山不善闭藏[1]。春，南风与风气俱行，乃蔽日月，天下彼其咎[2]，伤死者积众多。此本独南山发泄气，何故反使天下人承负，得病死焉？时人反言犹恶[3]，故天则杀汝[4]，以过其人[5]，曾不冤乎哉？此人无过[6]，反承负得此灾，魂神自冤，生人复就过责之，其气冤结，上动天。其咎本在山有恶气，风持来，承负之责如此矣。五事解。

[注释]

[1] 闭藏：收敛，藏匿。   [2] 彼其咎：受到南山毒气的灾害。彼，通"被"，蒙受。[3] 犹恶：由于作恶。犹，通"由"。[4] 则杀：贼杀，杀害。则，"贼"之音误。[5] 过其人：归罪于此人。[6]"此人无过"以下六句：此人不仅承负了南山毒气之过，而且世人还要就其过错进行无端的谴责。冤上加冤，以致引起上天对南山报复性惩罚。

承负之责皆由失本而致，小失而大误，积重难返，造成今日之社会危机。皇天悯人，故教以解承负之道。

"然，真人复更危坐，详听吾言。本道常正，不邪伪欺人，人但座先人、君王、人师父教化小小失正[1]。'失正'言失自养之正道，遂相效学，后生者日益剧，其故为此。积久传相教，俱不得其实，天下悉邪，不能相禁止，故灾变万种兴起，不可胜纪。此所由来者积久复久。愚人无知，反以过时君，以责时人，曾不重被冤结耶[2]？天下悉邪，不能自知。帝王一人虽有万人之德，独能如是何[3]？然，今人行，岂有解耶？若食[4]，尽欲得之，而病人独不能食，乃到于死亡，岂有解耶？今交阴阳相得[5]，尽乐有子孙，祭神求吉，而自若不能生子，岂有解耶？夫人生尽乐好善而巨壮[6]，而固反不肖且恶，岂有解耶？此尽承负之大效也。反以责时人，故不能平其治也[7]。时人传受邪伪久[8]，安能卒自改正乎哉？遂从是常冤，因为是连久，天怜之。故上皇道应元气而下也，子勿怪之也。"

[注释]

[1]"人但座先人、君王、人师父教化小小失正"以下五句：此言时人由于受先人、君主、师父教化错误的影响，迷失了自我炼养之正道，于是相互仿效学习，以至谬种流传，后生者这种情

形日益加剧。　[2]曾不：岂不。　[3]独能如是何：对此又能怎么办？　[4]"若食"以下五句：意思是说积重难返。譬如病人进食，希望都吃光却又因病吃不进，直至饿死。对此能有办法吗？　[5]"今交阴阳相得"以下四句：男女交欢，希望有子孙，到处祭神求子，可还是不能生子。自若，依然。　[6]"夫人生尽乐好善而巨壮"二句：是说人生下来都希望天性善良、体格健壮，讵料长大后却成了忤逆而丑陋的人。　[7]不能平其治：此指承负之灾使天下不得太平。　[8]"时人传受邪伪久"以下七句：是说积伪既久，不能一朝反正，由此经常出现冤情。上天怜悯百姓久受冤谪，遂使真道随正气下施人间，真人不必奇怪。

"守一之思"，即本心坚持守道之根本。入门之法，一如孟子之"养心莫善于寡欲"；王阳明之"致良知于事事物物"。在道德修养方面，儒道原无二致。

"以何为初[1]？""以思守一。""何也？""一者数之始也[2]，一者生之道也[3]，一者元气所起也，一者天之纲纪也[4]，故使守思一，从上更下也[5]。夫万物凡事过于大末[6]，不反本者，殊迷不解，故更反本也。是以古者圣人将有所为作[7]，皆仰占天文，俯视地理，明其反本之明效也。真人解未？""唯唯。""今訾子悒悒[8]，已举承负端首[9]，天下之事相承负皆如此，岂知之耶？""唯唯。今天师都举端首，愚生心结已解。""行，语真人一大要言。上古得道能平其治者，但工自养[10]，守其本也。中古小失之者，但小忽自养[11]，失其本。下古计不详[12]，轻其身，谓可再得，故大失之而乱其治。虽然，非下古人过也，由承负之厄会也[13]。行，文已复重，吾不复言，百言百同，无益也。可毋增书为文[14]，今天辞已通嘱于真人[15]。""唯唯。""行，归思其要，以付有德君，书要为解承负出[16]。""唯唯。"

右问凡事承负结气诀。

[**注释**]

[1] 以何为初：从哪里开始呢？　[2] 数之始：《易》以一、二、三、四、五为生数，故言一为数之始。　[3] 生之道：犹言生命之根本。　[4] 天之纲纪：此谓一是天道伦常之总纲。　[5] 从上更下：从守枝叶之末返回到守根本。　[6] "夫万物凡事过于大末"以下四句：此言判断事物如果以末为大而不重视其根本，就会迷惑不解。大，重视。　[7] "是以古者圣人将有所为作"以下四句：古之圣贤欲有大作为，必须参悟天地自然运化之规律，以辨清事物的本末，懂得守本的重要性。　[8] 訾子悒悒：念及真人对此郁结不解。訾，叹息。　[9] 承负端首：关于承负的头绪、要领。　[10] 但工自养：正是因为工于炼养守本之术。工，擅长。　[11] "小忽自养"二句：此言中古时人忽略了炼养，偏离了根本。小忽，疏忽。　[12] "下古计不详"以下四句：此言下古时人思虑不周，以为生命可以重来，不爱惜身体，舍本而逐末，使天下失道而混乱。轻其身，谓可再得，轻视生命，以为死后可以投胎再生。　[13] 承负之厄会：遭遇各种承负之灾的时机。厄，

灾难。会，机会，会集。　[14]毋增书为文：不要给经书增加烦琐的饰说之文。文，繁复。　[15]天辞已通嘱于真人：最高指示全部付予真人了。通，全部。嘱，托付。　[16]书要为解承负出：经书就是为解除承负之厄而出现的。

[点评]

本法诀列举了造成天下普受承负之灾的五种事象：民不聊生，国库空虚是承负于地神无德而伤物；邪伪不实，乱天正文是承负于道倡邪说之师；谎言欺世，增益尤剧是承负于造谣者空虚之言；山川树木等生态之灾乃是承负于自然界大风雨之过；伤死疾病乃是承负于天地间瘴厉毒杀之气。归其总因，都是不能守本造成的。因此，要从根本上解除承负之灾，就得"思守一"。为什么呢？因为一是生数之始，也是道外化为物之始，也是元气所起之始，同时又是天道伦常之纲纪。故一才是根本。思其本，流及其末；思守一，顾及其多，则天地阴阳和谐，生态平衡，人民和睦，王治太平。本文认为，平常人蒙受承负之灾完全是冤屈的，罪责应由失德之地、邪伪之师、不法之民、凶戾之气等承担，这也表达了作者对广大人民百姓被连带遭殃的同情。

师策文

师曰：

"吾字十一（明为止）[1]，丙午丁巳为祖始[2]。

四口治事万物理[3]，子巾用角治其右[4]。

潜龙勿用坎为纪[5]。人得见之寿长久[6]。

居天地间活而已[7]。

治百万人仙可待[8]。善治病者勿欺殆[9]。

乐莫乐乎长安市[10]。使人寿若西王母[11]，

比若四时周反始[12]，九十字策传方士[13]。"

方士明此须记取，汉以火德开社稷。传诵本经辅德君，待时而动"坎"为纪。传播本经可长寿，人处世间寿第一。辅汉有功仙可待，以诚治世莫欺弊。凡人可如王母寿，帝王可享长安逸。时光流转莫放弃，方士修道须努力。

[注释]

[1] 吾字十一（明为止）：我此处所书的文字只让方士明白。字，指《太平经》复文。本策文用方士行法时所用象形文字写成，用拆拼汉字法凑韵，用易纬、干支纪事，内容奥晦。文字残缺。十一，即"士"。明为止，止于方士明白即可。　[2] 丙午丁巳为祖始：火德之君为始祖。东汉自称以五行之火德王天下，其气为赤，旺南方。天干丙丁、地支巳午均属火行。始祖盖尊称赤帝，喻东汉开国之君。　[3] 四口治事万物理：指天、地、神人、天子四者之思想、经书、诏告治理天下，万事万物和谐平治。四口，一说指口上有四人，即"言"字。　[4] 子巾用角治其右：按"子巾用"凑成"角"字，在"言"之右即成"诵"字，此盖指诵读《太平经》以助君王治天下。君者主，居左为尊，臣者居右为卑。　[5] 潜龙勿用坎为纪：此句是以《周易》之"乾"卦为喻。"潜龙勿用"是"乾"卦初九爻辞。按《易纬》象数学之卦气说，乾为龙象居西北，为九、十月之卦，阳气极盛转衰之时，顺时针进至正北为"坎"，十一月卦，故言"坎为纪"。此时

为交子时，一阳新生，故曰潜龙，宜勿用。顺时继续进至春分，东方之木，二月卦，"震"卦，万物生长，继续进至夏至，南方之火，五月卦，"离"卦。此即前句"丙午丁巳为祖始"。言大汉得天下也，子午之间也。潜龙勿用，此是说阳气尚处于初生成长蓄力之时，当韬光养晦，勿用招摇。坎为纪，阳气自"坎"卦所居位置开始，一步步成长壮大。纪，始也。　[6]人得见之寿长久：是说能有幸见到并理解顺应此发展过程的人，其寿命一定长久。此盖指君王。　[7]居天地间活而已：指人居天地间的最高目的无非就是长生。　[8]治百万人仙可待：能使天下百万民众得到公平治理，实现太平大顺之道，则可以有望成仙人。　[9]善治病者勿欺殆：善于治理社会病害的明君必须是守本崇实，毋欺世、欺天、欺己；勿殆慢、无所作为。殆，通"怠"。　[10]乐莫乐乎长安市：帝王亦可快乐无忧，长治久安。市，指京城、市井。　[11]使人寿若西王母：此是说太平之世，人之寿可以与长寿仙人西王母相比。西王母，亦称金母。《山海经》把她说成"豹尾虎齿而善啸"的怪兽，反被文人和神仙道家美化成美丽、善良、长生不老的神仙。　[12]比若四时周反始：此句隐喻汉室之行火运已经经历过由盛到衰的轮回，现又开始了由衰到盛的新一轮大运，其运气比若经冬返春向夏，周而复始的循环，当顺天道而建立自信。[13]九十字策传方士：正因为王气"比若四时"之循环，故上天通过天师将此九十字书诀传给道家方士，冀其开悟君臣民等，守本崇实，顺大道而致太平。

［点评］

《师策文》亦称《师策书》《天策书》，当是《太平经》原始文本之一。全文共十三句隐语，七言韵文，九十一字。此处由授道天师向传道真人方士揭出。可视为真人方士必须掌握并背诵的《太平经》之真道、要诀。本策文运用自西汉成、哀、平帝开始至东汉流行的象数易学，尤其是京房、孟喜、《易纬》之卦气说，表达了东汉以火德为始祖、王天下、理万物，是符合天道的；天子传道治国乃可成仙长寿等思想。"神策书"告诉人们，汉家王朝正逢新一轮兴盛之初，应树立复兴的自信。同时也警示了人君治天下不可欺天怠政，否则天命会"比若四时"之循环，再次由盛而衰。冀望真人方士得此策书，明其利害，广作传播，使帝王警醒，百姓觉悟，居安思危，守一法道，保住太平之气，庶几长寿、长安。天师对本文亦有自己的解读，可详下文。

解师策书诀

真人稽首再拜："唯唯。请问一疑事解。""平言，何等也？""天师前所与愚昧不达之生策书，凡九十字，谨归思于幽室。闲处连日时，质性顽顿，昼夜念之，不敢懈怠，精极心竭[1]，周遍不得其意[2]。今唯天师幸哀不达之生[3]，愿为其具解说之，使可万万世贯结而不忘。""善哉，子之难问乎[4]，可谓天人也。诺，真人详聆听，为子悉解其要意。'师曰：吾字十一明为止'：师者，正谓皇天神人师也。曰者，辞也。吾乃上辞于天[5]，亲见遣，而下为帝王万民具陈，解亿万世诸承负之谪也。吾者，我也，我者，即天所急使神人也。今天以是承负之灾四流，始有本根，后治者悉皆随之失其政，无从得中断止之；更相贼伤，为害甚深，今天以为重忧。字者，言吾今陈列天书累积之字也。十者，书与天真诚信洞相应[6]，十十不误，无一欺者也。得而众贤各自深计，其先人皆有承负也，诵之不止，承负之厄小大，悉且已除矣。一者，其道要正当以守一始起也，守一不置[7]，其人日明乎，大迷解矣。明为止[8]，止者，足也，夫足者为行生，行此道者，但有日益昭昭，不复愚暗冥冥也。十一者[9]，土也。明为止者，赤也，言赤气得此，当复更盛王大明也。止者，万物之足也，万物始萌，直布根以本足生也。行此道，其法乃更本元气，得天地心，第一最善，故称上皇之道也。'丙午丁巳为祖始'：丙午丁巳[10]，火也，赤也；丙午者[11]，纯阳也，丁巳者，纯阴也；阴阳主和，凡事言阴阳气，当复和合天下而兴之也。为者，为利帝王，除凶害出也；祖者，先也，象三皇德也；始者，反本初也。故行是道[12]，当得反上皇也。'四口治事万物理'：四而得口者，言也，能日习言吾书者[13]，即得天正经字也，令得其至意，乃上与天心合，使万物各得其所而不复乱，故言万物理也。'子巾用角治其右'者，诵字也，言诵读此书而不止，凡事悉且一旦而正，上得天意，欢然而常喜，无复留倍也[14]。'潜龙勿用坎为纪'：潜龙者，天（阳）气还复初九，甲子岁也；冬至之日也，天地正始起于是也[15]。龙者[16]，乃东方少阳，木之精神也，故天道因木而出，以兴火行。夫物将盛者[17]，必当开通其门户也。真人到期月满，出此书宜投之开明之地。开者，辟也，通也，达也，开其南[18]，更调畅阳气，消去其承负之厄会也。潜者，藏也，道已往到[19]，反隐藏也；勿者，敢也，未也，先见文者[20]，未知行也；用者，治也，事也，今天当用此书除灾害也。玄甲岁出之[21]，其时君未能深原书意，得能用之也；故言勿用者，见天文未敢专信而即效案用之也[22]。信用之者，事立效见响应，是其明证也，乃与天合，故响应也。坎为纪者，子称坎；甲[23]，天也，纲也，阳也；坎者，子也，水也，阴也，纪也；故天与地常合，其纲纪于玄甲子初出，此可为有德上君治纲纪也，故言坎为纪也。乃谓上皇天书下为德君出真经书，以绳断邪[24]，以玄甲为微初也[25]。凡物生者，皆以甲为首，子为本[26]，故以上甲子序出之也。'人得见之寿长久'：人者，正谓帝王一人也，上德易觉知行道书之人也。据瑞应文[27]，不疑天道也，深得其意则寿矣。寿者，竟其天年也；长者，得无穷也；久者，久存也。'居天地间活而已'：居者，处也；处天地间活而已者[28]，当学真道也，浮华之文不能久活人也；诸承负之厄会，咎皆在无实核之道故也，今天断去之也。'治百万人仙可待'：治者，正也；天以此书正众贤之心，各自治病，守真去邪；仙可待者，言天下闻之，真道翕然悉出，往辅佐有德之君；治真道者，活人法也，故言仙可待也。'善治病者勿欺殆'：凡人悉愚，不为身计，皆以邪伪之文，无故自欺殆，冤哉！反得天重谪，而生承负之大责，故天使其弃浮华文，各守真实，保其一，旦夕力行之，令人人各有益其身，无肯复自欺殆者也。'（乐莫）乐乎长安市'：乐者，莫乐于天上皇太平气至也；乎者，嗟叹其德大优无双也；长者，行此道者，其德善长无穷已也；安者，不复危亡也；得行此道者，承负天地之谪悉去乃长安，旷旷恢恢[29]，无复忧也；市者，天下所以共致聚人处也。行此书者，言国民大兴云云，比若都市中人也。'使人寿若西王母'[30]：使人者，使帝王有天德好行正文之人也；若者，顺也，能大顺行吾书，即天道也，得之者大吉，无有咎也；西者，人人栖存真道于胸心也；王者，谓帝王得案行天道者大兴而王也，其治善，乃无上也；母者，老寿之证也，神之长也。'比若四时周反始'：比者，比也，比若四时传相生、传相成[31]，不复相贼伤也，其治无有刑也。'九十字策传方士'：九者[32]，究也，竟也，得行此者，德乃究洽天地阴阳万物之心也；十者，十十相应，无为文也；字者，言天文上下字周流遍，道足也；传者，信也，故为作委字［文守］符信以传之也；方者，大方正

析字解诂，其手法一如古文经学章句之学，多有牵强附会，适与前文所批判的"离本逐末"相映成趣。

也，持此道急往付归有道德之君，可以消去承
负之凶，其治即方且大正也；士者，有可克志一
介之人也，一介之人者，端心可教化属事，使
往通此道也。吾策之说将可睹矣。真人岂晓解
未乎？"

[注释]

[1] 精极心竭：精思竭虑。　[2] 周遍：此言周详全面思考。
[3] 幸哀不达之生：祈望天师哀怜我这不聪明的弟子。　[4] "子
之难问乎"二句：此是说真人所诘难的实际是天人之学。　[5] "吾
乃上辞于天"二句：我告别天庭，被皇天亲自指派下到凡间。
[6] 书与天真诚信洞相应："师策书"与上皇天意是完全一致的。
洞，明白透彻。　[7] 不置：不放弃。　[8] "明为止"以下七句：
此处以"止"通"趾"，以趾代足，以足代行，意思是履行天道，
便会一天天聪明明察。这是传道人惯用的一种析字敷衍经义的牵
强附会手法。汉儒训诂，附会、穿凿谶纬，案例很多。　[9] "十一
者"以下十五句：此处进一步以拆字组合法建立论据：因火才见
光明，故为明之因，是根基。火亦写为"灬"，而十一既可为"士"，
亦可为"土"，土与火相合即为"赤"，故"明为止者，赤也"。
汉为火德，赤气当道，所以当重新兴盛起来。又，"止为足"即
为万物之足，万物萌生于足下，其根须遍布，皆本足而生，故称
此道为"上皇之道"。盛王大明，此是说当朝天子德盛气旺，为
明王之治。　[10] "丙午丁巳"以下三句：此是以五行象数解释，
见前文注。　[11] "丙午者"以下七句：此是以干支配易数法解释。
按易数，奇为阳，偶为阴。阳干谓甲、丙、戊、庚、壬；阳支谓子、

寅、辰、午、申、戌。阴干谓乙、丁、己、辛、癸；阴支谓丑、卯、巳、未、酉、亥。故丙午为纯阳，丁巳为纯阴，阴阳和合而天下兴。 [12]"故行是道"二句：此言君王行道，其德治当返回到三皇之世。得，通"德"。反，即"返"。 [13]"能日习言吾书者"以下六句：此言君王能日诵策文，即可得到"太平真经"本文，从而用正经本文治理万物和社会。 [14]无复留倍：不再会发生匿藏和悖逆经书的事。留，截留。倍，违背。 [15]天地正始起于是：此是说新一轮气运循环起始于正北之"坎"。西北之"乾"止于亥时（十月卦），当更生于子时（十一月卦），干支为甲子。"乾"之初九值冬至日，是日为亥子相交，一阳初生，天地万物复生。本经己部《八卦还精念文》云："亥子共身，周流相抱。极阴生阳，名为初九。" [16]"龙者"以下五句："乾"卦之龙象是东方少阳木行之精神。少阳，八卦四象之一，指阳气成长之时，天道因木而生。按五行，木生火，故曰"以兴火行"。 [17]"夫物将盛者"以下四句：是说为帮助木行走向兴盛，当努力开通天人关系之门户，故真人受此书后，应以一个月为期将经书投放到对木龙有利的东南方。期（jī）月，一个月。此指夏历二月底至三月末。开明之地，万物共生之地，为少阳到老阳的过渡之地，此即东南方。 [18]"开其南"以下三句：是说将经书向南方传播，使正阳之气畅达，万物昌荣，如此功德足可消除承负之灾。 [19]"道已往到"二句：此是说龙既已生于初九之位，反而要先潜伏起来，待时而动。往到，去到，亦可称来到。 [20]"先见文者"二句：龙不现身，先见书策文，不明其义，尚未施行。 [21]玄甲岁出：甲子冬至始生。周历十一月岁首冬至，属北方水行，水色黑，故称玄甲岁。 [22]见天文未敢专信而即效案用之也：是说君王见天文尚未完全通晓其深意，便即付诸实行了。 [23]"甲"以下十二句：以干支言，甲为阳干，为天，为纲领；

"坎"为子，水行，为阴支，为纪。纲纪指上天定下的伦理秩序。阴阳相得，生于甲子之时，利于有德之君治理天下。　[24]绳断：此言以太平真经去纠正判断他书之真伪。　[25]微初：一阳初生为微阳。　[26]甲为首，子为本：干支循环之序以甲子始，周期六十年。　[27]瑞应文：本指征兆吉祥之图书、文字，此指《太平经》。　[28]"处天地间活而已者"以下六句：居天地间欲得长生，当弃浮华之文而修习太平真经。天下人遭承负之厄，原因皆在于因浮华为害，错过了真道。于今上天将那些伪文明确告知并涤除了。　[29]旷旷恢恢：恢宏旷广。此指不再以承负之灾为忧的一种旷达心情。　[30]"使人寿若西王母"以下十七句："使人寿若西王母"此句简明，本无须注。但作者却杜以己意，如将西王母拆解为德王，将真道栖存于胸中以得老寿，撰之无稽，读者可不作计较。　[31]"比若四时传相生、传相成"以下三句：本文注"四时周反始"为四季随二十四节气递相化生、递相成就，五行之气不复互相贼害，王治不施刑罚等。　[32]"九者"以下二十四句：此亦如前，将词语析成单字，别生枝解。以"九"为阳数之极；"十"为十十相应，谓百分百可信；"字"乃将太平真道包罗贯穿于天文地理之中，备足无遗；"传"谓此策文可作符信传播于四方；"方"是说本策文为直方大正之天道，须急付有德之君施行，从而尽早消除承负之灾；"士"是指有坚定信仰、志向的忠心耿介之人，其人是可以委以重任辅助明王实现太平之道之人。

　　"唯唯。善哉善哉！见天师言，大乐已至矣。""子可谓已知之矣。""愚生每有所问，自知积愁天师[1]，向不问[2]，何从得知之。""然，子言是也，贤圣有疑，皆问之，故贤圣悉有师也。不可苟空强说也[3]，夫强说适可一言，不能再转也[4]。""唯唯，是以愚生不敢强说也。""子言是也，大儒谦[5]，亦不失之也。""今天师事事假其路[6]，为剥解凡疑，遂得前问所不及，今欲有所乞问，甚不谦，不知当言邪不邪？""疑者平，言勿讳。""唯唯。古今贤圣皆有师，今天师道满溢，复当师谁乎？""善哉善哉！子之问也，可谓睹微意矣。然吾始学之时[7]，同问于师，非一人也。久久道成德就，乃得上与天合意，乃后知天所欲言，天使太阳之精神来告吾，使吾语，故吾者乃以天为师。虽喻真人，向天不欲言，吾不敢妄出此说，天必诛吾，真人亦知此诚重耶？子诚慎之。""唯唯。愚生问疑于天师，无不解者，心喜常不能自禁言，愿复乞问一事。""行，道之。""唯唯。今天师比为暗蒙浅生具说承负说，不知承与负，同邪？异邪？""然，承者为前，负者为后。承者，乃谓先人本承天心而行，小小失之，不自知，用日积久，相聚为多，今后生人反无辜蒙

承者为前，先人小失天心，代积日累，令后世连被其灾是为"承"；负者为后，流灾前后相负，乃先人负于后代者也。

其过谪，连传被其灾，故前为承，后为负也。负者，流灾亦不由一人之治，比连不平，前后更相负，故名之为负。负者，乃先人负于后生者也；病更相承负也，言灾害未当能善绝也。绝者复起，吾敬受此书于天[8]，此道能都绝之也，故为诚重贵而无平也。真人知之邪？”“唯唯。可骇哉，可骇哉！”“行，去，勿复问。”“唯唯。”

右解师策书九十字诀。

[注释]

[1] 积愁天师：指传道真人多次诘难天师，使之忧虑加重。 [2] 向：从前，往日。此作时间副词。 [3] 苟空：谓言之无据，权且忽悠一番。苟，权且。 [4] 适可一言，不能再转：只能一般地讲讲，不能转向深入。 [5] 儒谦：柔和谦逊。儒，柔和。 [6] “今天师事事假其路”以下三句：天师对传道真人在每件事上都予以开示门径，分析解释疑问，使其知道了之前来不及请教的问题。假其路，指点思路。假，指示，授予。剥解，分析。 [7] “然吾始学之时”以下八句：是传道天师自述其修道、成道为天师的过程：师非一人；久久道成德就；乃与天合意、知天意；最后以天为师、代天传道。太阳之精神，指阳气极盛之神灵。太阳，即老阳，《周易》象数四象之一。 [8] “吾敬受此书于天”以下三句：天师自言所受之于天的《太平经》之大道能使一切承负之灾绝灭，其贵重的价值是无法评述（估）的。平，通“评”。

[点评]

本文是自称天师的作者对《师策文》的传释。作者为了彪炳《太平经》的神道价值，在注疏《师策文》时运用后汉流行的《易纬》象数学和古文经学手法，穿凿附会、断以己意、曲解文本。这篇解文也向我们传递了两点信息。一是出于道家神仙方士之手的《太平经》与汉代董仲舒的神学目的论和谶纬神学、象数易学之间的内在联系。汉代的象数易学，自孟喜的卦气说至焦延寿之象辞及京房之纳甲、纳支、五行、卦气诸说，再至《易纬》之爻辰、卦气诸说，始终如根须脉络，隐伏于《太平经》中，其或为支撑该经书致太平思想的理论经纬。同时，我们也可以从此道家经学之一斑，窥见汉代象数易学直至郑玄、荀爽、虞翻乃至东汉古文经学之全豹。二是这篇解文的价值取向表明，《师策文》与本文是分属前后汉两个王朝的作品。前者带有警告之意，与《包元太平经》所谓"汉家逢天地之大终，当更受命于天，天帝使真人赤精子下教我此道"的精神相一致；后者则立足于期待汉室中兴，而歌颂东汉君主的明王之治，尤其是对"比若四时周反始，九十字策传方士"的曲解，其立场彰明可见。两相比较，值得玩味。

努力为善法

"真人前，天下之人凡有几穷乎？""何谓

人欲出世修道，却有四个瓶颈不能突破而陷入窘境之中，即：年少之时，依赖父母抚养而不能离开父母；成人之时，因与相爱之人的恋情而不能离别；中年之时，不得不承担赡老抚幼的重负，不可能离家；老年之时，养育之责摆脱了，可自己也老了，无处可去了。人之一生，没有自由自在自主之时，可不悲乎！

也？”“谓平平无变，人有几迫穷乎[1]？”“所穷众多。”“其所穷独无有名字邪？”“不可名字也。”“子未知也。天下之人有四穷。”“何谓也？”“谓子本得生于父母也，既生，年少之时，思其父母不能去[2]，是一穷也。适长巨大自胜[3]，女欲嫁，男欲娶，不能胜其情欲[4]，因相爱不能相离，是二穷也。既相爱，即生子，夫妇老长，颜色适不可爱[5]，其子少可爱，又当见养[6]，是三穷也。其子适巨，可毋养身，便自老长不能行[7]，是四穷也。四穷之后，能得明师，思虑守道尚可。高才有天命者或得度[8]，其次或得寿，其次可得须臾乐其身，魂魄居地下，为其复见乐[9]。”“何谓也？”“地下得新死之人，悉问其生时所作为，所更[10]，以是生时可为定名籍[11]，因其事而责之[12]。故事不可不豫防，安危皆其身自得之也。真人慎之。见此诚耶？”“唯唯。天师乃敕以不见之言[13]。”“然，所以敕教子者，见子常有善意，恐真人懈倦，故明示敕之耳。”“唯唯。”

[注释]

[1]迫穷：窘迫之极。穷，穷尽。　[2]不能去：不能分离。去，离去。　[3]自胜：自己独立负担自己的生活。胜，胜任，能承担。　[4]胜：此处意为制驭。　[5]颜色：面容。　[6]见养：抚养。　[7]老长不能行：衰老，力不从心。　[8]天命：先天被赋予的命运。度：度世，出世成仙。　[9]复见乐：指晚年修道向善，老死后可免刑罚成为游乐鬼。　[10]所更：所经历。　[11]定名籍：将死者依其生前所为善恶情况而划归相应簿籍。　[12]因其事而责之：因其生前行为而进行考责。　[13]不见之言：此指未公开讲的话、秘语。

"真人今学，以何自期乎[1]？""以年穷尽为期。""善哉子志，可谓得道意矣。然凡人行，皆以寿尽为期[2]，顾有善恶尽耳[3]。""何谓也？愿闻之。""然。守善学，游乐而尽者，为乐游鬼，法复不见愁苦[4]；其自愁苦而尽者为愁苦鬼[5]；恶而尽者为恶鬼也[6]。此皆露见之事[7]，凡人可知也。而人不肯为善[8]，乐其魂神，其过诚重。""何谓也？""人生乃受天地正气[9]，四时五行，来合为人，此先人之统体也。此身体或居天地四时五行，先人之身常乐善无忧，反复传生。后世不肖反久苦天地四时五行之身[10]，令使更自冤死，尚愁其魂魄。是故愚士不深计[11]，

人之死生寿夭因身份不同而有别。譬若真人一类，年寿以先天命定为期限；凡人则无常，以寿尽为期。人死后之遭际则因生前善恶程度而有别，或为游乐鬼，或为愁苦鬼、恶鬼。此即以鬼道唬人、设教劝善。此手法本经多见。

不足久居也，故令欲使其疾死亡，于其死不复恨之也。精神但自冤怜[12]，无故得愁恚于此下士。是故古者大贤圣，深计远虑知如此，故学而不止也。其为人君者乐思太平[13]，得天之心，其功倍也。魂神得常游乐，与天善气合。其不能平其治者，治不合天心，不得天意，为无功于天上。已到终，其魂神独见责于地下，与恶气合处。是故太古上圣之君乃知此[14]，故努力也。愚人不深计，故生亦有谪于天，死亦有谪于地。"

[**注释**]

[1] 自期：自己的期望、目标。　[2] 寿尽为期：即以实际寿命为期限。此与上文"年穷尽为期"相对，年命是指命中注定的寿命。　[3] 顾有善恶尽耳：只因生前所为善恶不同，死后际遇亦不同。顾，副词，只是。　[4] 法复不见愁苦：此是说天法据其生前行善事迹而使其死后不再遭遇愁苦。　[5] 自愁苦而尽者：带着生前犯过错而招致的愁苦而死之人。　[6] 恶而尽者：带着罪恶而死之人。　[7] 露见：路人皆知。露，通"路"。　[8] "而人不肯为善"以下三句：是说生前不行善而追求享乐，死后还幻想快乐的人，罪过更为严重。魂神，死后之鬼魂和生前之精神。　[9] "人生乃受天地正气"以下四句：人之生命是秉受天地阴阳和合之气，效法四时五行之节律而合成形体，从而形成祖先一脉相传的香火统绪。四时五行，是说人体构造和天数相副。《文子·九守》："天有四时、五行、九曜、三百六十日，人有四支、

五脏、九窍、三百六十节。"[10]"后世不肖反久苦天地四时五行之身"以下三句：是说后世不肖之人不珍惜生命身体，以致冤死，临死还要担忧在地府遭受拷问。   [11]"是故愚士不深计"以下四句：不识真道的愚民，本来就无长生的资格，故上天令其抱病速死，其于死亦不能恨谁。不深计，不考虑善恶行为的不同后果。   [12]"精神但自冤怜"二句：愚士遭早死固不足惜，那附着其体的魂神也觉得冤屈，可怜为无故遭受地下的惩罚而愁怨。愁恚（huì），怨恨。士，"土"之形误。   [13]"其为人君者乐思太平"以下十二句：讲人君分为两种，认为魂神是独立的。其附于贤圣人君，可"得常游乐"；如果附于恶人，则会"见责于地下，与恶气合处"。   [14]"是故太古上圣之君乃知此"以下五句：是说圣贤之君明此理，故努力修道；而愚民不知此理，离经叛道，为所欲为，故生时受上天之责罚，死后仍要受地狱之责罚。

"可骇哉！弟子愚暗，不欲闻也。""善哉！子既来学，不欲闻此，即且努力为善矣。""唯唯。天师处地，使得知天命，受教敕深厚，以何得免于此哉[1]？""善乎！子但急传吾书道，使天下人得行之，俱思其身定精念[2]，合于大道，且自知过失所从来也，即承负之责除矣。天地大喜，年复得反上古而倍矣[3]。""善哉善哉！""行，辞小竟[4]，真人努力勉之，异日复来。""唯唯。""得书详思上下，学而不精[5]，名为惚恍，求事不得，无形象，思念不致，精神无从得往。"善哉善哉！"

右天师诚人生时不努力，卒死[6]，尚为魂神得承负之谪。

［注释］

[1]以何得免于此哉：到底用什么方法得免于上述愁苦呢？　[2]定精念：坚定信仰，实现与大道的同一。精念，信仰，最高理念。　[3]年复得反上古而倍矣：恢复减损的年寿而且还将倍于上古时人的寿命。　[4]辞小竟：话到此告一段落。　[5]"学而不精"以下六句：学而不精，便会使人恍惚迷离；如此则求事不得要领，以致不能悬象致思，而思念不致，人体之精神也就不可能长久留下来了。　[6]"卒死"二句：即便人死去，其魂神也要承担承负之灾。

［点评］

本法诀是劝善文。作者认为，人生天地间难避"四穷"烦恼：一是怀念父母之思；二是苦恋别离之情；三是赡老抚幼之责；四是老而无养之苦。此四种烦恼，如果得明师开示，或可解除、延寿，其方法就是努力为善。人若修道为善，就会解除承负之灾，生前延寿，快乐生活；死后亦可成游乐鬼，无愁苦。凡人不知道此理，不奉道而为恶，死后便会成为恶鬼，与恶气合处，其生前死后都会遭受惩罚。应当看到，利用神道设教，将承负之谪延伸到地狱以劝善，在古代也还是有一定作用的。南朝人范缜说："教之所设，实在黔首。黔首之情，常贵生而贱死，死而有灵，则长畏敬之心；死而无知，则生慢易之意。圣人知其若此，故庙祧坛墠以笃其诚心，肆筵授几以全其罔己，尊祖以穷郊天之敬，严父以配明堂之享。且忠信之人，寄心有地；强梁之子，兹焉是惧。所以声教照于上，风俗淳于下。用此道也，故经云：为之宗庙，以鬼享之，言用鬼神之道致兹孝享也。"（《答曹思文难〈神灭论〉》）一语可谓道破神道设教的天机。

分解本末法

"真人前，子既来学，当广知道意，少者可案行耶[1]？多者可案行耶？""然。备足众多者，可案行也。""噫！子内未广知道要意也[2]。今天，一也，反行地二[3]，其意何也？今地，二也，反行人三，何也？""愚生愿闻其相行意。""然。夫地为天使[4]，人为地使，故天悦喜，则使今地上万物大善。天不喜悦，地虽欲养也，使其物恶。地善，则居地上者人民好善，此其相使明效也[5]。故治乱者由太多端[6]，不得天之心，当还反其本根。夫人言太多而不见是者[7]，当还反

"反其本根"，本根者何？一也，一者天道也。故治理社会乱象的理论多端，不如执一：尊崇天道。

对圣贤经论转释多次，会离本真而成谬论，终至诋毁真道，流毒世人。这是对汉代经学的尖锐批评。

《易·蒙》："匪我求童蒙，童蒙求我。初筮告，再三渎，渎则不告。"

"卦数则不中也，人辞文多则不珍。"滥也，烦也。

其本要也，乃其言事可立也。故一言而成者，其本文也；再转言而止者，乃成章句也[8]；故三言而止，反成解难也，将远真[9]，故有解难也[10]；四言而止[11]，反成文辞也；五言而止，反成伪也；六言而止，反成欺也；七言而止，反成破也[12]；八言而止，反成离散远道，远复远也；九言而止，反成大乱也；十言而止，反成灭毁也。故经至十而改[13]，更相传而败毁也。夫凡事毁者当反本，故反守一以为元初。是故天数起于一[14]，十而终也[15]，是天道自然之性也。是故古者圣人问事[16]，初一卜占者，其吉凶是也，守其本也，乃天神下告之也。再卜占者，地神出告之也。三卜占者，人神出告之也。过此而下者，皆欺人不可占。故卦数则不中也，人辞文多则不珍。"

[注释]

[1]案行：按照某学说实行。案，通"按"，根据，按照。 [2]内：此谓内心。道要：真道的要领。 [3]反行：相反相成。对立双方因相反而相生，即反行。反，反对，对立。 [4]"夫地为天使"以下七句：天地阴阳相得，冲和为人，符合自然因果规律。上天喜悦，则使社会兴旺，年景丰收；反之社会便混乱，灾害频出。大善，很完美。物恶，发生灾害，物产低劣。 [5]相

使明效：因果链条相互生克的明确效应。此言天地和谐，则其人民亦美善。　[6]治乱者由太多端：治理社会乱象的理论有多种。　[7]"夫人言太多而不见是者"以下三句：此言物论纷纭，莫衷一是。只有回归于本经，则其言其事有据可查，故可以成立。　[8]章句：通过文字、音韵训诂阐释经书微言大义，称为章句之学。转言则是指以章句之义称引经书本文。　[9]远真：远离了文本精神。　[10]解难：引经据典，对难点作注疏。《汉书·扬雄传下》："客有难《玄》大深，众人之不好也，雄解之，号曰《解难》。"　[11]"四言而止"二句：此是说凭己意过度引申、文饰，就成了文辞，即浮华之文。　[12]破：破格，俗谓离谱。《大戴记·小辨》："夫小辨破言，小言破义，小义破道。"　[13]改：阉割、篡改本经。此指为圆己说，不惜篡改经书文本。　[14]天数起于一：《周易》认为易之数分天数和地数。天数为五奇数，即一、三、五、七、九，合而为二十五；地数为五偶数，即二、四、六、八、十，合而为三十。　[15]"十而终也"二句：是说以十进位是天地自然之道。　[16]"是故古者圣人问事"以下十三句：是说易占允许连续三次。第一次的结果或吉或凶是天神告知的，第二次则是地神告知的，第三次是由人神告知的。问卜者可以综合参考进行征信、取舍。超过三次的结果都是欺骗之言，不可采信。此可比拟于解读经书，转述多次的文辞也是太离谱而不值得采信的。问事，指占卜以预测欲行之事的可否和成败、得失。卜占，即占卜，古时预测吉凶祸福的方法有龟卜、蓍卜多种，此似指《易》之蓍卜法，即以《易》之八卦卦辞、卦象、卦变占问吉凶。

　　"善哉善哉！今缘天师常哀怜其不及，愿复更乞一言！""平行！""数何故止十而终？""善哉！子深执知问此事法。然，天数乃起于一，终于十，何也？天初一也[1]，下与地相得为二，阴阳具而共生。万物始萌于北，元气起于子，转而东北，布根于角，转在东方，生出达，转在东南，而悉生枝叶，转在南方而茂盛，转在西南而向盛，转在西方而成熟，转在西北而终。物终当更反始[2]，故为亥，二人共抱一为三皇初[3]。是故亥者[4]，核也，乃始凝核也[5]，故水始凝于十月也。壬者[6]，任也，已任必滋日益巨。故子者，滋也。三而得阴阳中和气，都具成而更反初起，故反本名为甲子[7]。夫天道生物[8]，当周流俱具，睹天地四时五行之气，乃而成也。一气不足，即辄有不足也。故本之于天地、周流八方也[9]，凡数适十也。真人宁解知之不乎？""唯唯。善哉善哉！诚受厚恩。"

"亥"是本经作者依《师策文》拆字之故技进行的别解。亥，原本是"豕"的异文，用于十二地支之末。作者将其拆为"亠"（古"上"字），字下两人"亥"即男人和女人，二人其抱"丿"，象征天、地、人三皇肇始之初。

［注释］

[1]"天初一也"以下十五句：根据《易纬》天开为老阳名初一，其与地之老阴相应为二；阴阳相得以生万物。过程是于冬至日之子时萌生于北。北方为"坎"水，极阴之地。阴极反阳，此阳物顺时针向东北运动发展，扎根于东北角之

"艮"位，继续转向东方。按《易纬》卦气说列有"四正卦"：
"坎""震""离""兑"。东方为"震"，五行属木，值二月春分
之卯时，秉其元阳之气，物得破土而出，是为"达"（幼苗出土
貌）。阳气继续向东南"巽"位，即在木行，枝叶开始丛生；继
续向南，入"离"，值五月夏至，火行；木生火，物生茂盛。更
前行至西南，火气犹未尽，物尚处于旺盛期。继续转向正西"兑"
位，五行属金，值八月秋分酉时，物经夏而成熟。转至西北进
入收藏期，完成了一个春生夏长秋获冬藏的循环过程。　[2]"物
终当更反始"二句：此是继上述之物循环终结后，又返为初始，
继酉、辛、戌时至十月之亥时。亥时是十二地支之末，亦是新
一轮循环子时之前奏。　[3]二人共抱一为三皇初：此是说男女
怀抱一子象天、地、人皇开辟天地初始之时。此意源于作者对
亥时之"亥"的训诂。汉时对十二地支之命名各有会意。如《史
记·律书》谓"亥者，该也，言阳气藏于下"；《汉书·律历志》
谓"该阂于亥"。《说文解字》则谓"亥，荄也，十月微阳起，
接盛阴。从二。二，古文上字。一人男，一人女也。从乙，象
怀子咳咳之形"。《说文》此说，当是吸取了本经之训。　[4]"是
故亥者"二句：此是以音训"亥"。　[5]"乃始凝核也"二句：
指十月物开始凝结坚固的内核。果实之籽、包裹果仁的部分为
核。此以喻此时水亦开始凝为坚冰，已近阴之极也。　[6]"壬
者"以下五句：壬为阳干，表"阳气任养万物于下"（《史记·律
书》）。《汉书·律历志》则云"怀任于壬"；《说文》谓"位北
方也，阴极阳生……象人怀妊之形"。"壬"通"任"，通"妊"。
已任必滋，是说怀孕了必然得到水的滋养。"滋"与"子"谐
音。　[7]反本名为甲子：子为阳支，壬属阳干，阳为天，主生，
故曰"反本为甲子"，物得以萌生。《史记·律书》谓"言万物
滋于下"；《汉书·律历志》言"孳萌于子"。　[8]"夫天道生物"

以下六句：天道生物，元气具足，周流天地八方，四时五行之气相交运化，中和而成。一气不足，便不足以化生。 [9]"故本之于天地、周流八方也"二句：天、地、八方合为十，其与天地生成之数正相一致。

"子勿谢也，何乎？夫师弟子功大重[1]，比若父母生子，不可谢而解也。""何谓也？""父母未生子之时[2]，愚者或但投其施于野，便著土而生草木，亦不自知当为人也；洞洞之施，亦安能言哉？遂成草木。及乃得阴阳相合[3]，生得成人，何于成草木乎哉？夫人既得生[4]，自易不事善师，反事恶下愚之师，乃教人以恶，学入邪中，或使人死灭，身尚有余罪过，并尽其家也。人或生而不知学问，遂成愚人。夫无知之人，但独愁苦而死，尚有过于地下。魂魄见事[5]，不得游乐，身死尚不得成善鬼。今善师学人也[6]，乃使下愚贱之人成善人，善善而不止，更贤；贤而不止，乃得次圣；圣而不止，乃得深知真道；守道而不止，乃得仙不死；仙而不止，乃得成真；真而不止，乃得成神；神而不止，乃得与天比其德；天比不止，乃得与元气比

善师之育德，可使愚民修德积善不止，进而成贤、圣乃至与天比德、与元气比德。

其德。元气乃包裹天地八方^[7]，莫不受其气而生。德乃复覆盖天地八方，精神乃从天地饮食，天下莫不共祭食之，尚常恐懈，不能致之也。是主善师生善弟子之功也^[8]，宁可谢不乎？""可骇哉！愚生触忌讳过言耳。""何谦不置^[9]，真人也。行，觉子使知可谢不耳。""唯唯。"

　　右分解本末终始数，父子、师弟子功要文。

[注释]

[1]"夫师弟子功大重"以下三句：善师对弟子的恩德比如父母对其所生养的孩子，仅一声感谢是远远不够的。　[2]"父母未生子之时"以下七句：父母未生子前，男子若是愚人，将其精液排泄在野地，只能生长草木，也不知道那东西可以成为人。一时尽性就射了，能说得上有什么目的呢？只能成就草木了。　[3]"及乃得阴阳相合"以下三句：即使男女阴阳相合交媾而生下孩子，其与生成草木又有何异？　[4]"夫人既得生"以下八句：孩子出生后放任自流，不请良师教导，反而受教于品行不善的下愚之师，学坏入邪，严重的甚至可致人于死灭，还要连累家人受罪。自易，放养而不约束。　[5]魂魄见事：人死后灵魂和尸体受到惩罚。见事，被惩治。　[6]"今善师学人也"以下十八句：是说优秀的老师可以把下愚学生教育成为善人，经过自己不断努力而成为贤人、圣人、真人、仙人、神人、天人乃至"与元气比其德"，即成为天神之类。善师学人，德善之师教人。学，通"教"，指施教。　[7]"元气乃包裹天地八方"以下七句：天地八方之外是

"元气"包裹天地八方，万物莫不受其气而生。此是元气本原论之经典表述。

无极的元气，天地八方之内的万事万物包括人类都是禀元气而生，莫不被元气之德。元气之精神吸取天地之精粹，天下人诚惶诚恐地祭享他，诚恐不能招致他们来享用。　[8]"是主善师生善弟子之功也"二句：对于主善师的教诲之功，难道仅一个"谢"字就可以吗？宁，副词，表疑问语气。　[9]"何谦不置"以下四句：真人何必如此谦逊，不必挂在心上。之所以如此细说是要让你知道，一声谢是不能表达应有的感恩之情的。

[点评]

　　本诀法对事物的本与末及二者的关系进行了多层面、多视角的辨析。指出了本末范畴的客观性，强调了悟本、守本、反本、务本的重要性，对为何、如何反本、守本进行了论述。本文认为，"本"与"末"是相对的，明确提出天道是第一大本，守元、守道就是护本、守本。本文有几大亮点值得重视。第一，强调了直接经验的重要性，"人言太多而不见是者，当还反其本要也"。章句之说、辗转之言、恶师之教、占卜之告，皆是"欺人"。第二，强调了上善之师的重要教导作用。至善师之功"比若父母生子"，可使愚生修炼升阶至"与天比其德"的神人，从而否定了"上智与下愚不移"的儒家人性论。第三，关于卦气说之天道循环论和元气包裹天地、化生万物的论题，对于古代哲学思想的发展有着重要启发作用。

乐生得天心法

"真人前，凡人之行，君王之治，何者最善哉？""广哀不伤[1]，如天之行，最善。""子言可谓得道意矣，然治莫大于象天也；虽然，当有次第也。""何谓也？愚生勤能一言，不复再言也，唯天师陈之耳。""然，凡人之行，君王之治也。人最善者，莫若常欲乐生，汲汲若渴，乃后可也。其次莫若善于乐成[2]，常悒悒欲成之，比若自忧身，乃可也。其次莫若善于仁施，与见人贫乏，为其愁心，比若自忧饥寒，乃可也。其次莫若善为设法[3]，不欲乐害，但惧而置之[4]，乃可也。其次人有过莫善于治[5]，而不陷于罪，乃可也。其次人既陷罪也，心不欲深害之，乃可也。其次人有过触死，事不可奈何，能不使及其家与比伍[6]，乃可也。其次罪过及家比伍也[7]，愿指有罪者，慎毋尽灭煞人种类，乃可也。夫人者[8]，乃天地之神统也。灭者，名为断绝天地神统，有所伤败于天地之体，其为害甚深，后亦天灭煞人世类也。为人先生祖父母

人之善行，次第有八。其最善者为乐生，其次为乐成。道家之养生，乃是履行最高的善德。此是不同于儒家生命说之处。

不容易也，当为后生者计，可毋使子孙有承负
之厄。是以圣人治，常思太平，令刑格而不用
也[9]。所以然者，乃为后生计也。今真人见此
微言耶？”“唯唯。”

[注释]

[1]广哀不伤：普爱天下，不伤害众生。哀，慈悲。　[2]乐成：
以长养助其成就为乐。此与天之"乐生"对举。　[3]设法：制定
法规。　[4]惧而置之：使人们畏惧悬示的法规制裁而不敢犯罪。
置，悬示。　[5]治：惩诫。　[6]不使及其家与比伍：不要让惩
罚连累到家人和邻里。伍，汉行郡县制，乡里村民每五家为一伍，
便于相互监督。　[7]"其次罪过及家比伍也"以下三句：倘若罪
过累及家人邻里，则愿意指证首犯，以不致遭到株连。　[8]"夫
人者"以下七句：人是天地神明之统绪，如果赶尽杀绝，必然伤
败天地自然之传承统系，导致人类绝灭。　[9]格：此处意为搁置。

[点评]

　　本法诀之谓"天心"，是指王道的核心理念，其精髓
就是"广哀不伤"——"慈悲"——"善"。作者谓善有
层次之分：最善是"常欲乐生"，次为"乐成"，次为"仁
施"，次为"设法"；人若有过则不可"陷于罪"，乃至"不
欲深害"；如触死则不可祸及其"家与比伍"；如不得已连
累其家，则应"慎毋尽灭煞人种类"。之所以如此，是由
于人乃"天地之神统"，灭人种类就是断绝天地神统，是
伤天害地绝人种之重罪。故乐得天心，就是乐生止杀。

作者认为，要做到乐生，必须虚心受天师之教，领会至道要言，日思行之。本文之乐生思想、学用结合的方法论以及严密的推理逻辑，都有可取和可借鉴之处，尤其将常欲乐生推到至善高度，对于后人树立快乐的人生观，有着积极的鼓励作用。

件古文名书诀

"日益愚暗矇不閭生谨再拜[1]，请问一事。""平言。"真人乃曰："自新力学不懈[2]，为天问事[3]。""吾职当主授真人义，无敢有所惜也，疾言之。""唯唯。今小之道书[4]，以为天经也；拘校上古、中古、下古圣人之辞，以为圣经也；拘校上古、中古、下古大德之辞，以为德经也；拘校上古、中古、下古贤明之辞，以为贤经也。今念天师言，不能深知其拘校之意，愿天师闿示其门户，所当先后，令使德君得之，以为严教也；敕众贤，令使各得生校善意于其中也。""然，精哉真人问事，常当若此矣，善哉善哉！诺，吾将具言之。真人自随而记之，慎毋失吾辞也。吾乃为天地谈[5]，为上德君制作，可以除天地开辟以来承负之厄会，义不敢妄语，必得怨于皇天后土，又且负于上贤明道德之君，其为罪责深大也。真人知之耶？""唯唯。""然，所言拘校上古、中古、下古道书者，假令众贤共读视古今诸道文也，如卷得一善字，如得一善诀事，便记书出之[6]。一卷得一善[7]，十卷得十善，百卷得百善，千卷得千善，万卷得万善，亿卷得亿善，善字善诀事，卷得十善也，此十亿善字；如卷得百善也，此百亿善字矣。书而记之，聚于一间处，众贤共视古今文章，竟都录出之，以类聚之，各从其家，去中复重，因次其要文字而编之，即已究竟，深知古今天地人万物之精意矣。因以为文，成天经矣。子知之乎？""善哉善哉！""子已知之矣。拘校上古、中古、下古圣经中善字诀事，卷得一善也，十卷得十，百卷得百，千卷得千，万卷得万，亿卷得亿；如卷得十善字也，已得十亿矣；卷得百善字也，已百亿矣。贤明共记书[8]，聚一间善处，已都合校之，以类相从，使贤明共安而次之[9]，去其复重，即成圣经矣。真人知之乎？""唯唯。""子已知之矣。拘校上古、中古、下古之贤明辞[10]，其中大善者卷记一，十卷得十，百卷得百，千卷得千，万卷得万，亿卷得亿；卷得十，十亿矣；卷得百，百亿矣。已毕竟，复以类次之，使相从，贤明共安之，去其复重，编而置之，即成贤经矣。真人知之耶？""唯唯。""子已知之矣。如都拘校道文经书及众贤书文，及众人口中善辞诀事[11]，尽记善者，都合聚之，致一间处，都毕竟，乃与众贤明大德共诀之[12]，以类更相微明[13]，去其复重，次其辞文而记置之，是名为得天地书文及人情辞，究竟毕定，其善诀事无有遗失[14]，若丝发之间。此道道者，名为洞极天地阴阳之经[15]，万万世不可复易也。""善哉善哉！""行，诸真人可谓已觉矣。"

此言《太平经》是综合了"道经""圣经""贤经"以及众人口说的"善辞诀事"，"以类更相征明，去其复重，次其辞文"编辑而成的最完善的道书，故可称为"洞极天地阴阳之经"。

［注释］

[1] 愚暗曚不闿（kǎi）：受道真人对传道天师的自谦之词。愚暗，愚昧糊涂。曚不闿，不开窍。　[2] 自新：重新、从头开始。　[3] 为天问事：问询关于皇天的旨意。　[4] "今小之道书"以下十六句：现在面对的道书是"天经"，拘校上古以来圣人之文的书称"圣经"，拘校上古以来大德之人的文辞之书称"德经"，拘校上古以来贤明之文的书称"贤经"，那么天师所言拘校有什

么原则和标准？请指出它们的先后次序，使有德之君能依据这些经典去教诲臣民，令贤弟子们从拘校中产生行道之善意。今小之道书，今天面对的道书，指《太平经》。小，面对，朝向。拘校，搜集，整理，校勘。　[5] 为天地谈：代表天地神灵传播真道。　[6] 记书出之：记录下经书的出处。　[7] "一卷得一善"以下二十三句：是说"天经"内容是博采上古以来凡能见到的各种道书中的善德精华编辑而成。间处，闲处，僻静处。竟都，全部。各从其家，各归其类。究竟，此指收罗彻底。　[8] 贤明共记书：此指贤明之人所著之文书的汇集。　[9] 安而次之：按照条例依次编辑。安，通"案""按"。　[10] 贤明辞：贤明者的言辞、语录。　[11] 善辞诀事：口头流传的符合天道的典型语录和诀法。　[12] 共诀：共同判断其真伪、善恶。　[13] 更相微明：相互推断以明是非。微，"徵"之形误。　[14] "其善诀事无有遗失"二句：此言拘校的道书与天地书文、人情辞语契合完善，无一缺失，无毫发之差。　[15] 洞极天地阴阳之经：此即《太平经》。洞极，洞彻天地阴阳之理。

"愚生不及，今愿复问一疑。""行言。""今天地开辟以来久远，河洛出文出图[1]，或有神文书出[2]，或有神鸟狩持来[3]，吐文积众多，本非一也。圣贤所作。亦复积多[4]，毕竟各自有事。天师何疑、何睹、何见？而一时示教下古众贤明，共拘校古今之文、人辞哉！""然，有所睹见，不敢空妄愁下古贤德也[5]。今吾乃见遣于天[6]，下为大道德之君解其承负、天地开辟以来流灾委毒之谪，古今天文、圣书、贤人辞已备足，但愁其集居，各长于一事耳。今案用一家法也[7]，不能悉除天地之灾变，故使流灾不绝，更相承负，后生者日得灾病增剧，故天怜德君复承负之。天知为后生者，不能独生此积灾诸咎也，实过在先生贤圣，各长于一，而俱有不达，俱有所失。天知其不具足，故时出河洛文图及他神书，亦复不同辞也。夫大贤圣异世而出，各作一事，亦复不同辞，是故各有不及，各有短长也。是也明其俱不能尽悉知究洞极之意，故使天地之间，常有余灾，前后讫不绝，但有剧与不耳。是故天上算计之，今为文书，上下极毕备足，乃复生圣人，无可复作，无可复益，无可复容言，无可复益于天地大德之君。若天复生圣人，其言会复长于一业，犹且复有余流灾毒常不尽，与先圣贤无异也。

此言今德君失治，过在奉行往圣先贤一家之言。而一家之言"各长于一"而疏于多，故不可偏用。而用多家之言又难免冗杂、真伪不辨。唯有《太平经》是萃取了天地古今圣贤文章精华的真道、正经。只需崇奉它，古今圣贤之书俱可废置。

[注释]

[1]河洛出文出图：此指龙马出图于黄河、神龟负书于洛水的传说。　[2]神文书：《河图绛象》有吴王阖闾游禹山，得大禹所藏天帝篆文素书的传说。　[3]神鸟狩持来：纬书有文王时曾有赤

雀口衔朱砂天书来到，预告周将代殷的传说。 [4]"亦复积多"以下五句：古时传说记载甚多，其中哪些是值得怀疑的？哪些又曾亲眼所见？天师凭什么示教今人去做搜集整理工作呢？各自有事，此谓传说众多，取象不一，目的亦不同。 [5]不敢空妄愁下古贤德：不会凭空让当今贤德之人伤神。 [6]"今吾乃见遣于天"以下五句：此是天师说自己受上天派遣下凡，主要是为上德之君解承负之灾，为万民解积累的流毒之灾。古今天文、圣贤文辞本已具足，只是它们同时并存而又各长于一个方面，难以汇集，让人犯愁。 [7]"今案用一家法也"以下五句：此言仅用一家之言指导行事，显然有片面性，不能全面消除天地间的全部灾害，这种片面性造成恶性循环，致使后生之人灾病增剧。

此处强调了《太平经》囊括了天下之文、人口诀辞，是天地真文正字善辞。有了它，邪伪毕去，大病悉除，流灾灭亡，人民万物各得其所，无复殃苦。

　　"是故天使吾深告敕真人[1]，付文道德之君，以示诸贤明，都并拘校，合天下之文、人口诀辞，以上下相足，去其复重，置其要言、要文诀事，记之以为经书。如是乃后，天地真文正字善辞，悉得出也。邪伪毕去，天地大病悉除，流灾都灭亡，人民万物乃各得居其所矣，无复殃苦也，故天教吾拘校之也。吾之为书，不效言也，乃效征验也[2]。案吾文而为之，天地灾变怪疾病、奸猾诙［妖］臣、不祥邪伪，悉且都除去，比与阴日而除云无异也[3]。以此效吾言与吾文，□□万不失一也；如不力用吾文也，吾虽敬受天辞下语[4]，见文不用，天安能空除灾哉？自若文书内乱[5]，人亦内乱，灾犹无从得去也。真人知之耶？""唯唯。""行，子已知之矣。""愿请问一疑事。""平言之。""今天地开辟以来[6]，神圣贤人皆为天所生，前后主为天地语，悉为王者制法，可以除灾害而安天下者。今帝王案用之，不失天心阴阳规矩，其所作文书，各有名号，今当名天师所作道德书字为等哉[7]？""善哉！真人之问事也。然，名为大洞极天之政事[8]。""何故正名为大洞极天之政事乎？""然，大者[9]，大也，行此者，其治最优，大无上。洞者，其道德善恶，洞洽天地阴阳，表里六方，莫不响应也，皆为慎善，凡物莫不各得其所者。其为道，乃拘校天地开辟以来天文、地文、人文、神文，皆撰简得其善者，以为洞极之经。帝王案用之，使众贤共乃力行之，四海四境之内，灾害都扫地除去，其治洞清明，状与天地神灵相似，故名为大洞极天之政事也。真人知之耶？""唯唯，可骇哉！可骇哉！""行，子已觉知之矣。"

右拘校上古、中古、下古文书、人辞诀。

［注释］

[1]"是故天使吾深告救真人"以下十二句：此是说鉴于前出之诸种文书和大德圣贤不能克服其片面性，从而造成"余流灾毒常不尽"的情况，天师受天之命"付文道德之君，以示诸贤明"，"合天下之文、人口诀辞"进行拘校编辑，整合成包罗万象的经书，从而使堪称"天地真文正字善辞"的《太平经》得以问世。　[2]征验：以发生的效应作为经书代表真理的验证。　[3]阴日而除云：此喻传播天师传授之经文能使天地间各种灾祸、妖臣恶人都一一除去，使天日重放光明。　[4]敬受天辞下语：此言天师得此经书传授下界信众。　[5]"自若文书内乱"二句：此言学而不用或理解错乱，必然导致信众动摇信仰，怀疑真道。　[6]"今天地开辟以来"以下五句：此谓天地开辟以来，神人、贤人都是以替天传道、行道为天职。　[7]名天师所作道德书字为等哉：天师所传之经书是何名字？等，何等，什么。　[8]大洞极天之政事：此指《太平经》之本质特性。意为皇天洞极政事。据下文自释，"大"者，"大无上"，"其治最优"；"洞"者，"道德善恶，洞洽天地阴阳，表里六方，莫不响应也，皆为慎善，凡物莫不各得其所"，"治洞清明，状与天地神灵相似"。　[9]"大者"以下二十三句：此言本经是拘校天地开辟以来天文、地文、人文、神文之精神理念，而选择其中之精华编辑而成。其资源远超此前诸代之各类经典，其内容远比它们全面、丰富，其思想更是洞洽天地阴阳之理，其应用则可以使四海四境之内灾害扫地除去，天下治洞清明，永葆太平。撰简，选择。洞极之经，《太平经》之美称。

［点评］

本文通过对汉代及其以前的传世典籍"长于一业"的片面性的批判，宣扬了《太平经》乃拘校天地开辟以来，"天文、地文、人文、神文，皆撰简得其善者"，因而堪称"大洞极天之政事""洞极之经"。文章并未否定往圣前贤的传世文献兴善除恶的教化功能，而是通过揭示其"各长于一事"的片面性给世人恶行留下了土壤、空间，而否定了它们的存在价值，从而肯定了《太平经》才是彻底消除帝王承负之灾，消除天下一切恶行，实现天下太平、人寿年丰、社会和谐的唯一经典。文章意在罢黜百家，独尊《太平经》，把《太平经》思想推向国家意识形态。这在独尊儒术的汉代显然只是一个空想。但其对于播种道教意识却是起到了不可低估的作用。

四行本末诀

"真人前。""唯唯。""人行有几何乎[1]？""有百行万端。""不然也，真人语几与俗人语相类似哉！人有四行[2]，其一者或。""何谓也？""然，人行不善则恶，不善亦不恶为浮平行，壹善壹恶，为不纯无常之行，两不可据，吉凶无处也。""善哉，行吉凶有几何乎？""有千条亿端。""真人之言，几与俗人同。吉凶之行有四，一者惑。""何谓也？""然，凡事为行，不大吉当大凶，不吉亦不凶为浮平命，一吉一凶为杂

人有四行：善、恶、不善不恶、亦善亦恶。

吉凶之行有四：大吉、大凶、不吉不凶、亦吉亦凶。

不纯无常之，吉凶不占[3]。""善哉！""行天地之性，岁月日善恶有几何乎？""不可胜纪。""子已熟醉[4]，其言眩雾矣[5]。天地岁月日有四行，一者不纯，主为变怪。""何谓也？""然，真人明听。今天地岁不大乐当大恶，不乐亦不恶为浮平岁，壹善壹恶为天变惑岁。令今日不大善当大恶，不善亦不恶为浮平。日月壹善壹恶为惑行[6]，主行为怪异灾。吾是但举纲见始[7]，天下之事皆然矣[8]。""何谓也？""然，天下之万物人民，不入于善，必陷于恶，不善亦不恶，为平平之行，壹善壹恶，为诈伪行，无可立也。平平之行，无可劝[9]，大善与大恶[10]，有成名。""何故正有此四行乎？""善哉，子之难问，可谓得道意矣。然，大善者，太阳纯行也；大恶者，得太阴煞行也；善恶并合者，中和之行也；无常之行者，天地中和、君臣人民万物失其道路也。故行欲正，从阳者多得善，从阴者多得恶，从和者这［适］浮平也，其吉凶无常者，行无复法度。是故古圣贤，深观天地岁月日人民万物，视所兴衰浮平进退，以自知行得与不得，与用洞明之镜自照形容何异？"

[**注释**]

[1]人行：人之行径、行为。　[2]"人有四行"以下八句：是说人之行为可分四种：善、恶、浮平、不纯无常之行。或，借为"惑"。浮平行，指不善不恶介于善恶之间。不纯无常之行，则是指有时恶，有时善或既善又不善，不可定性、吉凶无常的行为。　[3]吉凶不占：此言吉凶、福祸不能预测。　[4]熟醉：沉醉，神志不清。　[5]眩雾：此指言语混乱、不着调。　[6]日月壹善壹恶为惑行：此指早晚间寒热、阴晴变幻不定，让人迷惑。　[7]举纲见始：举其大要而见其端倪。　[8]天下之事皆然：此谓世间万事万物以及社会人群都是分为以上四种情状的。　[9]劝：劝勉，鼓励。　[10]"大善与大恶"二句：大善名垂千古，大恶遗臭万年，俱扬名于世。成名，名声显著。

"善哉善哉！今当奈何乎？""然，行守本[1]。法天者[2]，是其始也；法地者，其多贼也；法和者，其次也；无常者，其行末也。""今人何故乃得至无常之行乎哉？""然，先人小小佚失之[3]，其次即小邪，其次大邪，其次大失道路根本，更迷乱，无可倚著其意，因反为无常之行，便易其辞，为无常之年也。是明道弊末极也[4]，当反本。夫古者圣人睹此，知为末流，极即还反，故不失政也，而保其天命^[5]。故大贤圣见事明，是以常独吉也^[6]。真人乐重知其信效耶？""唯天师开示之耳。"

[注释]

[1]行守本：坚持守住道本而行。　[2]"法天者"以下八句：是说效法天之德是善行之始；效法地之德，因为地主阴杀，故多有贼害之行；效法人和，其行为又低了一个层次；至于善恶无常之人，就是末等之行了。　[3]"先人小小佚失之"以下九句：将无行之人堕落的轨迹作了寻绎：开始是行为有小小佚失，其次犯小邪，其次犯大邪，再其次陷入迷途，精神失去寄托，行为善恶无常，掩饰罪过，寿命也就无常了。便易其辞，巧言诡辩。年，寿命。　[4]道弊末极：大道被糟蹋到了极点。　[5]保其天命：保住自己的政权。古谓人君政权乃天之所命。　[6]独吉：个人获得吉利。

"反者道之动" "物极必反"，本经亦谓："夫末穷者宜反本，行极者当还归，天之道也。"此为同调。

"行。岁本兴而末恶者^[1]，阴阳之极也。人后生者恶且薄^[2]，世之极也。万物本兴末无收者^[3]，物之极也。后生语多空欺^[4]，无核实者，言之极也。文书多蓄委积而无真者^[5]，文之极也。是皆失本就末^[6]，失实就华，故使天地生万物，皆多本无末实。其咎在失本流就末，失真就伪，失厚就薄，因以为常。故习俗不知^[7]，复相恶，独与天法相违积久。后生者日轻事^[8]，更作欺伪，积习成神，不能复相禁，反言晓事，故致更相承负，成天咎地殃，四面横行，不可禁防。君王虽仁贤，安能中绝此万万世之流过^[9]？始失小小，各失若粟。天道失之若毫厘，其失千里。粟粟相从从聚^[10]，乃到满太仓数万亿斛。夫雨一一相随而下^[11]，流不止，为百川，积成四海水多。不可本去，故当绳之以真道，反其末极还就本，反其华还就实，反其伪还就真。夫末穷者宜反本^[12]，行极者当还归，天之道也。夫失正道者^[13]，非小病也，乃到命尽后，复相承负其过，后生复迷复失，正道日暗，冥复失道，天气乖忤，治安得平哉？人人被其毒害，人安得寿？万物伤，多夭死。故比比敕真人传吾书，使人人自思失道意，身为病；各自忧劳，则天地帝王、人民万物悉安矣。真人乐合天心，宜勿懈忽也。”

[**注释**]

[1]“岁本兴而末恶者”二句：是以本与末喻兴旺转化为凋敝，说明道的物极必反运化规律。阴极生阳，阳极生阴。以《易纬》卦气说为例，阴阳、末本以一岁为周期，每年十一月冬至便是代

表阴的末恶死和代表阳的本兴生的极点。故言"本兴而末恶者，阴阳之极也"。　[2]"人后生者恶且薄"二句：汉儒流行一种说法，谓当世之人浇薄，不如三代之人仁义宽厚。作者认可这一说法，认为这是世道坏到了极点。　[3]"万物本兴末无收者"二句：此指种植庄稼长势好却没有收成，这是物坏到了极点。　[4]"后生语多空欺"以下三句：此言当今后生辈空话假话连篇，又无从证实，这是言语坏到了它的极限。　[5]"文书多蓄委积而无真者"二句：思想界百家之言论堆积如山，尽是虚妄之辞，表明文风到了极恶之点。　[6]"是皆失本就末"以下四句：造成上述极敝情况的原因都在于世风舍本逐末，失实求华，从而导致天地所生之万物有始无终。　[7]"故习俗不知"以下三句：习俗之人不知失本流恶、失真就伪、失厚就薄的罪过，反而继续以讹传讹，违背天道日益久远。　[8]"后生者日轻事"以下九句：是说浮华虚伪之风习，传到后代，恶性循环，陋习积聚，俨然成为神道，不仅得不到禁止，反而称赞这些人懂事。因此造成承负之罪累积，天地所施的惩罚防不胜防。　[9]中绝：此指中断承负之流灾。　[10]"粟粟相从从聚"二句：此以粟粒喻小过，诸小过集聚成大罪过，如同充满太仓之粟，积压繁重。　[11]"夫雨一一相随而下"以下四句：以雨滴不止，汇成川流，积成四海之水的现象，比喻小过不止，终致积成大恶。　[12]"夫末穷者宜反本"以下三句："反者道之动"的法则，枝末穷尽便会返于根本重生，行为走到极端就会回到本初。此是说真人应顺应天则推行太平真道。　[13]"夫失正道者"以下二十句：缕述了背离正道的严重后果：复相承负、天气乖忤、治安不平、人多夭死、万物伤残。故传道真人要谨慎勿懈，奉行真道，乐合天心。

　　"唯唯。愿复问一疑：天师今是吉凶[1]，曾但其时运然耶？”“善哉，真人之难，得道意矣。极上者当反下，极外者当反内，故阳极当反阴；极于下者当反上，故阴极（当）反阳，极于末者当反本。今天地开辟以来，小小连失道意，更相承负，便成邪伪极矣[2]。”“何以知之乎？”“以万物人民，皆多前善后恶，少成事，言前□□哉！前有实，后空虚。古者圣人，常观视万民之动静以知之，故常不失也。”“善哉善哉！愿复乞问一事。”“行，言。”“今若天师言，物有下极上极。今若九人[3]，上极为委气神人，下极奴婢。下学得上行[4]，上极亦得复下行不耶？”“善哉，子之问也。今真人自若愚冈。未洞于太极之道也[5]。今是委气神人，乃与元气合形并力，与四时五行共生。凡事人神者，皆受之于天气，天气者受之于元气。神者乘气而行[6]，故人有气则有神，有神则有气，神去则气绝，气亡则神去。故无神亦死，无气亦死，委气神人宁入人腹中不邪？”“唯唯。”“凡圣皆有极，为无形神人，下极为奴婢。神人者，乘气而行，故人有气即有神，气绝即神亡。又五行乃得兴生于元气，神乃

此言委气神人与人神（即神人）的承属关系。前者“与元气合形并力，与四时五行共生”，“同身并行”，此神即元气，是四时五行万物人类之本，总根源。神人虽然也无形，但却禀元气而生，乘气而行，气去则神亡。元气被赋予神格，进而又被赋予人格，即“委气神人”。

与元气并，同身并行。今五行乃入为人脏，是宁九人上极复下，反人身不？""善哉善哉！初学虽久，一睹此说耳。""然，子学当精之，不精无益也。""唯唯。见天师言，夫天道固如循环耶？""然，子可谓已知之矣。行，去，有疑勿难问[7]。""唯唯。"

　　右简天四行、实本末太极以反政。

[注释]

[1]"天师今是吉凶"二句：此是真人问天师，今日吉凶之事该不会是时势运会之必然吧？曾但，疑问副词，难道是？　[2]邪伪极：邪恶虚妄之风弥漫朝野，由来已久，登峰造极。政治危机到了极点。　[3]"今若九人"以下三句：本经将世人分为不同的尊卑等级。九人即九等之人：委气神人（有音声教化而无形者）上属天，忧天上事；忧天地六合内事者则有神人、真人、仙人、道人、圣人、贤人、民人、奴婢。　[4]"下学得上行"二句：此是询问下极之奴婢贱如草木，如果修道积德不止，可以逐步升阶至委气神人，与皇天同形；那么如果委气神人失德会逐步降为奴婢吗？　[5]未洞于太极之道：不懂得太极道意。洞，明晓。太极，此指大道本原之理。　[6]"神者乘气而行"以下八句：此是说委气神人是受元气而生的有人格而与元气"合形并力"的至上神，它与元气共存亡，故不会复入凡胎成为奴婢。　[7]有疑勿难问：心有疑惑不解之事，不要难于启齿，尽可向天师问教。

[点评]

本法诀把世人之行为分为四类：大善之行、大恶之行、浮平之行和无常之行，比较客观地揭示了社会矛盾存在的多样性事实。大善大恶之行，本着物极必反的矛盾运动规律，可以通过阴阳和合、相得而致中和，进行有效调控。中和之行即浮平之行，"不吉亦不凶"，从阳者多而得善，反之则得恶。中和是社会的主流。本文独对无常之行进行了深刻揭露和批判。认为无常之行"壹善壹恶""两不可据，吉凶无处""无复法度""为怪异灾""惑行""诈伪行，无可立也"，其危害性十分严重。作者认为，造成无常之行的原因在于先人疏于小过，"其咎在失本流就末，失真就伪，失厚就薄"，习以为常而不觉；"日轻事，更作欺伪，积习成神"，终致更相承负不可救药。针对这种情况，作者提出的治病药方是：第一不可放失小过，避免积重难返；第二"绳之以真道"，辨别真伪；第三反末还本，去华就实。本文关于防微杜渐、物极必反、尊本抑末的思想和对矛盾多样性的分析，都是符合科学认识规则的，是值得借鉴的。

案书明刑德法

真人纯谨敬拜："纯今所问，必且为过责甚深。吾归思师书言，悉是也，无以易之也。但小子愚且蒙，悒悒不知明师皇天神人[1]，于何取是法象[2]。今怪师言积大□□，愿师既哀怜，示其天证阴阳之诀[3]，神祇之卜要效[4]。今且不思，心中大烦乱，所言必触师之忌讳，又欲言不能自禁绝，唯天师虽非之，愿以天之明证法示教[5]，使可万万世传，昭然无疑，比若日中之明也，终始不可易而去也。""然，子固固不信吾言邪[6]？子自若未善开通[7]，知天心意也。子自若愚乎！愈于俗人无几耳[8]。以为吾言可犯也[9]，犯者乱矣，逆者败矣。吾且与子语，皆已案考于天文[10]，合于阴阳之大诀乃后言也[11]。子来者为天问事，吾者为天传言制法，非敢苟空伪言佞语也[12]。子生积岁月日幸不少[13]，独不见扰扰万物之属，悉尽随德而居，而反避刑气邪？此者[14]，纯皇天之明要证也，所以严敕人君之治，得失之效也。""唯唯。今若且觉而未觉，愿重问其教戒[15]。"

[注释]

[1]悃悒：抑郁苦闷。　[2]法象：垂法之象，亦即物象。　[3]天证阴阳之诀：皇天已证的阴阳之道的秘诀。　[4]神祇（qí）之卜要效：天地神灵预测的明效。祇，地神。　[5]愿以天之明证法示

教：祈愿天师以天证阴阳之法诀开示，施以教诲。　[6] 固固：冥顽不化。　[7] 自若：依旧如故。　[8] 愈于俗人无几：比俗人强不了多少。　[9] 犯：触犯，抵触。　[10] 案考：据以考察。　[11] 阴阳之大诀：阴阳二气之根本运化规律。　[12] 苟空伪言佞语：随意杜撰的虚言巧语。　[13] "子生积岁月日幸不少" 以下四句：此是传道天师指责真人，有幸来此世间多年，难道就没有看到芸芸众生全都避开刑杀之气，追随阳德之气而生活、生存的事实吗？　[14] "此者" 二句：此是说，上述案例本身就是皇天之道的明法要证。　[15] 教戒：教导、诚勉。

　　"然。夫刑德者[1]，天地阴阳神治之明效也，为万物人民之法度。故十一月大德在初九[2]，居地下[3]。德时在室中，故内有气，万物归之也。时刑在上六[4]，在四远野，故外无气而清也[5]，外空万物[6]，士众皆归王德，随之入黄泉之下。十二月德在九二[7]，之时在丑，居土之中，而未出达。时德在明堂。万物随德而上，未敢出见，上有刑也。正月寅[8]，德在九三。万物莫不随盛德乐窥于天地而生，时德居庭。二月德在九四[9]，在卯，已去地，未及天，谪在界上，德在门，故万物悉乐出窥于门也。三月盛德在九五[10]，辰上及天之中，盛德时在外道巷，故

刑德为战国法家之一对政治范畴。韩非说："明主之所导制其臣者，二柄而已矣。二柄者，刑德也。何谓刑德？曰：杀戮之谓刑，庆赏之谓德。"（《韩非子·二柄》）本经谓："夫刑德者，天地阴阳神治之明效也，为万物人民之法度。"将刑德设为神道之教，尊阳德而贬阴刑，倡德治而去刑罚，与其所奉之阴阳相辅论造成矛盾。

万物皆出居外也。四月已[11]，德在上九，到于六远八境，盛德八方，善气阳气莫不响应相生。扰扰之属，去内室，之野处，时刑在万物之根[12]，居内室，故下空无物，而上茂盛也，莫不乐从德而为治也。是治以德之大明效也。"

[注释]

[1] "夫刑德者"以下三句：此处为表述阴阳功能之范畴。刑属阴，主杀；德属阳，主生。刑德二气即阴气和阳气，观阴阳律动之神妙效应即可知其为万物人民的行为准则。 [2] 十一月大德在初九：依《易纬》卦气说，夏历十一月冬至日一阳初生，其象为"复"（䷗），是化为《易·乾》（䷀）之始。此处取象于"乾"，其爻位顺次为初九、九二、九三、九四、九五、上九。 [3] "居地下"以下四句：指阳气潜伏于地室，万物得其气而滋生。《淮南子·天文训》曰："万物闭藏，蛰虫首穴，故曰德在室。"室，又称内室，为阴阳家表示刑德二气升降变化的"七舍"之一，其分别为：室、堂、庭、门、巷、术、野。详见《淮南子·天文训》。 [4] "时刑在上六"二句：刑杀之气此时处于六远八境之外的旷野，于爻位属《易·坤》（䷁）之上六，阴气盛极。依阴极返阳之理，上六即反为初九之时。 [5] 外无气而清：此时阴气已衰亡无实，徒有其华。 [6] "外空万物"以下三句：此时天地万物臣民都选择阳旺之气而从，深入地下韬光养晦，待时而起。黄泉，地之深层。 [7] "十二月德在九二"以下八句：至于十二月，时至十二支之丑，阳气升至九二爻位，其象为"临"（䷒），居于坤土之中，明堂之位。万物随德而上，尚未破土而出，以其

刑气未尽之故。　[8]"正月寅"以下四句：至于正月，时在寅时，阳气升入九三之位，其象为"泰"（䷊），万物随盛德而欣欣向荣，其德趋于庭。　[9]"二月德在九四"以下七句：至于二月，时在卯时，阳气升入九四之位，其象为"大壮"（䷡），离开坤地，进入上乾之初爻，即天之门限，万物亦随之得以窥向上之门。　[10]"三月盛德在九五"以下四句：是说至于三月，时在辰时，阳气升入九五之位，其象为"夬"（䷪），处上乾之中爻，盛德之阳占据了外道巷，万物全都得以向外生发。　[11]"四月巳"以下八句：至于四月，时至巳时，阳气达于上九之爻，处于六远八境，盛德弥于八方，万物莫不应阳德之气而生，形形色色的生物全都远离内室而迁居郊野。　[12]"时刑在万物之根"以下六句：德聚上九之时，其象为"乾"（䷀），上茂盛而下空无物，刑气已趁机入居室内，深藏于根柢。地上万物莫不从德而为治。阳气的生成发展过程亦是循天道行德政之鲜明效验。

"今谨已闻用德，愿闻用刑。""然。五月刑在初六[1]，在午，地下，下内清无气，地下空。时刑在室中，内无物，皆居外。六月刑居六二[2]，在未，居土之中，未出达也。时刑在堂，时刑气在内，德气在外，扰扰之属莫不乐露其身，归盛德者也。七月刑在六三[3]，申之时。刑在庭，万物未敢入，固固乐居外。八月刑在六四[4]，酉，时上未及天界。时德在门，万物俱乐窥于门，乐入随德而还反也。九月刑在六五[5]，在戌，上及天中。时刑在道巷，万物莫不且死困，随德入藏，故内日兴，外者空亡。十月刑在上六[6]，亥时刑及六远八境四野，万物扰扰之属，莫不入藏逃，随德行，到于明堂，跂行自怀居内，野外空无士众，是非好用刑罚者见从去邪哉？但心意欲内怀以刑[7]，治其士众，辄日为其衰少也。故五月内怀一刑[8]，一群众叛；六月内怀二刑，二群众叛；七月内怀三刑，三群众叛；八月内怀四刑，四群众叛；九月内怀五刑，五群众叛；十月内怀六刑，六群众叛，故外悉无物，皆逃于内，是明证效也。故以刑治者，外恭谨而内叛，故士众日少也。是故十一月内怀一德[9]，一群众入从；十二月内怀二德，二群众入从；正月内怀三德，三群众入从；二月内怀四德，四方群众入从；三月内怀五阳盛德，五群众贤者入从；四月内怀六德，万物并出见，莫不扰扰，中外归之，此天明法效也。二月八月[10]，德与刑相半，故二月物半伤于寒，八月物亦半伤于寒；二月之时，德欲出其士众于门，刑欲内其士众于门，俱在界上，故二月八月，万物刑德适相逢，生死相半，故半伤也。子今乐知天地之常法，阴阳之明证，此即是也。夫刑乃日伤杀[11]，厌畏之，而不得众力，反曰无人；德乃舒缓日生，无刑罚而不畏万物，反曰降服，悉归王之，助其为治，即是天之明证，昭然不疑也。""今人不威畏不可治，奈何乎哉？""然古者圣人君子，威人以道与德[12]，不以筋力刑罚也。不乐为善德[13]，劣者反欲以刑罚威惊以助治，犹见去也。夫刑但可以遗穷解卸[14]，不足以生万物，明扰扰之属为其长也。今使人不内附[15]，反欺诈，其大咎在此。

从易学象数图象看，从十一月中至六月中半年为阳气生长期，以德用事；六月中至十一月则是阴气生长期，当以刑用事。阴阳消息，刑德轮流用事才合自然运道。但本文案书所明之刑德却是扬德抑刑，由此可知天师说《经》是以神道为王道立教。

［注释］

[1]"五月刑在初六"以下六句：与德气相对，刑气自五月始，时当阳干午时，阳极而阴生于初六爻，其象为"姤"（☰），在"坤"地之下。其时诸阳趋于上，致使地下空虚无生气，刑气得以居于室中。　[2]"六月刑居六二"以下九句：至于六月，刑气居于六二之正位，值阴支未时，刑在坤土之中尚未破土，藏于明堂，其象为"遁"（☰），相对而言此时阳气在外，芸芸众生莫不乐于显摆自身，彰显盛德。　[3]"七月刑在六三"以下五句：刑气进至六三，其象为"否"（☰），已值七月申时，其时刑据于庭，万物尚坚持笃定地居于外而不愿回归于内室。　[4]"八月刑在六四"以下六句：至于八月，酉时，刑气已升至六四，进入上卦之初爻，其象为"观"（☰），待欲更进，却遭阳气踞门，但万

物此时得以窥其门户，而且乐于随德气返于室内。　[5]"九月刑在六五"以下八句：至于九月，刑气终于上到六五爻，时在戌时，得以入居上卦天位之中，其象为"剥"（☶），此时阴气此时满道巷，果实成熟，遭敛杀，万物遂随德气潜藏于地下，故内部充实而外部渐渐空虚。此为收获之象。　[6]"十月刑在上六"以下九句：至于十月，刑气入主上六之爻，其象为"坤"（☷），值亥时，阴气得以播于六远八境，四野芸芸众生莫不匿藏，随德行归栖于明堂，爬行之类生物亦自怀居于地下，开始冬眠；四野一时空旷，亦不见臣民，这岂不是好用刑罚者所见到的民众迁徙逃亡的情况吗？从（從），当作"徙"，形近误，迁徙逃亡。　[7]"但心意欲内怀以刑"以下三句：意谓只要抱有以刑治国之心，那么属下民众就会日渐弃你而离去，使你越来越孤立。辄（zhé），副词，总是，每。　[8]"故五月内怀一刑"以下十五句：是说随着刑罚日增，叛离民众亦日多，以至全都逃匿于内而室外却空无一民。可见刑杀不可以治国。以象言，自夏五月至秋十月属坤土，"坤"之六爻渐次逃于地下，阴极遂转而趋阳，是"坤"渐衰亡转化为"乾"之象。　[9]"是故十一月内怀一德"以下十五句：是以怀德治国，民多来从，与怀刑治国，民多叛亡对举，一如"乾"之九五，中外归之，此足以作为德治即行天道之效验。　[10]"二月八月"以下十二句：以卦象言，二月当春分之季，八月当秋分之季，此两季阴阳各半，刑德相当，故刑气得以半伤于物。《淮南子·天文训》："八月二月，阴阳气均，日夜分平，故曰刑德合门。德南则生，刑南则杀，故曰：二月会而万物生，八月会而草木死。"　[11]"夫刑乃日伤杀"以下十一句：刑气不断杀伤，造成生民厌恶、畏惧而叛亡，反被说成是"无人"；德气则逐渐舒缓新生，万物众无刑罚，不生畏惧，不断降服、归顺于君王之德治，此即天道助阳不佑阴之明效。　[12]威人以道与德：以道德树立权威。 [13]"不乐为善德"以下三句：是说有些官吏不仅不以善德为治，更甚者还要用刑罚威胁恐吓，看着他们被刑罚恐吓而逃离。 [14]"夫刑但可以遗穷解卸"以下三句：刑罚固然可以镇压那些极恶之徒，解除威胁，但刑罚既不能生成万物，又不能让百姓明理。 [15]内附：凝聚。此指形成向心力。

"今子比连时来学，问事虽众，多畜积文，则未能纯信吾书言也，得此宁解未哉[1]？""纯稽首敬拜：有过甚大，负于明师神人之言，内惭流汗，但愚小德薄至贱，学日虽多，心顿不能究达明师之言，故敢不反复问之！甚大不谦[2]，久为师忧。""不也。但为子学未精耳，可慎之。天乃为人垂象作法，为帝王立教令，可仪以治[3]，万不失一也。子欲知其意，正此也。治不惟此法[4]，常使天悒悒，忿忿不解[5]，故多凶灾。子戒之！天将兴之者[6]，取象于德；将衰败者，取法于刑，此之谓也。吾之言，谨与天地阴阳合其规矩[7]，顺天地之理，为天明言纪用教令，以示子也。吾之言，正若锋矢无异也[8]，顺之则日兴，反之则令自穷也。天法神哉神哉！是故夫古者神人、真人、大圣[9]，所以能深制法度，为帝王作规矩者，皆见天文之要，乃独内明于阴阳之意，乃后随天地可为以治，与神明合其心，观视其所为也，故其治万不失一也。今愚吏人民，以为天法可妄犯也，自恣不以法度[10]，故多乱其君治也，大咎在此也。

［注释］

[1] 宁解未哉：心中疑问是否解决了呢？   [2] "甚大不谦"二句：太不谦虚了，让天师费心了。谦辞。   [3] 可仪以治：可以供治国者取法。仪，景仰，效法。   [4] 不惟：不仅只此。   [5] 忿忿不解：情绪抵触。   [6] "天将兴之者"以下五句：国家将兴，奉行德治，将亡则倡刑治，是有天人感应的，统治者当戒慎之。   [7] 与天地阴阳合其规矩：遵循天地阴阳自然之道。   [8] 锋矢：刀锋、箭矢。此是说言语犀利，切中要害。   [9] "是故夫古者神人、真人、大圣"以下九句：此言古时神人圣人真人之所以能为帝王创立良法、制度，乃在于内懂阴阳之道，外善识天文之要，其所创法制能与天地神灵合德，行之则可万无一失。   [10] 自恣：肆意妄为。

"今子得书，何不详结心意，丁宁思之？幽室闲处，念天之行，乃可以传天之教，以示救愚人[1]，以助帝王为法度也。将举刑用之[2]，当深念刑罚之所居，皆见从去，寂然无士众独处。故冬[3]，刑在四野无人，万物悉叛之内藏，避之甚。夏刑在内，万物悉出归德，地下室内中空，刑寂然独居，皆随德到野处。德在外，则万物归外；德在幽空［室］，则物归内。""天刑其威极盛[4]，幸能厌服人民万物，何故反不能拘制其士众，独不怪斯耶？""明刑不可轻妄用[5]。伤一正气，天气乱；伤一顺气，地气逆；伤一儒，众儒亡；伤一贤，众贤藏。凡事皆有所动摇。故古者圣人、圣王、帝主，乃深见是天戒书[6]，故畏之不敢妄为也，恐不得天心，不能安其身也。上皇天德之人，乃独深见道德之明效也。不厌固[7]，不畏骇[8]，而士众归之附之，故守道以自全，守德不敢失之也。子德吾书诵读之[9]，而心有疑者，常以此书一卷，自近旦夕常案视之[10]，以为明戒证效[11]，乃且得天心意也。违此者，已与天反矣。是犹《易》之'乾''坤'[12]，不可反也；犹六甲之运，不可易也；犹五行固法，不可失也；犹日月之明，不可掩盖也；犹若君居上，臣在下，故不可乱也。此所以明天地阴阳之治[13]，有好行德者。或有本文是教人"明天地阴阳（刑德）之治"，亦即"守道与德，思退刑罚"。

愚人，反好刑，宜常观视此书，以解迷惑。务教人为善儒[14]，守道与德，思退刑罚[15]，吾书□□正天法度也[16]。夫为道德易乎？为刑罚难乎？爱之则日多[17]，威之反日无也。子疾去矣，为天传吾书，毋疑也，吾书言不负于天地六合之扰扰也。""唯唯，诚归思过，惟论上下，不敢失一也。"

[**注释**]

[1] 示敕愚人：以天道开示、劝勉不懂道理之人。　[2]"将举刑用之"以下四句：此言刑治必造成民众远徙逃亡，使自己成为孤家寡人。从（從），"徙"之形误。　[3]"故冬"以下九句：施用刑治，冬季则刑杀之气笼盖四野，万物众生都逃离匿藏，以避其刑；夏季刑杀之气入内蛰伏，万物众生则纷纷出逃归于德治，散布于四方；室内空寂，只剩刑神独处。此言刑治不得天人之心。　[4]"天刑其威极盛"以下四句：此为真人询问天师：既然天刑其威极盛，能镇服人民万物，为何控制不住人民万物叛亡呢？难道不觉此事奇怪吗？　[5]"明刑不可轻妄用"以下十句：此是回答真人：光明伟大的天刑不可滥施，如果不慎伤害到天、地、人之气，就会造成天地万物动荡不宁。　[6]"乃深见是天戒书"以下四句：是说如违背天意就会社稷不保。天戒书，上天对人君的警诫谴告之文。　[7]不厌固：不拘禁、压制。　[8]不畏骇：不怕恐吓。　[9]德：此处通"得"。　[10]自近：以身亲近道意。旦夕常案视之：早晚阅读本经。　[11]明戒

证效：验证皇天诚敕的明效。　[12]"是犹《易》之'乾''坤'"以下六句：阳尊阴卑，乾坤定矣，不可颠倒；六甲之运，不可易矣：干支交错，六十为一周期，先后有甲子、甲戌、甲申、甲午、甲辰、甲寅六甲，不可变易；五行固法，不可失也：金、木、土、水、火五行相克相生之法则，不可扰乱。　[13]"此所以明天地阴阳之治"以下六句：本经阐明的天地阴阳和合之治道，是行德治之君所喜好的；对于主刑治之君，则更应常读本经，以提高觉悟，解除轻德治、重刑罚的迷惑。　[14]善儒：温柔敦厚之人。儒，柔也。　[15]退刑罚：放弃刑治手段。　[16]正天法度：皇天之正法、真道。　[17]"爱之则日多"二句：对万物人民施以仁爱，追随拥护者就会日益增多；反之施以刑威，万物人民就会日益离弃。

[点评]

　　本篇借用真人纯与天师对话的形式，将阴气与阳气的四时运动变化规律比拟于刑治与德治的优劣。并用"乾""坤"二卦之爻位配以十二月月气，用《淮南子》阴阳刑德七舍（室、堂、庭、门、巷、术、野）之说，描述刑德消长的态势与过程，反复强调德实而刑虚、德善而刑恶、德得众而刑失民的价值观念，从而论证了舍刑治而用德治的价值取向是行天道的治国思想。本篇关于阴阳刑德范畴辩证关系的剖析，是对汉儒董仲舒天人感应的神学目的论和刑德论以及《淮南子》中关于阴阳刑德论的阐发与延伸，其"威人以道与德，不以筋力刑罚"的论题在今天仍有可贵的价值。

起土出书诀

"下愚贱生不胜心所欲问，犯天师忌讳[1]，为过甚剧。意所欲言，不能自止，小人不忍情愿，五内发烦懑悒悒。请问一大疑，唯天师既待以赤子之分，必哀原其饥渴汲汲乎[2]。""行，道之，何谦哉。""唯唯。今天师乃兴皇天后土常合精念[3]，其心与天地意深相得，比若重规合矩，不失毛发之间也。知天地常所忧□□，是故下愚不及生，冒惭乃敢前具问[4]，愿得知天地神灵，其常所大忌讳者[5]，何等也？""善乎，生精益进哉。子今且所问，正入天地之心意，人得知之，著贤人之心，万世不复去也。吾常乐欲言，无可与语。今得真人问之[6]，心中诀喜，且为子具分别道之，不敢有所隐匿也。所以然者，乃恐天地神灵深恶，吾则为身大灾也。真人但安坐明听。天地所大疾苦[7]，恶人不顺与不孝。""何谓也？愿闻之。""善乎，子之难也。夫天、地、中和凡三气，内相与共为一家，反共治生，共养万物。天者主生，称父；地者主养，称母；人者主治理之，称子。父当主教化以时节[8]，母主随父所为养之，子者生受命于父，见养食于母。为子乃当敬事其父而爱其母。""何谓也？""然父教有度数时节，故天因四时而教生养成，终始自有时也[9]。夫恶人逆之，是为子不顺其父，天气失其政令，不得其心。天因大恶人生灾异[10]，以病害其子，比若家人[11]，父怒治其子也，其变即生。父子不和，恨子不顺从严父之教令，则生阴胜其阳，下欺其上，多出逆子也。臣失其职[12]，鬼物大兴，共病人，奸猾居道傍，诸阴伏不顺之属，咎在逆天地也。真人是又可不顺乎？此乃自然之术，比若影之应形，舆之随马不脱也，诚之。""唯唯。"

《论语·为政》："孟懿子问孝，子曰：'无违。'"无违即"顺"，儒家孝德之一重要内容。此处之"顺"则延及臣当顺承其君。认为此是天地自然之理。

[注释]

[1]忌讳：禁忌。　[2]哀原其饥渴汲汲：哀怜体谅自己求道若渴的心情。哀，原误作"衰"。　[3]精念：精神理念。　[4]冒惭：冒着犯过错的惭愧之心。　[5]"其常所大忌讳者"二句：最为憎恶的事是什么。忌讳，此作憎恶、怨恨解。　[6]"今得真人问之"以下七句：此言人问道，知而不告，自身会陷于灾祸之中。诀喜，顿然生喜。　[7]"天地所大疾苦"二句：此言天地最为憎恶与忌恨的恶行，是不顺循天道和不孝敬父母。　[8]"父当主教化以时

节"以下五句：作为父亲的天，应该根据一年四时八节之不同时令对万民百姓施行教化。而作为母亲的地则应负担起辅育万民的责任，万民亦应当敬爱、顺从天地及其意愿。　[9] 终始自有时：言天地始终坚持其客观规律。时，运行周期。　[10]"天因大恶人生灾异"二句：人若不循天道反背道，天就会生灾异、病害以谴告人类。　[11]"比若家人"以下八句：此以家庭父子关系为喻，申明天人感应的谴告说。　[12]"臣失其职"以下六句：此以朝政失理，大臣失职，造成邪气猖獗，申明谴告说，认为"咎在逆天地"而行，是自招之灾。

"今谨已敬受师说天之教敕，愿闻犯地之禁。""诺，真人明听。""唯唯。""天者乃父也，地者乃母也，父与母俱人也，何异乎？天亦天也，地亦天也，父与母但以阴阳男女别耳，其好恶者同等也。天者养人命[1]，地者养人形，人则大愚蔽且暗，不知重尊其父母，常使天地生凡人有悔，悒悒不解也。""何谓也？""善哉，子之言也，深得天地意，大灾害将断，人必吉善矣。""何谓也？唯天师分别之。""然，今天下之人皆共贼害，冤其父母。""何谓也？""四时天气，天所案行也，而逆之则贼害其父。""何谓也？""今人以地为母，得衣食焉，不共爱利之，反共贼害之。""何谓也？""然，真人明听。人乃甚无状[2]，共穿凿地[3]，大兴起土功[4]，不用道理[5]，其深者下著黄泉，浅者数丈。母内独愁恚[6]，诸子大不谨孝，常苦忿忿悁悒，而无从得通其言。古者圣人[7]，时运未得，及其道之，遂使人民妄为，谓地不疾痛也。地内独疾痛无訾[8]，乃上感天，而人不得知之，愁困其子不能制，上愬人于父，愬之积久，复久积数，故父怒不止，灾变怪万端并起，母复不说常怒，不肯力养人民万物。父母俱不喜，万物人民死，不用道理，咎在此。后生所为日剧[9]，不得天地意，反恶天地，言不调；又共疾其帝王，言不能平其治。内反人人自得，过于天地，而不自知，反推其过以责其上，故天地不复爱人也，视其死亡忽然[10]。人虽有疾，临死啼呼，罪名明白，天地父母不复救之也，乃其罪大深，过委顿[11]，咎责反在此也。其后生动之尤剧，乃过前，更相仿效以为常法，不复拘制，不知复相禁止，故灾日多，诚共冤天地。天地，人之父母也，子反共害其父母，而贼伤病之，非小罪也。故天地最以不孝不顺为怨，不复赦之

阴阳五行之家，就是开发土地，破坏土地之血脉。本经以父母子女关系论天人关系，以子女对父母尽孝之伦理，劝阻人们破坏生态的行为，以天地报复人类的因果论警告恶人破坏地理的严重后果，实与中华传统的"和"文化异曲而同工。

也。人虽命短^[12]，死无数者，无可冤也。真人岂晓知之邪？""唯唯。"

［注释］

[1]"天者养人命"以下六句：此言天地亦有人格，愚昧之人不尊天地，背天道而行，使天地之气不畅达，乃至天地后悔生养了人类。　[2]无状：此言人类逆天的行为坏到难以形容。　[3]穿凿地：穿地凿井。　[4]大兴起土功：肆意滥挖土地。　[5]不用道理：不讲道理、理由。　[6]母内独愁恚（huì）：地神心内忧愁愤怒。恚，愤怒，怨恨。　[7]"古者圣人"以下五句：是说古时圣贤未能赶上时运之际会，揭示天理，使得愚人误以为土地不知痛苦而滥加开发。　[8]"地内独疾痛无訾"以下十五句：是说大地遂将久积之痛苦上感于天，引起天地震怒，以变怪万端之灾报复人类。　[9]"后生所为日剧"以下六句：此言人类遭灾以后，后人不明天地惩恶之意，反而误怪天地失调、指责帝王失职不能御灾。　[10]视其死亡忽然：此指上天把人之死亡看成轻飘小事。忽然，生生灭灭，忽然之间而已。　[11]过委顿：极度衰疲。　[12]"人虽命短"以下三句：是说人虽然短寿，但不冤枉，乃是自己作孽造成的。

"今天使子来具问，是知吾能言，真人不可自易^[1]，不可不慎也。""唯唯。""今人共害其父母，逆其政令，于真人意，宁可久养不邪？故天不大矜之也^[2]。""今天师哀愚生，为其具说，以何知天地常忿忿悒悒，而怨恶人数起土乎 [3] ？ ” “善哉。天使子屈折问之，足知为天地使子问此也。诺，吾甚畏天，不敢有所隐，恐身得灾，今且使子昭然知之，终古著之胸心，不可复忘也。今有一家有兴功起土 [4]，数家被其疾，或得死亡，或致盗贼县官，或致兵革斗讼，或致蛇蜂虎狼恶禽害人。大起土有大凶恶，小起土有小凶恶，是即地忿忿，使神灵生此灾也。故天地多病人，此明证也，子知之邪？ ” “唯唯。今或有起土反吉无害者，何也？ ” “善哉，子之问也。皆有害，但得良善土者，不即病害人耳。反多四方得其凶，久久会且害人耳。得恶地者，不忍人所为，即害之也。复并害远方。 ” “何也？ ” “是比若良善肠之人也，虽见冤，能强忍须臾，心不忘也。后会害之，恶人不能忍，须臾交行 [5]。 ” “善哉善哉。今地身体积巨，人比于地，积小小，所为复小不足道 [6]，何乃能疾地乎哉？ ” “善哉，子之难也。天使子分别不明此 [7]。 ” “以何知之？ ” “以其言大惓惓 [8]。子今欲云何 [9] ？心中悃悒，欲言乃快。天地神精居子腹中，敬子趣言，子固不自知也。凡人所欲为，皆天使之。诺，不敢有所匿也。子明听。""唯唯。"

［注释］

[1]自易：掉以轻心，忽略自己。 [2]矜：哀怜。 [3]怨恶人数起土：憎恶人滥挖土地，屡禁不止。 [4]"今有一家有兴功起土"以下六句：言滥挖土地之恶果：一家破土，数家被灾乃至死亡；盗贼频发，被官府镇压；武斗、官司不断；毒蛇、禽兽为害。 [5]须臾交行：片刻工夫就会被报复。此指恶人遭报应之速。 [6]"所为复小不足道"二句：此言人与大地相比太渺小，凭什么能伤害到大地呢？ [7]分别不明此：辨别不明此理的原因。 [8]大惓（quán）惓：形容态度太诚恳。 [9]"子今欲云何"以下六句：此是天师对问道真人说：你现在想说什么呢？心中既有抑郁就快点说出来吧。现在天地精神都聚于你心中，警示你快点说，你自己却不知道啊。敬，通"警"。趣，趋也，催促意。

较之天地之博大，人甚渺小，然集众人之力毁地，则地不能御，必致伤残。譬若巨人之于牙虫、蚤虱，集小虫之力，亦可致人伤痛甚至死亡。故不得视其小而藐之。岂不闻蝼蚁可溃千丈之堤？

"今子言，人小小，所动为不能疾地[1]，今大人躯长一丈，大十围，其齿有齲虫[2]，小小不足道，合人齿大疾[3]。当作之时，其人啼呼交，且齿久久为堕落悉尽。夫人比于天地[4]，大小如此虫害人也。齿尚善金石，骨之坚者也。夫虫但肉耳，何故反能疾是子？人之疾地如此矣，子知之邪？行，真人复更明开耳。""唯唯。""夫人或有长出丈，身大出十围；疽虫长不过一寸，其身小小，积小不足道也。居此人皮中，旦夕凿之，其人病之，乃到死亡。夫人与地，大小比若此矣。""此虫积小，何故反贼杀此人乎？""真人其为愚暗[5]，何故大剧也，将与俗人相似哉？""实不及。""子尚不及，何言凡人乎？""有过有愚，唯天师愿闻不及业[6]，幸为愚生竟说其意[7]。""诺，不匿也。吾知天地病之剧，故□□语子也。行，复为子说一事，使子察察重明知之[8]。""唯唯。""今大丈夫力士，无不能拘制疥虫[9]，小小不足见也。有一斗所共食此人[10]，病之，疾痛不得卧，剧者著床[11]。今疥虫蚤虱小小[12]，积众多，共食人，蛊虫者杀人[13]，疥虫蚤同使人烦懑，不得安坐，皆生疮疡[14]。夫人大小比于地如此矣，宁晓解不？""唯唯。"

南朝梁顾野王《舆地志》载："江南数郡，有畜蛊者，主人行之以杀人，行食饮中，人不觉也。……中之则毙。"（《六臣注文选》）

[注释]

[1]疾地：伤害土地。　[2]龋（qǔ）虫：蛀牙虫。　[3]合人齿大疾：与人齿较量，大伤人齿。合，实战。　[4]"夫人比于天地"二句：是说人之小于大地，如同牙虫小于巨人。意谓牙虫偏能病人，人自然也可以伤地。　[5]"真人其为愚暗"以下三句：真人

之愚昧竟如此厉害，和俗人又有什么差别。大剧，太甚。表程度很深。 [6]不及业：尚未弄懂的关于道的知识。业，道业。 [7]竟说其意：全部解说真道之旨。竟，毕竟，完全。 [8]察察重明知之：进行深入清晰的认识。 [9]疥虫：疥癣病菌。 [10]一斗所：一斗左右。斗，量器，十升为一斗。所，大约。 [11]剧者著床：病情严重的人卧床不起。著，同"着"，附着。 [12]蚤虱：跳蚤、虱子，都是体小害虫。 [13]蛊（gǔ）虫：传说一种人工养殖用以毒杀人的剧毒之虫，寄生腹内为害。 [14]疮疡：生疮溃疡。

本经把社会的混乱和不和谐的原因都归结于人们不循天道，忤逆地道、破坏生态方面，不无一定道理。

"行，今子或见吾所说，如不足以为法也，今为子言之。人虽小[1]，其冤愁地形状，使人昭然自知，深有过责，立可见也。今一大里有百户[2]，有百井；一乡有千户，有千井；一县有万户，有万井；一郡有十万户，有十万井；一州有亿户，有亿井。大井一丈，中井数尺，小井三尺，今穿地下著黄泉，天下有几何哉？或一家有数井也，今但以小井计之，十井长三丈，百井长三十丈，千井三百丈，万井三千丈，十万井三万丈。天下有如此者，凡几井乎？穿地皆下得水。水乃地之血脉也。今穿子身，得其血脉，宁疾不邪？今是一亿井者[3]，广从凡几何里？子自详计之。

天下有几何亿井乎哉？故人为冤天地已明矣[4]。子贼病其母[5]，为疾甚剧，地气漏泄，其病人大深，而人不爱不怜之，反自言，常冤天地何不纯调也，此不反邪？是尚但记道诸井耳[6]。今天下大屋、丘陵冢[7]，及穿凿山阜，采取金石，陶瓦竖柱，妄掘凿沟渎，或闭塞壅阂，当通而不得通，有几何乎？今是水泉[8]，或当流，或当通，又言[妄]闭塞穿凿之几何也？今水泉当通[9]，利之乃宣，因天地之利渎，以高就下。今或有不然，妄凿地形，皆为疮疡，或有塞绝，当通不通。王治不和，地大病之，无肯言其为病疾痛者。地之精神[10]，上天告愬不通，日无止也。天地因而俱不说喜，是以太和纯气难致也，真人宁解不邪？""唯唯。"

水泉相通，利之乃宣，因天地之利渎，以高就下，因势利导，则自然生态调和。王治亦然。上下塞绝，当通不通，日无止也，必致大患。

[注释]

[1]"人虽小"以下五句：是说人身形虽小，但其毁伤大地的情状却很严重，应该让人昭然明白自己对地所犯过责之深，这是可以亲见的事。　[2]"今一大里有百户"以下二十九句：以全国广大农户凿地掘井造成大地千疮百孔的情状说明大地生态遭破坏之冤愁。提出了"水乃地之血脉"的命题。譬若人之血脉被掏空，能不伤病吗？　[3]"今是一亿井者"二句：此说全国不知广纵有

多少里面积分布了数亿水井。广，指东、西方。从，即"纵"，指南、北方。　[4]人为冤天地：人们不负责任的行为，让天地承受冤苦。　[5]"子贼病其母"以下八句：人们造成大地的疾病太深，以致地气被漏泄，病入膏肓，人不知爱怜，反而错怪天地之气不纯调，岂不是颠倒黑白。　[6]是尚但记道诸井：此还仅仅是记述天下滥造水井对地的危害性罢了。道，"造"之形误。　[7]"今天下大屋、丘陵冢"以下八句：是说如今天下大造楼堂、丘陵般的陵墓，凿山采矿，烧瓦制陶，使得地气当通而不得通的地方该有多少！　[8]"今是水泉"以下四句：泉源之水，本来自然流通，可是遭到人的肆意填阻和穿凿，这种破坏生态之事又有多少！　[9]"今水泉当通"以下十二句：是说水流当因势利导，现在却受到破坏，满目疮痍，当通不通，帝王也治理不了这种乱象；地遭此大病害，却没有为其申诉冤屈之人。　[10]"地之精神"以下五句：是说地神上诉于天不通，告之不已，以致天地之神不悦，天地中和之纯气自然无从出现。

"今人生天地之间，会当得室庐以自盖[1]，得井饮之，云何乎？""善哉，子之言也。今天不恶人有室庐也，乃其穿凿地大深，皆为疮疡，或得地骨[2]，或得地血。""何谓也？""泉者，地之血，石者，地之骨也，良土，地之肉也。洞泉为得血，破石为破骨，良土深凿之，投瓦石坚木于中，为地壮[3]，地内独病之，非一人甚剧[4]。""今当云何乎？""地者[5]，万物之母也，乐爱养之，不知其重也。比若人有胞中之子，守道不妄穿凿其母，母无病也。妄穿凿其母，而往求生，其母病之矣。人不妄深凿地[6]，但居其上，足以自彰隐而已，而地不病之也。大爱人，使人吉利。""今愿闻自彰隐多少而可。""凡动土入地，不过三尺，提其上。""何止以三尺为法？""然。一尺者[7]，阳所照，气属天。二尺者，物所生，气属中和。三尺者，属及地身，气为阴。过此而下者，伤地形，皆为凶。""古者穴居，云何乎？""同贼地形耳[8]。多就依山谷，作其岩穴，因地中又少木梁柱于地中。地中少柱，又多倚流水，其病地少微，故其人少病也。后世不知其过，多深贼地，故多不寿。""何也？""此剧病也。""今时时有近流水而居，不凿井，固多病不寿者，何也？""此天地既怒，及其比伍，更相承负。比若一家有过，及其兄弟也。""今人或有不动土，有所立[9]，但便时就故舍[10]，自若有凶[11]，何也？""是者行不利，犯神。""何神也？""神非一，不可豫名也。真人晓邪？""唯唯。""是故人居地上[12]，不力相教为善，故动作过反相及也。是者冤。""今人或大远流水，会

人居天地之间，开发地力，理所当然，势所必然，但当遵行一定原则，以不伤地骨血脉为准。

当得井水饮之乃活，当云何乎？""善哉，子之
言也。然有故井者[13]，宜使因故相与共饮之，
慎无数易之；既易，宜填其故，塞地气，无使发
泄，饮地形，令地衰，不能养物也。填塞故，去
中壮。""何谓也？""谓井中瓦石材木也。此本
无今有，比若人身中有奇壮，以为病也。""可骇
哉！可骇哉！乡不及天师详问之[14]，不但知是。"

[注释]

[1]会当得室庐以自盖：应该有房屋为自己挡风遮雨。　[2]"或
得地骨"二句：此指挖地过深，伤及岩石和地下水源。　[3]地
壮：地之筋骨。　[4]非一人甚剧：并非个人行为造成的剧烈破
坏。　[5]"地者"以下四句：对大地母亲之养护、爱戴，到什么
程度都不为过重。　[6]"人不妄深凿地"以下六句：此是说人居
地上构筑房舍，只需足以能遮风挡雨就够了，如此，反而会得到
大地庇佑，故不应大兴土木。　[7]"一尺者"以下十二句：此言
彰隐的标准是以天、地、人各占一尺累计，所以规定挖地不得超
过三尺。　[8]"同贼地形耳"以下八句：是说古人岩居穴处虽然
也同样贼害土地，但其依山谷建室，"地中少柱"，又多倚流水，
破坏性很小，故灾报不大。　[9]不动土，有所立：不挖地，只是
在地面建了房子。　[10]但便时就故舍：或者趁方便之机去住故乡
老屋。　[11]自若有凶：自己依然有要遭遇灾祸的感觉。　[12]"是
故人居地上"以下四句：是说人居地上，不去努力劝善，其作为
反而导致灾祸，未免冤枉。　[13]"然有故井者"以下十二句：有
故井就不必重开新井；如已开新井，就要把故井填平并掏去井中杂

物。　[14]"乡不及天师详问之"二句：以前没有详细向天师讨教，不会知道这些事情。乡，借为"向"。不但，不会平白地。是，此。

"真人来前。""唯唯。""子问事恒常何一究详也[1]？""所以详者，比与天师会见，言人命在天地。天地常悦喜，乃理致太平，寿为后[2]，是以吾居天地之间，常骇忿天地[3]，故勉勉也。天地不和，不得竟吾年[4]。""善哉，子之言也。""吾所以常恐骇者，见天地毒气积众多[5]，贼杀不绝，帝王愁苦，其治不平，常助其忧之。""子何豫助王者忧是乎？""吾闻积功于人，来报于天[6]，是以吾常乐称天心也。""善哉子意。""今天师既开通愚生，示以天忌[7]，愿复乞问一疑事。今河海下田作室庐，或无柱梁，入地法三尺辄得水[8]，当云何哉？""善乎，子之问也。此同为害耳，宜复浅之。此者地之薄皮也[9]，近地经脉。子欲知其效，比若人，有厚皮难得血，血出亦为伤矣。薄皮者，易得血，血出亦为伤，俱害也。故夫血者，天地之重信效也。夫伤人者，不复道其皮厚与薄也。见血为罪名明白。夫人象天地，不欲见伤，伤之则怒，地何独欲乐见伤哉？夫天地乃人之真本^[10]，阴阳之父母也。子何从当得伤其父母乎？真人宜深念是于赤心。愚人或轻易忽然^[11]，不知是为大过也。""今子当得饮食于母，故人穿井而饮之，有何剧过哉？""子言已失天心明矣。今人饮其母，乃就其出泉之处。故人乳，人之泉坼也^[12]，所以饮子处，比若地有水泉可饮人也。今岂可无故穿凿其皮肤，而饮其血汁邪？真人难问^[13]，甚无意。""愚生有过，触天师忌讳。不谦也。""然，难问不极^[14]，亦不得道至诀也。不恶子言也，此必皇天大疾^[15]，乃使子来，□□问是，此故子言屈折不止也。""今唯天师原之，除其过。愚生欲言，不能自禁止。""平行，何所谦。子既劳为天地远来问，慎无闭绝吾书文也。""唯唯。"

[**注释**]

[1]恒常何一究详：为何总是这么刨根诘底啊。 [2]寿为后：年寿也会长久。 [3]骇忿天地：惧怕惹恼了天地神灵。 [4]竟吾年：活尽自己的寿数。 [5]"见天地毒气积众多"二句：此指天地阴杀之气聚积深厚，其连续不断地伤害人们。 [6]积功于人，来报于天：对同胞多积慈善功德，皇天就会给你福报。 [7]天忌：上天的忌讳。 [8]法："未"之讹。 [9]"此者地之薄皮也"二句：

地之表浅处与泉水相近。此是以人之体表经络为喻。　[10]"夫天地乃人之真本"以下四句：以赤心牢记人本于天地，应像爱护父母一样爱护天地。　[11]轻易忽然：小看了事情的严重性。　[12]泉坼（chè）：地下水开裂之处。　[13]"真人难问"二句：此指真人的诘问太没意义了。　[14]"难问不极"二句：诘问如果不穷尽疑难，也难得到真道的要领。　[15]皇天大疾：皇天最疾恶的事。

[点评]

为了制止当时社会流行的大兴土木、破坏地力的风气而推出《太平经》书，是本书诀的宗旨之一。本书诀认为，人之伤残地力、破坏生态，犹如细菌昆虫对人生命的噬虐，使人不得康宁乃至死亡。伤地之害更甚于此，不仅夺人寿算，甚至引起天地不悦、灾变频仍、社会混乱、人民遭难、社稷不保。因此书诀对漫无节制地修建宫殿楼堂、穿凿深井、大修陵墓、采矿烧窑、破坏水源等毁伤"地血""地骨""地肉"的行为进行了严厉批判，呼吁人们要像爱护、孝敬父母一样对待天地，维护生态。书诀认为，在天地之道允许的范围内因势利导，合理利用地力，方能得到天地的庇佑。这种用形象思维表达的生态平衡观是对古代保护自然生态思想的继承与发展。

三合相通诀

纯谨再拜："请问一事。""真人所疑者，何等也哉？""朝学暮归，常居静处，思其要意，不敢有懈也。今天师书辞，常有上皇太平气且至，今是何谓为上？何谓为皇？何谓为太？何谓为平？何谓为气？""真人今且何睹何疑，一时欲难问微言意哉？""所以及天师遍具问书文意者，书上多道皇气且至，而不得其大要意。今不及天明师诀问之，恐后遂无从得知之，故敢不具问之也！""善哉子之言，万世不可易也。夫天至道、大德、盛仁时已到[1]，皇灵乐人急行之，故天气讽子之心，使子旦夕问。""天法察察[2]，吾甚怪之[3]。诺。""真人安坐，为子具分解其字意，使可传而无极时[4]。然'上'为字者[5]，一画也，中央复画一直，上行复抱一，一而上，得三一。上行而不止，不复下行也，故名为上者，乃其字无复上也。反上为下[6]。'下'者，一画也，亦中央复画直，下行复抱一，其行遂下，不得复上，故名为下也。夫志常欲下行者[7]，久久最下，无复下也，比若浊者，乐下为地，故地最下，无复下也；上为字者[8]，常上行，不得复下，比若清者，乐上行为天，天乃无上也。是故天之

上，《说文》："⊥，高也。此古文上，指事也。……上，篆文⊥。"段玉裁改作"二"，注云："古文上作二，故'帝'下、'旁'下、'示'下皆云：从古文上。可以证古文本作二。篆作⊥，各本误以⊥为古文。"商承祚："段改上为二，是也。甲骨文、金文皆同。"（《说文中之古文考》）下，《说文》："丅，底也。指事。下，篆文丅。"段玉裁改作"二"，注云："有物在一之下也。此古文下本如此。如：丽字从古文下是也。后人改二为丅，谓之古文。"

为法[9]，名各各自，字各自定。凡天下事，皆如此矣。故圣人制法[10]，皆象天之心意也，守一而乐上卜，卜者，问也。常乐上行而卜问不止者，大吉最上之路也，故上字一画，直上而卜。下为字者[11]，一下而卜。卜，问也。常思念问下行者，极无下，故乐下益者，不复得上也。故上常无上字者[12]，乃言其治当日上行，合天心，复无上也。""善哉善哉！明师幸哀为其解上字，愿复闻皇为字者。""一日而王[13]，日上一者，天也；天者数一，天得日，昭然大明则王，故为字，一与日、王并合，成'皇'字也。一为天，天亦君长也，日亦君长也，王亦君长也，三君长相得成字，名为皇。皇者，乃言其神盛煌煌，故名为皇也。皇[14]，天下第一，无复能上者也。"

此处上、下二字，均以抱一而卜为训，将字源之形意引向了神秘。

皇，《说文》："皇，大也。从自，自，始也，始皇者，三皇大君也。"吴大澂《古籀补》："皇，大也。……日为君象，故三皇称'皇'。"

［注释］

[1]"夫天至道、大德、盛仁时已到"以下四句：皇天之至道、大德、盛仁交辉的善美时机现在已经来到了，上皇神灵急需有人将天道传播世间，天气已经对真人发出了暗示，所以早晚都勤来问道。讽，讽喻，暗示。　[2]天法察察：天之法则昭然如镜。　[3]怪：惊异。　[4]传而无极时：在时间和空间上无限地传播开去。　[5]"然'上'为字者"以下十句：是对"上"字从

笔画到结构进行意会，然后得出上即至高无上的结论。　[6]"反上为下"以下八句：是意会"下"字之形与义，得出下乃不得复上的结论。　[7]"夫志常欲下行者"以下七句：是说心态在下之人，安于居下，下之又下既久，下到不可再下了。譬如阴浊气乐为地，没有比地更下的了。　[8]"上为字者"以下六句：与上相应，上字所表示的则是眼光乐于向上，不得向下，譬如清阳之气乐为天，没有比天更上的了。　[9]"是故天之为法"以下三句：此言皇天立法规则是名称各自分别拟定，而文字则各自根据意会创造出来。文字只是名相的符号而已。　[10]"故圣人制法"以下九句：圣人创字之法则是以上天之法象为榜样的。如果说"上"之为字是守"一"，上面再立一个"卜"字，卜问吉祥向上之路。　[11]"下为字者"以下八句："下"字则是"一"之下接一个"卜"字，表示对下行者的关切。卜往下无极（限），往上则受一的阻挡不可以复上。益，指气继续渐渐往下。　[12]"故上常无上字者"以下四句：上往往不用"上"字表示，是因为帝王治国处于不断向上的动态过程中，其与天意相合，上无止境，故称为无上。　[13]"一日而王"以下十八句：是用拆字法从形与义视角释"皇"字。"皇"字拆开为一、日、王，一撇为天君，日象征君，王亦称君，三君相合于一体，是为"皇"；从会意方面看，天数始于一，天得日照，昭然大明，此惟王者独有，故称"皇"。　[14]"皇"以下三句：此是进一步附会皇有煌煌之义，言帝王功业盖世、无上，不可及。

"善哉善哉！师幸哀开以皇字[1]，愿闻其太平气之字。""'太'者，大也，乃言其积大行如天，凡事大也，无复大于天者也。'平'者，乃言其治太平均，凡事悉理，无复奸私也；平者，比若地居下，主执平也。地之执平也，比若人种善得善，种恶得恶。人与之善[2]，用力多，其物子好善；人与之鲜鲜，其物恶也。'气'者，乃言天气悦喜下生，地气顺喜上养。气之法，行于天下地上，阴阳相得，交而为和，与中和气三合，共养凡物，三气相爱相通，无复有害者。太者，大也；平者，正也；气者[3]，主养以通和也，得此以治，太平而和[4]，且大正也，故言太平气至也。"

"三而一成，天之大经也，以此为天制。"（董仲舒《春秋繁露》）"天道莫不成于三，天有三光日、月、星；地有三形高、下、平；人有三尊君、父、师。"（《白虎通》）

［注释］

[1]幸哀开以皇字：怜悯其愚，将"皇"字的结构与含义开示于真人。　[2]"人与之善"以下五句：人之种植，如果精耕细作，用力多，则其籽实必然肥硕；反之不施肥，不力耕，禾稼就长不好，谈何收成。子，借为"籽"，籽实。鲜鲜，少之又少。其物恶，指庄稼羸病黄瘦。　[3]"气者"二句：元气的功能就在于使阴阳交会、相互滋润以成中和之气。　[4]"太平而和"以下三句：阴阳中和三气相爱相通，平和大正交相际会，这就是太平气来到的气象。此处赋予了《太平经》的本质内涵。

"善哉善哉！此者乃独言天地中和气，当合

相通共治耶？凡事皆当三合共事耶？”“善哉善哉！子之言也，已得天法。帝王象之以治，比若神矣。然为真人具说之，自随而记之。”“唯唯。”“元气与自然、太和之气相通[1]，并力同心，时恍恍未有形也，三气凝，共生天地。天地与中和相通[2]，并力同心，共生凡物。凡物与三光相通[3]，并力同心，共照明天地。凡物五行、刚柔与中和相通[4]，并力同心，共成共万物。四时气阴阳与天地中和相通[5]，并力同心，共兴生天地之物利。孟仲季相通[6]，并力同心，各共成一面。地高下平相通[7]，并力同心，共出养天地之物。蠕动之属雄雌合[8]，乃共生和相通，并力同心，以传其类。男女相通[9]，并力同心，共生子。三人相通，并力同心，共治一家。君臣民相通[10]，并力同心，共成一国。此皆本之元气自然、天地授命[11]。凡事悉皆三相通[12]，乃道可成也。共生和。三事常相通，并力同心，共治一职，共成一事，如不足一事[13]，便凶。故有阳无阴，不能独生，治亦绝灭；有阴无阳，亦不能独生，治亦绝灭；有阴有阳而无和，不能传其类，

“此皆本之元气自然、天地授命。”“凡事悉皆三相通，乃道可成也。”此即表明元气自然，一分为二，而其存在方式则是二合成三。明人方以智有“交、轮、几”“随、泯、统”等一分为三之论；禅宗亦有圆∴（yī）说。可见此论由来已久，值得探究。

两极未分为一，两极已分为二，两极之间为中。

亦绝灭。故有天而无地，凡物无于止；有地而无天，凡物无于生；有天地相连而无和，物无于相容自养也[14]。故男不能独生，女不能独养，男女无可生子，以何而成一家，而名为父与母乎？故天法皆使三合乃成。故古者圣人深知天情，象之以相治，故君为父，象天；臣为母，象地；民为子，象和。天之命法，凡扰扰之属，悉当三合相通，并力同心，乃共治成一事，共成一家，共成一体也。乃天使相须而行，不可无一也，一事有冤结[15]，不得其处，便三毁三凶矣[16]。

[注释]

[1]"元气与自然、太和之气相通"以下六句：此言宇宙天地开辟时的情形。元气与阴阳太和之气交会，从无形凝而分别形成天和地。元气，古人认为天地万物形成以前之最初的物质存在形态。自然、太和之气，阴阳氤氲混沌，相互吸引、渗透的物质运动形态。恍（huǎng）恍，恍惚，模糊不清貌。　[2]"天地与中和相通"以下三句：此言天地阴阳之气相接、相交、相得而形成中和之气，天地间阴、阳、中和，自然不拘，遂生成万事万物，包括人类。此亦即《老子》"一生二，二生三，三生万物"之意。　[3]"凡物与三光相通"以下三句：万物与日、月、星三光相互辉映天地。　[4]"凡物五行、刚柔与中和相通"以下三句：此言中和之气与金、水、木、火、土五行和刚、柔之性相结合，

共同生成和养育了万物。 [5]"四时气阴阳与天地中和相通"以下三句：此言五行、刚柔之气与春、夏、秋、冬四时阴阳元气相结合，展现出阳生阴杀、春生夏长、秋获冬藏的规律性，厚生而供人利用。 [6]"孟仲季相通"以下三句：此是说每个季节三个月相连续共形成了一年四季的不同功能与特色。孟为每季之第一个月，仲为第二个月，季为第三个月。四季各有三个小循环。一面，一个季节。 [7]"地高下平相通"以下三句：是说地形地貌不同，各因其环境长养出不同的事物。 [8]"蠕动之属雄雌合"以下四句：是说禽兽、昆虫等生物都是各自雌雄牝牡相交配而传续后代。 [9]"男女相通"以下六句：是说男女相结合生养子女，子女与父母相依，遂成一家。 [10]"君臣民相通"以下三句：此言君王及其辅佐之臣僚百官与众多家庭结为一体，便成一国。 [11]此皆本之元气自然、天地授命：自开天辟地到万物、人类、家国的形成，都是本于自然天道使然。 [12]"凡事悉皆三相通"以下三句：是说万事万物都体现了阴、阳、中和三相通的规律。阴、阳、中和三相通就是天道的本质内容。 [13]"如不足一事"二句：阴、阳、中和三要素缺一项，便不能治理家国、人身。 [14]于：乎，语气副词。 [15]冤结：此言有矛盾，不相通。 [16]三毁三凶：天、地、中和都不能成立，天、地和人都会遭受灾害。

"故君者须臣[1]，臣须民，民须臣，臣须君，乃后成一事。不足一，使三不成也。故君而无民臣，无以名为君；有臣民而无君，亦不成臣民；臣民无君，亦乱，不能自治理，亦不能成善臣民也。此三相须而立，相得乃成，故君民臣当应天法，三合相通，并力同心，共为一家也。比若夫妇子共为一家也，不可以相无，是天要道也。此犹若人有头、足、腹，乃成一身，无可去者也，去之即不足，不成人也，是天地自然之数也。故古者圣人，取法于天，故男子须得顺善女与为治，然且有善子。男者，君也；女者，臣也；子者，民也。故天命治国之道，以贤明臣为友。善女然后能和其子也，善臣然后能和其民也，善女然后能生善子，善臣然后能生善民，民臣俱好善，然后能长安其上也。真人欲乐知其效，天者，君也；地者，臣也；天雨周流[2]，雨之善地，生物善；雨之恶地，生物恶，此之谓也。今父母君臣[3]，尚但共持其大纲纪耳，大要实仰衣食于子。人无子，绝无后世；君少民，乃衣食不足，令常用心愁苦，故治国之道[4]，乃以民为本也。无民，君与臣无可治，无可理也。是故古者大圣贤共治事，但旦夕专以民为大急，忧其民也。若家人父母忧无子，无子以何自名为父母，无民以何自名为君也。故天之法[5]，常使君臣民都同命，同吉凶，

父母君臣共持纲纪之大要，即：父母君臣，俱须"仰食于子"。无子，俱不得其养。故"治国之道，乃以民为本也"。又，"君臣民都同命，同吉凶，同一职，一事失正，即为大凶矣"。此是万古之金律，放之四海、久远而颠扑不破。

同一职，一事失正，即为大凶矣。中古以来，多失治之纲纪，遂相承负，后生者遂得其流灾尤剧，实由君臣民失计，不知深思念，善相爱相通，并力同心，反更相愁苦。夫君乃一人耳[6]，又所处深隐，四远冤结，实闭不通，治不得天心，灾变怪异，委积而不除。天地所欲言，人君不得知之，大咎在此。不三并力，聪明绝，邪气结不理。上为皇天大仇[7]，下为地大咎，为帝王大忧，灾纷纷不解，为民大害，为凡物大疾病，为是独积久矣，非独今下古人过所致也。真人亦知之乎？"

[注释]

[1]"故君者须臣"以下五句：此言君、臣与民三者相须相得，方能形成一个相生的完整事链。　[2]"天雨周流"以下六句：上天之雨水滋润了大地，其地生长之庄稼树木就茂盛；反之给大地造成了灾害，其所生长之物就病弱不形。这足以喻天地和谐的重要性。　[3]"今父母君臣"以下三句：父母、君臣和谐相得，仅仅是三合相通的前提，关键还在于父母、君臣都依靠子（民）提供衣食。　[4]"故治国之道"以下五句：此是从治理国家的角度提出"以民为本"的论题。国家无民，君臣就没治理对象，形同虚设；无民，君臣统治集团就没有人供养，无法生存，故民为家国之本，故天以君臣民三合相通为法。　[5]"故天之法"以下六句：是说天之法则规定了君、臣、民三者命运相连，吉凶相共，

职责相依。一损共损，一方失误，就会造成共同的灾祸。　[6]"夫君乃一人耳"以下十三句：君王独处深宫，与世隔绝，言路闭塞，不得臣民相辅，背离天道，一意孤行，以致灾变怪异频发，四方积怨，积重难返，更不知天谴，这才是治国失道的根源，最根本的原因就在于三不并力。　[7]"上为皇天大仇"以下八句：此是说造成帝王之治的大忧、百姓的大害、万物的灾难，是因为三不并力由来已久，不仅仅是当今帝王的过错。

"知如此久矣，实不知其所由致，故问之。诚冤，今当奈何之乎？""然，天太平气方到，治当得天心，乃此恶悉自除去，故天使吾具言之，欲使吾救其失，为出正文，故使真人来悉问之也。此所由生凶也[1]，不象天地元气自然法，不三相通并力同心，故致此也。若三相通并力同心，今立平大乐，立无灾。""愿闻治之当云何乎哉？""急象天法[2]，如比上为也。天法，凡事三并力同心，故天以三光为文，三光常相通共照，无复绝时也[3]。天券出以来[4]，人以书为文以治，象天三光，故天时时使河洛书出，重敕之文书、人文也，欲乐象天洞极神治之法度，使善日兴，恶日绝灭。书者，但通文书三道行书也[5]。君宜善开导其下[6]，为作明令示敕教，使民各居

《太平经》之出，乃是秉承天意，救东汉王治之失。其失在"不象天地元气自然法，不三相通并力同心"，以致造成王朝腐败。救失之方，当"急象天法"，"凡事三并力同心"。医方既出，采纳很难，即或采纳，实行也不可能。大厦将倾，药石无救。

其处而上书，悉道其所闻善恶。因却行亦可但寄便足[7]，亦可寄商车载来，亦可善自明姓字到，为法如此[8]，则天下善恶毕见矣。君导天气而下通[9]，臣导地气而上通，民导中和气而上通。真人传书，付有德之君，审而聆吾文言[10]，立平立乐[11]，灾异除，不失铢分也[12]。吾书敬受于天法，不但空陈伪言也。天诛杀吾，子亦知是谪重耶[13]？""唯唯。"

[注释]

[1]"此所由生凶也"以下四句：是说造成上述凶象的缘由，在于不遵循天地元气自然规则，致使阴、阳、中和之气三不相通。象，法象。 [2]"急象天法"二句：立即法天之象，遵照天法而为。 [3]无复绝时：从来没有间断过。 [4]"天券出以来"以下八句：自神文降世以来，人君即遵从神文天意制定像天法那样洞极神治的法规，使善日兴起，恶渐消亡。天券，天书，神文。人以书为文以治，象天三光，圣人以天书精神制定法规，治理百姓，如同天之三光照耀。故天时时使河洛书出，反复将《河》《洛》降示君、臣与民。 [5]三道行书：本指天君通过日、月、星辰三光之象传下来的法令、教敕。本经《分别四治法》云："象天者，三道通文。天有三文，明为三明，谓日、月、列星也。日以察阳，月以察阴，星以察中央，故当三道行书，而务取其聪明。" [6]"君宜善开导其下"以下四句：是说由君主颁布告示，令民各于其居所将其所闻吏民之善恶行为上书朝廷，一如三道行书，让人君掌

握民情，导天气而下通，使臣民之气而上达。　[7]"因却行亦可但寄便足"以下三句：此言百姓上书朝廷的三种形式。却行，自己不去京都。寄便足，可托顺道之人捎带。寄商车，托付经商之车送达。善自明姓字到，妥善地以实名差人递送朝廷。　[8]"为法如此"二句：君主颁布这种明法，天下的善恶情况就一目了然了。　[9]"君导天气而下通"以下三句：此言君、臣、民三气因上书而得以沟通。　[10]审而聆吾文言：详细审慎地听取传道天师传经之论。　[11]立平立乐：指立竿见影的好结果。　[12]不失铢分：与经书所言不偏离丝毫。　[13]谪重：遭天谴之重罪。

"夫天乃高且远、尊严[1]，安可事事自下与人言语乎？故其法皆以自然应和之也。子心今开不[2]？""唯唯，已解。愿及天师，复假一言。""行，道之。""中古皇无文[3]，不三相通，以何能安之乎？""善哉！子之言也。天运使其时人直质朴，其人皆怀道而信，又专一，但流言相通，人人各欲至诚信，思称天心，乃无一相欺者也。故君臣民三并力同心相通，故能相治也；如使不同心为一家，即乱矣。今者承负[4]，而文书众多，更文相欺，尚为浮华，贤儒俱迷，共失天心。天既生文[5]，不可复流言也，但当实核，得其实三相通，即天气平矣。天法者，或亿或万，

天何言哉！"其法皆以自然应和之也。"

时时不同，治各自异，术各不同也。今者太平气且至，当实文本元正字[6]，乃且得天心意也。子不能分别，天地立事以来[7]，其治亿端，行其事悉得天应者，是也；不得天应者，非也，是即其大明天券征验效也。宁解耶？""唯唯。""行，去，勿得复问。今非不能为子悉记天地事立以来事事分别，解天下文字也，但益文难胜记[8]，不可为才用，无益于王治，故但悉指授要道而言。夫治不理[9]，本由天文耳，是天地大病所疾也，古时贤圣所共憎恶也。故道为有德君出[10]，不敢作文，皆使还守实，求其根，保其元，乃天道可理，国自安。真人虽好问，勿复令益文也。去，思之。""唯唯。"

右包裹元气自然天地、凡事三合相通、并力同心、天明券、和皇平治法。

本经原本应十分精炼，因传释不断增益文字，致其冗杂。传道天师亦怪这些虚增文字"不可为才用，无益于王治……是天地大病所疾也，古时圣贤所共憎恶"。

[注释]

[1]"夫天乃高且远、尊严"以下三句：是说皇天去人高远，其与人沟通的方法是通过展示自然物象的变化来应和。此即天人感应说。　[2]子心今开不：你的心结现在解开了吗？　[3]"中古皇无文"以下三句：中古皇时期没有文字，不能靠天书为文以

治，也不能用三道行书之法，更不能明令百姓上书三相通，那时的君主如何安民治国？中古皇，指传说中的伏羲、神农、燧人氏。　[4]"今者承负"以下六句：是批评当今不如三皇时期。一是朝廷要承负前人的罪责；二是政令滥而不实；三是时风竞逐浮华，贤人大儒都难以分辨，以致失去了天意。　[5]"天既生文"以下三句：有了文字就应禁止流言，核实话语。　[6]实文本元正字：核实经典，校勘经文，使归于本元。　[7]"天地立事以来"以下七句：是说天之感应在于人，通过感应即可验证大明天券文书的真伪。　[8]益文：经书中被后人增益的文字。　[9]"夫治不理"以下四句：国家得不到治理，是天文出现了问题，那些妄增的文字是天地、圣贤的大忌。　[10]"故道为有德君出"以下六句：此是说有德之君治国，守实而不妄增经文，以求按照经文本元之义推行天道。

［点评］

"三合相通"命题是对《老子》"道生一，一生二，二生三，三生万物"论题的发展，本诀则是具体应用。本经问世以前，三合而一的思想便散见《春秋繁露》《白虎通义》等典籍中，本经对其作了具体发挥。在作者看来，天地自然元气有三名：阳、中、阴。气之法行于天下地上，阴阳相得，交而为和，与中和气三合，共养凡物，三气相爱相通，无复有害者，此即太平之气。"三气凝，共生天地"；"天地与中和相通，并力同心，共生凡物"；"男女相通，并力同心，共生子"；"三人相通，并力同心，共治一家"；"凡事悉皆三相通，乃道可成也"。《太平经》继承了《易》"天地之大德曰生""生生之谓易"

的生命哲学精神，提出了"天法皆使三合乃成"的思想，认为有阴无阳或有阳无阴，"不能独生，治亦绝灭；有阴有阳而无和，不能传其类，亦绝灭"，故三者不可缺一，否则便会造成"三毁三凶"的灾害。本诀文具有很强的针对性。其一是针对两汉之际至于汉末的"绝嗣"问题提出了"男者，君也；女者，臣也；子者，民也。故天命治国之道，以贤明臣为友，善女然后能和其子也，……民臣俱好善，然后能长安其上也"的论题；其二是针对君主治国无民的愁苦，提出了"大要实仰衣食于子。人无子，绝无后世；君少民，乃衣食不足，令常用心愁苦。故治国之道，乃以民为本也"的论题；其三是针对君主"治不得天心，灾变怪异"的愁苦，揭露了当时"夫君乃一人耳，又所处深隐，实闭不通"，"天地所欲言，人君不得知之"，大咎乃在于"不三并力"，遂导致"聪明绝，邪气结不理"的专制现实。"三合相通"命题的意义还在于，其内涵突破了天尊地卑、男尊女卑、君尊臣卑的阴阳伦理等级模式，提出了"常使君臣民都同命，同吉凶，同一职""并力同心"的思想。这些思想表达了本经一个重要的政治理念，就是：一个王朝要能长治久安，必须努力做到君、臣、民三合相通。这样的理论可以常读常新。"三合相通"论用大量事实揭示了一与三的矛盾关系的普遍性，丰富了对立统一规律的内涵，在中国辩证法思想史上是一个重要理论贡献。

急学真法

"真人前，今良和气且俱至[1]，人但当游而无职事[2]，当以何明其心而正其意，常使其忽然忘为邪恶，而日好为善不知置[3]？令帝王垂拱而无所治，上善之人满其朝，忠信孝子皆毕备[4]，当以何致之乎？真人有天性好善之心，常汲汲忧天道，宜自精，具陈说之。""然，但当急学之以真道、真德、真仁耳[5]。""何以当学以真道哉？""然，道乃能导化无前[6]，好生无辈量。夫有真道[7]，乃上善之名字；夫无道者，乃最恶衰、凋、凶，犯死丧之名称也。""真人此今但说真，善哉！吾无以加之。何以当学之以真德？""夫人有真德，乃能包养无极之名字[8]；夫无德者，乃最劣弱困穷小人之名字也。""善哉！真人之言，吾复无以加之也，真真是也[9]，何以当学之以仁道也？""仁者，乃能恩爱，无不包及，但乐施与无穷极之名字[10]。夫不仁之人，乃好德反恶典与，是乃大贪鄙之名称，与禽兽同志，无可以自别异也。""善哉！真人之言，

急学真道谓学习真道刻不容缓。真道此指太平真道。

吾复无以加此也。今真人说三事，吾无以加此也。今人当学为善邪？不当邪？”"当力学为善。""夫为善，亦岂有名称字不邪？""小子不及，唯师开示之。""然，夫为善者[11]，乃事合天心，不逆人意，名为善。善者[12]，乃绝洞无上，与道同称，天之所爱，地之所养，帝王所当急，仕人君所当与同心并力也。夫恶者[13]，事逆天心，常伤人意，好反天道，不顺四时，令神祇所憎，人所不欲见，父母之大害，君子所得愁苦也，最天下绝、洞、凶、败之名字也。故人之行，失吉辄入凶，离凶则入吉；一吉一凶，一善一恶，为不纯谨之徒[14]，子宁知之？""唯唯。"

[**注释**]

[1]良和气：太和之气，亦即太平之气。　[2]无职事：无专职方面的事务。　[3]置：搁置，中止。　[4]忠信孝子皆毕备：此指国家不乏忠孝之人。毕备，完全具备。　[5]当急学之以真道、真德、真仁：当务之急是学习真道、真德、真仁。　[6]"道乃能导化无前"二句：此言道之教化生生功能无始无终。无辈量，即一辈一辈延续而不可计量。　[7]"夫有真道"以下五句：上善之人是对有真道者的尊称；反之无道之人则被视为最恶最衰的死有余辜者。　[8]包养无极：胸怀涵养无限量。养，养护，兼容。　[9]真真是：确实如此。　[10]乐施与无穷极：无限量地施

惠于人，亦即"泛爱众"。　[11]"夫为善者"以下四句：是说行为应天顺人便是善。　[12]"善者"以下七句："善"是天地与共，与"道"并列的最高道德范畴，也是帝王和仁人大众首要的修为准则和目标。　[13]"夫恶者"以下十句：与善对举，"恶"则是违逆天地之道，伤害帝王、人民，扰乱天时人意，神人共愤的名称。　[14]纯谨：纯洁、恭谨。

"是故古者大圣三皇，常自旦夕力学真道，见不好学真道者，名为无道之人。夫无道之人[1]，其行无数，天之大重怨。夫无道之人，本天不欲覆盖，地不欲载也，神灵精鬼所不欲佑，天下所共苦也[2]。圣人贤者君子，乃大疾无道之人[3]。故古者上皇之时，人皆学清静，深知天地之至情，故悉学真道，乃后得天心地意。人不力学德，名为无德之人。夫无德之人，天不爱，地不喜，人不欲亲近之。其行常行事不为德，乃为王者致害，为君子致灾，鬼神承天教，不久与为治[4]。是故古者贤圣大儒，见无德之人，不与其通言语也。不力旦夕学仁[5]，即且忽事为不仁。夫不仁之人，言即逆于凡事，伤人心，不合天意，反与禽兽相似，故古者圣贤不与其同路也。今人不事师，力

无道之人、无德之人与不仁之人俱为不学无术之人，其行同禽兽者，是天地人都不相容的大凶之人。

学善，即且愚暗，不知为善也，反且恣其无知之心[6]，轻为恶[7]。夫恶人，下愚蔽暗之人，其行乃不顺天地之道，尚为君子得事，戮其父母[8]，愁其宗亲。为行无法，鬼神承天心为使，不喜之。为害甚，处三法所当诛[9]。古者圣贤以为大怨。故古者悉自实核其学问也，合于天心，事入道德仁善而已，行要当合天地之心，不以浮华言事。所以然者，且失天法，失之即入凶绝短命矣，或害后世。天道不误，有格法[10]，夫不力学大吉之道，反事者轻忽自易[11]，必且入凶。夫凶者，乃天地人万物所疾恶，不可久存，是大患之本，祸之门户，过而陷其中便死，不得还悔过反故也。天下莫不共知之，而下士大愚，常共笑道，不知守道，早避凶害，传传为愚[12]，更相承负，后生愚暗，复剧于前，故真道闭而不通，令人各自轻忽，不能穷竟其天年。其大咎过，乃由此也。真人见吾书，宜深计之，慎无闭藏，以付贤柔明，使其觉悟。是故古道乃承天之心，顺地之意，有上古大真道法，故常教其学道、学德、学寿、学善、学谨、学吉、学古、学平、学长生。所以尽

陈善者，天之为法，乃常开道门；地之为法，常
开德户；古之圣贤为法，常开仁路。故古者圣贤，
与天同心，与地合意，共长生养万二千物。常以
道德仁意传之，万物可兴也；如以凶恶意传之，
凡物日衰少。故有道德仁之处，其人日多而好善；
无道德仁之处，其人日衰少，其治日贫苦。此
天地之格悬法[13]。夫有至道、明德、仁善之心，
乃上与天星历相应，神灵以明其行，故古者圣贤，
常思为善无极，力尽乃以，不敢有恶念凶路也。
夫下愚之人，其心常闭塞，实无知，不可复妄假
之以凶衰之恶路也[14]。不自知大失天道，相随
为恶，以为常习俗，不能自退还也。是以吾上敬
受天书教敕，承顺天心开辟之，大开上古太平之
路，令使人乐为善者，不复知为恶之术。

[注释]

[1]"夫无道之人"以下三句：此指无道之人的行为恶劣，不
可理喻，难以数说。重怨，深恨。　[2]天下所共苦：天下之人共
以为害。　[3]大疾无道之人：痛恨无道之人。　[4]不久与为治：
不能长久地与其人共同治理国家。　[5]"不力旦夕学仁"二句：
此言如果不坚持旦夕学仁，就会随时任意行不仁之事。忽，玩忽，
轻率。　[6]恣：放纵。　[7]轻：轻易。　[8]戮（lù）：杀害。　[9]处

三法：处以天法、地法和人法。处，惩处。　[10]格法：固有的规制。格，标准，范式。　[11]轻忽自易：为所欲为。　[12]传传：形容转相影响。　[13]格悬法：悬示于众的法规。　[14]妄假：此处指不负责任的教唆。假，给予，引导。

人之修道，既不可以好高骛远，也不可以降低要求。当力学以天正文法，坚定志向，旦夕自力为之。

"天下之人，其志也常高，而其所成者反常下，不能应其本所志念也[1]。故夫上士，忿然恶死乐生，往学仙，勤能得寿耳，此上士，是尚第一有志者也；中士有志，疾其先人夭死，忿然往求道学寿，勤而竟其天年耳，是其第一坚志士也；其次疾病多而不得常平平，忿然往学可以止之者，勤能得复其故；已小困于病，病乃学，想能禁止之，已大病矣；其次大病剧，乃求索道术可以自救者，已死矣。是故吾书教学人，乃以天长寿之法，旦夕自力为之，才得且平平耳。如以平平之法学凡人，已入凶矣。愚者不知，天下凡人其本志所为，常念善高已者[2]，不能应其所志。故为其高举之[3]，上极于仙，即才得保其天年耳。夫大贤者志十得十[4]，必与吾道书相应；中贤者志十，或中止更懈，才得五；小人朝志之，暮忘其所言。故大高举者[5]，乐使其上中下各得其心所志念。今下古人大愚，去真道远，力学以天正文法[6]，才不陷于伪欺耳；学以平平之文，已大欺矣；学以习文好言[7]，大伪奸猾已起矣。天以帝王为子，恶下欺上，夫人行下多邪伪[8]，即上道德仁君无所信，下民人无所附归其命。夫力旦夕教学以真道耳。力学以善道[9]，才得平平之道也；力学以平平之道，已入浮华矣。入浮华[10]，凡人大迷惑穷困矣，便成大凶大恶之路，帝王为愁苦，人不可治。真人欲知是信，比若人家慈父母，日教其子为善，自苦绝衣食养之老，尚固固为恶，何况凡人乃相示教以浮华之文哉！以吾书不信也，使凡人见吾书者，各自思所失。中古以来[11]，有善道者皆相教闭藏，不肯传与其弟子，反以浮华伪文教之。为是积久，故天道今独以大乱矣。天地灾怪[12]，万类不空也。贤儒宜各深思□□。然吾今虽不旦夕与俗人同处，昭然已知之矣。天下大疾苦之，故使吾出此文以告属之，吾不空也。真人实宜重慎之，且有天谪。"唯唯，不敢也。每见天师言，常骇栗。""子之言是也，即天且大悦大喜，不害子也。""唯唯。"

［注释］

[1] 不能应其本所志念：不能与其初衷相符。应，呼应，符合。　[2] 善高已者：此言凡人常向往已经达到高妙境界的榜样或偶像。　[3] "故为其高举之" 二句：把标准抬高到成仙的极点。　[4] "夫大贤者志十得十" 以下七句：是说大贤者能完美实现其志向，其行为一定是与本经的教导精神相一致的；中贤者或因坚持到半途动摇懈怠，其志向只能实现一半；至于无良小人，早上立的志向到晚上就忘记了。　[5] "故大高举者" 二句：其所以把志向目标举得很高，就是希望上、中、下之人各得遂其心愿。　[6] 天正文法：天法正文，大道真经。　[7] 习文好言：流行的华美书文。此似指诗书百家语。　[8] "夫人行下多邪伪" 以下三句：如果社会上流行浮华虚伪之风，朝廷的道德仁君便不能树立诚信，到头来小民百姓便没有精神寄托之所。　[9] "力学以善道" 以下四句：是说上面致力于传授真善之道，才只能达到平常之道的地步；如果学习平常之道，就已经陷入虚假不实的地步了。　[10] "入浮华" 以下五句：此言社会风气一旦陷入浮华，就不能治理了。　[11] "中古以来" 以下六句：自中古以来，怀有真道者都是教人互相保密，将真道秘不示人，反以虚假之文传世，代相沿积，以致大道之真伪愈来愈混淆不辨。　[12] "天地灾怪" 二句：天地间各类事物，灾怪变异层出不穷。

"今吾乃为天谈 [1]，当悉解天地开辟以来承负之责。不能大张之以上大道大德之法、上寿之术、上善之路 [2]，人失诸暗昧，诚久信其愚蔽之心，人会为恶，不可禁止，犹复不能解其承负天地之谪过。真人宁晓吾言耶？""唯唯。""夫圣贤高士，见文书而学，必与吾书本相应，不失丝发之间；中士意半达，必得其半；下士自力，勤能不失法。所以大举天民、凡人者[3]，乐其上下中无失法者，皆得正道，各自爱，不敢轻事为大忧[4]。上士得吾道，学之不止，可为国之良臣，久久得其要意，可以度世，不复争讼事视权也[5]。中士学吾道，可以为良善小臣，可以竟其天年。小人学吾道，可以长谨，父慈、母爱、子孝、兄长、弟顺、夫妇同计，不相贼伤，至死无怨。魂神居地下，尚复长，不复见作事，不见名为恶，子无夭年戮死者也[6]。夫古者本元气天生之时，人尽乐学欲仙，尚不能寿，才使人各畏死，不犯刑法耳。夫下古人大愚[7]，反诵浮华相教，共学不寿之业，生时忽然，自言若且无死，反相教无所爱惜，共兴凶事，治死丧过生。生乃属天也，死乃属地，事地反过其天，是大害也。吾以是行占之[8]，知其俱愚积久[9]，无一知也[10]。凶事兴，即鬼大盛，共疾杀人，人不得竟其天命。夫力学真道，才得伪道；力学真德，尚才得伪德耳。何况下古之人，反相学以浮华之文，其去道远哉！困穷不得复相拘制[11]，反相教为章奏、法律、辩慧[12]，相持长短。夫教其为仁，尚愁其不仁，及［乃］教其学为不仁之路。天乃为人垂法[13]，天自名为大道，地自名为德。所以然者，夫天地，乃万物之父母，凡事君长；故常导之以善，不敢开昌导教之以凶恶之路，而况人乎？人者，天之子也，当象天为行。今乃失法，故人难治。教导之以道与德[14]，乃当使有知自重、自惜、自爱、自治。今反开之以刑法，使其视死忽然，尚勇力自轻，令使传相治，因而相困，反更相克贼，迭相愁苦，故天下人无相爱者，大咎在此。真人知之耶？慎之。""唯唯。"

所谓道德教育，当使人懂得自重（尊）、自惜、自爱、自治。并非掌握严刑峻法驱民于尚力自轻，更相克贼。此为德治之精要。

[注释]

[1] 为天谈：代天传语。　[2] "不能大张之以上大道大德之法、上寿之术、上善之路"以下六句：如果不能大力弘扬太平大道之法术，让人们陷于暗昧，迷信自己被愚蔽而形成的旧观念，人就会为恶不止，那么负的罪责也解除不了。　[3] 天民：亦称天人，上天钟爱的有道之民。《经钞》丁部《求寿除灾诀》云："天第一，地次之，神人次之，真人次之，仙人次之，道人次之，圣人次之，贤人次之。此八者皆与皇天心相得，与其同意并力，是

皆天人也，……是天所爱养人也。"[4]不敢轻事为大忧：不敢轻易去干那些令天地神灵和圣王忧愁的事。[5]争讼事视权：为管辖权力的大小而争讼。[6]夭年戮死：未成年便非正常死亡。[7]"夫下古人大愚"以下八句：是对下古儒道显学（浮华）的批判。庄子有"方生方死""不知悦生不知恶死"之说，儒家有"厚葬""厚祭""事死如事生"之说，本经认为这都属"浮华"之文，是"不寿之业"。[8]行占：此言进行推测、分析和判断。占，卜问。[9]愚积久：愚昧由来已久。[10]知：通"智"。[11]困穷不得复相拘制：世人陷入穷困之境便不受礼法的管束约制。[12]反相教为章奏、法律、辩慧：反而提倡教导人们去学习写作奏章和精通法律、巧辩之术。章奏，给朝廷上文书。汉代官吏选拔行察举制，即选举与考察相结合。东汉顺帝时，朝廷将课试奏章增为文吏的考核内容，故教试奏章为入仕必经之途，而法律知识和辩论口才都是区别人才高下的标准。[13]"天乃为人垂法"以下十五句：皇天已为人垂示了大法，天行道，地育德，作为万物之父母，凡事之君长，故常导其向善，勿使其误入歧途，更何况人呢！作为天之子的人君，更应该象天而行呢。今天子失去了法度，所以治理遇到了困难。[14]"教导之以道与德"以下十一句：教导人以道和德，就是要使之能自重、自惜、自爱、自治，现在却相反，以刑罚开道，导民轻死尚勇，积习相传、相互制约和贼害，冤仇久积而不改，以致人无相爱之心，这就是造成危机的主要原因。

"今愚生欲复有所问，不敢卒言。""平行。""今天师以何知人大无道、德、仁也？""善哉子之言，观其人行言云何[1]。""愿闻之。""然。

睹道，人而忿然反非之，以知其洞无道之人[2]；睹德而非恶之，以知为大无德之人；睹仁而非之，以知为大恶不仁之人；睹善谨而非之，以知为不谨不善之人。天性[3]：凡同志者相爱，异志者相憎，善人亦疾苦恶人[4]，恶人亦疾苦善人。真人宁解不？""唯唯。""夫古者圣贤见人，不即与其语，但精观占视其所好恶以知之矣[5]。正以此镜其行[6]，万不失一。""善哉！""故夫道者，乃与皇天同骨法血脉，故天道疾恶好杀[7]，故与天为重怨[8]；地者与德同骨法血脉[9]，故恶人伤害，与地为大咎[10]；夫仁与圣贤同骨法血脉，故圣贤好施仁而恶夺[11]，故与圣人仁为大仇。是故昔者圣贤深知此为三统所案行[12]，故其制法不敢违离真道与德、仁也。故天行者与四时并力[13]，天行气，四时亦行气，相与同心，故逆四时者，与天为怨；地者与五行同心并力[14]，共养凡物，未当终死而见伤害，与地为大咎；圣贤与仁同心并力，故游居常尊道而贵德[15]，倚附仁而处，如人好夺而不仁，与圣贤为怨仇。故火为心[16]，心为圣。故火常倚木而居，木者仁

区别人之善恶，观其对道德仁善的价值取向便知。"凡同志者相爱，异志者相憎。"物以类聚，人以群分。

而有心。火者有光，能察是非，心者圣而明。故古者大圣贤[17]，常倚仁明而处，归有道、德、仁之君。故吾重戒真人，以吾书付归有道德仁明之君，必且乐好吾道，深知其意，案而效之，与神无异。吾不自誉于真人也[18]，行之得应[19]，必如重规合矩，乃后下古之人且念吾言。""唯唯。""行去，力之勉之，力学道德与仁，余者无可为者，出此书，无令藏。""唯唯。"

右重明贤人心以解愚暗书，疑者宜取诀于此。

[注释]

[1] 观其人行言云何：观察那个人的言行是怎样的。云何，讲些什么。　[2] 洞无道之人：彻底背离了真道之人。　[3] 天性：人先验的本性。　[4] 疾苦：痛恨。　[5] 精观占视：仔细地观察、审视、分析。　[6] 镜其行：鉴照其人之好恶，以知其属于哪一类人。　[7] 天道疾恶好杀：天道憎恶那些好虐杀的恶人。　[8] 重怨：指天道与恶人之间的深深仇怨。　[9] 同骨法血脉：此指道、德、仁三种善德分别与天、地、圣贤之间的本质联系。　[10] 大咎：大冤结。　[11] 恶（wù）夺：憎恶抢夺、强取。　[12] 三统所案行：此谓天、地、人三统所察照遵行之事。　[13] "故天行者与四时并力"以下六句：是以象数易学之卦气说说明阴阳之气运行必须与天道四时相一致，违逆天道就会构成灾祸。　[14] "地者与五

行同心并力"以下四句：是以象数易学之五行生克说说明地之长养万物必须和之以金、木、水、火、土五行，使其相生而避其相克，如果相克就会招致灾祸。　[15]游居：优游生活。　[16]"故火为心"以下七句：此是以五行相生说立论。象数易学据《黄帝内经》以五行之神比附五脏，再按五德、五色、五方与五行相配，心为五脏之主，五行属火，居南方，主礼，其色为赤。肝之五行属木，居东方，主仁，其色为青。肺之五行属金，居西方，主义，其色为白。肾之五行属水，居北方，主信，其色为黑。脾之五行属土，居中央，主智，其色为黄。木生火，故火倚木而居。火有光明而木有仁心，故心能详察是非，是为圣王。　[17]"故古者大圣贤"以下三句：故古时大圣贤总是归附于道德仁明的圣君。明确地表明了《太平经》作者对火德的刘汉王朝的依附态度。　[18]自誉：自我吹嘘。　[19]"行之得应"以下三句：如果遵照天师诀法践行，必然应验，效果会如规和矩自相重叠一样，丝毫不走样；亦会被后来人感激怀念。

[**点评**]

本篇所谓"真法"，全称为"上古大真道法"，别称为"天长寿之法"。文章认为，当下"良和气且俱至"，"帝王垂拱而无所治，上善之人满其朝，忠信孝子皆毕备"，正是实现太平之治的大好时机。当务之急是须"急学之以真道、真德、真仁"，一言以蔽之曰"真善"。"善者，乃绝洞无上，与道同称，天之所爱，地之所养，帝王所当急，仕人君所当与同心并力也。"文章对无道、无德、不仁之人进行了尖锐的批判，对造成社会无道的浮华虚伪、不实之风进行了深刻揭露，尤其是对中古以来的儒、道显学的生死观进行了抨击，鲜明地提出了长生、乐生、重生的生命价值观。文章反复强调，欲学真道必须以真经取代浮华之文，肯定了信仰和意识形态对于国家长治久安和个人长寿的重要作用。针对当时社会的愚昧和混乱状况，文章提出要常开道门，常开德户，常开仁路，"常教其学道、学德、学寿、学善、学谨、学吉、学古、学平、学长生"，"教导之以道与德，乃当使有知自重、自惜、自爱、自治"，这些都体现了作者对下层民众深切的人文关怀，具有一定的理论和现实意义。

去浮华诀

欲得知凡道文书经意[1]，正取一字如一竟[2]。比若甲子者何等也，投于前，使一人主言其本，众贤共违而说之[3]，且有专长于天文意者，说而上行，究竟于天道；或有长于地理者，说而下行，洽究于地道；或复有长于外傍行，究竟四方；或有坐说，究于中央；或有原事长于万物之精，究于万物；或有究于内，或有究于外，本末根基华叶皆已见，悉以类象名之，书凡事之至意，天地阴阳之文，略可见矣。其头足皆具[4]，上系下连，

此有集思广益、民主集中之意。

物类有自然，因共安其意，各书其辞善者，集成一说。是以圣人欲得天道之心意，以调定阴阳而安王者[5]，使天下平，群神遍悦喜，故取众贤荣贯中而制以为常法[6]，万世不可易也。今所以失天道意者[7]，夫贤者一人之言，知适达一面，明不尽睹，不能周流六方，洽究达内外七处。未能源万物之精，故各异说。令使天书失本文，乱迷惑者，正此也。凡事欲正之者，各自有本可穷，阴阳不复易[8]，皆当如此矣。不者，名为孤说独言。不得经意，遂从一人之言，名为偏言[9]。天地之性[10]，非圣人不能独谈通天意也。故使说内则不能究于天心，出则不能解天文明地理，以占覆则不中，神灵不为其使，失其正路，遂从惑乱，故日就浮华，不得其根基至意，过在此，令使朴者失其本也。令［今］天道失正，阴阳内独为其病[11]，乖乱害气数起，帝王愁苦其心，不能禁止，变气连作[12]，人民不寿，以此为大咎。贤明共失天心，又去圣人流久[13]，遂不能得其分理，此名为乱道。所以然者[14]，经道凡书记，前后参错，为天地谈。凡事之头首[15]，神灵之

同理，天地万物之本质，非一人的智识所能穷尽。故治理天下，切忌一人之"孤说独言"。

本也。故得其本意者，神灵不复战怒而行害人也。则恶气闭藏，盗贼断绝。盗贼止，则夷狄却降，风雨为其时节，是天悦喜之明效也。喜则爱其子，是故帝王延命也。泽流其人民[16]，则及其六畜禽兽，究达草木；和气俱见，则邪恶气消亡，则正气更明。是阴阳自然之术法，犹比若昼日用事[17]，则夜藏；小人逃亡，则君子行。诈［详］思此言。此言所以益命[18]，分明阴阳而说神也。以为吾书不然也，道以试成[19]。欲知其得失，今试书一"本"字投于前，使众贤共违而说之，及其投意不同，事解各异[20]。足以知一人之说[21]，其非明矣，安能理阴阳，使王者游而无事乐乎哉？是故执本者少[22]，而说者众，则无不穷矣；执本者众而说者少[23]，日使道浮且浅，浅而不止，因而乱矣；乱而不止，阴阳不善，邪气便起。故圣王乃宜重本。君子正始也[24]，则无不理矣。不重尊其本，不正其始，则凡事失纪，万物云乱[25]，不可复理。精之明之[26]，惑道邪书去矣。

［注释］

[1] 凡道文书经意：一切道书文字的含义。凡，举凡，一切。　[2] 正取一字如一竟：正确地选取一个代表性的字解释，就可以完全清楚。竟，穷竟。　[3] "众贤共违而说之"以下二十句：是以上文之"甲子"一词为例，请贤明文人围聚一起，各以其学之长进行训释。从其本原到相关联的各个方面，作全面、反复的推究，集思广益形成共识，再归类称名。如此，其在经书中的基本意义就可以了然了。违而说之，围聚在一块相互切磋。违，通"围"。究竟，穷尽、深入探讨。下文"洽究"同。外傍，外沿。原事，推原事理。本末根基华叶皆已见，比喻事物的本义、引申义，内在联系和外在联系无所遗漏地展现出来。类象，依其象而归类。书凡事之至意，书中的根本意义，主题思想。天地阴阳之文，文中的逻辑条理。　[4] "其头足皆具"以下六句：对于文意比较完整的文书，因其含义将关联者归于同类，各因题辞以示区别，认为比较好的就选辑归纳为一种学说。头足皆具，喻经书文意首尾完整、顺理成章者。　[5] 调定阴阳：使文书经意符合尊卑次序。　[6] 取众贤荣贯中：以众贤明的思想精粹为标榜，贯穿于书中。制以为常法：规定为必须遵循的法定文书。　[7] "今所以失天道意者"以下十一句：如今失去天之心意的原因，是思想路线的混乱。主要是制定路线政策者只凭自己一人的片面见解，既不能穷尽万物之理，又不能概括天地八方和万物的内外之情，而且偏执一词，违失了天书的本义，造成了迷乱而莫衷一是。知适达一面，智识只能通达某一个片面。　[8] 阴阳不复易：阳尊阴卑的伦理秩序是固定不变的。　[9] 偏言：偏向一方的片面之言。　[10] "天地之性"以下十二句：是说天地之本质，除非圣人，一个人是不能把握的。如果要他作表述，内不能把握天之心意，外也不能认识

天文地理，占卜预测也不会灵验，神灵也不会听从其心愿，于是堕入迷惑之途，日渐走向虚伪邪恶，从而与真道之理念背离，乃至使质朴之人丢失了事物的根本。占覆，指卜问之事得到验证。覆，复合，相符。　[11]阴阳内独：阴阳对立，不能相倚相得相交。　[12]变气：阴阳不交而产生的灾变之气。　[13]"又去圣人流久"以下三句：远离了圣人之善道且流变日久，以至于不能理解道的具体含义，从而造成了对真道的惑乱。　[14]"所以然者"以下四句：是说造成上述现象的原因，皆在于社会上流行的各种经道文书所记的所谓天地之道的东西参错杂乱，谬种流传，混淆了真伪，扰乱了视听。　[15]头首：此指事物的本质。　[16]泽：指皇天的恩泽。　[17]"犹比若昼日用事"以下四句：民间谚语。比喻真道流行邪恶就闭藏了，坏人逃亡贤明之人就当道了。　[18]益命：增益寿命。　[19]道以试成：真道是通过试验以证明其成败得失的。　[20]事解各异：对同一事物各人的训解不同。　[21]"足以知一人之说"以下四句：是说一个人的见解不可能全面透彻，怎么可以拿来理顺天地大事而使王者放心呢？　[22]"是故执本者少"以下三句：此言掌握真道原理者虽然少，但对其解说的人很多，就会无所不能穷尽。　[23]"执本者众而说者少"以下八句：是反上句而言，掌握道理之人很多，但阐说其理的人却很少，就会日渐使道变得肤浅虚假，虚假得不到制止就会发生错乱；错乱得不到纠正，阴阳之气就会对立而不相和，邪气就会取代中和之气而起，故圣王必须重道之本。　[24]"君子正始也"二句：君子一开始就应端正重本之心就无所不能治理。　[25]云乱：像变幻不定的云彩一样，一团混乱，不可以理顺。　[26]"精之明之"二句：反复精思明辨，惑道邪书就会慢慢被淘汰。

[点评]

本法诀所谓浮华是指那些"惑道邪书"。文中则对那些惑道邪书的危害性进行了深刻的剖析和批判，指出了造成惑道邪书流行的根本原因在于所谓贤者一人的"孤说独言""失其本"，以致"失其正路，遂从惑乱，故日就浮华"，酿成"大咎"。针对这种情况，作者指出："圣王乃宜重本。君子正始也，则无不理矣。不重尊其本，不正其始，则凡事失纪，万物云乱，不可复理。"这种正始重本的思想，对于治国理政尤其值得借鉴。此外，作者还提出了制定重大决策忌讳一言堂，应该集思广益的思想，从方法论的角度给予了后人很大启发。

校文邪正法

"纯稽首战栗再拜。""子复欲问何等哉？""纯今见明师正众文诸书，乃为天谈也[1]，吾恐骇惊，不知所先后[2]，当以何能正得此书实哉[3]？""子欲乐得其实者，但观视上古之圣辞[4]，中古之圣辞，下古之圣辞，合其语言，视其所为，可知矣。复视上古道书[5]，中古道书，下古道书，三合以同类相召呼，复令可知矣。""今凡书文[6]，尽为天谈，何故其治时乱时不平？愿闻之。”“然。能正其言[7]，明其书者，理矣，不正不明，乱矣。正言详辞必致善，邪言凶辞必致恶。今子难问不止，会乐欲知之。欲致善者但正其本[8]，本正则应天文，与圣辞相得；再转应地理，三转为人文，四转为万物，万物则生浮华，浮华则乱败矣。天文圣书时出，以考元正始[9]，除其过者置其实[10]，明理凡书，即天之道也。得其正言者[11]，与天心意相应；邪也[言]致邪恶气，使天地不调，万物多失其所，帝王用心愁苦，得复乱焉，故当急为其考正之。今念从古到今，文书悉已备具矣，俱愁其集居而不纯[12]，集厕相乱[13]，故使贤明共疑迷惑，不知何从何信，遂失天至心，因而各从其忤是也[14]。使与天道指意微言大相远，皆为邪言邪文书。此邪致不能正阴阳，灾气比连起，内咎在此也[15]。吾见子问之，积眷眷不忍，故反覆为子具道其意，疾疏吾辞[16]，自深思念之。

此言欲致善，当对往古圣贤之经文先“正其本”。这里包含两层意思：一、“正其言，明其书”，即分析判断其书文之真伪；二、分析判断其内容是否是“正言详辞”，是否“应天文，与圣辞相得”。“何从何信”事关思想路线，故“当急为其考正之”。这里提出了一个普适的原则，也表明对往古之书不必尽从的思想。

［注释］

[1]天谈：此言皇天宣道。　[2]不知所先后：不知其来龙去脉。　[3]正得此书实：正确地认定上述所谓代天宣道的文书的真

实性。　[4]圣辞：传说中前古圣人的言辞、语录。　[5]"复视上古道书"以下四句：此言通观三古时代流传的道书，对其学说观点参照比较。　[6]"今凡书文"以下三句：所有书本都是代天宣道，为何却出现了治和乱两种不同世道呢？　[7]"能正其言"以下五句：此言执政者能明白无误地理解并执行天之旨意，就会出现治世，反之便会出现乱世。　[8]"欲致善者但正其本"以下八句：言天之经典正文在传释过程中逐渐失真，蜕变为浮华虚伪之文的过程。初传与天文相应，可谓圣辞；再经转述加了很多言语，只能算是地道了；三转复又加了很多修饰之辞，变成了人文了；四转又具体到万事万物，复杂难辨，各种虚伪之说也由之而生，不可立信，变成了乱道。　[9]考元正始：谓考究史实，正本溯源。　[10]除其过者置其实：删除夸张的言论而保留真实的内容。　[11]"得其正言者"以下八句：是说真正的道书与天道是相一致的，而邪文则是害道的；邪文流行，邪气能使天地阴阳失调，万物失序，社会混乱，帝王愁苦，故考正天文圣书是当务之急。这里强调了经典正确的重要性。　[12]集居：各种文书糅集在一起。　[13]集厕相乱：鱼龙混杂，良莠不辨。　[14]各从其忤是也：各自选择那些与天道背离的文书为是。　[15]内咎：根本罪过。　[16]"疾疏吾辞"二句：此言尽快整理天师的讲话，深刻地领悟。疾疏，立即梳理。疏，通"梳"。

"夫凡事者，得而不能专行，亦无益也。若能行之，除大谪也[1]。夫天文乱，欲乐见理，若人有剧病，欲乐见治也。""何以乎哉？""然，子自若愚耳，诚无知乎？剧病不以时治也[2]，到于死亡；天文不治正，至于大乱。四时为其失气，五行逆战，三光无正明，皆失其正路，因而毁败。人民云乱，皆失其居处，老弱负荷，夭死者半，国家昏乱迷惑，至道善德隔绝，贤者蔽藏，不能相救，是不大剧病邪？故当力正之。今愚人日学游浮文[3]，更迭为忓[4]，以相高上，不深知其为大害，以为小事也，安知内独为阴阳天地之大病乎哉？天下不能相治正者，正此也。夫神祇有所疾苦[5]，故使子来反复问之也。见书宜旦夕宿夜[6]，深惟思其要意，不可但自易，不为皇天重计也[7]。今帝王无所归心[8]，其咎甚大。吾今虽与子相对二人而谈，以为小事，内乃为皇天是正语议[9]，不敢苟空妄言，其咎在吾身，罪重不可除也。神祇之谪人，不可若人得远避而逃也。子敢随吾轻辞便言[10]，若俗人陈忓相高上也？""唯唯，不敢也。见天师言，且骇且喜，诚得尽力，冀得神祇之心，以解天下忧，以安帝王，令使万物各得其所，是吾愿也。""子愿何一独善，不可复及也[11]。""然，吾所以常独有善意者，吾学本以思善得之，故人悉老终，吾独得

此谓"浮文"，指诸子百家之文。

在，而吾先人子孙尽已亡，而吾独得不死，诚受厚命[12]，惭于仓皇，无以自效[13]，报之复之也。常思自竭尽力，不知以何效哉！见天地不调，风雨不节，知为天下大病，常怜之。今得神人言，大觉悟，思尽死以自效于明天，以解大病而安地理，固以兴帝王，令使万物各得其所。想以是报塞天重功[14]，今不知其能与不哉？愿复乞问不及于明师。"

[注释]

[1]大谪：天地神灵严厉的惩罚。　[2]"剧病不以时治也"以下十九句：以人患疾病求治比喻天文道书必须清理的急切性。人得了重病不及时治会致死亡，那么天文道书如果不拨乱反正，清除邪毒，就会导致天地、三光、四时、五行失序大乱，乃至至道隔绝、贤明隐匿、国家昏乱、人民夭死，故应下大力气予以纠正。老弱负荷，指老弱病残之人负重于道路，艰苦谋生。　[3]日学游浮文：每天游荡于虚假的文书之中。　[4]"更迭为忤"二句：此指虚言邪文交相重叠，互相矛盾，攀比争高。　[5]神祇：天神地神。　[6]宿夜：同"夙夜"，早晚朝夕。　[7]重计：重点谋划。　[8]无所归心：心神不定。　[9]内乃为皇天是正语议：心里想着为皇天订正澄清各种议论。是正，纠正。　[10]"子敢随吾轻辞便言"二句：小子敢对我敷衍几句像俗人那样用悖道之言来标榜自己吗？　[11]何一独善，不可复及：善德为何如此突出，以至于无人可及。　[12]"诚受厚命"二句：虔诚地受天命所赐，

愧对天地厚爱。仓皇，借为"苍黄"，即天地。　　[13]"无以自效"二句：没有什么可以效力的长处报答上天的厚爱。　　[14]以是报塞天重功：以此报答蔽天之大功。塞，遮蔽，言天功之伟大。

　　"善哉，子之言也。今见子言[1]，吾尚喜，何言天哉？吾书□□，万不失一也。子但努力勿懈而理之[2]，是可以复天功[3]，不复疑也。帝王行之，尚且立得其力，何况于子哉！吾连见子之言，吾不敢余力也[4]。吾虽先生，志［智］不及子也。今俱与子共是天地，愿与子共安之。吾欲不言，恐得重过于子[5]，反得重谪于天。子更详聆之，复为子反复悉分别道之。正文者[6]，乃本天地心，守理元气。古者圣书时出[7]，考元正字，道转相因，微言解，皆元气要也。再转者，密辞也；三转成章句也；四转成浮华；五转者分别异意，各司其忤；六转者，成相欺文。章句者[8]，尚小仪其本也。过此下者，大病也。乃使天道失路，帝王久愁苦，不能深得其理，正此也。子幸欲报天恩，复天重功。天者[9]，不乐人与其钱财奇伪之物也，但乐人共理其文，不乱之耳。今吾见睹子初来学之时，以为子但且问一两事而去，

此处再三强调传道当传正文，辗转传释最终会与真道相反而成欺世之文，祸乱王治。

何意乃欲毕天道乎？吾言而不正[10]，天道略可见睹矣。子乐欲正天地，但取微言[11]，还以逆考，合于其元，即得天心意，可以安天下矣。拘校上古中古下古之文[12]，以类召之，合相从，执本者一人，自各有本事，凡书文各自有家属，令使凡人各出其材，围而共说之，其本事字情实，且悉自出，收聚其中要言，以为其解，谓之为章句，得真道心矣。可谓为解天之忧，大病去矣，可谓除地之所苦矣，可谓使帝王游而得天心矣，可谓使万物各得其所矣。是者，万不失一也。吾见子之言□□，知为天使，吾不敢欺子也。今欺子，正名为欺天。令使天不悦喜，反且减吾年，名为负于吾身，又上惭于皇天，复无益于万民，其咎甚大，子努力记之，但记，吾不敢有遗力也。"

此前谓"章句"为"小仪其本"，此处谓"章句"可"得真道心"。盖"章句"之学只是一种解释方式，不一定是贬词，但看其与正文相符与否。

［注释］

[1]"今见子言"以下三句：听了真人对天道的讲述，非常满意，何以再去谈论天。　[2]勿懈而理之：勤奋而认真审理。　[3]复天功：报答皇天的功德。　[4]不敢余力：不敢保留。　[5]"恐得重过于子"二句：唯恐对你犯下重过，进而受到皇天重罚。　[6]"正文者"以下三句：此指纯正的道德经文，是依据天地的善心而出，以守护、理顺阴阳之气为职责。　[7]"古

者圣书时出"以下十三句：重申前文"欲致善者但正其本"之说。谓古代圣书初出，稽考本原，厘正文字，真道得以递次承袭。其微言大义，所传释的都是元气运行的纲要；二传时，又加入了传道者的话语，文字便绵密了；再三时，便变成了寻章摘句的烦琐章句之学；再四之传，文书道经就沦入了浮华虚伪之文了；经五传而形成不同流派、各执文本之一词，断章取义；传释至第六代，离实愈远，圣文便转变成了相互欺伪之文。　[8]"章句者"以下七句：章句之学考证史实，多少还能遵循一点道本，过此而下便陷入歧途，真道亦无由贯彻了。　[9]"天者"以下四句：此言上天不喜欢人间的各种奢华贡奉，却希望校理道本文书，使之不错乱。　[10]"吾言而不正"二句：是天师表明，他的话语或许不甚纯正，但可以窥天道之一般。　[11]"但取微言"以下五句：选取精粹的经文，以溯源的方法去考证，与天书文本去相合。这是从方法论上去证伪。作者认为，经过如此证伪的道书才可以体现皇天真意，用来安定天下。　[12]"拘校上古中古下古之文"以下十九句：是告知天师搜集鉴别、整理民间道书的方法。首先是将上古、中古、下古之文书以类召之，聚合为一；其次从民间"凡人各出其材，围而共说之"，充分听取才人的意见；再次就是"收聚其中要言，以为其解"，"变成"章句。这种章句化了的文书，就是被公认的得真道心的经典，其可以解除天地人君的愁苦，万物亦将各从其类，正常生长。

"唯唯。见师言也，心中恐骇。既为天问事，不敢道留止也[1]，犹当竟之耳。师幸原其不及[2]，示告其难易，故敢具问其所以。今文书积此言辨别古文之正邪有两条标准：一是"十百相应者"为正文，即与前贤所传之文能相互印证；二是"治而得应者"，即推行于社会治理，看其能有效果与否，有效验者为正文，反之即为邪说。

多，愿知其真伪[3]。""然，故固若子前日所问耳。十百相应者是也[4]，不者皆非也；治而得应者是也，不者皆伪行也。欲得应者，须其民臣皆善忠信也。""何以言之？""然，子贤善，则使父母常安，而得其所置。妻善则使夫无过，得其力。臣善则使国家长安，帝王民臣俱善，则使天无灾变，正此也。子宁解耶？不解耶？行，吾今欲与子共议一事，今若子可刺取吾书[5]，宁究洽达未哉[6]？""小子童蒙，未得其意。""子试言之，吾且观子具解不？""今若愚生意[7]，欲悉都合用之，上下以相足，仪其事，百以校千，千以校万，更相考以为且可足也，不者恐不能尽周古文也。""然，子今言真是也。子前所记吾书不云乎，以一况十[8]，十况百，百况千，千况万，万况亿，正此也。""唯唯。愿闻其校此者，皆当使谁乎[9]？""各就其人而作[10]，事之明于本者，恃其本也[11]。长于知能用者[12]，共围而说之，流其语[13]，从帝王到于庶人，俱易其故行而相从[14]。合议[15]，小知自相与小聚之，归于中知，中知聚之，归于上知，上知聚之，归于帝王。然后众贤共围而平其说，更安之，是为谋及下者，无遗算，无休言，无废文也。小贤共校聚之[16]，付于中贤，中贤校聚之于大贤，大贤校聚之，付于帝王。于其□□成理文，是之无误，真得天心，得阴阳分理，帝王众臣共知其真，是乃后下于民间，令天下俱得诵读正文。如此[17]，天气得矣，太平到矣，上平气来矣，颂声作矣，万物长安矣，百姓无言矣，邪文悉自去矣，天病除矣，地病亡矣，帝王游矣，阴阳悦矣，邪气藏矣，盗贼断绝矣，中国盛兴矣，称上三皇矣，夷狄却矣，万物茂盛矣，天下幸甚矣，皆称万岁矣。子无闭塞吾文。”“唯唯，不敢蔽匿也。既受师辞，诚报归之，匿之恐为重罪成事也。”“善哉，子之言也。已得天心，子名为已报天重功。”“唯唯。诚得退归闲处，思其至意，不解懈也。”“行，去矣！勿复疑也。”

　　右考文诀。

　　[注释]

　　[1]道留止：中道止步，半途而废。　　[2]原其不及：原谅自己不懂之处。　　[3]愿知其真伪：希望告知如何判断文书的真

伪。　[4]"十百相应者是也"以下六句：此处天师告知了两条效验标准。一是"十百相应"者，即所言事理能百分百相应合，毫无差谬；二是用于治国效验应合，证明切实可行。如此即是真，否则便为伪。欲得效应的前提，是臣民须具善忠信之德。　[5]刺取：选取。　[6]宁究洽达未：是否全面深刻地理解了它的含义？　[7]"今若愚生意"以下八句：这是真人表示想将文书全部归聚综合，使相互补充，效法其事例，以百校正千，以千校正万，迭相考据，如此应该比较完善了吧。不然怕是不能把古文书轮个遍吧。悉都合，全部整合在一起。相足，相互补充。仪，取法。相考，相互考证。可足，可以完备。尽周，全部包罗。　[8]况：比照，比况。　[9]皆当使谁：此谓应该派谁参与其事。　[10]各就其人而作：各因其人之专长而分工。　[11]明于本者，恃其本：掌握了根本性质的人就坚持守本。　[12]长于知能用者：悟性高且善于应用之人。　[13]流其语：传递智能之士讨论的意见。　[14]易其故行而相从：改变以往的方式方法而遵从逐级评议的方法。　[15]"合议"以下十三句：合议的规模层次由下而中、而上至于天子，再由众贤明依层次逐级进行评论，使其完善，得到确认。这就做到了大事经过基层讨论，既不遗良策、真知灼见，又让人把话说完，又没有废文。　[16]"小贤共校聚之"以下十二句：是说这种文书由下到上，最终由天子认定，再颁布施行，成为经典，令百姓诵读。　[17]"如此"以下二十句：直言经书贯彻施行的理想效果。

[点评]

本法诀是鉴于天下"为天谈"的杂文并出，鱼目混珠，世人莫辨真伪，从而造成天地不调、万物多失其所、灾气比连起、帝王百姓愁苦的现实而发的。法诀表达了如下思想：一、道书文献的真伪对于王朝安危、社会太平、生态平衡有着重要作用，正文致治，邪文致乱，故应去邪扬正。二、指出了校文邪正的具体方法、判断标准。本法诀的可贵之处在于：从价值取向上，提倡奉行顺天合道，善利于国计民生；从方法论上提倡集思广益的群众路线；认识论上提倡但取微言、还以逆考、合于其元、验其效应、实事求是的认知路线。本法诀还一再分析揭示了真道正文被无道之人传释演绎，沦为背道邪文的蜕变过程，强调读圣辞、原典的重要性，号召"令天下俱得诵读正文"。本文对于我们辨正经典、认识优秀经典对社会民生的积极作用，都有重要的借鉴意义。

丁部

禁酒法

今天地且大乐岁[1]，帝王当安坐而无忧，民人但游而无事少职[2]，五谷不复为前[3]，无有价直。天下兴作善酒以相饮[4]，市道尤极[5]，名为水令火行[6]，为伤于阳化[7]。凡人一饮酒令醉，狂脉便作[8]，买卖失职，更相斗死，或伤贼；或早到市，反宜乃归；或为奸人所得，或缘高坠，或为车马所克贼。推酒之害万端，不可胜记。念四海之内，有几何市[9]，一月之间，消五谷数亿万斗斛[10]，又无故杀伤人，日日有之，或孤独因以绝嗣[11]。或结怨父母置害[12]，或流灾子孙。县官长吏，不得推理，叩胸呼天，感动皇灵[13]，使阴阳四时五行之气乖错，复旱上皇太平之君之治，令太和气逆行。盖无故发民令作酒[14]，损废五谷，复致如此之祸患。但使有德之君[15]，有教敕明令，谓吏民言，从今已往，敢有市无故饮一斗者，笞三十，谪三日；饮二斗者，笞六十，谪六日；饮三斗者，笞九十，谪九日，各随其酒斛为谪；酒家亦然，皆使修城郭道路官舍。所以谪修城郭道路官舍[16]，为大土功也。土乃胜水，以厌固绝灭。令水不过度伤阳也。水[17]，太阴也，民也，反使兴王，伤损阳精，为害深矣。修道路[18]，取兴大道，以类相占，渐置太平。

［注释］

[1]大乐岁：大丰收之年。　[2]无事少职：没有徭役等杂事。　[3]五谷不复为前：粮食问题不再是首先考虑的事。五谷，率指稻、麦、黍、稷、菽。前，置于前。　[4]兴作善酒：流行酿好酒之风。　[5]市道尤极：集市、道里尤其盛行。　[6]水令火行：谓五行之火听命于水。本经《天谶支干相配法》称酒为水之甘良者和浆饮最善者，气属太阴，为水之王；而火则属太阳之气，象君，如刘汉王朝五行德火。按五行生克说，水当克火，故民间有水令火行之说。　[7]为伤于阳化：伤害了帝王的化民治道。　[8]"狂脉便作"以下九句：此指纵酒之害。狂脉，酗酒以后兴奋，脉搏跳动急促状。早到市，反宜乃归，很早来到店铺，喝了酒却一反常规，未归或数日才回家。　[9]有几何市：四海之内集市该有多少。　[10]数亿万斗斛（hú）：此言酿酒消耗的粮食不可计量。斛，十斗为一斛。　[11]孤独因以绝嗣：因佞酒而

独处，影响性欲以致不育绝嗣。　[12]"或结怨父母置害"二句：此言因酗酒而与父母结怨，对上不尽孝道，对下则让子孙承担其过。置害，置于受伤之地。　[13]"感动皇灵"以下四句：是说酗酒的歪风邪气，严重地扰乱了天地之间阴阳、四时、五行之气的正常运行，进而干扰了上皇太平之君的德治秩序，令太和之气倒行逆施。旱，"干"之形误。　[14]"盖无故发民令作酒"以下三句：是说这都是毫无道理地让民间酿酒，耗费粮食，还给社会造成了如此祸患。　[15]"但使有德之君"以下十六句：这是建议君主、官方发布具体的禁罚饮酒文书，以拨乱反正。笞（chī），体罚，用鞭杖等刑具打击。谪，谪罚，一种役刑。酒家亦然，卖酒的亦同样应遭到谪罚。　[16]"所以谪修城郭道路官舍"以下五句：按五行生克说，土克水，水行遭克败，便不能伤害阳火，故有此议。大土功，此指谪罚酒店出资包修城郭、道路、官舍等大型土木工程。厌固绝灭，抑制、消除酒患。　[17]"水"以下六句：仍以阴阳五行说为据，为禁酒找理由。相对于阳火，水为太阴；相对于君为阳，民则为阴。酒非一般之水，乃太阴之王，其对于阳精、刘汉之君的伤害是严重的，故须禁酒。　[18]"修道路"以下四句：强调修道路即启兴太平大道，寓意深刻。大道制水，此是五行同类相占验，倘若控制了水使无害于火，社会就会渐至太平。

[点评]

禁酒法诀针对性很强。撇开其附着的阴阳五行之说，其积极的一面便显露出来了。首先揭露了人们醉酒以后的各种严重后果，"不可胜记"；尤其是扰动了皇灵，影响了皇天太平之治，进而造成了帝王的统治危机，且又结怨于父母，流毒于子孙。其次，指出了大量浪费五谷粮食的不道。虽然，本文也并未强调要禁绝饮酒，只是建议不许无故在市道里酗酒。而且还借神人之口提出："若千里君子，知国有禁，小小无犯，不得聚集，家有老疾，药酒可通。"（道教《要修科仪戒律钞》卷十四《饮酒缘》，引《太平经》语）

早在西周开国之初，周公就曾有《酒诰》令康叔在卫国宣布禁酒。其理由有三：一是节约粮食；二是纵酒败德，会导致社会混乱；三是天命要求。周公禁酒也是限制而已，大祭或孝敬父母时也可适当饮酒，只是不能酗酒。本文观点适与此相承继。数千年来，中国形成了一种悠久的酒文化。说明酒在人们的情感世界中也有积极的作用，对于医治某些疾病也必不可少。但饮酒过度，纵酒成癖，或者以酒作为某种违法的功利手段，其对个人和社会危害之严重，那就不可低估了。本文对于今天的现实，启迪良多。

上下失治法

考天地阴阳万物，上下相爱相治，立功成名，使心治一家，使人不复相憎恶，常乐合心同志[1]，令太和之气日自出，而大兴平，六极同心，八方同计。所治者若人意[2]，莫不皆响应而悦者[3]。

本天地元气[4]，合阴阳之位[5]，邪恶默然消去，乖逆者皆顺[6]，明大灵之至道[7]，神祇所好爱[8]。吾乃上为皇天陈道德[9]，下为山川别度数，中为帝王设法度，中贤得以生善意。因以为解除天地大咎怨，使帝王不复愁苦，人民相爱，万物各得其所，自有天法常格在不匿[10]。古者圣帝明王，重大臣，爱处士[11]，利人民，不害伤；臣亦忠信不欺君，故理若神[12]。故贤父常思安其子[13]，子常思安乐其父，二人并力同心，家无不成者。如不并力同心[14]，家道乱矣，失其职事，空虚贫极，因争斗分别而去，反还相贼害。亲父子分身血气而生[15]，肢体相属如此，况聚天下异姓之士为君、师、父乎？故圣人见微知著[16]，故重戒慎之。夫师，阳也，爱其弟子，导教以善道[17]，使知重天爱地，尊上利下，弟子敬事其师，顺勤忠信不欺。二人并力同心，图画古今旧法度[18]，行圣人之言，明天地部界分理[19]，万物使各得其所，积贤不止，因为帝王良辅，相与合策共理致太平。如不并力同计，不以要道相传，反欲浮华外言[20]，更相欺殆[21]，逆天分理，

《韩非子·说林上》："圣人见微以知萌，见端以知末。故见象箸而怖，知天下不足也。"《中庸》："知远之近，知风之自，知微之显，可与入德矣。"

此处强调善师、明师对帝王太平王治的重要性。师得其人，可共"理致太平"；不得其人，则为"天下大害"。师之作用大矣哉。师，亦可理解为经书、主义。

乱圣人之辞，六极不分明，为天下大灾。帝王师之[22]，失其理法，反与天地为大仇，不得神明意，天下大害者也。

[注释]

[1] 常乐合心同志：一向喜欢和志同道合之人快乐相处。　[2] 若人意：顺从人意。若，如。　[3] 响应：应和。　[4] 天地元气：天地间阴阳自然之气。　[5] 阴阳之位：阳气上浮为天，阴气下凝为地。天高地卑，阳尊阴卑。　[6] 乖逆：错乱、不安其本分。　[7] 大灵之至道：指灵验的太平真道。　[8] 神祇：天地神灵。祇，地神。　[9]"吾乃上为皇天陈道德"以下四句：传道天师表示，他所传播的"太平真经"，上为皇天敷陈道德之意；下则为山川地理确定所处方位；天地之间则为帝王创制法纪。贤能之士得到此书可以感而萌生为善之心。　[10] 天法常格：天道所固有的法则。不匿（nì）：不曾隐蔽。匿，隐藏。　[11] 处士：此指身怀道术的为仕之人。　[12] 理若神：国家治理如同神治一样公正、清明。　[13]"故贤父常思安其子"以下四句：是以父子相向思维的关系比喻君臣相亲、相辅，共同治国的关系。　[14]"如不并力同心"以下六句：进一步从否定角度说明父子、君臣、阴阳协调的重要性。　[15]"亲父子分身血气而生"以下三句：是说血缘相亲、肢体相属的关系如果不能协调尚且可能反目而相贼害，那么没有血缘关系的君臣、师徒关系就更应该相向思维、并力同心了。　[16] 见微知著：初见事物的端倪、苗头，就能预见它的发展结果。此是一种认知方法。　[17] 善道：完美的天道。　[18] 图画古今旧法度：评点此前古今帝王所推行的朝纲大法。图画，此作动词，有指点意。旧，此前即为

旧。此有欲"行圣人之言"，重建新法度之意。一说"旧"疑衍字。　[19]明天地部界分理：明确天地阴阳之畛域和职能，亦寓有厘清君臣职责、相辅相成之意。　[20]浮华外言：率指外学之书。本经自称内学，将百家诸子之学视为外学，以内学为实本，外学为浮华。　[21]相欺殆：相互欺诈。殆，通"绐"，借作"治"，欺诈意。　[22]"帝王师之"以下五句：是说帝王如果师法百家浮华之文，迷失了天道，违背天地神明的善意，是国家人民之大害。

[点评]

本法诀实为纠正朝廷和民间违背天道、国家不得正常治理的情况而发。作者宣称，太平经书本是"上为皇天陈道德，下为山川别度数，中为帝王设法度"的道书，传扬它的目的在于"解除天地大咎怨，使帝王不复愁苦，人民相爱，万物各得其所"。要实现这个目标，君臣、师徒、父子之间要相忠信、爱利，重天爱地、尊上利下，顺勤不欺，并力同心，共理致太平。本文以假设的口气对当时君臣之间"不并力同计，不以要道相传，反欲浮华外言，更相欺殆，逆天分理，乱圣人之辞"，以致"六极不分明"，"失其理法，反与天地为大仇"，造成天下危害的现实进行了尖锐的批评，也表达了对古者圣帝明王"重大臣，爱处士，利人民，不害伤"和大臣"忠信不欺君"的赞许。警告时君应如圣人"见微知著"，"重戒慎之"，寓意深刻。

观物知 ［之］道德诀

夫万二千物[1]，各自存精神，自有君长，当共一大道而行，乃得通流。天道上下，往朝其君，比若人共一大道，往朝王者也。万二千物精神[2]，共天地生，共一大道而出，有大有中有小。何谓也？乃谓万二千物有大小，其道亦有大小也，各自生自容而行[3]。故上道广万步为法[4]，次广千步为法，其次广百步为法，其次广十步为法，其次广一步为法。凡五道应五方[5]，当共下生于地，共朝于天[6]，共一道而行。是以大道广万步[7]，容中道千步，小道百步，螯道十步，毛道一步。物有大小，各自容往来。凡物乃上受天之施，反下生施地，出当俱上朝天也，故大道但可张[8]，不可妄翕也。翕之辄不相容[9]，有不得生者，或有伤死。不得生出者，令人绝无后代；伤者伤人，死者杀人。古者圣人不敢废绝大道者，睹天禁明也[10]。子以何（知）天道得伤？道者，天也，阳也，主生；德者，地也，阴也，主养；万物多不能生[11]，即知天道伤矣；其有不生者，即知

理一分殊之论由北宋程颐受张载《正蒙·乾称》之论启发而提出，南宋朱熹继踵发扬，而早在《太平经》中便见端倪。细读本文可证。

天克有绝者矣。一物不生一统绝；多则多绝，少则少绝，随物多少，以知天统伤[12]。夫道兴者主生[13]，万物悉生；德兴者主养，万物人民悉养，无冤结。

[注释]

[1]"夫万二千物"以下五句：是说天地间万物各有其本质属性，各从其类，应该是共同遵循事物发生发展的普遍规律而运化，故而能相互影响、循环不已。精神，指万物各自之本质属性。君长，指主宰同类元神之王。如五脏各有元神，心为之主，即君长。此处"君长"有物类名称之意。通流，相交互动，循环往复。 [2]"万二千物精神"以下四句：是说天地万物各有精神，他们共一天道而生，共循天道而行，天道一而万物殊。 [3]自生自容：此是说物各因其不同的元神而滋生。自容，自己长成自己的形貌。 [4]"故上道广万步为法"以下五句：此是将道分为大、中、小三个层面，然后人为分别量化，以道路宽窄程度为喻。 [5]五道应五方：五种规制之道分别喻五行，而五行又分别与五方相对应。如木行应东方，金行应西方，火行应南方，水行应北方，土行应中央。 [6]下生于地，共朝于天：此指生物从地下生出，向天而长。此喻天道之伟大。 [7]"是以大道广万步"以下五句：是说包含有各不同层面事物的具体规律都包容在大道、事物的普遍规律之中的意思。事无巨细，乃至于毫厘，都不能离道。 [8]"故大道但可张"二句：此言大道应张列而不可随意闭合。事实上大道广布于天地之间是其客观本性。翕（xī），闭合。 [9]"翕之辄不相容"

以下五句：此指人为地违背道的本性，闭塞天地之道，往往造成矛盾，以致阴阳失调，乃致人物不得新生，面临绝种的危险。　[10]天禁：皇天之禁忌。　[11]"万物多不能生"以下四句：是说万物不生殖就是违背了天道。隐喻当朝帝王绝嗣，是遭受天克而致。　[12]天统：天之统系，亦即自然物种。　[13]"夫道兴者主生"以下五句：此言万物乃至人民全都得到天地之道的生养，天人之间、人物之间全都和谐相处，没有矛盾冲突。悉，全部。

［点评］

　　这篇短诀告诉我们，世界万物各依其元神而品质不同，其形容亦不相同，各有其自身特性，它们共同朝宗于道，循道而"通流"。"道者，天也，阳也，主生；德者，地也，阴也，主养。"道兴则万物悉生，德兴则万物人民悉养。如果天地之道受到伤害或被闭塞不通，万物人民就会受灾，重者可至绝灭无后代。故古者圣人都不敢废绝背离大道。

　　本文提出了万物有类、有精神、有大小，因而"道亦有大小，各自生自容而行"的论题，实际上是表明了道有普遍性（大道）和个别性、具体性（中、小道）的观点。小道朝宗于大道，大道包容小道。这种一般与个别关系的规律性认识，反映了一种朴素的辩证思维，在理论上有积极意义。

解天甿九人诀

"天地之大德曰生。""天下凡事，皆一阴一阳乃能相生相养。"纯阳、纯阴或阴阳不相交，俱为断天、地、人之统。阴阳不交则不生，不生则无后，是为大凶。

元气，阳也，主生；自然而化，阴也，主养凡物。天，阳，主生也；地，阴，主养也。日与昼，阳也，主生；月星夜，阴也，主养。春夏，阳也，主生；秋冬，阴也，主养。甲丙戊庚壬[1]，阳也，主生；乙丁己辛癸[2]，阴也，主养。子寅辰午申戌[3]，阳也，主生；丑卯巳未酉亥[4]，阴也，主养。亦诸九[5]，阳也，主生；诸六[6]，阴也，主养。男子，阳也，主生；女子，阴也，主养。万物，雄阳也，主生；雌阴也，主养。君，阳也，主生；臣，阴也，主养。天下凡事，皆一阴一阳，乃能相生，乃能相养。一阳不施生，一阴并虚空，无可养也；一阴不受化[7]，一阳无所施生统也。阳气一统[8]，绝灭不通，为天大怨也；一阴不受化，不能生出，为（地）大咎。天怨者，阳不好施，无所生，反好杀伤其生也；地所咎，在阴不好受化，而无所出养长，而咎人，反伤其养长也。天不以时雨，为恶凶天也；地不以生养万物，为恶凶地也。男不以施生为断天统，女不以受化为断地统。阴阳之道绝灭，无后为大凶。比若天地一旦毁，而无复有天地也。是故圣贤好天要文也[9]。天者[10]，众道之精也。贤者好道[11]，故次圣。圣者入真道，故次仙。知能仙者必真，故次真。知真者必致神。神者[12]，上与天同形合理，故天称神，能使神也。神也者[13]，皇天之吏也，神人者，皇天第一心也。天地之性[14]，清者治浊，浊者不得治清。精光为万物之心[15]，明治者用心察事，当用清明。

[注释]

[1]"甲丙戊庚壬"二句：十天干之顺序排列为甲、乙、丙、丁、戊、己、庚、辛、壬、癸。其中甲、丙、戊、庚、壬之列位为一、三、五、七、九，俱为奇数，即天数。《易》以奇数属阳，故甲、丙、戊、庚、壬为阳干。　[2]"乙丁己辛癸"二句：与上同理，俱排列为二、四、六、八、十，为偶数，即地数。偶数为阴，故属阴干。　[3]"子寅辰午申戌"二句：与上同理，十二地支之排列顺序，此六支俱占奇数，故称阳支。　[4]"丑卯巳未酉亥"二句：此六支俱排于偶数，故称阴支。　[5]诸九：《易》卦之爻位分为阳、阴，阳爻为奇数，读如：初九、九二、九三、九四、九五、上九。　[6]诸六：《易》卦之爻位分为阳、阴，阴爻为偶数，读如：初六、六二、六三、六四、六五、上六。　[7]"一

阴不受化"二句：此是说如果阴阳不相得，属阴的一方拒不接受阳方的施予，那么阳方就没有施予对象，也就不能生子而传承统绪了。　[8]"阳气一统"以下三句：此谓阳气一统而无阴相辅，是为天之大忌。　[9]好天要文：即喜好上天所赐之重要经书。　[10]"天者"二句：此言天是各种天道法术之精粹的集聚和表象。　[11]"贤者好道"二句：此言贤人之好道者，将升列为圣人。次，名次。下文将修道者以悟道之深浅排出了阶位，依次为：贤人、圣人、道人、仙人、真人、神人。　[12]"神者"以下四句：此是说神人像天一样无形，此本经所谓"委气神人"。神道亦即天道。神亦能役使诸神灵。　[13]"神也者"以下四句：此强调神人代天意行权，堪称皇天第一心。　[14]"天地之性"以下三句：此是说天地属性亦即元气之分为清浊二元，清者上升为天，浊者下凝为地。天阳统地阴，清为尊而浊为卑，浊阴不得凌驾于清阳之上。　[15]"精光为万物之心"以下三句：此指万物之心，既清且明。无私谓之清，光大谓之明。故当以清明之心理政。

［点评］

本诀文名为"解天㕙（mǐn）九人诀"。"九人"系指奴婢、良民、贤人、圣人、道人、仙人、真人、大神人、委气神人。据本经称："奴婢顺从君主，学善能贤，免为善人良民，良民善人学不止成贤人，贤人学不止成圣人，圣人学不止成道人，道人学不止成仙人，仙人学不止成真人，真人学不止成大神人，大神人学不止成委气神人。""㕙"即诚勉之意。故诀文是解释上天对上述九种人的诚勉之辞。诀文先是对天地、万物、男女和天干、地支的阴阳属性进行了辨析，提出了一个全称判断："天下凡事，皆一阴一阳，乃能相生，乃能相养。一阳不施生，一阴并虚空，无可养也；一阴不受化，一阳无所施生统也。"结论是："男不以施生为断天统，女不以受化为断地统。阴阳之道绝灭，无后为大凶。"因此，要传播天之"要文"，遵循要文修道，即便身为奴婢，坚持修道不止，也可以逐阶升级为委气神人，成为天神。而社会也会实现神治的清明社会、太平盛世。

本文的亮点有二，其一是提出了"天下凡事，皆一阴一阳，乃能相生，乃能相养"；其二是提出了凡人坚持修善亦可成仙的思想。这种朴素的辩证发生、发展观不仅是对古代哲学的一种贡献，而且在当时对于劝善也具有重要的现实意义。

兴衰由人诀

"今天师幸都为愚生言，愿问赐饥者以食，寒者以衣意。""然，夫饥者思食，寒者思衣，得此心结，念其帝王矣，至老不忘也。思自效尽力，不敢有二心也。恩爱洽著民间[1]，如有所得奇异殊方善道文，不敢匿也。悉思付归其君，使其老寿，是故当以此赐之也，此名为周穷救急。夫贤

古来治国理民尝倡导殷实之家"周穷救急"，济困扶危。此术亦可称仁爱。譬如赐饥者食，寒者衣，"务当各得其所欲，则天下厌服矣"。美言之谓"恩爱洽著民间"。

者好文，饥者好食，寒者好衣，为人君赐其臣子，务当各得其所欲，则天下厌服矣[2]。"善哉善哉！""是以天性[3]：上道德而下刑罚。故东方为道[4]，南方为德。道者主生，故物悉生于东方。德者主养，故物悉养于南方。天之格法[5]，凡物悉归道德，故万物都出生东南而上行也[6]，天地四方六阳气俱与生物于辰巳也。子知之耶？""唯唯。""天之法下刑，故西北，少阴太阴为刑祸[7]。刑祸者，主伤主杀。故物伤老衰于西[8]，而死于北。天气战斗，六阴无阳[9]，物皆伏藏于内穴中，畏刑兴祸，不敢出见。天道恶之下之，故其畜生，悉食恶弃也[10]。是故古者圣人睹天法明，故尚真道善德奇文而下武也[11]，是明效也。今刑祸武生于西北而尚之，名为以阴乘阳[12]，以贱乘贵，多出战斗。令民臣不忠，无益王治，其政难乎！真人宁知之耶？""唯唯。""子可谓以觉矣。是故古者圣贤常尚道德文，常投于上善处[13]，而兵革战备投于下处；一人独居，则投文于床上，而兵居床下，如是则夷狄自降，盗贼日消灭矣。""善哉善哉！""行，子可谓已知之矣。六子详思吾书意[14]，以付上道德之君，以示众贤，吾之言不负天地贤明也。行，去。辞小竟也，事他所疑，乃复来问之。""唯唯。"

[注释]

[1]"恩爱洽著民间"以下七句：此言君主得到民间奏上的"奇异殊方善道文"，以为医国延寿之用；君主则回赐以饥者食，寒者衣，名曰"周穷救急"，以示君主与民众的恩爱和洽。恩爱洽著民间，此指君主对百姓的恩惠天下皆知。洽，和美。著，明显。周穷救急，接济穷困急需救助之人。　[2]厌服：因满足而归服。厌，满足。　[3]"是以天性"二句：是说崇尚道德而贱视刑罚是合天理的。　[4]"故东方为道"以下六句：依据象数易学，东方为木，主生，南方为火，主养，故称东方为道，南方为德。　[5]格法：法则、规律。　[6]"故万物都出生东南而上行也"二句：木生于东缘东南而上长。地支，东为卯，东南为辰、巳；四时，卯适在二月春分之时；辰、巳则在三、四月。六阳气，依象数言，农历十一月冬至子时为一阳初生，至次年四月，阳气上升至极，此间六个月以《易》之"乾"卦（䷀）六爻表示，是为六阳气。物极必反，至五月则为阴气渐起，直至十月为六阴气，此即"坤"（䷁）卦。　[7]少阴：八卦四象之一，位于西方，适当农历八月秋分。太阴：四象之一，位于北方，适当农历十月。刑祸：天之法以刑、罚为下、为末，故帝王常于秋冬季断狱行刑，故称刑祸。　[8]"故物伤老衰于西"二句：是说秋分之后，万物始凋，至于冬季，则枯槁而死。　[9]"六阴无阳"以下三句：《易》之"坤"六爻尽为阴爻，六阴与六阳相对，此喻阳伏而阴兴，刑祸多起。　[10]恶弃：此指人们厌弃的食物。　[11]尚真道善德奇

文而下武：相对于以道德真经治国而言，以武力治国则被当作下等的末法。　[12]"名为以阴乘阳"以下六句：此是表明作者关于刑罚、武力不能平治国家的态度。乘，凌驾。　[13]投于上善处：安置于室内最好的地方。　[14]六子：六位真人。

物之"贵贱一由人"。"人兴用文则文王，兴用武则武王，兴用金钱则金钱王，兴用财货则财货王。天下人所兴用，悉王自生气。"人之主观能动性跃然纸上。如果天下人能协力同心，则会形成社会思潮。故《尚书·泰誓》逸文曰："民之所欲，天必从之。"故王者须尊民意，乃可治平而安。

"今六真人受天师严教，谨归各居闲处，思念天师言，俱有不解，唯天师示诀之[1]。""行，言。何等也？""今天乃自有四时之气[2]，地自有五行之位，其王、相、休、囚、废自有时。今但人兴用之也，安能乃使其生气，而王相更相克贼乎？""咄咄，噫！六子虽日学，无益也，反更大愚，略类无知之人。何哉？夫天地之为法[3]，万物兴衰反随人。故凡人所共与事[4]，所贵用其物，悉王生气；人所休废，悉衰而囚。故人所兴事者，即成人君长师也[5]；人所争用物，悉贵而无平也[6]；人所休废物，悉贱而无贾直也。是故天下人所兴用者[7]，王自生气，不必当须四时五行气也。故天法[8]，凡人兴衰，乃万物兴衰，贵贱一由人。是故古者圣人知天格法，不可妄犯也。故上古时人，深知天尊道、用道、兴行道时道王[9]。中古废不行[10]，即道休囚，不见贵也；

中古兴用德，则德王；下古废至德，即德复休囚也。故人兴用文则文王，兴用武则武王，兴用金钱则金钱王，兴用财货（则）财货王。天下人所兴用，悉王自生气；其所共废而不用者[11]，悉由凡物，何必乃当须天四时五行王乃王哉？"

［注释］

[1] 唯天师示诀之：此言请天师开示法诀，把道理讲明白。　[2]"今天乃自有四时之气"以下六句：真人问天师，天地间四时之气、五行之位，其王、相、休、囚、废之轮转自有规律，人们只是顺势施用而已，怎么能使其产生气数乃至于像王、相等五气相互克杀呢？王、相、休、囚、废，此是就阴阳家所立之"五行休王"说而言。此说认为五行在一年中随四时（实被分为五季，详见前注）变化而表现为五种形态，即王（旺盛）、相（强壮）、休（退）、囚（困）、死（废）。从五季看五行，其规律为：当今者王，我生者相，生我者休，克我者囚，我克者死。如：春木当令，为王（旺）；木生火，故火为相；生木者水，木既旺，则水当退休；木被金克，木旺则金当囚；木又克土，故土必死。　[3]"夫天地之为法"二句：此是说天地固然确立了法则，但万物之兴衰到底是因人奉法行善的程度而定。这里强调了人为的主观能动作用。　[4]"故凡人所共与事"以下五句：此言人所贵用之物都得旺气，人欲休废之物，必得衰、囚之气。　[5]君长师：比喻支配事物走向和命运的意志和力量。　[6]贵而无平：价值贵到无法估量。平，通"评"，评价。　[7]"是故天下人所兴用者"以下三句：凡天下之人所共同兴用之物必得旺气，无须受"五行休王"

说所制约。 [8]"故天法"以下四句：是说天法以人为本，人兴则万物兴，物之贵贱因人而定。颇有"民之所欲，天必从之"的味道。 [9]道王：此指上古之时兴行道，故真道之气旺。 [10]"中古废不行"以下七句：中古之时，道不见贵而兴用德，到下古，德亦被休囚。颇似《老子》所云"失道而后德，失德而后仁"（第三十八章）之说。 [11]"其所共废而不用者"以下三句：凡天下人所废弃的东西都是由该物自身对人的价值决定的，不用究竟什么"五行休王"之说了。

　　"子学何不日昭昭，而反日益冥冥无知乎？真人用意尚如此[1]，夫俗人共犯天禁，言其不然，故是也。今以子况之，人愚独久矣[2]。若真人言中[3]，类吾为天陈法，为德君解承负先王流灾，将有误人不可用者耶？如误，何可案用乎？六子若有疑，欲知吾道大效，知其真真与不[4]，令疾上付贤明道德之君，使其按用之，立与天地乃响相应[5]，是其人明效证验也。今真人尚乃不能深知是[6]，人能使物兴衰进退，俗人比于子，冥冥与盲何异哉？""今见天师分别为愚生说之，已解矣，有过不也[7]。""夫人既学也[8]，当务思惟其要意，勿但习言也，而知其意诀，是天地与道所怨也。又学者精之慎之。""唯唯。""行去，记此天政事^[9]，可以厌猾祅，勿使德君失政事文也。""唯唯。"

[注释]

[1]"真人用意尚如此"以下四句：这是批评真人尚且未能悟道，也难怪俗人犯天之忌讳，不以道为然，缘故就在这里。　[2]愚独久矣：因失道而愚昧，由来已久。　[3]"若真人言中"以下六句：如果真人能将真道作准确的解说，就像天师代天说法一样，能为有德行的君主解除承负的灾祸，哪里会发生误导人而不能产生效验的呢？如果我说的有误，那你们将根据什么去行道呢？　[4]真真与不：天师所宣示之大道是真还是不真呢？　[5]立与天地乃响相应：立竿见影之意。　[6]"今真人尚乃不能深知是"以下四句：是说这些都是由人之价值取向所决定的。俗人与真人相比，不明事理与盲者简直一样。　[7]有过不也：此是真人自责，有过错，不可弥补。　[8]"夫人既学也"以下五句：真人学道，主要是要思考它们的核心思想，不仅仅是要诵读经典，熟悉诀言。学而不思，不行，这种学风恰恰是天地与道所反对的。　[9]"记此天政事"以下三句：嘱咐天师牢记皇天政事之文，其可以钳制、防止奸猾的恶人和巧佞的臣僚，勿使德君误政。祅，同"妖"。

[点评]

本诀文首先表达了"上道德而下刑罚"的价值取向，论证了刑罚、兵革"多出战斗，令民臣不忠，无益王治"，主张治国当"尚真道善德奇文而下武"。批评了真人们脱离经书，死抱"五行休王"说的教条思想，提出了"万物兴衰由人"的命题。这也是本诀言的最大亮点。诀言宣称，"凡人兴衰，乃万物兴衰，贵贱一由人"。此是"天法"。故人"兴用文则文王，兴用武则武王，兴用金钱则金钱王，兴用财货则财货王。天下人所兴用，悉王（旺）自生气"，"不必当须四时五行气也"。此中有一种"天视自我民视，天听自我民听"（转引自《孟子·万章》）的意思。早期道教能植根于民间，与采用本经是有一定关系的。所谓"兴衰、贵贱一由人"的论题，强调了人的主观能动作用，是对神本论的叛道。至于"天下人所兴用，悉王自生气"，则进一步肯定了人民大众的价值观，绽露了《太平经》的思想火花。

戒六子诀

吾将去有期，戒六子一言。夫道乃洞[1]，无上无下，无表无里，守其和气，名为神。子近求则大得，远求则失矣。故古君王善为政者，以腹中始起[2]，真能用道，治自得矣。动不失其法度数[3]，万物自理，近在胸心，散满四海。古者圣人名为要道。治乐欲无事，慎无失此，此以绳正贤者[4]。今重丁宁以晓子。子六人连日问吾书，道虽分别异趣，当共一事。然舌能六极周[5]，王道备，解说万物，各有异意。天地得以大安，君王得以无事。吾书乃知神心[6]，洞六极[7]，八方自降而来伏，皆怀善心，无恶意。其要结近居内[8]，比若万物心在里，枝居外[9]。夫内兴盛则其外兴，内衰则其外衰。故古者皇道帝王圣人[10]，欲正洞极六远八方，反先正内。以内正外，万万相应，亿亿不脱也。以外正内者[11]，万失之也。故古者大圣教人深思远虑[12]，闭其九户，休其四使［肢］，使其浑沌。比若环无端，如胞中之子而无职事也，乃能得其理。吾之道悉以是为大要[13]，故还使务各守其根也[14]。夫天将生人，悉以真道付之物具[15]。故在师开之导之学之，则可使无不知也。不阎其门户，虽受天真道，无一知也。比若婴儿生，投一室中，不导学以事，无可知也。所以人异者，但八方异俗，故其知学不同也。若能一人学[16]，周流表里，尽知之矣。吾将远去有所之[17]，当复有所授[18]，不所得常安坐，守诸弟子也。六人自详读吾书，从上到下，如有结不解予意者，考源古文以明之。上行者玄

学以致知。"不阎其门户……尽知之矣。"此语有三层意思：一、人的知识源于感官之见闻和师父之导学；二、人的知识不同，在于实践范围和对象有别，知学不同，故认知有别；三、人能学成，当坚定信仰，从一名师而不动摇。不可朝三暮四，好高骛远。真经典之论。

真知之，下行者顺真知之，东者初真知之，南者太真知之，西者少真知之，北者幽真知之。夫道乃大同小异[19]，故能分别阴阳而无极，化为万一千五百二十字。中和万物小备[20]，未能究天地阴阳，绝洞无表里也。故但考其无[21]，举其纲，见其始，使可仪而记。记古记今[22]，其要乱［辞］自同神圣所记，犹重规合矩，虽相去亿亿万年，比若相对而语也。故可为天地常经，为阴阳作神道。勿怪吾书前后甚复重也。所以复重者，恐有失之也。又天道至严，既言不敢不具通[23]，不通，名为戈道[24]，为过剧[25]，吾诚哀之。此虽复重[26]。比若上古圣人，中古圣人，下古圣人，皆异世而生，其辞相因，复重而说，更以相考明，乃天道悉可知，此之谓也。行矣，吾有急行，重慎持天宝[27]，传付其人。

右戒六弟子。

《易·系辞上传》："乾之策，二百一十有六。坤之策，百四十有四，凡三百有六十，当期之日。二篇之策，万有一千五百二十，当万物之数也。"

［注释］

[1]"夫道乃洞"以下五句：道是最透彻的天理。道之存在，无方所和形迹。与天、地、中和之气相守不离，其化生万物的功能称为神妙。　[2]腹中始起：从胸腹中开始。亦即心中思

道，以明道作为治国行政的开始。　[3]"动不失其法度数"以下五句：此指最关键之处的道法，即道法自然，发自心中，驭于四海，所思不逾越道之规律性。法度数，大道之规则。　[4]绳正：以绳墨校正、衡量。此以绳墨喻道。　[5]"然舌能六极周"以下四句：此是说道不是抽象的，有其特殊性，体现在具体事物中，旨趣各异。舌能六极周，即是说人的舌头（语言）能够解说、沟通天地六合万物之情。　[6]神心：皇天旨意。　[7]"洞六极"以下四句：是说大道光明，洞彻天地八方，万物各具道之善意。　[8]要结近居内：此是说道之根本近在圣人之心。要结，关键，根本。　[9]枝居外：身外现象譬如枝叶，是末。　[10]"故古者皇道帝王圣人"以下六句：是说心地光明，则视事磊落，故古者帝王当先以道端正其心，心正然后治国平天下，便万无一失。　[11]以外正内：用纷纭的事象去修正内心的真道。　[12]"故古者大圣教人深思远虑"以下七句：是说往圣教人体道的方法是闭门静坐、精心忘我，如此方能体认道理。此处是借老子思想说事。《老子》有"是以圣人之治，虚其心，实其腹；弱其志，强其骨。常使民无知无欲，使夫智者不敢为也。为无为，则无不治。""抟气致柔，能婴儿乎？涤除玄览，能无疵乎？""致虚，极；守静，笃。万物并作，吾以观其复。夫物芸芸，各复归其根。"等说法，这些与本经此处之言极相似。九户，即人体之九窍。眼、耳、鼻口为阳七窍，大、小便处为阴二窍。闭九窍如胞中之子，就是闭塞所有感官如胎胞中"婴儿之未孩"，无知无欲。　[13]以是为大要：以"深思远虑，闭其九户"为入道境之要领。是，此也。　[14]各守其根：九窍虽闭塞绝外，但它们之间却相互交通，各自不得离开道本。　[15]物具：此指人体及器官，心。　[16]"若能一人学"以下三句：此是说如果一个人能统一学八方异俗之学，那么人世内外古今变化之事，全都可以知道了。　[17]有所之：另有去处。　[18]复有所授：还要去传授天书。　[19]"夫道乃大同小异"以下三句：天道的本质是一样的，但具体表现有差异。此是将《易》道与太平道相较。《易》道能将一阴一阳的道理推及于无限，表现为一万一千五百二十字。无极，无限。万一千五百二十字，本经以此为天地万物之总数。其根据于《易》六十四卦之三百八十四爻数。按三百八十四爻分别为阳爻、阴爻各占一百九十二爻。阳数为九，阴数为六，两者分别与四时之四相乘，则分别为三十六和二十四。再分别乘以一百九十二，再以其积相加，刚好得一万一千五百二十之数。本经常以"万二千物"为天下万物之数，是指其概数而言。　[20]"中和万物小备"以下三句：此言阴阳中和以生万物之理，《易》虽已基本备述，但犹未穷尽天地阴阳、表里通彻之道。　[21]"故但考其无"以下四句：天师所传之《太平经》在于考察以往神圣之书的未究之处，举纲张目，原始鉴今，使其可以奉行而记载下来。　[22]"记古记今"以下七句：是说本经所记今古之事的纲要与前圣所记是完全相符合的，虽然年代相去久远，却如同对坐交流，故本经亦可同样奉为天地之常经，作为解说万物阴阳变化的神妙之道。　[23]具通：贯通。此言将《太平经》与前圣之经典相贯通。具，借为"俱"。　[24]戋（cán）道：对真道进行伤残阉割。　[25]过剧：重大的罪过。　[26]"此虽复重"以下十句：是说经书虽然有重复之处，但好比穿越了上古、中古和近古时代，将异代的圣人复活，使其言辞相因，相互发明，真道也就更易懂得了。[27]天宝：天之重宝，此指《太平经》。

[点评]

　　这是天师归隐前诫勉受道六真人的诀文。文中要求真人们品读所传之《太平经》，从上到下，反复领会其道意，传付于帝王。要求帝王为政自"腹中始起"，"动不失其法度数"，道法自然，乐欲无事；其次，"欲正洞极六远八方，反先正内"；再次，欲正其内，则要"深思远虑，闭其九户"，务守其根。要做到这些，关键是要详读经书。如遇有结不解者，要"考源古文以明之"。

　　本文明确地提出，《太平经》与前圣之经典《易》是相贯通的，"同神圣所记，犹重规合矩"，"故可为天地常经，为阴阳作神道"，是天之宝典，直与《老子》《易》相提并论，甚至超越了一家之言，弥补了前圣《易》《老》未究竟之处，从而肯定了《太平经》的重要地位。

戊部

学者得失诀

真人谨问："吾复欲都合正所写师前后诸文[1]，使学者不得妄言，岂可闻乎？""善哉，子何一日益闲习也[2]。然吾之道法，乃出以规阳，入以规阴，出以规行，入以规神，出以规众书，入以规众图，出以消灾，入以正身，出以规朝廷之学，其内以规入室。凡事皆使有限[3]。努力好学者，各以其材能，反失其常法，外学则遂入浮华[4]，不能自禁，内学则不应正路[5]，返入大邪也。夫诸学者乃常有大病[6]，不能自知也。其好外学，才太过者[7]，多入浮华，令道大邪，而无正文，反名为真道，更以相欺诒也[8]。内学才太过者，多入大邪中，自以得之也，不与傍人语，反失法度[9]，而传妄言也。今子乃疑，故复来问

凡是努力好学者，抑或是才太过者，无论从事"内学"抑或是"外学"，都必须遵循法度，规约言行，否则便会迷失方向，陷入歧途乃至邪道。此言极是。

之。今为子意善，惓惓侗侗无虑[10]，为其规矩，令各有限度可议[11]，以为分界而守之也。今古文众多，不可胜限也。凡学乐得其真事者，勿违其本也。学于师口诀者[12]，勿违其师言，是其大要一也。夫学之大害也[13]，合于外章句者，日浮浅而致文而妄语也。入内文合于图谶者，实不能深得其结要意，反误言也。学长生而出[14]，合于浮华者，反以相欺也。合于内不得要意，反陷于大邪也。今子来反复问之，故为子陈其文，见其限也，合其法度者是也，不合者非也，明矣。可以是知之也。凡书为天谈[15]，十十相应者是也，十九相应者小邪矣，十八相应者小乱矣。过此而下非真，不可用也。名为乱天文地理，阴阳不喜，万物战斗，人民被其大咎也。

[注释]

[1]都合正所写师前后诸文：全面地整合所记录的天师前后所传释的各种文书。　[2]何一日益闲习：怎么变得日益娴熟起来。　[3]有限：有规制。　[4]外学：此指儒学和战国以来的百家之学。　[5]内学：谶纬、图书象数之学。　[6]大病：大的弊端。　[7]才太过者：过于聪明之人。　[8]欺诒（dài）：欺瞒哄骗。　[9]失法度：违背天之格法。　[10]惓惓侗（dòng）侗无虑：

虔诚专一，无杂念貌。 [11] 可议：可以为法。议，通 "仪"，仪法。 [12] 学于师口诀：受学于导师口传之法诀。 [13] "夫学之大害也"以下六句：是说学道最忌讳为外学章句之学，以其离本烦琐而且附会穿凿，任意诠释之故。内学则与图书谶纬之说相牵合，不得要领，反而得出错误结论。文而妄语，烦琐而无根之谈。结要，核心观念。 [14] "学长生而出"以下五句：是说学长生之术者往往虚浮不实，相互欺骗，附会谶纬，不得要领，从而陷入大虚妄。 [15] "凡书为天谈"以下十句：是说大凡宣讲天道的书文，能百分百应验的才是真，百分之九十应验的是有些邪僻，百分之八十应验者是有些混乱，过此线者都是虚言妄论，不可信。其后果是扰乱了天文地理，破坏了阴阳平衡关系，从而让百姓蒙灾。

修道人之态度与方法有是非得失之分，其对成道有决定性意义。此处罗列了十六种现象，归纳言之，凡循道尊师、学善不懈、谦虚信实皆为是，反之即为非，此是本文之核心价值取向。

"思养性法[1]，内见形容昭然者是也；外见万物众精神者非也。学凡事者[2]，常守本文而求众贤说以安之者是也[3]；守众文章句而忘本事者非也[4]，失天道意矣。使人身自化为神者是也[5]；身无道而不成神，自言使神者非也[6]，但可因文书相驱使之术耳[7]。说凡事本末中央[8]，相似者是也；不相类似者非也。入室始少食[9]，久久食气便解去不见者是也；求道自言得之不还，反有问者非也[10]。凡去者悉还，有教问者是也[11]；而无教问者，而容死也[12]。守清静于幽室，成者是也；自言得道行，以怒语言者非也[13]，失精之人也[14]。入学而日善，过其故者得道之是也[15]；入学而反为日恶，不忠信者非也，陷于大邪中也。读书见其意，而守师求见诀示解者是也[16]；读书不师诀，反自言深独知之者非也，内失大道指意也。学已得道[17]，固事众师众贤不懈者是也；此日进之数也。故古圣师已知道，自若事师不敢止也，去师则读文不懈也。学而独自言得其要意，不复力读古文圣辞，自言是不事众圣明者，非也，下愚之人也。凡人学，而穷竟其所求学者是也[18]。万物皆然，万物既生，皆能竟其寿而实者是也[19]；但能生，不而竟其寿，无有信实者非也。为善得其实宜者是也[20]；不得其实宜者，但外是内非也[21]。案读吾书尽，不离绳墨而得其实者是也；读书出其奇[22]，多才而不得其要实者非也。天有风雨，而万物时生者是也；风雨而万物反伤者非也，有毒也。为经道而日兴盛者是也；不日向兴，反日向衰者，行内失其意者非也[23]。

［注释］

[1]"思养性法"以下三句：是说道家炼性法术的真伪，闭目内视时能看到五脏神灵的清晰形象，便是真实的，反之凭耳目感官看到万物的各种精灵便是虚幻的。　[2]学凡事：学习世间关于万事的知识。　[3]守本文：坚持不离经典、原著。求众贤说以安之：求索各位贤明学者的相关论述以证实。安之，确认。　[4]守众文章句而忘本事：坚持采用多家的章句解释而脱离经书文本。　[5]自化为神：此指修道积功日久，进入无我境界而与神仙同列。　[6]自言使神：吹嘘可以差遣神灵。　[7]因文书相驱使：道家方术派、符箓派根据某种道书所言作法术。　[8]"说凡事本末中央"二句：事物的本根、枝节与其主体相应、一致。　[9]"入室始少食"二句：此指观察道人尸体羽化成仙过程：入室—少食—绝食、食气—灵魂离体升仙。　[10]自言得之不还，反有问者：修炼中自言已得道，将去而不还，却又返回来怀疑道法不灵验的人。反，通"返"。　[11]有教问者：指学道过程中对天师等师长有过具体请教提问的。　[12]容死：等待死亡降临。　[13]怒语言：语言含暴力。　[14]失精之人：精神离体不归，形同枯木之人。　[15]过其故：此指入学修道日益进善而正视自己以往的过错。　[16]守师求见诀示解：求助导师用言语诀法开示。　[17]"学已得道"以下三句：此是指虽然已得道，却仍然坚持敬事师长和贤能，是自己日渐提高的动力。日进之数，逐日进步提高的方法。数，术，方法。　[18]穷竟其所求学：指学道者坚持循流溯源，刨根究底以明道之真谛。　[19]竟其寿而实者：能享尽自己的天年而守信实之人。　[20]实宜：诚实而又恰当。　[21]外是内非：似是而非。　[22]"读书出其奇"二句：读书不坚持循序渐进，常常冒出些奇思妙想、聪明而不能得道之要领。　[23]行内失其意：此谓学道之人逐渐迷失了信仰。

"是故夫天地之性[1]，为善，不即见其身，则流后生，以明其行也；为恶，亦不即止其身，必流后生，亦以谬见明其行也。故夫为善恶者，会当见耳[2]。但为善者，比若向日出，犹且彰明也。为恶者，比若向日入，犹且冥冥，此天地阴阳自然性也。天生万物[3]，乃各随其行而彰之，不隐匿也。故善者上行，命属天，犹生人属天也；恶者下行，命属地，犹死者恶，故下归黄泉，此之谓也。得吾书者，以付上德君也。吾有此书，敢障绝而传读之也[4]。天道治天[5]，不可尽知也，不可听信一人之言。今故为子定古圣文[6]，今复要其合策[7]，明书前后相因[8]，以相证也。天地开辟以来[9]，贤圣虽异世而生，相去积远，所疾恶者同也。共为天谈，救世得失也，其言相似，犹若重规合矩。转以相彰明，不得不也。夫物类相聚兴也[10]，其法皆以比类象相召也，是明效也。为其失之于前，得之于后，考合异同以成文也。拘古以明今[11]，共议其事，以内文者明其外文[12]，以外文者还考系其内文也。使可万世传，无重过于天[13]。一人之言，不可独从

对古贤圣之文辞，当考合异同而定从违；不可独从一家一人之言。此说含有对独尊儒术的批判。

也。众人之言，深策取古贤圣之辞^[14]，内与天同也^[15]，共定而置之。帝王日明解诀^[16]，诸愦乱灾恶除，天无重忧^[17]，共为者兴，拒逆者灾不除也。"

右是学者得失诀。

[注释]

[1]"是故夫天地之性"以下九句：天地的善德本性是，如果不能使为善者立即得到好报，也会福泽其后代，以表彰其德行；为恶者如未遭到现世报应，必会让其后代承负谪罚并显现，乖谬现象以表示其人的恶行。　[2]会当见：报应一定应该发生。　[3]"天生万物"以下三句：此言天生万物，会依其善恶行为而被彰显，天不为之隐匿。　[4]敢障绝而传读之：此言岂敢将天书私存隐瞒而阻断其传播。　[5]"天道治天"以下三句：以天道治理天下，其奥妙不可尽知，不可仅听一家之言。　[6]定古圣文：指勘定古代圣贤文书。　[7]合策：校勘合对简册。　[8]"明书前后相因"二句：按时代和先后考证，明白它们之间的因袭联系，以证其源流、真伪。　[9]"天地开辟以来"以下四句：此是说古圣先贤虽身处不同时代、地域，但其疾恶的立场、见解应该是一致的。　[10]"夫物类相聚兴也"以下六句：此言考据时把同类典册聚合在一起方可兴事。在聚类的基础上考证其异同、得失而形成定本。　[11]拘古以明今：通过收集整理古代文书可以认识当今的现实。　[12]"以内文者明其外文"二句：是说用属于内学的文书去求正外学的百家经典。用属于外学的百家经典，反过来考证那些内学之文书的是非得失。　[13]无重过于天：勿

使出现重大过错以免有负于皇天。　[14]深策取古贤圣之辞：深入地选择古圣先贤的文辞。　[15]内与天同：其中精粹与天意是相同的。　[16]解诀：解除灾咎的法诀。　[17]天无重忧：皇天没有了重大忧患。

[点评]

本诀语意在为当时从事于外学与内学的士子提供一个判断其学的得失、是非的标准、界限，以纠正外学陷入浮华、内学不应正路的两种离本的倾向。作者正是以本经为标准，具体列举了十六大是非问题，表明了"得吾书者，以付上德君"颁诏推行的价值取向。在作者的诸多判断标准中，尽管强调了"能通神""可登仙"等宗教理念，但也不乏合理观点。比如对汉代经学章句之学的批判，"一人之言，不可独从"的观点，内外之学"以比类象相召""考合异同以成文"的观点，以及勿违本、讲信实、重师诀、究其所求、尊师重道等观点，都是可供取法的。

致善除邪令人受道戒文

真人问神人曰："受道以何为戒乎？"神人言："道乃有大戒，不可不慎之也。夫且得道，临且成之时[1]，乃与诸神交结也，与精神为邻里，出入相见睹，与人相爱，若父子也。夫道乃重事也，或悔与人，且欲夺人道^[2]，故先试人，视人坚不^[3]。共来欺人，使人妄语，得其辞语，坚闭之^[4]，慎无传之也，即可得寿也，久可得真道矣。传之日消亡矣，又使人好生而恶害。"真人曰："愿闻其日消亡意。""精神消亡，身即死矣。夫虚无绝洞之道，常欲使人好生而恶杀，闭口无泄，乃可万万岁也。"真人问神人："愿闻无泄之禁忌^[5]。"神人言："然。大人泄之亡其位^[6]，中人泄之即断其气，小人泄之灭其世类也。所以然者，夫天地乃以此自殊异自私^[7]，故能神，尤重之也。夫天地不深知绝洞之道，以何为神乎，以何为寿乎？记之，吾告子，其精之重之慎之。"真人："唯唯，不敢妄言也。"真人稽首："愿更闻其将欲败人^[8]，奈何乎哉？"神人言："然于人心中有恶意，使大邪来欺，人能坚闭耳，不听其辞语，则吉矣，听其辞则凶害矣。夫人君听之恶其臣，言其臣不忠信而欲反也。臣子听之恶其君，就来欺之，言子今当为圣人，今当为人君。小人听之，使人自言且大尊也。父听之恶其子，子听之恶其父。辩变其辞语[9]，荧惑人心意[10]，言其且善且恶，乱人政治，一喜一怒，大佞之邪也[11]，方欲害人也。从古到今，诸学长寿者，皆不得度于此辞也[12]。"真人问曰："当奈何哉？"神人言："闭耳无听，闭口无语，此但佞邪，无可听者也。听之即真道去[13]，去即死矣。子欲长存，慎之此辞也。吾已为子先更之[14]，几何中于此大邪矣[15]。吾常自正吾心，不复用之也[16]。此大邪常积，欲观人坚不。大猾邪常或乃来入人之腹中，动人之心，使人心妄为故也。时时怒喜，不能自禁止，皆为邪所误也。为邪所推，众溪得灭亡于此者积众多。审得其重戒[17]，心亦不可移也。非独学道者也，百姓喜怒无常，同是子所为也[18]。子慎之，自精。"真人："唯唯。"

此言修道有大戒，入道者当慎之：一、戒道且成之时，与诸神亲密交结，与人相爱。二、戒意志不坚，信念动摇，要经受住考验。三、戒妄语，坚持闭口无泄世道之隐私。四、大邪来欺，不受其威逼利诱和荧惑。

[注释]

[1]"临且成之时"二句：此言修道至临悟道之际，会际遇各种现象。诸神，各路神灵。　[2]欲夺人道：皇天想要从得道人那里把道收回。　[3]坚不：意志坚定否。　[4]坚闭：坚守道秘。　[5]无泄之禁忌：不能泄露真道天机的忌讳。　[6]"大人泄之亡其位"以下三句：上层统治集团之统治者将因此而丢掉权位，中等身份之人将因此短命夭亡，下层之民人将因此断绝香

火。此即上文"无泄之禁忌"。 [7]"夫天地乃以此自殊异自私"以下三句：是说天地正是以其所据有的独一无二具有殊异功能的真道显示其神妙，因此尤其重视隐秘。自私，独自具有。 [8]将欲败人：指上天欲败坏一个人，必先给予其人严峻考验。 [9]辩变：巧言诡辩。 [10]荧惑：眩惑，诱惑。 [11]大佞之邪：最奸猾巧伪的妖鬼。 [12]不得度于此辞：没有能识破并越过妖言这一关。 [13]听之即真道去：一旦听信了妖言，真道就会离去。 [14]先更（gēng）：已经经历过。 [15]几何：几多回。 [16]不复用之：不再相信了。 [17]审得其重戒：明确了必须重戒的原因。 [18]同是子所为：都是那邪神所为的。

真人曰："吾身尝中于大邪[1]，使吾欲走，言吾欲当为人主，后当飞仙上天。吾受其言，信之大喜。后反三月病癫疾[2]。见神人天师言，心中大悦喜，吾亲尝中如此矣，几为剧病[3]。后癫疾自止得愈，遂得数千岁。今自幸复与神人相睹，重复道戒，睹见门户，冀得长度为天上之吏[4]。"神人言："子持心志坚如此，何忧不得上九天[5]，周历二十五天乎哉[6]？今是诸得上天之士，皆得持心坚密，不可误者也。诸所荧惑误者，皆反蚤死，不得度也[7]。欲得长寿，读此文以为重戒，此乃死生之戒，不可不慎也。是故古者圣贤先得度世者[8]，不聆此之

九为老阳之数，阳气属天。九天者，实指天外最上层之天也。

力也；学道而反不得，不长度者，皆坐聆此，得其贼也。夫天上大神，非贼人所为，便使人还此害克，故无大福也。当生反死，转为天贼也[9]。今吾所教示真人书，悉皆可得大寿矣。或得度世，但谨自持，无以此为害，审能专心，可得万万岁。"真人："唯唯。吾不敢为非，请受明戒。"神人言："子好道如此，成事，得上天之阶矣[10]。"真人问："戒独有此邪？复有深者邪？""复有上天之戒[11]，固固戒人耳。专戒以言共欺人、言人且尊贵，以是戒人故使人触防禁，得诛死焉。复数试人以玉女[12]，使人与其共游，已者共笑人贱，还反害人之躯。但人常默，万岁无所聆，但独自守终命，何有害哉？死生之间专此也。"真人："唯唯。"真人问："何故专使邪神来试人乎？"神人言："道重难与人也[13]，其执必坚，死而已者，亦不夺人之愿也。天上度世之士，皆不贪尊贵也，但乐活而已者，亦无有奇道也[14]。记吾戒，子□□矣，吾言万世不可忘也，正使上行穷周无訾之天[15]，其戒皆如此矣，无复有奇哉也。"真人：

"唯唯，不敢离绳墨之间也。"神人言："审如子言，已得道矣。吉者日进，邪者上休矣。持心若此，成神戒矣[16]。成事，乘云驾龙，周流八极矣。大道坦坦已得矣，命已长寿无极矣。"真人曰："唯唯。"

[注释]

[1]"吾身尝中于大邪"二句：此言中邪以后，感觉似有神秘力量驱使其欲狂奔。　[2]病癫疾：走火入魔。　[3]几为剧病：几乎成为不治之病。　[4]冀得长度：希望能度越年寿之时限，永久延命。　[5]九天：九重之天。九天古来说法颇多，或谓天有九野，指中央与八方。如《吕氏春秋·有始览》：中央曰钧天，东方曰苍天，东北曰变天，北方曰玄天，西北曰幽天，西方曰颢天，西南曰朱天，南方曰炎天，东南曰阳天。或谓天有九重，指天外有天。屈原《楚辞·天问》："圜则九重，孰营度之？"《淮南子·天文训》亦有"天有九重"之说。道教《洞玄灵宝自然九天生神章经》认为九天乃是天宝君、灵宝君、神宝君三祖气化生玄、元、始三气，又各生三气合成。《洞真太上道君元丹上经》则谓九天分别名为：太清天、清微天、大赤天、大青天、太玄苍天、太玄天、大昊天、太玄都天、大明天。　[6]二十五天：二十五个天区。或指易学所谓天数之和。易学以为，《周易》本起于数，数分阴阳、奇偶。奇数为阳数，为天数。偶数为阴数，为地数。天数为五奇数：一、三、五、七、九，其和为二十五天数。　[7]不得度：不可度越。　[8]"是故古者圣贤先得度世者"以下六句：古圣先贤之所以能度世得长生，乃得力于不听信妖邪鬼物的眩惑；而那些

学道之人反而不能度世，就因为听信了妖邪的鬼话而遭到伤害。贼，戕害。　[9]转为天贼：转而被天贼害。　[10]上天之阶：登仙的阶梯。　[11]"复有上天之戒"以下五句：是说还有上天之戒，专门戒人防备那些以爵禄欺诳人的邪神，揭露他们引诱人触犯天规而遭诛杀的图谋。　[12]"复数试人以玉女"以下四句：邪神还多次扮成美女去色诱学道之人，事后不仅被其嘲笑轻贱，身体还被戕害。　[13]"道重难与人也"以下四句：之所以专使邪神试人，是因为真道无比贵重，不可以轻易予人。求道人如果能经受住考验，坚定信念，为道鞠躬尽瘁，则天一定会成就他得道登仙的愿望。　[14]奇道：神秘的道术。　[15]穷周无訾（zī）之天：遍考无尽的周天。无訾，无极限。　[16]成神戒：完满地达成了天神的戒律。

神人言："道实大，无内外，但常恐为大邪所害，而不听一邪，邪于何败乎？故古者帝王好道而学，不听邪者，尽得万万岁，其听用邪言者，悉自败矣。吾道乃万端[1]，悉当知其利害。"真人："唯唯。今得神人之辞[2]，皆得须臾长生乎？"神人言："不深戒，成事□□凶矣，道不得成也。"真人言："吾生有禄命邪[3]，侥幸也[4]，乃得与神人相遭逢。"神人言："然。六人生各自有命[5]，一为神人，二为真人，三为仙人，四为道人，五为圣人，六为贤人，此皆助天治也。神

此谓：人生各有先验之天命，但是后天可以通过修学而改变它；人所处的身份等级不同，果报亦相应有别。故人当坚定信道，尊天重地，敬上爱下，顺用四时五行而为。遵此道戒，即可致善除邪，于天地间得其所宜。

人主天，真人主地，仙人主风雨，道人主教化吉凶，圣人主治百姓，贤人辅助圣人，理万民录也，给助六合之不足也。故人生各有命也，命贵不能为贱，命贱不能为贵也。子欲知其审实，若鱼虽乘水，而不因水气而飞，龙亦乘水，因水气乃上青云，为天使乎！贵贱实有命，愚者而妄语。古者圣人帝王[6]，其大优者，不复录问伪言也，知其□□，会无所能为也。此比若教无道之人，令卒飞安而飞乎哉？能飞者独得道仙人耳。夫百姓相与游戏，言我能飞，实不能飞，此妄言者若此矣。"真人言："善哉，吾一觉于此。"神人言："子自若愚，为天命可强得也哉？"真人言："然此道亦可学耶？"神人言："然有天命者[7]，可学之，必得大度，中贤学之亦可得大寿，下愚为之可得小寿。子欲知其效，同若凡人学耳[8]。大贤学可得大官，中贤学者可得中官，愚人学者可得小吏。夫小吏使于白衣之民乎[9]？以是言之，犹当勉学耳。"真人："唯唯。吾为之，未尝敢懈也。"神人言："然努力信道，天地之间各取所宜，亦无妄也。"真人："唯唯。请得尊天重地，敬上爱下，顺用四时五行所为，不敢为非也。"神人言："善哉善哉，子得道意矣。吾不复重教示子矣。"

右致善除邪、令人受道戒文。

[注释]

[1] 道乃万端：道一而表现方式万殊。　[2] "今得神人之辞"二句：此言听了神人的戒言，可延数年的寿命。须臾，一会儿。　[3] 禄命：宿命。贵贱为禄，寿夭为命。迷信认为此皆前世由上天安排，故又称天命。　[4] 侥幸：亦称偶幸、幸会，偶然遭际。　[5] "六人生各自有命"以下十六句：本经分人为九等，贤人以下之三等人为身份低下者，其命运无算。而贤人至神人则是天地社会之股肱，他们分别从不同方面配合、协助上天治理社会。六合，天地四方以内称六合空间。录，生死簿籍。　[6] "古者圣人帝王"以下五句：优秀的圣明之王是不会采纳社会上流行的虚妄之言的，因为那是无用之功。　[7] "然有天命者"以下五句：此言不同根器的人都可以修学真道，只是果报不同而已。有天赋禄命之人，学成必会登仙成神；中贤之人学成亦可得大寿；下愚之人学成亦可增加一些寿算。　[8] "同若凡人学耳"以下四句：修道与凡人学儒家经世之学一样，材质优秀者学成可得大官，一般人才学成可得中等级别的官，愚人学成亦可为小吏。　[9] 白衣之民：普通百姓。汉制，平民衣不着色。

[点评]

本戒文是神人天师向修道真人开示的戒饬文书。旨在劝善除邪以得真道，从而大寿度世，登仙成神，乃至"乘云驾龙，周流八极"。作者认为，真道虚无绝洞，神圣、珍贵，欲得此道，须持大戒："好生而恶杀，闭口无泄"；"持心志坚"；"不贪尊贵也，但乐活而已"。然修道人持戒很难。一是上天考验严格，不轻易将真道予人，有所违背，动辄收回，更处以重罚；二是大小邪神不惜用妖言、女色进行蛊惑、引诱，以乱修道人之情性，往往让人功亏一篑，遭其戕害，转为天杀。如果修道人经受住了考验，便可获得真道。作者认为，虽然人有禄命，但无论贵贱，只要"好道而学"，坚持道戒，都可以改变禄命，得到相应的善报，从而为犯罪之人和处于底层的平民百姓开启了改善命运的一线之光。

占中不中诀

本文元气生天、生地、生人之运化过程以及人生以后因物欲而生奸邪以致社会不治，个人承负，反其本的运化过程，是老子道生一，一生二，二生三，三生万物论的发展。

元气恍惚自然[1]，共凝成一，名为天也；分而生阴而成地，名为二也；因为上天下地，阴阳相合施生人，名为三也；三统共生[2]，长养凡物名为财[3]。财共生欲[4]，欲共生邪，邪共生奸，奸共生猾，猾共生害而不止则乱败，败而不止不可复理。因穷，还反其本，故名为承负。夫天道无心[5]，遭不肖则乱，得贤明则理。古者帝王得贤明乃道兴，不敢以下愚不肖为近辅[6]。速以吾此文付上德之君行之，洞明者光［先］以三气相见问之[7]。占十中十，所理悉理，此第一善明，可以为帝王使；占十中九[8]，一气乱不理，可为诸侯使；占十中八[9]，二气乱不理，可为凡人使。过此已下[10]，名乱天正道，必有冤结。鬼神精伏逃不见，不可理，不能调和太平之气。

　　子欲得道思书文[11]，求道之法静为根；积精不止神之门，五德和合见魄魂；心神已明大道陈，先知安危察四邻。群神大来集若云，若是不息长寿君。□哉大道不用勤，形若死灰守魂神，魂神不去乃长存。周者反始环无端，去本求末道有患，众民失之不得完。思其意无失真言，清静为本非用钱。可不重爱明师言，顺受师语不死焉。愚者逆师与鬼邻，不得正道入凶门，遂不复还去魂神。骨肉腐涂称祖先，命已灭亡大穷焉[12]。

七言韵句。韵字分别为：文、根、门、魂、云、君、勤、存、门、先，在文部；陈、邻、神、邻、神，在真部；端、患、完、言、钱、言、焉、焉，在元部。

《老子》第六章："绵绵若存，用之不勤。"

［注释］

[1]恍惚：似有若无，模糊不清貌。　[2]三统：本经指施生万物之阳气为天统，养育万物之阴气为地统，成就天地万物的中和之气为人统。三统之气本于自然元气，相互渗透依存，在构成万物和

人类社会中缺一不可，是宇宙生成论的基石。其《万二千国始火始气诀》云："夫天地人三统，相须而立，相形而成，比若人有头、足、腹身；一统凶灭，三统反俱毁败。"　[3] 长养凡物名为财：此言三生万物，遂成为帝王、百姓的财富。　[4] "财共生欲"以下九句：是说财富积聚引起人们的贪欲，为了私自占有，贪欲滋长，便会产生各种奸邪之人，他们狡猾欺诈，必然生出祸害，导致天下败乱，贫富悬殊，社会失治、倒退，穷极而反其初，而流恶余殃则酿成承负之罪谪。　[5] "夫天道无心"以下三句：天道不怀成见，其治乱、隆污皆因执政者贤明与否而定。　[6] 近辅：天子信任的辅弼大臣。　[7] "洞明者光［先］以三气相见问之"以下五句：此言三气配应完善，十分灵验，是第一善而光明之道，可供帝王采用。洞明者，此指悟道之人。三气相见，使天之太阳气、地之太阴气和人之中和气相结合。　[8] "占十中（zhòng）九"以下三句：十占九中者，说明尚有一气未配应好，可以供诸侯王采用。　[9] "占十中八"以下三句：十占两不中，说明中有二气不调，只能供一般人参考。　[10] "过此已下"以下六句：如果占卜言中率不足八成，其言就是乱道之邪说，其中必有矛盾纠结。其鬼神精灵此时都潜伏或逃亡了，政权就瘫痪不可治理了，社会的太平之气也就紊乱了。　[11] "子欲得道思书文"以下二十二句：欲得真道应从本经中去求；其方法是以静为本，坚持积虑精思就是得以与神灵交会的门户；意念中将仁、义、礼、智、信五常之德与金、水、木、火、土五行和合就可以见到腹内之五脏神明。心神明白后，真道就会呈现出来。五脏之神守护你的安全，守其一即可察其四，看他们彼此间是否协调，一神不调人就会呈病态。五神协调，诸神乐聚，就快乐长寿。大道绵绵若存，用之不尽，人之修道，当如槁木死灰，摒耳目之欲以外于心智，守住自身之精气神魂。只有它们不离开你就得以长存不死。大道如环无端，周而复始，修道人不得舍弃道本而逐末，否则要遭忧患；百姓离了道也不得全生。真人当精思神人的真言，恪守清静为本，可不敢忽视天师的教诲，只要遵行天师之教便可延年免死。可叹那些愚民不听师言迷于鬼道，陷入凶门，万劫不复。连骨骸都腐烂泥土之中还侈谈什么祖先！神之门，真人与神明相见的门户。五德和合，指仁、义、礼、智、信五常与金、水、木、火、土五行相和。心神，五脏神之王。四邻，此喻心神相关联的肝、脾、肾、肺之神灵。不用勤，用之不尽。勤，借为"尽"。形若死灰，修道之人闭塞感官，不为外物诱惑。《庄子·齐物论》："何居乎？形固可使如槁木，而心固可使如死灰乎？"　[12]大穷：愚者不修真道，堕入邪途，导致亡身灭种，是谓大穷。

［点评］

本诀语虽短，且含有几乎一半韵文，然而却表述了几个重要观点。

第一，天地万物乃至人类社会都根源于元气。元气是混沌状态的一种自然存在。元气阴阳相合施生人；阴、阳与中和三统共生天地万物。

第二，人类社会之不公平，根源于人们开发自然所创造的财富。"财共生欲，欲共生邪"，带来了对社会的危害，种下了后代承负罪责的种子，故是恶的根源。

第三，"天道无心"，遇贤明则治，遇愚与不肖则乱。欲致太平，当远愚与不肖。人是关键。

第四，欲调和太平之气，必须由有德之君使洞明者过问三气的关系。占十中十表示三气和合完美，帝王可按法治天下；中九则表示一气不和，诸侯王可参考斟酌用于治国；如中八则表示二气不和，凡人可用以治家。如果三气都不和调，天道就乱了，国家社会就不可为了。

因此，要研读本经，顺受师语，清静为根，和五德、五行、五脏以保其精神，守本去末，远鬼邪神。应该说，本诀表现了一种自然神崇拜的倾向。其元气论与荀子相接，与王充相合；其财富为恶之根源的思想亦是荀子性恶论的延伸，惜乎未引起学人重视。

得道长存篇

凡愚之术[1]，皆从内出。自有法律[2]，厚为本根。见神而活[3]，亦无苦愁。神恶劳烈[4]，安心定意，慎无暴卒[5]。久久自静，万道俱出，长存不死，与天相毕[6]。为之必和[7]，与道为一。贤持无置[8]，凡事已毕。俗念除去[9]，与神交结。乘云驾龙，雷公同室，躯化而为神，状若太一。详思书言，慎无失节[10]。凡精思之道[11]，成于幽室，不求荣位，志日调［稠］密，开蒙洞白，类似昼日。不学之时[12]，若夜视漆，东西南北，迷于其室，令贤圣惶骇，心独战栗。五守已强不死亡[13]，安贫乐贱可久长，贱反求贵道相妨[14]，尊官重禄慎无望。强求官位道即亡，不若除卧久安床[15]。□□不食而自明[16]，百邪皆去远祸殃。守静不止（命）不丧，幸可长命而久行。无敢恣意失（其）常[17]，求之不止为道王[18]。治活之术各异方[19]，与民殊事不相妨。上之好生，民命久长。俗教道[20]："上有仁王，圣主思道，化下流行[21]，令民清廉，永无祸殃，民之不死，上之明也。"上无明君教不行，不肯为道反好兵，户有恶子家丧亡，持兵要人居路傍[22]，伺人空闲夺其装，县官不安盗贼行。观民所为上可明[23]，人君好仁，下求长生。上之不仁，下多邪倾，皆令夭死，不知乐生。下愚好德[24]，上教令也。民之好道者，其主明也；尽欲长生，远祸殃也；不食［贪］廉洁，去诸兵也；垂拱无为，弃不祥也；圣主大兴，其民相亲也；恩及下愚，是其王也；天道好生，以安上也；下愚不争上之庆，天下幸甚，莫不归王也。民不好道者，上之不明也；内怀奸心，（无）明行也；不好为德，反好兵也；父子分离，居道傍也；不得长生，积死

个人欲得道长存，须"厚为本根"，处于幽室，俗念除去，安贫乐贱，不求荣位，坚持五守，安心定意，久久自静，与神交结，与道为一，如是则不食而自明，百邪自去，躯化而为神。圣主人王欲得道永存，须思道化下，令民清廉，廉洁不贪，无为去兵，恩及下民，劝善劝德，如此才可以求之不止为道王，垂拱无为，永无祸殃。

丧也；家有贫子，若虎狼也。上之无德，兵祸殃也；下愚为君[25]，化不行也。民多好仙，帝王明也；天见其治，恩下行也；蚑行喘息，皆被光也。

［注释］

[1]"凡愚之术"二句：大凡平民所修之道术，都源自内心的体验。　[2]"自有法律"二句：修炼方法自有其规制，总以夯实根基为本。　[3]见神而活：能自见体内之五脏诸神，尚安然，就激活了诸脏器的生理机能。　[4]神恶劳烈：五脏诸神不乐见人思虑过度、烦恼杂乱而不能静守。　[5]暴卒：暴躁。　[6]与天相毕：寿命与天毕同。　[7]"为之必和"二句：是说修炼必然会天人和合，实现与道的同一性。　[8]"贤持无置"二句：贤明之人坚持修炼不中途废置，就可以毕成全功。置，搁置。　[9]"俗念除去"以下六句：是说修炼者脱俗与神仙交游，飞升仙界，周游六极，比如太一尊神。太一，神仙道家尊奉的北极尊神，亦同混沌之气，无具体形象。　[10]失节：失去节制，失控。　[11]"凡精思之道"以下六句：此言修道者于幽室中成道时意境：其时完全放弃了名利，仙道信仰日益坚定，一旦豁然开悟，虚室生白，胸中太和之光洞照一切，无所不烛。　[12]"不学之时"以下六句：是说不认真学道，如同黑夜视物，一片漆黑，迷失在房子里不辨东西南北，诚惶诚恐，彷徨无助。　[13]五守已强不死亡：坚定地守护腹中之五脏神灵，使精、气、神留驻下来，强大起来。五守，守五。　[14]贱反求贵道相妨：以卑贱之躯去求富贵之仕，必会妨碍得道。此言修道不可好高骛远，当面对现实，循

序渐进。　[15]除卧久安床：谓整理卧榻，避世清修。　[16]不食：闭关辟谷。　[17]无敢恣意失（其）常：不可失节而纵意妄为，违背天之常道。　[18]道王：大道之主。　[19]"治活之术各异方"二句：是说养生法术很多，与各家之术不相妨碍。治活之术，养生法术。　[20]俗教道：世俗间流传的劝道说教。　[21]化下流行：以天之神道教化下民，推行天下。　[22]持兵要人：握着兵器要挟旁人，行同抢劫。　[23]"观民所为上可明"以下七句：观察民心之价值取向就可以知道帝王贤明与否。人君好仁，则百姓求长生之愿望强烈；反之则下多放僻邪侈之人，百姓轻死而不知乐生。　[24]"下愚好德"以下十九句：下民好德是人君教化倡导的结果，下民好道亦是人君圣明的结果。人主无为而治，其贵生亲民、反贪倡廉、施恩去兵等作为，既获上天嘉许又得下民拥戴。天下幸甚，莫不归心于仁王。　[25]"下愚为君"二句：此是说愚蠢之人继承了君位，是不能推行教化的。

[点评]

　　这是一篇以四、五、七言参差协韵的韵文，其体式在本经中罕见。本篇指出了凡人百姓欲修真道必须注重的一些方面。其一要厚筑根基，安心定意，循序渐进，慎勿急躁，好高骛远；其二要详思经书，去除俗念，慎勿失节；其三要安贫乐贱，勿求荣位，清廉"五守"；其四要坚持勿置，志日稠密，守静不止，与神交结，与道为一。做到了这些，就可以"长存不死，与天相毕"。本篇还强调了圣主仁王廉洁不贪、令民清廉、思道安上、好仁施恩、去兵远祸的楷模作用。本文认为明王之治，恩施下行，令"蚑行喘息，皆被光也"，是"天下幸甚"。

此论颇有人与万物共命运的意味，同时本文也抨击了愚民愚君不学真道、恶子如虎、父子分离不孝、怀奸抢劫、不肯为德反好兵、殃祸百姓等反道德伦理的恶行，分明是对当朝昏君的隐讽。所谓"治活之术各异方，与民殊事不相妨"，是说无论治国还是理民，长治久安还是长生不死，治身、治家，抑或治国，治术方法多端，道理都是一个："得道长存。"这个观点颇具哲理。

己部

来善集三道文书诀

六方真人俱谨再拜："前得天师教人集共上书严敕[1]，归各分处，结胸心[2]，思其意，七日七夜，六真人三集议，俱有不解[3]。三集露议者[4]，三睹天流星变光。一者，见流星出天门[5]，入地户；再者，见流星出太阳[6]，入太阴；三者，见列宿流入天狱中[7]。因三并而共策之[8]，恐天师三道行书，为下所断绝，使不得上通，复令天怒重忿忿，上皇气不得来也。令帝王道德之君固固承负先王余灾不绝，而得愁苦焉。""咄咄！六真人为皇灵共来问事[9]，益精进[10]。天焉哉！吾见诸弟子言，无可复以加诸真人也[11]。今试自说其流星意。""六弟子愚蔽，敢不言[12]。初始一流星出天门[13]，入地

此言星象变化可以蠡测朝廷内部狼狈为奸，贤人遭忌陷狱，下情不得上达，必遭天谴的严重政治危机。

户。天门者，阳也，君也；地户者，阴也，民臣也。今民臣其行不流而上附，返上施恩于下。夫门户乃主通事[14]，今下户不上行，返上门通门而下，知为下辞会见断绝，不得上行也。""善哉真人言，吾无以加之也。行，虽苦，复说二事。""唯唯。二事：见太阳星乃流入太阴中。太阳[15]，君也；太阴，民臣也。太阳，明也；太阴，暗昧也。今暗昧当上流入太明中，此比若民臣暗昧，无知困穷，当上自附归明王圣主，求见理冤结。今反太明下入暗昧中，是象诏书施恩，下行者见断绝，暗昧而不明，下治内独乱而暗蔽其上也。又象比近下民[16]，所属长吏，共蔽匿天地灾变，使不得上通，冥冥与民臣共欺其上，共为奸之证也。""善哉善哉！吾无以加六子言也。行，虽苦，复说其三事。""唯唯。三事：见列宿星流入天狱中。夫列宿者[17]，善正星也，乃流入天之狱。狱者，天之治罪名处也，恐列士善人欲为帝王尽力，上书以通天地之谈，返为闲野远京师之长吏所共疾恶，后返以他事害之，故列宿乃流入狱中也。""善哉精哉！吾

无以加六子言。今六子问事，乃何一怒也！独
不懈倦耶？"　"不敢也。常见天师言，真人为天
来问事，今欲止，恐天辞不通[18]。今凡人命属
天地[19]，天地不喜，返且害病人，则不得竟吾
天年寿矣。"

[注释]

[1] 天师教人集共上书严敕：言天师严令真人聚合共同上书
天子之事。严敕，严厉的训饬。　[2] "结胸心"二句：苦心冥
想（天师为何令上书天子事）。　[3] 俱有不解：此言三次集议都
有不明白之处。　[4] 三集露议：三次集中于野外讨论星象发生
三次变化的征兆。　[5] 天门：与下文"地户"俱释见前《天谶支
干相配法》。　[6] 太阳：与下文"太阴"俱为日月运行轨迹之所
在名称。古以二十八宿房宿之四星为四表，中为天衢。其南二星
之间为阳间，其最南一星往南六尺之区名太阳；反之北二星之间
为阴间，其最北一星往北六尺之区名太阴。（详参《史记·天官
书》）[7] 列宿：众星。天狱：此指与北斗斗柄正对的贯索九星，
其星相连，形如牢狱，故得名。　[8] "因三并而共策之"以下八句：
是说星象三变，表示了天师所颁三道行书之诏被阻，令天君震怒，
将使天子承负先王之余灾，故而愁苦。三并而共策之，将三次所
见星象综合起来讨论测度。三道行书，此指官吏、邑民、行人应
诏向朝廷进呈的意见书。书取三道是法自日、月、星，分别审察
阳、阴以及中央阴阳交会中和之处。详《三合相通诀》。征求三方
面的意见是沟通帝王与外界之信息联系，了解社会舆情，便于帝
王施治，以解承负之罪责和帝王之愁。　[9] 皇灵：皇天。　[10]精

进：此指对道行有了深入体认。 [11]无可复以加：没有什么可补充的了。 [12]敢不言：岂敢不言。 [13]"初始一流星出天门"以下十句：此言流星出天门入地户之象反映了臣民不趋附天子，反而是天子施恩于臣民，故有离心之忧。 [14]"夫门户乃主通事"以下五句：此从另一方面看，门与户乃应相通，如今户不通于门，有下边臣民的意见谏议被阻断而不得上达之象。 [15]"太阳"以下十八句：此是真人分析太阳星流入太阴星之象：君明民暗，明入暗中有下诏施恩之象；亦可解为下治暗蔽、欺蒙主上之象。 [16]"又象比近下民"以下六句：此象亦可证明地方长吏将民间灾变之情隐瞒不向上反映，百姓、官吏与民臣狼狈为奸，有欺君惑主之罪。 [17]"夫列宿者"以下十句：此言列宿流入天狱之中之象表明，有列士、善人欲为帝王献策尽忠，反被地方官吏忌讳而被诬陷入狱的嫌疑。 [18]天辞不通：皇天指示不能传达下来。 [19]"今凡人命属天地"以下四句：真人命系于天地，天地一不高兴就会病祸百姓，真人也会被连累而不能享尽天年。

"善哉，真人之言是也，不失之也。今吾为诸真人说，亦不敢遗懈止也[1]。吾与诸真人等耳，俱命属天地，若闭不说，说而中止也，天地同且害我，故我说亦不敢妄道止也。行，且为六真人具说之。今六真人新出穴[2]，为天思，可以除天病者；为有德君思，可以除解灾安身者。六真人极共说其意，尽心所欲言者，令使不得闭绝。""唯唯。天师所敕，不敢不尽雀鼠之智悉言之。""不也，大慊。""唯唯。今天下所畏，口闭为其不敢妄诞。今日月星历，亲天之列宿神也，尚相畏；是故日出，星辄逃匿不敢见，畏其威。夫四境之内有严帝王，天下惊骇，虽去京师大远者，畏诏书不敢语也；一州界有强长吏，一州不敢语也；一郡有强长吏，一郡不敢语也；一县有刚强长吏，一县不敢语也；一间亭有刚强亭长，尚乃一亭部为不敢语。此亭长尚但吏之最小者也，何况其臣者哉？皆恐见害焉，各取其解免而已 [3]，虽有善心意，不敢自达于上也，使道断绝于此 [4]。今但一里有刚强之人，常持一里之正者，一里尚为其不敢语，后恐恨之得害焉。但一家有刚强武气之人常持政，尚一家为其不敢语也。一家尚亲，自共血脉，同种类而生，尚乃相厌畏如此，何况异世乎 [5]？今太上中古以来，多失道德，反多以威武相治，威相迫协，有不听者，后会大得其害，为伤甚深，流子孙。故人民虽见天灾怪咎，骇畏其比近所属，而不敢妄言，为是独积久，更相承负。到下古尤益剧，小有欲上书言事，自达于帝王者，比近持其命者辄杀之 [6]；不即时害伤[7]，后会更相属托而伤害之。故民臣悉结舌杜口为喑[8]，虽见愁冤，睹恶不敢上通。故今帝王聪明绝也[9]。而天变日多，是明证效也。今民亲得生，受命于天地，以天地为父母，见其有灾变善恶，是天地之谈语，欲有此言也。人尚皆骇畏[10]，且见害于比近所系属者，不敢语言泄事，乃相敕教，共背天地，与共断绝，不通皇天后土所欲言也。共蔽冤天地，乃使其辞语不通，天地长怀恨悒而不达[11]。今帝王虽神圣，一人之源，乃处百重人之内。万里之外，百重之内，虽欲往通言，迫胁于比近[12]，不得往达也。夫帝王虽有万万人之仁圣，人各迫劫畏事，天地极最神圣，人乃仰视俯睹，尚倚之当前，自解而已，帝王安能神圣于天与地乎？愚生六人常逢猛虎于远方闲野[13]，六人俱止足不敢移，口不敢语，头不敢动，目不敢瞑，夫人之所迫胁所畏如此矣。"

苛政酷吏猛如虎，帝王柔懦，胁迫于比近，下民畏威，民臣悉结舌杜口为喑，睹恶不敢上通，乃至于"足不敢移，口不敢语，头不敢动，目不敢瞑"，王朝的政治危机已到了一触即发的地步！未遭天谴而遭经谴，可不惶恐！

[注释]

[1]不敢遗懈止：不敢有所隐瞒遗漏或懈怠、中止。　[2]穴：修炼之室。　[3]取其解免：选择免除祸害。　[4]道断绝于此：

此指言论因此而断绝。　　[5]异世：不同宗族或不同世系。　　[6]比近持其命者：直接掌控自己生杀之权的上司。　　[7]"不即时害伤"二句：此指上司未能当即杀害其人，遂转托他人代杀，俗谓借刀杀人即是。　　[8]结舌杜口为喑（yīn）：默言装哑。　　[9]聪明绝：耳目闭塞。　　[10]"人尚皆骇畏"以下七句：是说世人惧于操纵自己生死的官吏的淫威，不敢揭露自己所见恶事之真相，以致违背了天地的要求，不与帝王通言路。　　[11]恨悒而不达：此言君主因民情不通而心中悒郁。　　[12]"迫胁于比近"二句：此指帝王迫胁于权臣、外戚监控，亦不便上告于天。　　[13]"愚生六人常逢猛虎于远方闲野"以下六句：是说人之受外力生死胁迫，其状如临虎患，噤若寒蝉，不敢动作。

"善哉善哉！今见六真人言，承知天独久病苦冤[1]，辞语不得通，虽为帝王作万万怪变以为谈，下会闭绝，不得上达，独悒悒积久。今故风诸真人[2]，教其丁宁[3]，敕此行书之事[4]。故诸真人悚悚倦倦[5]，是天使也[6]。诺诺。吾其畏天威，方为子思惟其要意而具说[7]，今之六真人问此事，常何一最剧也[8]？""愚生六人，七日七夜，共念此行书事，三集议，三睹流星，以为天告人教敕，使人问也。又六人俱食气[9]，俱咽不下通，气逆而更上。当此之时，耳目为之眩瞑无睹，俱怪而相从议之，不知其为何等大骇惊

怖，唯天师为愚生说之。""善哉，诸真人古变得
具意 [10]，见诸真人言 [11]，乃知三道书，真人会
且复见闭绝。""何乎？愿闻其意决。""然，夫九
窍乃象九州之分也 [12]。今诸真人自言，俱食气
乃嚔不通 [13]，眩瞑无光明，是九州大小相迫胁，
下不得上通其言急事也。夫气者 [14]，所以通天
地万物之命也；天地者，乃以气风化万物之命也；
而气嚔不通者，是天道闭，不得通达之明效也。
天欲使真人丁宁此事，故以此气动感真人也。子
知之耶？""唯唯。""行，子已知之矣。诺，天
告六真人教吾极言耶 [15]！六子安坐，为诸弟子
悉说之道之。为畏其州郡长吏不敢言者，一州中
诸善士贤明相索 [16]，共集议于他州上之；畏其
郡，集议于他郡上之；畏其县，集议于他县上之；
畏其乡亭，集议于他乡亭上之；畏其里，集议于
他里上之。皆悉在方 [17]。其禁畏人者 [18]，以其
所上，罪变怪轻重罪之，复加故罪一等。""何其
重也？""不应重也，尚恐其轻。今天地爱有德
帝王，欲为其具谈。人生于天地，乃背天地，断
绝天谈 [19]，使天有病，乃畜积不除，悃悒不得

通言报其子[20]，是一大逆重罪也。夫民臣，乃是帝王之使也，手足也，当主为君王达聪明，使上得安而无忧，共称天心，天喜悦则使君延年。今返居下不忠，背反天地，闭绝帝王聪明，使其愁苦，常自责治失正，灾变纷纷，危而不安，皆应不孝、不忠、不信大逆，法不当得与于赦[21]，今何重之有乎？天谈不得通，天地大怒，贼杀凡物，乃为毁天地，乃为太凶之岁。国断无聪明[22]，乃为大危之国。此罪不可复名[23]，故为当死过也。真人知之耶？”“唯唯。”

[**注释**]

[1]“承知天独久病苦冤”以下六句：知道上天疾民间冤苦之情不得上达，虽然向帝王降示了各种灾变表达了天谴，但终究被阻断了天人相通之路，致使上天长期悒郁不乐。　[2]风诸真人：将天地之意隐喻于修道诸真人。风，通“讽”，以隐语讽说。　[3]丁宁：叮咛，引作关注。　[4]敕此行书之事：告知此次关于三道行书之事。　[5]悚悚倦倦：恭谨、敬畏之貌。　[6]天使：受上天指使。　[7]思惟其要意：思考概括本经的要旨。　[8]剧：急切。　[9]“又六人俱食气”以下五句：此言真人们同时用气功采气，却咽不下，其气反逆行向上，以致耳目眩瞑。食气，采气，气功术语。　[10]诸真人古变得具意：意谓真人三次占验天上星象变化才得到了上天的具体旨意。古，“占”之形误。　[11]“见

诸真人言"以下三句：此是说据真人描述的情况，就知道上呈三道文书之事将会被有关方面给阻断了。　[12] 九窍乃象九州之分：人之内体沟通外界有九窍，眼、耳、鼻、口为七阳窍，大、小便处为二阴窍，它们像大地九州之分布一样。　[13] "俱食气乃嘀不通"以下四句：此言真人食气哽咽不通且眩瞑无光，是九窍被某种势力迫胁之象，难以把实情向上天反映。嘀，哽咽。　[14] "夫气者"以下七句：元气是沟通天地万物的生命载体；而天道则又是通过元气运化万物的生命动力。天道闭塞，载体之功能也便无从发挥了。　[15] 极言：深入透彻地讲。　[16] 相索：相互访求。　[17] 皆悉在方：全都安排在发生灾变的地方。方，方所。　[18] "其禁畏人者"以下四句：此言对压制上书之官吏根据所出现的灾变程度对其量刑，再加前罪一等。　[19] 断绝天谈：阻断了民与天的对话、交流。　[20] 悃（kǔn）悒：困惑忧郁不得解。报其子：向天子陈述。　[21] 法不当得与于赦：根据天法，不应当给予赦免。　[22] "国断无聪明"二句：是说一个国家如果没有知民意、行天意的君主，那就遇上了最大危机。　[23] 不可复名：此言再也没有比此更严重的罪名了。

此处提倡朝廷广开言路，"共上书言事也，勿得独有孤一人言"，认为多人多处上书，可使好吏不敢隐匿真相。表达了下民参政的强烈意识。

"行，子已知之矣。吾所以敢不□□者，见六子来问事，致承知为天使 [1]，诸真人故敢不□□也。子知之耶？""唯唯。""今不□□之名，为误上也。德君见文，皆令赦上书者，使其大□□有功者，德赐之也。如此则天下莫不欢喜，乐尽其力，共上书言事也，勿得独有孤一人言也[2]，皆令集议[3]。一人言或妄伪佞欺[4]，名为使上失实[5]，不可听大过也。比连年上书[6]，比比有信，有大功者。上士之人众集者[7]，常病不多[8]，两三人集，固固有奸伪[9]；多者，无奸伪。”“何也？愿闻之。”“然多者则其上书者便自传相畏，恐事漏泄，见得长短，反为欺上，为傍人所上，故尽实核□□，乃敢言之也，不□□不敢言。又不敢有所隐，皆畏恐有后事[10]，是故悉信也[11]。比若一里百户共欺也[12]，男女小儿巨人，会有泄之者，旁里会有知之者。其里贤明畏事者，会不敢匿，恐坐其事。何况乃一州一郡一县一乡一亭，郡有非常事，阳阳何可隐？犹为旁人所得长短，故善恶都毕出，天乃大喜，灾除去，与流水无异也。子知之耶？”“唯唯。”“又大集议，无敢欺者，一两人欲欺，余人会不从之也。有欲欺不信者，即时众共记之上之。其法应为背天地、欺帝王、诈伪大逆不道之人也。天怨之，人恶之，其罪不得与赦也。真人知之耶？”“唯唯。”“行，子已觉矣。已行上书，还反其家。有怨其行[13]，上书欲害者，即左方之名为怨章，罪过不除。如是，则三道行书已通，无敢闭绝者也。如是，则天地已悦矣，帝王承负之灾厄已大除去，天下太平矣。上皇气悉来到，助德君治矣，□□不负六真人也。"唯唯。""行，六真人精已大进，为天除病矣，为帝王除厄会矣，功已著于天矣，王者已日强明矣。六真人为善，已得其数矣[14]，宜勉力，慎之慎之！""唯唯。"

[注释]

[1] 致承知为天使：承借真人们之前的言行综合推理，知道真人们是上天所差遣来问事的。　[2] 勿得独有孤一人言：不能仅凭一人说了算。　[3] 集议：集合众贤的议论。　[4] 妄伪佞欺：肆意造假，巧言骗人。　[5] 名为使上失实：称之为使上层都不知实情。　[6]"比连年上书"以下三句：还有一种连年上书，每每都被言中的立下大功之人，对他们的言谈都要集议以验证。　[7] 上士之人：修道有成之人。　[8] 常病不多：总是遗憾其太少。病，作动词。　[9] 固固：肯定，一定。　[10] 畏恐有后事：害怕隐瞒实情会遭遇上天报应。　[11] 悉信：全部讲真话。　[12]"比若一里百户共欺也"以下十五句：进一步论证"多者，无奸伪"。譬如百户之邑想共同对上天隐瞒实情，其中人多口杂，难保不泄密；相邻乡里也是瞒不住的；里中贤良怕事之人害怕牵连获罪也会说出真相的。更何况大片地区光天化日之下发生的非常之事，又怎么可以隐瞒得住？就如被别人说长道短，善行和恶行也就自然曝光了。故知情面扩大了，反倒无从行使奸伪。而上天知道了实情

也会很高兴，于是灾祸也就付诸流水了。　[13]"有怨其行"以下四句：此言上书之人不必担心恶吏报复陷害。上天一旦发现有报复上书之人的"怨章"，就会追究其罪过。此类诬陷奏章（直行书写，从右到左）要署名于左方文末，便于查询其人。[14]数：术，犹言秘法。

"今六真人俱归慕思惟[1]，天师使长吏民间，共记灾异变怪，皆当共记何等者哉[2]？""善乎！六子问事详善，不失天心，不负德君，是为有功于天地，万物莫不被蒙之也。所以然者，乃其为天问事□□，悉究竟详善，故不失铢分。天地阴阳、三光五行、四时神祇，万物所欲言悉得见，故为大有功也。子知之耶？""唯唯。""行，今为六真人陈之，详自随而记之。""唯唯。""然，夫大灾异变怪者[3]，是天地之大谈也；中灾异变怪者，是天地之中谈也；小灾异变怪者，是天地之小谈也。子欲乐知其大意要，比若人，大事大谈，中事中谈，小事小谈。此大小，皆有可言也，不空见也，天地不妄欺人也。见大善瑞应，是其大悦喜也；见中善瑞应，是其中悦喜也；见小善瑞应，是其小悦喜也。见大恶凶不祥，是天地之

灾异变怪与瑞应发生之大小，表现了上天对帝王与凡民之善恶行为谴告或褒奖的程度，全系天人感应之论。

大怒也；见中恶凶不祥，是天地之中怒也；见小恶凶不祥，是天地之小怒也。平平，无善变，亦无恶变，是其平平，亦不喜，亦不怒。子知之耶？""唯唯。灾异变怪，大小记之，勿失铢分也，何其悉详乎？""真人何其愚也！过大小尽当见[4]，知善恶大小，亦悉当见知也。善者当谢其功，以善逾异之，过者数让之，以称天地之心意。子欲知其效者，天，比若人君长也，一小言不见从，则小恨；更中言，中言不见从，则更大恨；更大言，则为害矣。故当大小记之，不当使天地恨怒也。"

［注释］

[1]归慕思惟：归去以后思量天师的教导，仰慕天师的德才。　[2]共记何等：官吏与民众各记些什么内容？　[3]"夫大灾异变怪者"以下十五句：出现大的灾异变怪是天地对人君的严重警告；出现中等级的灾异变怪现象则表示对人君的一般警告；轻微的灾害则表示有所提醒而已。大谈小谈，程度不同，但都有不同事实。此即汉代流行的天人感应的天谴论。天地不妄欺人，天地对人是实话实说，不欺诳。　[4]"过大小尽当见"以下六句：是回应真人"何其悉详"之问。此谓无论罪过大小、善恶大小都要详记，让人君"悉当见知"，以便赏善罚恶。以善逾异之，以其善行而破格擢用。逾，超越。此处有越级晋用意。让，此指斥责。

"善哉善哉！愿闻所记意。""记变怪灾异疾病，大小多少，风雨非常，人民万物所病苦大小，皆集议而记之。所以使其共记之者，吏自相知长短，民自相知长短；迫近山阜而居者，知山阜变；近市城郭而居者，知市城郭变；近平土而居者，知平土变；近水下田而居者，知水下田变。高下外内，悉得知之，故无失也，是立致太平之术也。而帝王所宜用，不失大心之法也[1]。真人知之耶？""唯唯。""行，子已知之矣。天地开辟以来，所以多承负之灾者，由其记事不及民间大小，共集记之故也。有变怪，反乃他所长吏来行之。比近各为其部界长吏讳不言，共匿之，因使天地辞语断绝，不得上通达其帝王，为害甚深，令天悒悒，灾为之复增益，咎在此也。他所长吏来考事，安知民间素所苦者乎[2]？或相与厚善，反复相与共隐匿之；或得素有所不比之家[3]，反复增加灾，妄增益其事，故之也[4]。共匿之[5]，则使天地谈断绝；加故，共冤无罪之人；复令下比，货财相随。此三事皆为大害冤结气，复更增其灾害也，故其治殊不可平也。令夫太阳兴平气

帝王多获承负之灾，全系人为造成。一、部界长吏隐匿民情不报，使上不能了解民情民意；二、臣下怀忧忌讳不敢言；三、各地官吏相互包庇、报喜不报忧，共同欺君欺天，以致遭天罚。而各级官吏为了切身利益，勾连成党，相互包庇，除了隐匿实情，还捏造罪名诬陷好人；造成了朝政混乱不理，致使上天疾恶，谴告、谪罚人君。所以上三道文书至关重要。

盛出，德君当治，天下太平，莫不各得其所者。是故六真人来，为其具问事，吾为其悉语也。子知之耶？”“唯唯。”“是故天将兴佑帝王，皆令自有意[6]，从古到今，将兴佑之，辄为奇文异策[7]，令可案以治[8]，故所为者悉大吉也。将不佑利之，悉断之奇文异策，使不得之也；如得之，又使其心愚，不知策而用之也。将兴利之，使其心旷然开通，而好嬉用之也。此者，天之格法也，不欺人也。故凡人将兴者多好善，将衰者多好恶也，将吉者易开导也，将凶者好抵冒人也[9]，不可开导也。真人知之耶？”“唯唯。”

[注释]

[1]大心之法：亦即天法。大，当作“天”，形近误。　[2]民间素所苦者：民间一直以来的苦衷。素，平素。　[3]素有所不比：素来就有些小矛盾，不亲善。比，勾连。　[4]故之：使人陷罪。　[5]“共匿之”以下九句：此言共匿、加故、下比三事是造成国家政治“殊不可平”的直接原因。共匿，吏民因各自利害共同向帝王隐瞒真相，阻断了君民相通，使帝王不了解真实的国情，“令天恒恒”。加故，捏造罪名，“共冤无罪之人”。下比，民间比连成党，自相包庇、隐瞒恶行。货财相随，贿赂之风随之兴起。　[6]令自有意：使其人自觉有任在肩。　[7]奇文异策：此指天书（如《太平经》）一类文书或图册。　[8]可案以治：可以据此施政治国。　[9]将

凶者好抵冒人：将遭凶害之人喜欢顶撞冒犯、怒怼对方。

"是故天者常佑善人，道者思归有德。故天者不肯佑恶人，道者不肯附于愚蔽人也。故常敕真人，以付归有德之君也。所以悉记其灾异变怪，大小善恶，外内远近者，欲令上有德之君，与众贤原其灾异所起[1]。夫天下变怪灾异[2]，皆象其事，法其行，缘类而生，众贤共集议，思之旷然如其意，以其事类考问之，则得之矣。则天地日为其大喜[3]，帝王日为其大安。如此则德究洽于神祇，莫不响应。欲知其大效，天下所疾苦灾异悉尽，民臣悉善，应诏书而行，不失铢分，下不欺其上之明效也。有余多害[4]，自若多欺者；少害，少欺者；无一余害，无一欺者常安。观下所上[5]，以占民臣大小忠信与不，以其事对之，比若窥明镜相对而面语。神哉！为道如斯，此乃天佑上德之君子，其治天下之明镜也。真人知之耶？""唯唯。""行去，付上德之君急急。"

天下怪变灾异，皆事出有因，德君能集天下众贤共集议，考其事类则可得其实情，用其刑德，施其仁爱，以解其承负。

[注释]

[1]原其灾异所起：推究灾异发生的原因。　[2]"夫天下变

怪灾异"以下八句：此言天下变怪灾异的发生并非偶然。其事态、其行迹，都是依照同类相动的道理而发生的。所以众贤明之士相与参详考究，扩大思路，就可以知道灾变发生的根本原因。　[3]"则天地日为其大喜"以下四句：此言真人将官吏所记之灾变、民情上书于有德之君，使其掌握事变的来龙去脉和本质，其德行会感动天地神灵，"莫不响应"。　[4]"有余多害"二句：所遗留未解决的灾害多，就表明还有很多欺骗朝廷的事未被揭发。　[5]"观下所上"以下四句：根据下面所上呈的三道文书，去推知各级臣民对朝廷忠信与否，证之以效验，就如照镜一样清晰。

[点评]

本文以六方真人与传道天师对话的方式揭露了汉代政府失去公信力、社会虚妄风行、各级官吏鱼肉百姓的黑暗现实，提出了挽救社会公信危机的策略和措施，冀望消解危机，进入太平盛世。文章大致有二层含义。首先，借用占星术揭露了汉代君臣间隔，吏民对峙，灾变怪异时出，百姓结舌杜口，政如天狱，民不聊生的黑暗现实，指出了造成社会"治殊不可平"的根本原因是"共匿""加故"和"下比"；其次，提出了"来善集三道文书"的治平策略。即大力提倡各地官吏、邑民和来往行人不分贵贱、老少、男女，异地将所见社会怪异灾变、民间殊方妙策，据实上书，经贤明之人集议选辑，上呈朝廷，为居于深宫的帝王治国理政，提供事实依据和策略建议。从而沟通君民话语信息，改善吏民关系，重新获得皇天嘉许，迎来太平之气。文章的析论充满了作者的理想主义和善良的人道主义。尤其是文中提出广开言路，"集议"，上三道文书，相互监督、应证，上自长吏，下至奴婢不分身份等级都应有权上书；还有将恶吏苛政与天子切割等等，这些都反映了一种强烈的民主、平等意识和对汉王朝抱有期望的理想主义情怀。广开言路对于政治清明的直接积极影响的论述是本文的一大亮点，具有重要的理论意义和历史意义。

八卦还精念文

玄明内光[1]，大幽多气，与贤同位，壬癸之居。亥子共身[2]，周流相抱[3]。极阴生阳[4]，名为初九。一合生物[5]，阴止阳起[6]，受施于亥[7]，怀妊于壬，藩滋于子。子子孙孙[8]，阳入阴中，其生无已。思外洞内[9]，寿命增倍。不可卒致，宜以长久。少阳有气[10]，与肝共位，甲乙寅卯，青色相类。万物之精[11]，前后杂出。仁恩心著[12]，勇士将发，念之睹此字[13]，光若日之始出，百病除愈，增年三倍。太阳盛气[14]，与心相类。丙丁之家，巳午养位。睹之[15]，百邪除去，身日以正。宜意柔明，大不可强求，见字

经常诵读八卦功法，坚持顺其功法修炼，可以驱除百邪，"精得神明"，"神自来焉"。

而寿。光若日中之明。中和之气[16]，与脾相连，四出季乡，乃返还戊己。中居辰戌[17]，丑未为根。举顺之而思其意，还以治其病，精若黄龙[18]。而见此字[19]，其病消亡，增年五倍。令人顺孝，臣爱其君，子爱其父。少阴之旬[20]，与师精并[21]，灵扇出气[22]，位属庚辛[23]。申酉义诛猾邪[24]，盗贼不起，邪不得害人。肾盛之气[25]，增年百倍。极阴生阳，其国大昌，常而思之，不知死亡。阴上阳起[26]，故玄武为初始[27]。龙德生北[28]，位在东方，故随其后。朱雀治病[29]，黄气正中[30]。君而行之，寿命无穷。升执其平[31]，百邪灭亡。八卦在内[32]，神成列行[33]。白虎在后[34]，诛祸灭殃。正道日到，邪气消亡。思精而不止[35]，延年之纪。身而服之[36]，何忧之有？下承其上，名为顺道，无有谪过，万病自愈。念字睹形容[37]，爱若父子，令人常喜，洞照无已。审而用者，其效立可待。长与书俱[38]，日与神游。道以自然[39]，为洞虚无。一旦自来，其道仁良。子为之孝，臣为其忠信，知则令人爱其身，不敢妄言。守而不止，命无穷焉。书不空出，与道连思，深知其意，神自来焉。初端形念字[40]，反得道元。精得神明，因无自然。天道万端，在人所为。道成其事，□□不为非。患人不力为，正气何从得来。行而不上［止］，日吉远危。大人为之，其国太平。小人为之，去祸招福。形思之幽[41]，处趣具成。子而守道，乱何从得生。思念而不止，自太平。心中不乱无邪倾，守之不止日自生。道不妄出，付有德，归其人。

右升平八卦六甲、追道还精念文。

［注释］

[1] "玄明内光"以下四句："玄明内光"指八卦"坎"卦之象而言。按"坎"之象为"☵"，阴中藏阳。"坎"为水，其色玄，九二，居于初六与六三之内，阳者为光，故言"玄明内光"。"大幽多气"言生物之阳气，充斥于幽深的阴气之中，亦如"坎"卦之象。贤为"肾"之形误，与下"与肝共位"句式相同。五脏之肾属水行，同居于北，故言同位。"壬癸之居"言"坎"之天干为壬癸，适在北方十一月前后。如将坎水作五行归类，则可归纳为：天干，壬癸；地支，子亥；五方，北方；五季，冬季；五时，夜半；五色，玄（黑）色；五德，智；五脏，肾。　[2] 亥子共身：亥在十月，为十二地支之末；子在十一月，为十二地支之首。其所在西北与北毗连，故言共身。　[3] 周流相抱：此言十二地支循环运动一周即经农历一年，周而复始。　[4] "极阴生阳"二句：此言"乾"（☰）居西北，在"兑"（☱）与"坎"（☵）卦之

间，"兑"为金，"坎"为水，五行谓金生水。由金而水，区间为八月至十一月，此时阴气渐积至极。极则反，一阳遂生于子时。按《易》之象言，阴为六，阳为九，一阳初生，故名初九。《易》之"复"卦（☳）初爻，据此亦名"初九"。《易乾坤凿度·生天数》云："运五行，先水、次木、生火、次土及金。"故本文论八卦始于"坎"卦。　[5] 一合生物：谓天地阴阳交合，化生万物。　[6] 阴止阳起：指农历十一月冬至日之际，夜半子时为阴气止息、阳气初起之时。　[7]"受施于亥"以下三句：此谓农历十月为阳气下施于阴气之时。而十月至十一月期间则为怀妊之时。至于十一月中子时，阳气滋生出世。壬，即"妊"之同义同音。藩滋，即繁殖；又子、滋同音，子时有滋生之意。　[8]"子子孙孙"以下三句：此谓阳施阴受，循环不已。　[9] 思外洞内：此谓存思于外在卦象所象之物（如☰、☶、☳）的生成、养长、变化，而洞明其体内五脏神明、五行和调不相害。　[10]"少阳有气"以下四句：少阳为四象之一，其卦属"艮"（☶），其位处东北，其时在癸丑、甲寅之间即农历十二月和次年一月之间。如果说"阳生于'坎'，气尚微，寒温未知"，此时则是阳气方兴。《易乾坤凿度·易通卦验》云："'艮'，东北也，主立春，鸡鸣，黄气出直，艮此正气也。"故曰"少阳有气"。如作五行归类，则归纳为：木行；天干，甲乙；地支，寅卯；五方，东方；五季，春季；五色，苍（青）色；五脏，肝。故曰"与肝共位""甲乙寅卯""青色相类"。　[11]"万物之精"二句：此言少阳之候，万物萌生，立春至于春分前后，万物之精粹，欣欣向荣之象。　[12]"仁恩心著"二句：《易纬》谓五行之运，木为仁。仁乃五常之首，此处是说值此之时，显示了天地仁爱之心，如勇士之出征，正气昂扬，当仁不让。　[13]"念之睹此字"以下四句：是说于此之际，目睹"震"（☳）卦之象，心念天地仁爱之恩，即有命如朝阳之感，旧病顿愈，年寿陡增。　[14]"太阳盛气"以下四句：如前类推，太阳为老阳，时在农历五月夏至，五行属火。五德配礼；天干，丙丁；地支，巳午；五方，南方；五季，夏季；五色，赤色；五脏，心。　[15]"睹之"以下七句：是讲"还精念文之法"的要求。于阳气盛发之时，观此经便有百邪除去、身日以正之效。炼此功时，心意宜平静柔和，心明四照，自然无为而不可急躁。见到巽（☴）、离（☲）二卦之象，就会有光明灿烂的感觉，自然会增加寿算。　[16]"中和之气"以下四句：天之阳气与地之阴气相交合而生中和之气。此指南方之离火与中央之戊己相交而生之气。五行火生土，而五脏脾属土，故言"与脾相连"。"四出季乡"谓土寄旺于春夏秋冬四季。象数易学以五行与四季相配，春为木，夏为火，秋为金，冬为水，土则无以为配。为解决土的配属问题，历家便把一年三百六十天分为五季，平均每季七十二日，即于季春之三月、季夏之六月、季秋之九月、季冬之十二月的后十八日拈出，合计为土气寄旺之时，此即"四出季乡"，使土旺四季之说成立。"返还戊己"是说以上三、六、九、十二这四个月末之十八日集中返归于戊己中央之土，遂有五方、五季。　[17]"中居辰戌"二句：辰戌为地支中的第五与第十一位，亦代表土行中央。丑未则为地支中的第二位和第八位。分别代表了三月、九月之卦和十二月、六月之卦。辰戌与丑未呈十字相交于中央戊己之土。阳气由潜而现，适在"艮"之十二月，而阴气则从"坤"（☷）所居之十月正式生成，故丑未为阴阳中和之气的根基。《易纬》谓阳形于丑，阴形于未，兼以二卦方位相对，俱属土行，故视为"根"。　[18]精若黄龙：言其精妙如黄龙之神威。黄龙，五方神名，本中央北斗魁杓之精下临人间，护持国土，能招中央土帝之宫、地下黄色珍宝入身，生业日盛，能消五脏百病之厄，五星临命之灾。（参《北帝伏魔神咒妙经》）[19]见此字：即闭目自视见"艮""坤"之卦象。 [20]少阴：八卦四象之一，其逢秋季，居西方。按《月令》，秋季要平词讼，严百刑，趋狱刑。参《淮南子·时则训》。 [21]与师精并：言少阴与兵旅之精灵会合，生杀伐之阴气。师，兵旅也。 [22]灵扇出气：此谓死亡气息弥漫。灵扇，棺柩。扇，通"翣（shà）"，棺饰。 [23]庚辛：天干之第七与第八位。五行属金，其时在七至九月，其位在"坤""乾"之间。金，兵器也。 [24]"申酉义诛猾邪"以下三句：此谓以道义杀人，可收奸猾盗贼不起、邪气不害人之效，深得民心。申酉义诛，申酉之季为依前判处决犯人的时候，俗谓秋后问斩。申酉为地支第九、十之位，其时申为立秋之七月，酉为秋分之八月，处"兑"卦之位。"兑"通"悦"，有喜悦之义。 [25]"肾盛之气"二句：肾气充盈可增百倍年寿。肾盛之气，五行与五脏相配，金为肺，金生水，水为肾。农历十一月即为肾气最盛之时。 [26]阴上阳起：此指阴气至十一月冬至为盛之极，极则反阳，故此时亦为阳气初起之时。 [27]玄武为初始：是说阴极生阳时在十一月冬至，"坎"（☵）位，阳初生于此时。本经《烧下田草诀》云："故玄武居北极阴中，阴极反生阳。"玄武，传说中四方神之一，为北方之神。因二十八宿之北方七宿（斗、牛、女、虚、危、室、壁）组合，其形如龟，亦谓龟蛇合体，位于北方属水，其色玄，其甲能捍御，故称玄武。其应对的南方之神为朱雀，东方之神为青龙，西方之神为白虎。 [28]龙德生北：龙指东方之神青龙。因二十八宿之东方（角、亢、氐、房、心、尾、箕）布于天田成龙状，东方木行，其色青，故称青龙。龙德谓龙之特殊本质，其禀赋于北方之"坎"水，故言生于北。 [29]朱雀治病：朱雀为南方之神。因二十八宿之南方七宿（井、鬼、柳、星、张、翼、轸）布于天田成鸟形，南方神为火行之精，其色赤，故称"朱雀"。朱雀对应八卦之"离"（☲）卦，意念中见此卦，可治宿病。　[30]黄气正中：火生土，其于西南六月，其卦为"坤"（☷），适与中央戊己之土相通。《易通卦验》云："坤西南也，主立秋，晡时黄气出直坤，此正气也。"故言"黄气正中"。　[31]升：谓循四季之序升进。执其平：即把握缓变之平正。　[32]八卦在内：指八卦在五季、五方、五行之内的有序排列："坎""艮""震""巽""离""坤""兑""乾"。　[33]神成列行：指四方之神列于四方：前朱雀、后玄武，左青龙、右白虎，黄龙居于中央。　[34]白虎：西方之神。因二十八宿之西方七宿（奎、娄、胃、昴、毕、觜、参）列形如虎状，其配五行为金，其色为白，故名白虎。在后：是说西方之神列于"坎"水玄武、"震"木青龙、"离"火朱雀之后，循环一周之末，此时阴尽邪消，正阳之气将起渐生。　[35]"思精而不止"二句：思念八卦之象的精神而不中断、不偏移，是修炼延年之术的纲纪。　[36]身而服之：身体力行。　[37]"念字睹形容"以下四句：是说八卦之卦、爻辞口中念念不已，心中则思念其卦象，久之便会产生敬之若父的情感，心胸会变得洞明无际。　[38]"长与书俱"二句：不离本经，时常按照它所指的方法与四方诸神和腹中五脏神灵相处。　[39]"道以自然"以下四句：是说道本自然无为，却能洞彻虚空，一旦体现在具体事物上，其仁良之德便会自然显现出来。　[40]"初端形念字"以下四句：端正身形，"念字睹形容"，便会反悟得大道真原之气。此言进入一种悟境，精思而致神明，从而实现了对自然的超越。　[41]"形思之幽"二句：是说端正身形，思念真道幽深玄远之处，就会领略其无穷妙趣。

[点评]

《八卦还精念文》当是从"三道文书"中选取的一道修炼内功以延年益寿的养生诀文。全篇用四言韵文形式表述了道家修炼内功的要旨，其大体包括如下内容：

第一，功理。本文以汉时流行的象数易学为理论依据，综合了卦气说、爻辰说和易数说，推天引神以明人事。尤其强调了"极阴生阳""一合生物""中和之气"，少阳、少阴，"八卦在内，神成列行"等范畴和命题。

第二，功德。炼功须持德是道家以及本经的一个重要前提条件。本文亦多次以德为喻，强调伦理道德与修炼内功的关系。如：令人孝顺、臣爱其君、子爱其父、"子为之孝，臣为其忠信"、"仁恩心著，勇士将发"、正道、顺道、仁良、义诛、力为、不妄言、不为非等等。

第三，功法。除了强调要顺从四季五行、干支、五德相配和自然规则以外，还具体提出了诸如"思外洞内""玄明内光""端形念字""长与书俱，日与神游""举顺之而思其意""常而思之""宜意柔明，大不可强求""念字睹形容""道以自然，为洞虚无""与道连思，深知其意""守而不止""心中不乱无斜倾，守之不止日自生""升执其平""思精而不止"等具体要求，尤其可贵的是提出了"天道万端，在人所为"的论题，充分肯定了修道者的个人创获与体验对于成道的重要作用。

念文虽短，内涵丰富。尽管不乏纬书的神秘因素，但却为日后道教炼养丹功奠定了功法的理论基础，对道教养生产生了重要影响。

拘校三古文法

"请问，天师之书，乃拘校天地开辟以来[1]，前后贤圣之文，河洛图书神文之属，下及凡民之辞语，下及奴婢，远及夷狄，皆受其奇辞殊策[2]，合以为一语，以明天道，曾不烦乎哉？""不也。为其远烦而不通，故各就其为作求善太平之宅[3]，于其所属邑乡，主备其远，不能自致。故为其立宅道上，使其投异辞、善奇策殊方于其中也。因取中事傅持[4]，往付于上有德之君，令其群臣共定案之，以类相求[5]。上第一善者[6]，去其邪辞，以为洞极之经[7]，名为天洞极政事，乃后天地之病，且悉除去也。帝王之治，且壹大安也，承负万万世之灾厄会，且壹都去也。然后万物群神，且无一可言，而不复上白人恶于上天也[8]。故敕使其拘校之者，乃天使吾下言也。虽烦，安得不力为之乎？天下文书及人各言一，或言十数，而天下之疑事悉自解，亦无大烦也，但各居其处而言之，傅持付上耳。是名为天下集言而共语，以通达天地之意，以通达天地之气，以

广泛征集天下异辞、善奇策殊方，拘校集议，以类相求，付于有德之君以资政，事虽烦但值得一为。于个人和国家社稷，意义重大。

除帝王灾害，以利凡民及万物，莫不各得处其所者。乃后天地壹且大悦喜，病壹除。喜则佑帝王也，今使无事而长游也。"

［注释］

[1] 拘校：搜集校正。 [2] 奇辞殊策：此指民间响应政府诏令，所呈献的各种传说、数术、治病偏方等。 [3] 求善太平之宅：此指为方便上书于道路边修建的接收文书的屋子，或称"来善宅"，若后来之邮亭。 [4]"因取中事傅持"二句：此谓选取所献方策捆绑好，持之以付有德之君。傅，借为"缚"。 [5] 以类相求：将所收文书分类整理。 [6] 上第一善者：指被评定为最好的文书。 [7] 洞极之经：此指编撰的《太平经》，亦名为"皇天洞极政事之文"。洞极，光明透彻，无所不明。 [8] 上白：向上报告。

"愿问天地何故一时使天下人，共集辞策及古今神圣之文，以为洞极经乎？""善哉，子之问，然天地有剧病乱[1]，未尝得善理也[2]，故教示人使集议，而共集出正语奇策，以除其病也，故使其大共集言事也[3]。""愿请问天地乱而有剧病，何不更生善圣人乎？""力复生后圣人，乃无益。""何也？""噫，真人愚哉！吾闻前已有言矣。""下贱暗之生，积愚固固[4]，不能察察知之[5]。""真人尚乃言如此，俗人何以可晓乎？必且互置吾文，而更大忿天[6]，灾害反且更大起，而不可救。故天使子反覆问是也，欲使吾更□□具言耶？""诺诺。""吾亲见遣为是事下[7]，吾不敢有所匿而忿天也。行，真人明听，为子条诀解之[8]，更以上下悉说道之[9]，但安坐。""唯唯。""行，古今圣人有优劣[10]，各长于一事，俱为天谈地语，而所作殊异，是故众圣前后出者，所为各异也；俱乐得天心地意，去恶而致善，而辞不尽同，壹合壹不（合）[11]，大类相似，故众圣不能悉知天地意，故天地常有剧病[12]，而不悉除。复欲生圣人，会复如斯。天久悒悒，于是故遣吾下，具为其语，以告真人。所以告真人者，天上诸神言，天下有乐善欲称天心者，独有真人耳，故吾以辞情告于真人也。吾不同空语耳，真人自知之耶？""唯唯。""行，子已自知矣。行，所以拘校上古神文、中古神文、下古神文者[13]，或上古神文未及言之，中古神文言之；中古神文未及言之，下古神文言之也。因以类相从相补，共成一善辞，故使集之也，乃后神书天地意可睹矣。真人知之耶？”“唯唯。”

[注释]

[1]天地有剧病乱：天地遭逢严重的灾乱、劫数。 [2]善理：很好的治理。 [3]大共集言：大规模采集社会上不同阶级、身份的人所上呈治身治国的奇策良方。 [4]积愚固固：此言愚昧顽固，不可解。真人自谦之辞。 [5]察察：明察是非。真人自谦之辞。 [6]忿天：使上天十分忿恨。 [7]吾亲见遣为是事下：天师言是上天亲自把他下派到凡界来解决这一矛盾现象的。 [8]条诀：选择真人未解的条目解说。 [9]更以上下悉说道之：再将前后所说相贯通。 [10]"古今圣人有优劣"以下六句：是说古来圣贤各有自己的特长和不足之处，一般是只长于一技，他们都表达了对天地见解的不同方面，故前后出世，而道不相同。 [11]"壹合壹不（合）"以下三句：他们间派别不同，理念亦有同有异，所以圣贤并不能全部了解天地的奥秘，往往是某些方面合乎天意，有些方面则不合天意。 [12]"故天地常有剧病"以下四句：是说天地阴阳正邪之气严重错乱急待拨乱反正，否则其后所生圣贤依旧是片面之人。 [13]"所以拘校上古神文、中古神文、下古神义者"以下九句：是说之所以要搜集校正古往今来之神文，目的就在于相互补正，求其大全，"共成一善辞"，使之成为万世效法的金科玉律，见此经便能知天地意。

“会有失之者，会有得之也，故上下外内，尊卑远近，俱收其文与要语，而集其长短，以类相从，因以相补，则俱矣，然后文书及辞言壹都通具也。真人知之耶？""唯唯。""行之，子已知之矣。天地出生凡事[1]，人民圣贤跂行万物之属，各有短长，各有所不及，各有所失，故所为所作，各异不同。其大率要俱欲乐得天地之心，而自安也。当时各自言所为是也，孔孔以为真真也[2]，而俱反失天地之心，故常有余灾毒，或大或小，相流而不绝，是其明效也。故生承负之责，后生者病之日剧，真人知之耶？""唯唯。""行，子已解矣。故今天遣吾下，为上德道君更考文[3]，教吾都合之[4]，从神文、圣贤辞[5]，下及庶人、奴婢、夷狄，以类相从，合其辞语善者，以为洞极之经，名为'皇天洞极政事之文'也，乃后天地病壹悉除去也。真人知之耶？""唯唯。可骇哉！可骇哉！""行，真人已应晓事生，已知之矣，天已使子寿矣，及上真人矣[6]。""不敢不敢。""子自行得之，非吾力也。子为善，天下无双，故天爱之也。""不敢不敢，今愚生但无忿天而已，无敢可望也。""不嗛也[7]。""唯唯。请问合是众类以相从，愿闻其诀意[8]。""然，善哉子难问，天使之□□乎哉！诺，安坐，为子分别道

本经多处号召广聚天下人才，集天下之奇方妙策，无论"上下外内，尊卑远近，俱收其文与要语，而集其长短，以类相从，因以相补"，重新拘校、甄别，编成一部"都合人心"的"洞极之经"，使其成为"国家之宝器"，实际是呼吁王朝重新定位思想政治路线。

之也。”“唯唯。”“行，假令正^[9]，共说一‘甲’字也，是一事也正。投众贤明前，是宜天下文书，众人之辞，各有言说，此一旦无訾之文^[10]，无訾之言，取中善者，合众人心第一解者集之，以相征明而起^[11]，合于人心者，即合于天地心矣。”“以何明之？愿闻其诀。”“然，凡人之行也，考之于心^[12]，及众贤圣心而合，而俱言善是也，其应即合于天心矣；考之于心自疑者，考之于众贤圣心，下及小人心，而言非者，即凶，天竟应之以凶也，是即其明征也。故集此说以为经，都合人心者是，不合人心者非也。子知之耶？”“唯唯。”

[注释]

[1]“天地出生凡事”以下几句：是说天地所生育之万物万类各有长短和独特之处，亦各有优劣、得失之处，编辑天书时对其取舍要以“乐得天地之心”为标准。　[2]孔孔以为真真：言之凿凿，毫不怀疑。　[3]考文：考据其文之真伪、优劣。　[4]都合：综合、整理、取舍。　[5]“从神文、圣贤辞”以下七句：是说整合经文的过程：广泛参阅从神文圣贤之辞到民间百姓、夷狄之文书，进行分类，采录其最完美的论述，撮编成洞极之经，冠以“皇天洞极政事之文”的名字。按此即《太平经》。壹悉除去，一切全都消除干净。　[6]及上：进入上一等级。　[7]不嗛：不必谦

虚。嗛，借为"谦"。　[8]诀意：此指天师整编经书的价值取向、核心理念。　[9]"假令正"二句：假如就共同解说"甲"字。本经《去浮华诀》曾以解诂"甲子"为例："比若甲子者何等也，投于前，使一人主言其本，众贤共违而说之，且有专长于天文意者，说而上行，究竟于天道；或有长于地理者，说而下行，洽究于地道；或复有长于外傍行，究竟四方；或有坐说，究于中央；或有原事长于万物之精，究于万物；或有究于内，或有究于外，本末根基华叶皆已见，悉以类象名之，书凡事之至意，天地阴阳之文，略可见矣。"正，现在就。　[10]无訾（cī）：无瑕疵，无可非议。訾，借为"疵"。　[11]相征明而起：相互求证然后起用。　[12]"考之于心"以下十一句：是说天下人都认为是正确完善的，上天亦会认同；如果心中有疑问，其他人也否认，上天亦会表示不认可，说明这就是错的。明征，明证。征、证同源。

"行，凡书文凡事，各自有本[1]。按本共以众文人辞叶[2]，共因而说之如此矣，俱合人心意者，即合神祇[3]；不合人心意者，不合神祇。""善哉善哉！闻命矣[4]。""今真人何故言闻命乎？""然，行善正，则得天心而生；行恶，失天心，则凶死。此死生，即命所属也，故言闻命也。""善哉！真人言是也，吾无以加之也。是故天正其言与文[5]，则吉；不正其言与文，则凶，是以吾教真人拘校之也。""唯唯。""然后太平上皇之气立出，延年立来。天文圣人之辞，尚乃有短长，故上皇之气见圄于邪辞误言[6]，未尝得来也，故天地开辟以来，未尝有上皇之气来助帝王治也。今天欲都开出之[7]，故拘校文书也。有余一邪言，辄余一病；余一邪说误文，辄有余一病；余十，十病；余百，百病；余千，千病；余万，万病。随此余邪言、邪文、误辞为病。天地病之，故使人亦病之；人无病，即天无病也；人半病之，即天半病之；人悉大小有病，即天悉病之矣。故使人病者，乃乐觉之也，而不觉，故死无数也。""愿闻以何以天病邪言、邪辞、邪文，而有病乎？""噫，子反更冥冥暗愚，何哉？行，安坐，为真人说之。夫邪言、邪文以说经道也[8]，则乱道经书；道经乱，则天文地理乱矣；天文地理乱，则天地病矣。故使三光风雨、四时五行[9]，战斗无常，岁为其凶年，帝王为其愁苦，县官乱治，民愁恚饥寒，此非邪文、邪言所病邪？如大用之[10]，乃到于大乱不治也。子知耶？""唯唯。""夫邪文、邪言、误辞以治国也[11]，日日得乱，于是邪言、邪辞、误文为耳所共欺，则国为之乱危，臣为之枉法而妄为，民为之困穷，共污天地之治，乱天官，大怒日教不绝也，人哭泣呼冤，亦不绝也。子知之耶？""唯唯。"

[注释]

[1]本：出处，本源。　[2]按本共以众文人辞叶（xié）：此指根据本源与众人之解说言辞相参合，看其是否相一致。叶，协合。　[3]神祇：天地神灵。　[4]闻命：从中懂得了天命的道理。　[5]"是故天正其言与文"以下四句：是说皇天使书文凡事之言辞归于正，则可获吉；反之不去辩明，任其谬种流传，就会招致凶。　[6]"故上皇之气见圍于邪辞误言"二句：是说当下太平之气由于天文被困顿于邪辞和错误的解说之中而不能脱颖而出。　[7]"今天欲都开出之"二句：此言上皇太平之气已全面释放出来，故急于要拘校经文，正本清源。　[8]"夫邪言、邪文以说经道也"以下六句：批评经学以邪文、邪言解说经书，惑乱真道，导致天文地理错乱失常，是天地之大病。　[9]"故使三光风雨、四时五行"以下六句：此指天地间一切自然现象都失序了，相互发生了尖锐矛盾。愁恚（huì），忧愁怨恨。　[10]大用之：大量听信那些邪言、邪文、误辞。　[11]"夫邪文、邪言、误辞以治国也"以下十一句：是将当时的社会危机的原因推到所谓邪言、邪文和误辞身上。实是指经学和百家之学误国。

"邪言、邪文、误辞以治家也，则父子夫妇乱，更相憎恶，而常斗辩不绝，遂为凶家。子知之耶？""唯唯，可骇哉！见天师言，诚怖惶。

愚生不深计，不知是恶致此也。”“真人独愚日久矣。夫俗人以为小事，而不去之，乃不知此邪言、邪辞、邪文，乃与天地为大怨也，是乃国家之大贼也[1]，百姓之烈鬼也[2]，宁可不一都投而力去之耶[3]？是故天爱上德之君，恐其不觉悟，复彼是大灾[4]，故遣吾下，具言之。真人疾以文付之，使其疾思天意，可以自安；不者，天怒会不绝也。故天不复使圣人语[5]，会不能悉都除其病，故使天下人共壹言，俱壹集古文考之也。今天忿忿，积恚于是邪言、邪文、单言、孤佞辞也[6]。今考是，真人欲知之，比若帝王愁恚夷狄数来害人也，故发兵士万万往击之，病不怒也[7]。怒者功赐多[8]，不怒者帝王复考之。今考邪文，如此矣。真人知之耶？”“唯唯。可畏乎！天下已正矣。”“真人可谓已知之矣。今急是孤辞一人、邪言、邪文、邪辞，天地今以是为大怨[9]，是帝王大贼也。本治不安[10]，悉乱于是也。故今断之[11]，皆使集言集说集上书安定事，乃天气且壹悉得其所，邪言、邪辞乃且壹悉绝也，灭亡也。天从今以往[12]，且〔且〕使人亦考之，神亦且行考之，但有日急，非有懈时也。真人知之耶？""唯唯，愚生甚骇。""子知骇，可无并见考[13]。""唯唯，愚生事事不及，有重谪过于天地，为天师忧念。谨已见此邪文、邪辞、一人之言戒，今愿更见敕戒丁宁[14]，是正文之所到至戒[15]。""善哉，书文已比言矣[16]。子自若问之，何也？""暗昧之人，固固心结，聪明犹不达，不重反覆见晓敕者[17]，犹曚曚冥冥，复乱天师道，故敢不反复问之也。""善哉，子言也。诺，安坐，为诸群真人具说之。夫正言、正文、正辞，乃是正天地之根，而安国家之宝器父母也，而天下凡人万物所受命也，故当力正之也。"

[注释]

[1]大贼：大祸害。　[2]烈鬼：凶悍、狰狞的鬼怪。　[3]一都投：全部一并弃置。　[4]复彼是大灾：还要蒙受此种灾难。彼，借为"被"，蒙受。是，此也。　[5]"故天不复使圣人语"以下四句：是说鉴于经学及百家之学乱道的情况，上天一时不会再降生圣人，使其发表言论，唯恐其不能肃清流毒，从而给天下人以拘校考证古文书，形成共识创造条件。　[6]单言、孤佞辞：一家之言，无稽之谈。　[7]病不怒：诟病那些没有威仪的仁人。　[8]"怒者功赐多"二句：此言君主对于那些守成不怒之官吏，还要进行考核；而对敢怒敢言者却赏赐不菲。　[9]大怨：最

遭怨恨之人。　　[10]"本治不安"二句：国家大本之所以不得安定，全都是那些片面的孤佞之辞惹的祸。　　[11]"故今断之"以下五句：是说找到原因了，这才招集众贤"集言集说集上书"，讨论安定国家的大事；上皇之气亦会自得其所；邪言、邪辞也会很快消失。　　[12]"天从今以往"以下五句：是说自今尔后，皇天会使人穷追其责任，神亦会对之问罪。人们只会看到日日加紧，不会看到有松懈的时候。　　[13]无并见考：不会看到你们真人们也一并被考查。　　[14]敕戒丁宁：教诲、叮嘱。　　[15]是正文之所到至戒：判定纯正文书的范围和重点的道戒。　　[16]比言：连续不断地谈论。　　[17]不重反覆见晓敕者：不重新反复地受到天师的晓谕和戒敕之人。此是真人自谦之辞。

判断正文、正言、正辞的标准是看其实行之实效。

所谓正文、正言乃是表达天地之心。帝王按行之，国家大安无忧，凡民各得保其家而竟其天年，万物悉得长老终，各以其时。

"唯唯，愿闻正言、正文、正辞为天地根，国家宝器，凡民万物所受命决意[1]。""噫！真人已比比受此语[2]，吾文书中，悉病疾浮华邪言[3]，予乃复重问之，何也？""愚生而随俗为愚积久，不知邪正所在，故不重见丁宁解之，殊不解也。""然，子欲知其审实也[4]。俗人俱言善善而共力行之[5]，而灾殊不除去者，即不善之文、不善之言之乱也；俗人言此可耳[6]，不能善也，而按行之，反与天相应，灾日除去者，即正文、正言、正辞也，内独与天相应，得天地心意之明征也。是故正言、正文，乃见是正天地之心也。故言悉正，文悉正，辞悉正，而帝王按而行之，下及小民，莫不俱好行正，天地乃为大正，四时、五行、万物一旦皆各得其正，日月、三光守度，各得正也。国家大安无忧，乃到于神负不老之方赐之[7]，奇物善应悉出，奸猾妖恶悉灭绝。凡民各得保其家而竟其天年[8]，万物悉得长老终，各以时也。是即正言、正文、正辞之为天地根，而国家宝器，父母民万物之命，大明效也。真人知之耶？”“唯唯，可骇哉！可骇哉！天地之根，国家宝器，命反在此。”“行，子可谓晓事之生，知之矣。是故天遣吾下，悉考正之也。天地开辟以来，行正言、正文者，天地常为其大喜说，故常善；行邪言、邪文者，天地常为其大怒不悦喜，故常凶不安，而多危亡也。俗人不知是为天地大病，而乱帝王治也。而下愚之士[9]，反共巧工，下作篇记，习邪言、邪文，以相高下，以欺其上，而污天正法，乱天正仪，是乃天之大怨，地之大咎也，而国家之大贼也。今乃得天怨、地咎、国家贼，而日共行之，其治安得平哉！”“今天师责此邪言、邪文罪之，何一重也？”“噫，真人

其愚耶？今人而共以邪言、邪文共乱天地，天地
乃为其常有病，是非天之怨咎耶？比若人常行病
人害人，人亦怨咎之不耶？""唯唯。""是故为
天怨地咎明白矣。今邪言、邪文、邪辞，乃已共
欺其上，危国家，其治常失天心，其年命不增，
为之绝者，前后非一人坐之，是非国家之大贼
耶？诸真人知之不？""唯唯。"

[注释]

[1]决意：此指正言、正文、正辞之所以成为天地之根、国家
宝器、凡民万物秉承天命的根本原因。　[2]比比：连续。　[3]病
疾浮华邪言：指斥虚假邪恶之邪言惑众乱治。　[4]审实：经得起
考验的灾情。　[5]"俗人俱言善善而共力行之"以下三句：此
言世人所奉行之道不能除灾安民，那都是邪文、邪辞、邪言造成
的。　[6]言此可：应为"言此不可"，夺一"不"字。　[7]神负：
神仙背负。　[8]"凡民各得保其家而竟其天年"以下三句：此言
天地人各类万物各从时令、顺其自然规律生长繁育。　[9]"而下
愚之士"以下十一句：此指愚昧之士不知邪言、邪文之危害，反
而串通一气伙同作文造假，竞相宣传邪文、邪辞，玷污、扰乱皇
天仪法，是天地国家之大害。

"下古人多愚[1]，或有见天文，反言不若，
此言是纯复国贼之长也，天地之大怨咎也，民之

大害，万物之烈鬼物也。德君慎毋用其言也[2]，用其言者，天怨不正，当为身深计远虑，思其患害，以长自安。天乃与德君独厚[3]，故为其制作，可以自安而保国者也。真人知之耶？""唯唯。""行，子已大觉矣。自慎自慎，天威不可犯也。""唯唯。""戒真人一言：自是之后，德君详察思天教、天文[4]，为［如］得下吏民三道所共集上书文，到八月拘校之，分处为三部：始校书者，于君之东；已一通，传校于君之南；已再通，传校于君之西；已三通，传校者弃去于君之北。校者各异处，不得相时也。""何乎？愿闻之。""然，相睹复有奸，有可弊，不实复为欺。如是，复忿天地为怨咎，为国之大贼。天地恶人使帝王治乱。故异其处，使三校之，当共实核之也，以解天心，以安王者治也。"

这种做法，实际上是要对汉以前流行的经典、百家之学重建一套评价体系；同时也是为《太平经》的编辑印行申明凡例。

[注释]

[1]"下古人多愚"以下七句：此是说下古之时有人偶见天文却怀疑不可信，这种人是国家的罪魁祸首，天地极怨恶的对象，百姓的大祸害，恶鬼中之最恶者。不若，不像是。 [2]"德君慎毋用其言也"以下六句：此言君主如听信邪言，会引起上皇的

无尽怨恨以致报复。正，"止"之形误。　[3]独厚：情感特别深厚。　[4]"德君详察思天教、天文"以下十四句：此言君主亲自掌控和参与下的拘校文书的过程。首先将三道文书收聚起来，于八月开始工作。届时将人员分为君主所处之东、南、西三处。东处完毕是为一通，旋即转给南处；南处二通毕，转给西处。待三通完成后，当由君主定谳，而三处之传校者便于北边遣散。全部传校过程，自东至北，大约一年时间，全在君主的监控之下；期间彼此不得窥伺、交流，以防为奸作弊，造成天地怨咎，依然故态。采取这些措施也是为了实核事实，既安天心，又安王治。八月拘效，八月适值秋分，阳尽而阴成，与春分之木相对，春华而秋实，集实其时，故集校当始于八月。不得相时，不可相互窥伺。时，借为"伺"。

拘校文书真伪是非之法，首先当得其意。其次，语必有本，本必有实据。再次，验之以大效明证，不仅空言。又次，神文不仅一家一卷之中。当依上述标准以类一穷竟。这里既反对了教条主义，又强调效验法则，想法难能可贵。

　　"子知畏之，已长吉矣。戒真人一大要言也：夫拘校文书法，毋但言其神文如其书文[1]，言如此以为真也，是名为聋文也。言事独无本柄耶？何以言如此哉？不禁其有也，但问其言之意，当得其意，乃事可明也。如不说其意，以何能得知之乎哉？故当问其解决意。不者，不可用也，名为聋治[2]。子欲乐知其意，比若人语必有本，当有所由而起，不可但言东公言[3]，以立事也。夫人证立事者悉有本，安得但空设伪空言乎？故赤［亦］凡事者，皆当以其实有据，乃可立事也。

子欲得知其大效明征，比若吾为德君化法，皆以试立应，为效言也；行之而不应[4]，即伪言也。行之而不应[5]，即为天也。夫实说文与言矣，比若此矣。安得空立征[6]，而言其文言而无说乎？愚人或反有拘[7]，何各神文言如是也？但可以解难拒穷之辞耳。夫神文何雄[8]，或独有意，但传言其文，不居一卷也。独自传[9]，遥相说，人不深得其诀意，反但以拒难救穷，言东久［公］言以是自明，实非也，皆为失说意。令至道德辞不得通达者[10]，悉坐是。子知之乎？""唯唯，愚生谨已觉矣。""然，子如此而不觉，则遂迷矣。是故按吾书考文及人辞者[11]，皆竟问其意，何以得其说者，以类聚之。乃后天下之文及辞言，且一穷竟[12]，天道法可睹矣，善恶之辞得通矣。""善哉善哉！""行，吾之道见于此，真人自上下思之，思之悉更相征明，则无不解矣。天下之事，无不毕矣，大道得矣，天地悦矣，德君长安矣。天下俱同口，皆曰善哉，无复言天[13]。治乃复得天地心意，故曰安。举事得凡人之心，故天下无复言。真人知之耶？""唯唯。""行，辞小异。有疑，复来问。"　"唯唯。"

右天怨地咎、国之害征、立洞极经文。

[注释]

[1]"毋但言其神文如其书文"以下三句：此指有些书文仅仅只与神文相肖而不探究其真意，但求形似，就断定它是真的，这类书文便称为聋文。　[2]聋治：盲目采纳聋文用以治国，不究其实效，是为聋治。　[3]东公：一说"东"或"某"之形误；一说是借古代神仙东君、东王公为言。　[4]应：应验。　[5]应：应答。　[6]空立征：此是说仅仅讲一些征兆而不举证事实。　[7]"愚人或反有拘"以下三句：是说愚者反倒拘限于字面上的神文之言，也不过是权且对付使自己陷入窘境的诘问之辞而已。　[8]"夫神文何雄"以下四句：此言真正的神文非同寻常，有其独特意旨，不止收藏于一卷之中。　[9]"独自传"以下七句：此言神文独自流传，人们遥相解说，他们并不理解其微言大义，反误认为是应付诘难、掩饰自己技穷的窘态的言辞，打着所谓某公的旗号证明自己的真确，这都背离了神文本意，是不对的。　[10]"令至道德辞不得通达者"二句：使至道、德辞不能被人理解接受，罪过正在于此。　[11]考文及人辞：考据训诂所集议的文书和世人的议论。　[12]一穷竟：此指将天下见存的所有文书言论寻根究底，拘校完毕。　[13]无复言天：再也不要错怪老天了。

[点评]

本法诀旨在劝诫真人参与协助拘校三古以来以及当代所集之三道文书，编辑成一部解除万世承负厄会的"洞极之经"，即"皇天洞极政事之文"，为德君提供一部完善的致天下太平的治国经典。

首先，作者指出了拘校天地开辟以来文书诀辞的必要性。认为"古今圣人有优劣，各长于一事"，而"不能悉知天地意"，轻信一家之言则会流于片面性，于治国造成缺失，故急须作"上下外内，尊卑远近，俱收其文与要语，而集其长短，以类相从，因以相补"的正本清源工作，去伪存真，使天下书文归于真道。

其次，作者对当今社会上流行的邪言、邪文、邪辞及其造成的危害进行了深刻的揭露和批判，痛斥其为"国贼之长也，天地之大怨咎也，民之大害，万物之烈鬼物也"。指出正文、正言、正辞才是天地之根，国之宝器，父母、民、万物之命，从而提出了择要考实，以类相从、古今互补、定于一尊的拘校方法。对于重要经源的三道文书，作者按五方及人伦五常与五行的配属关系，设计了校核程序，思路缜密。

其三，作者宣称，《太平经》以"守本、戒中、弃末"为原则，其经文与天地同身、同心、同意、同分、同理、同好、同恶、同道、同路，足以使"得其上诀者可老寿，得其中诀者为国辅，得其下诀者可以常自安"，突出地表明了作者对《太平经》的充分肯定。此外也表明了作者以正古今言辞为己任，为德君教化天下的责任感和自信心。其求真务实、安国福民的初衷是值得肯定的。

六极六竟孝顺忠诀

"真人前。子共记吾辞,受天道文比久[1],岂得其大部界分尽邪[2]?吾道有几部,以何为极[3],以何为大究竟哉[4]?""文中有道'六极六竟'[5],愚生今说,不知以何为'六极六竟'。""咄!子其愚不开,又学实自若,未大精也,故不知道之所到至也[6]。""有过负于天师,其责必不可复除。""不嫌也,真人自责,何一重也?""愚生闻:子不孝,则不能尽力养其亲;弟子不顺,则不能尽力修明其师道;臣不忠,则不能尽力共敬事其君,为此三行而不善,罪名不可除也。天地憎之,鬼神害之,人共恶之,死尚有余责于地下,名为三行不顺善之子也。常以月尽朔旦[7],见对于大主正理阴阳、是尊卑之神吏,魂魄为之愁,至灭乃已。故自知不精[8],有过于师不除也[9]。""善哉善哉!子于何受此辞语乎?""受之于先师也。又愚生瞥睹天师说,受天师之法,见天象,天地乃是四时五行之父母也,四时五行不尽力供养

孝亲、尊师、忠君,古人道德修养的基本要求。

此以天地与人、民与风雨分别喻父母和孝子、弟子与忠臣,从其相互关系论证人当敬天地,尊师长,法自然。较之儒学,多了一点神秘的风韵。

天地所欲，生为不孝之子，其岁少善物[10]，为凶年。人亦天地之子也，子不慎力养天地所为，名为不孝之子也，故好用刑罚者，其国常乱危而毁也。万物者，随四时五行而衰兴，而生长自养，是其弟子也。不能尽力随其时气而生长实老[11]，终为不顺之弟子。其年物伤，人反共罪过其时气不和，为时气得重过。民者，圣人贤者之弟子也。今下愚弟子妄盗［道］强说，反使圣人贤者有过，名为共乱逆天道，其罪至重，不可赦除，故愚生过不除也。风雨者，乃是天地之忠臣也。受天命而共行气与泽[12]，不调均，使天下不平。比若人之受命为帝王之臣，背上向下，用心意不调均，众臣共为不忠信，而共欺其上，使天下悑悑多变诤[13]，国治为之危乱。比三事者：子不孝，弟子不顺，臣不忠，罪皆不与于赦，令天甚疾之，地甚恶之，以为大事，以为大咎也，鬼神甚非之，故为最恶下行也。”"噫！真人久怀智而反诈愚，使吾妄说，说得过于天地也。吾之所说，不若子今且所言深远也。""愚生意适达于是，今不能复有所言也。""大谦，然亦不失之也。下而不谦，其过亦重。""唯唯，不敢不敢也。是故愚生为弟子，不能明理师道之部界[14]，自知过重，故说天象，以是自责也[15]。"

［注释］

[1] 天道文：此指《太平经》。比久：连续许久。　[2] 大部界分：此指经书分类结构和各部分的具体内容。尽：全部。　[3] 极：最终目标，最高境界。　[4] 大究竟：终极目的，最终结论。　[5] 六极六竟：修道时将其紧密相关的六个方面内容（守一，入（守）道，入（守）神，入正文、正辞，选举得其才，通上三道行书）参透、并奉为最高理想，传之于世，使人终身信行，是为六大极则；奉行此六极深得天心，灾悉灭亡，万物尽理、人尽思乐忠孝，从而最终实现太平之治是为六竟。故六极为终极目标，六竟亦即大究竟。　[6] 道之所到至：真道所达到的范围。　[7] "常以月尽朔旦"以下四句：不孝顺之子每于月尽朔旦之时要接受上天派遣的主管神吏的勘问和审讯，其严酷简直让人魂飞魄散，差不多至死灭而后已。月尽朔旦，上月末、下月初交替之时。朔谓阴历初一日，旦为凌晨破晓之时。见对于天，受上天勘究、审问。主正理阴阳、是尊卑，主管调正阴阳、明确尊卑次序。　[8] 不精：思虑不能达到缜密程度。　[9] 不除：罪过不可免除。　[10] 岁少善物：年成贫瘠少收优粮。　[11] 时气：四时五行的阴阳之气。　[12] 气与泽：此指风与雨。八卦谓"巽"（☴）木为风，"兑"（☱）水为泽。　[13] 变诤：争吵变乱。　[14] 部界：此指真道书文划分的类别和范围。　[15] 以是：以此。

"善哉！子之言也，吾亦无以复加之也。今以子说况之[1]，子已自知〈也〉，书之部界矣。""实不及之也。""然，子真不及之，为子具分别解之，使相次各有部界，万世不可复忘也。今真人言，人三行不顺修善，言魂魄见对，极巧也。于何受是□□说哉？""比若天师会〔曾〕事先师，自言为上古真人戒[2]。愚生以此言，又见天师书文中言，故□□重知之也。愚生问上古真人时，不知屈折有所疑[3]。""然上古真人言是也，吾无以加之也。""今愿及天师问其是意。""行，明听。然所以月尽岁尽见对[4]，非独生时不孝、不顺、不忠、大逆恶人魂神也，天地神皆然。天以十五日为一小界[5]，故月到十五日而折小还也[6]。以一月为中部，以一岁为大部。天地之间诸神精，当共助天共生养长是万二千物，故诸神精悉皆得禄食也[7]；比若群臣贤者，共助帝王养长凡民万物，皆得禄食也。故随天为法[8]，常以月十五日而小上对，一月而中上对，一岁而大对。故有大功者赐迁举之，其无功者退去之，或击治[9]。此乱治者[10]，专邪恶之神也，邪恶之神行与是，故生时不善之人魂魄俱行对。善人魂魄不肯为其使也[11]，是故逆不孝、不顺、不忠之人为其使，共乱天仪，污天治。故其恶神见收治，故并收治其客[12]。比若反逆恶臣为无状[13]，乃罪及其客也，此之谓之也。"善哉善哉！愚生已解矣。"

[注释]

[1]况：此处作动词，即作比较。　[2]上古真人戒：上古真人对弟子的戒勉之辞。　[3]屈折：深入究竟。　[4]月尽岁尽见对：月末岁末对簿，即被考核询问。　[5]一小界：月象以十五日为一个小变的阶段。　[6]折小还：谓月相由圆转缺，由晴转阴。按月相变化的规律是：三日成魄，初露锋芒；八日呈半圆形，谓之中分，即上弦月；第十五日月满为圆；二十三日变为下弦月；三十日不复见，谓之晦。　[7]禄食：官俸和食邑，此指天庭给予诸神精的待遇。　[8]随天为法：依照天法为推测。　[9]或击治：当为"或系治"之误，意为或拘禁以惩治。系，拘系。　[10]"此乱治者"以下四句：祸乱王治者是邪恶之神所为，邪恶之神就是这样干的，所以活着的恶人其魂魄都要被考核、审查。俱行对，都要见对于天神。　[11]"善人魂魄不肯为其使也"以下四句：此言善人不愿听命于邪神，邪神便迎聚那些不孝不顺不忠之人为其驱使，败乱天的形象和道法。逆，迎也。　[12]客：此指上述助纣为虐之同党。　[13]无状：恶行简直无法描述。

"故人生之时，为子当孝，为臣当忠，为弟子当顺，孝忠顺不离其身，然后死，魂魄神精不见对也。子知之耶？""唯唯，可骇哉！可骇哉！今唯天师幸哀开示[1]，其天法象多少，愿无中弃，唯见示敕书文部界所到至也。""然，子问之大致数[2]，吾犹当言也。如吾不言，名为妒道业学而止，而反得天适[3]。诺，六真人安坐，为子分别其部署。凡有六属一大集[4]。夫守一者，以类相从，古今守一[5]，其文大同。大贤见吾文，守行之不懈[6]，策之得其要意，如学可为孝子，中学可为忠臣，终老学之，不中止、不懈，皆可得度世。尚有余策也[7]，行之不止[8]，尚或乃洞于六方八极也。万事已毕，何不有也[9]。上乃可助有德帝君，共安天地，其恩乃下可及草木也。万物扰扰之属，莫不尽理也，天地为之欢喜，帝王为之长游，但响琴瑟唱乐，而无复忧。子知之耶？""唯唯。""中贤守行之力之，旦夕惟思其意，亦可少为孝子，长为良臣，助国致太平，天下悉伏，莫不言'善哉'！外谨内信，还各自责自正，不敢负于天地，不敢欺其上也。众贤共案

此谓守一，乃坚守一部《太平经》。认为得其要意，守行之不懈，即可为孝子忠臣，长生不老，进而掌握天地自然的奥秘；超越世间从而有功于天地社稷，恩及万民万物。

力行之，令使君治乃与天相似，象天为行恩爱，下及草木蚑蚘之属，皆得其所。子知之耶？”“唯唯。”“凡民守读之，共强行之，且相易共好嬉之[10]，不能自禁。令人父慈、母爱、子孝、妻顺、兄良、弟恭，邻里悉思乐为善，无复阴贼好窃相灾害[11]。有人尽思乐忠顺孝，欲思上及中贤大贤，故民不知复为凶恶，家家人人，自救自治[12]，故可无刑罚而治也。上人中人下人共行之，天下立平不移时。子知之耶？”“唯唯。”

[注释]

[1]“今唯天师幸哀开示”以下四句：幸蒙天师哀悯，阐释了上天多少法象！但愿不至于中途遗弃我们，直到提示经书的内容和章节结构。　[2]大致数：概要。　[3]天适：天谪，天予之罪谪。适，通“谪”。　[4]六属：即前言之六极六竟。一大集：是对各类道书、圣文贤传以及民间口语人辞等综合分类，校勘正误，定于一尊，编成“皇天洞极政事之文”。　[5]守一：此借道家守一功法而表达对《太平经》的态度，从其类而“守行之不懈”。　[6]“守行之不懈”以下七句：此言守行经书教导，当由少到壮到老，从孝子到忠臣到寿星，逐步提高目标而不中止，皆可以出世而成仙。　[7]余策：谓学道人取之未尽的策文。　[8]“行之不止”二句：守行不止，即可洞彻世界宇宙，超越尘世，进入一个心随所欲的境界。　[9]何不有：此谓吾心即是宇宙，与道同一，还有什么不包罗的呢？　[10]相易共好：相互交流，融洽共

处。　[11]阴贼：暗中设局祸害人。　[12]自救自治：自律修身。

[**点评**]

本诀文重点论述了六极六竟，以及孝忠顺与修道成仙、致太平三者间的辩证关系。表明了欲将《太平经》取代儒家经典以经世的一贯立场。所谓"六极六竟"包含了修道人必备的基本条件，即不可以不出仕（如要上三道文书、要选举任职）；不可以读邪文、邪辞和浮华之语（如要入正文、正辞）；不可以不专一（如要入道、入神、守一）等。要从六极达于六竟，进入更高境界，修道人又必须做到三点：孝、忠、顺。作者强调，子对父母不孝，弟子对师长不顺，臣对君不忠，是"最恶下行"，"罪皆不与于赦"。不但生前其神魂要遭到天庭定期勘问、"拘系"，死后还要"见对"拷问，不堪其苦。反之，如做到了孝、忠、顺，则"天地为之欢喜"，"尚或乃洞于六方八极"，即可登仙。另一方面，人若具此三行，还可与德君"共安天地，其恩乃下可及草木"。而要修此三行，还须做到"六属一大集"，奉《太平经》"守行之不懈"。古今之文大同，莫如守此一经。"守行之力之，旦夕惟思其意"，得其"大部界分"，明其"大究竟"。如此便形成了一个相互倚存的因果逻辑链条。同时也表示了作者欲罢黜百家，定《太平经》于一尊的价值取向。

庚部

大功益年书出岁月戒

惟上古之道，修身正己，不敢犯神灵之所记[1]，乃敢求生索活于天君，不敢自恣[2]，恐不全[3]。日念生意[4]，与神为臣[5]，表其类也。欲得尽忠直之言，与诸所部主者之神，各各分明是非，乃敢信理曲直耳[6]，何日有忘须臾之间。上有占人[7]，具知是非，何所隐匿，何所有不信者也。故得自理，求念本根，未曾有小不善之界也[8]。但自惜得为人[9]，依仰元气，使得蠕动之物所不睹见灾异之属。但人负信于誓言，两不相信，故有所不安。天地中和上下[10]，各自有信，人不得知其要，而言何独有善有恶耶？灾异悉所从生。人食五常之气[11]，无所不禀，无所不依，无所不行，独何不奉知古有知人相及逮乎[12]？此为失善从恶，令命不全，何独而是耶[13]？故天君言，有善有恶[14]，善可令同？所以然者，当令有分别，不可自从。善当上行，恶当见刑，何得与善相及耶？以人意言之，亦为可知，自有当直之者[15]。故设恶以分明天地四时五行之意[16]，使知成生为重，增其命年；人得生成之道，承用其禁，不敢触忌。以是言之，天知愚人甚薄而无报复之意[17]，逆天所施为，证天所施为加［如］人所施行邪中类，反当活恶疾善也[18]。故圣人知阴阳之会[19]，贤人理其曲直，解其未知，使各自知分画不相怨。善自命长，恶自命短，何可所疑所怨乎？以人（之）为不如六畜、飞鸟走兽、水中物耶[20]？以为人无状邪？天使然也。天同欲使为善耳，不欲令为恶也。如善恶同其苦乐耳[21]，富贵寿老天在上，为不能分别好丑？使无知人得气扬声，言“我与汝曹等耳，行善何至用”。是故进益善，令久生；其人薄者，念之等耳。比恶亡命[22]，乃欲正悔过，见善与从事，见恶退止，日夜克躬思省，所负既复，小生得与人等，虽不仙度，可竟所受，不中亡年，是为可矣。俗人之所长须臾耳[23]，不念久生可上及。知士有心[24]，念索生，故不作恶耳。天见其善，使可安为，更求富有子孙，虽不尽得，尚有所望，何为作恶久灭亡？自以当可竟年，不知天遣神往记之，过无大小，天皆知之。簿疏善恶之籍[25]，岁日月拘校前后，除算减年，其恶不止，便见鬼门。地神召问其所为[26]，辞语同、不同，复苦鬼治之，治后乃服。上名命曹上对，算尽当入土，惩流后生，是非恶所致邪？人何为不欲生乎[27]？人无所照见乃如是，何所怨咎乎？同十月之子，独何为不善？施恶不息，安得久乎？愚士之计，壹何不与小善合乎？行，复道小不急之事。凡人所为，各不同计，自以为可，所触所犯，皆欲得人利，人亦不欲利之。善利得生须臾[28]，恶利不久，以善不久居地上也，故使有天地，知不乎？天使人为善[29]，故生之；而反为恶，故使主恶之鬼久随之不解，有解不止，余鬼上之，辄生其事，故使随人不置也，知不乎？此书先进善退恶[30]，古今文也[31]。自不从其长命就恶，无可奈何，鬼使得不白也[32]？故有过者，没形于土耳[33]，精神不安，未知所止，是谁过乎！人行且自详思念，取便安[34]，勿非所言。辞语前后复重，其所道非一事，故重耳。人命近在汝身，何为叩心仰呼天乎[35]？有身不自清[36]，当清谁乎？有身不自爱，当爱谁乎？有身不自成，当成谁乎？有身不自念，当念谁乎？有身不自责，当责谁乎？复思此言，无怨鬼神。见善白善，见恶白恶，皆不同也。复知之乎？辞小止。有恶不息[37]，文书不绝，人没乃止。此戒可知，为恶自负其身耳[38]，不负他人也。复知之乎？行顺所言[39]，所思无离于心，离之为败，不可复理，与鬼同伍，何得活乎？念生得生[40]，是为知；恶会当尽，不得久在，知之不乎？

[注释]

[1] 神灵之所记：流传的神道书所记之戒律。　[2] 自恣：自我行为放纵。　[3] 不全：不能保全寿命。　[4] 生意：长生之意欲。　[5] "与神为臣"二句：此言称臣于神下，表示自己的身份所属。　[6] 信理曲直：伸张是非曲直。信，通"伸"。　[7]"上

有占人"以下四句：是说在占人面前哪里还有隐匿和虚假之事呢？占人，指占卜吉凶、然否的神职人员。　[8]小不善之界：心田没有一点邪念的地方。　[9]"但自惜得为人"以下六句：人超越于其他蠕动之属，独能感觉灾异现象，是因为它们能自惜生命，依仰于阴阳之气。但人却违背了对天道的信诺，与天相互怀疑，因而社会就不安定了。　[10]"天地中和上下"以下五句：灾异都是因为不知"天地中和上下，各自有信"的法则，不信善恶之分，人为地失信于天地而产生的。　[11]五常之气：金、木、土、水、火五行之气。《礼记·乐记》郑玄注："五常，五行也。"[12]相及逮：追赶上。　[13]何独而是：为何偏偏如此呢？　[14]"有善有恶"二句：世有善恶之区别、褒贬，善岂能同于恶？　[15]当直之者：自当名实相称。直，通"值"。　[16]"故设恶以分明天地四时五行之意"以下六句：是说因为"善当上行，恶当见刑"，故用恶来表明天地、四时、五行神灵惩恶之意，使人们知道生命的重要。懂得了生成之道就不敢去接触恶行了。设，犹用也。　[17]"天知愚人甚薄而无报复之意"以下三句：上天知道愚昧之民薄情，不知报答天恩，以自己逆天之行去证明天道如人之邪行类似。中类，类似，相同。　[18]活恶疾善：让恶人存活，让善人得病。　[19]"故圣人知阴阳之会"以下六句：此言圣贤知阴阳相得之理，为民梳理是非曲直，使善恶界限画然有别，善者寿长，恶者命短，各不相怨。　[20]"以人（之）为不如六畜、飞鸟走兽、水中物耶"以下三句：此言人非不如禽兽，人之恶行以至于不可名状，亦非天使之然。[21]"如善恶同其苦乐耳"以下九句：天在上，天能分辨人之善恶美丑之行，不会使善人与恶人共享苦乐、富贵、寿夭之命，不会让愚昧之人趾高气扬地讲"行善有什么用"。其人不断行善天就会使其长生；那些德薄顽劣之人，只能空想长寿而已。为不能分别好丑，谓天不能分别善恶？为，通"谓"，以为。　[22]"比恶亡命"以下十句：是说有的人等到其恶而行将丧命之时，开始思量悔过，从善而远恶，昼夜反思其过，可以免除即死。能真悔过，虽然不可能度而成仙，但仍可以活满应受的寿数不至于中道夭死。所负既复，该减去的寿命之债，又得以免除。　[23]"俗人之所长须臾耳"二句：此是说世俗之人只图眼前活命而想不到长生、成仙。须臾，眼前片刻。上及，上及于仙。　[24]"知士有心"以下九句：聪明人则想得长远，冀望登仙，故不行恶。上天亦会因其善而使其安然；至于更求子孙富有，虽不能完全得到满足，但也可以期望，为何要自己作死呢？　[25]"簿疏善恶之籍"以下五句：是说天遣之神逐条查看其人某年某月善恶之行的记载，搜集整理数据，酌减阳寿；如果为恶不止，便敕死。　[26]"地神召问其所为"以下八句：是说地神召问其恶行，交待的罪行应与实情相一致。如果与天神所记不同，便令厉鬼来惩治，使其服罪。报上名籍，命令曹官核对坐实。寿算已尽者，打入地府；其罪过还将殃及后代，这难道不是作恶所致吗？愆，罪过。　[27]"人何为不欲生乎"以下九句：此言恶人所遭报应皆是自作自受，都是不求长生、不吸取前人教训才这样的，没理由怨天尤人。都是十月怀胎而生之人，为何自己就不行善积德？作恶多端是不能久活的。那些愚昧之人打尽了侥幸的算盘，为何就没有一点与善德吻合之处呢！　[28]"善利得生须臾"以下五句：此言以正当手段谋利之人可以暂时活在人世；用邪恶手段谋利之人，则不能久活；而行善之人则不会久居地上，会往仙界。故使有天上地下之别。　[29]"天使人为善"以下八句：此言天之生人，欲使其为善，其人不仅不为善，反而为恶，故上天便遣专司掌人恶的鬼纠缠他；一旦放松，其余鬼怪便来缠他，使他祸事不断。　[30]进善退恶：劝善而斥退邪恶。　[31]古今文：集古今道论之文书。　[32]鬼使得不白：鬼神之使能不向上天禀报吗？白，说明情况。　[33]没形于土：被打入地狱。　[34]取便安：采取便利安全之举。　[35]叩心：捶胸顿足貌。　[36]"有身不自清"以下十二句：此言人当自清、自爱、自成、自念、自责，不应怨鬼憎神。　[37]"有恶不息"以下三句：此言作恶之人直到死亡才没有监视的文书。　[38]"为恶自负其身耳"二句：为恶者自致伤害，自己负责，不关他人。　[39]"行顺所言"以下六句：行为要遵循天师之言，心中所思也不要离开天师之言，一旦离弃便不可收回了，就会沦入鬼道，不能活命了。　[40]"念生得生"二句：意念求生，便会起善行而得长生，这是智者之行。知，通"智"。

　　（大神言：）"上善之人，皆生于自然，皆有历纪[1]，著善籍之文，名之为善人之籍。常有善人之行，未尝有恶称，行止出入，辄闻善意，未尝有恶，故名善人。动辄进之于人，众奇为不见之物，得上于尊[2]。尊者见之，或善其言，或贪其善行，或贪其诚，或贪其见爱，或贪其孝忠，或贪其久所言，或亦贪其见信，是善之善也，故名之为善。时见宠荣，复贪得长游，复贪得神仙，复贪得不死位，复贪使众神，是善人之贪也[3]。行仰善[4]，与天地四时五行合信[5]，诸神相爱，有知相教[6]，有奇文异策相与见[7]，空缺相荐相保[8]。"（生言：）"有小有异言相谏正[9]，有珍奇相遗[10]，共进于天神。欲见敬求戒思过。恐有不称天之大神也，常日夜进心念笃，见善从心，思闻善言、忠直之志、完躯之人，爱其命年，常恐一朝有异，小不善之意。"（大神言：）"闻人有过，助其自悔，主其有知，善所谏，用其人言，并见其荣，善教戒人求生索活之道，是善人之极。"（生言：）"但当有功，不敢违神之愿，思慕长在，复得行见人之愿所当逮及[11]。唯天大神[12]，通达辞令，检救所行防禁，得小失相假忍，使思其意。天恩广大[13]，多所爱伤，使得自思，悔过命长，是大分之施也。但恐不而卒竟恩贷[14]。诸大神原其不及[15]，愿蒙不见之戒使得思[16]，乐其志广见，唯思重救[17]。"大神言："上天地各有文理[18]，知用前不知自却[19]，此自然耳，不惜爱戒而不相教也[20]。见众善之人，无有疑，何所复戒？但且详念所言，相副而已[21]。是善人之愿也，宜复明之。"生言："自不肖，行不纯质，以故自亲大神所禁戒者，数蒙厚遇，辄见思念显见[22]。以故复诣[23]，不知厌足，天使其然。"大神言："是生受自然之姿[24]，天使来问者，知其同不耳，何所嫌疑乎？密欲来承敕者[25]，皆言自情实少双[26]，辞语出于华耳[27]。会以心自正者少，故使有空缺转补[28]，是生短也[29]。宜复慎之，勿解也。"生言："禀性迟钝，设意不失[30]，但以文自防也[31]，唯哀之不耳[32]。"大神言："是亦出于知[33]，知善行善，知信行信，知忠行忠，知顺行顺，知孝行孝，恶无从得复前也。想生自知，是故重之耳。"生诚怅然曰："是生所闻，是大善，是有重戒出其中。大神所道乃如是，何敢有懈慢之意乎？是为活生之意[34]，蒙宠如是，不知何所用报大神恩也。"大神言："是曹事视之[35]，而不足为戒。念所行宜复成名，可及上无疑。行自得之，何所报谢乎？辞令自善，不得相闻语耳。"生言："是戒使生长得有活之望，请于无知之处思惟所言。"大神言："当知生辞勿离于内也[36]。前后所戒来学问之人如此矣。"生言："谁当肯相敕如此乎？生禄命[37]，大神喜之，时约敕[38]，前后备足。但无以副恩[39]，诚惭无以自置。"天君闻之："是善之善，善中尤善，可兼行诸部[40]，勿使有失。"大神还语生："天君所敕，恩荣如是，宜勿犯之。""唯唯。"

[注释]

[1]历纪：天神为之虚设的生卒时限、必经之事、成仙之期等履历，此亦称善人的簿籍。　[2]得上于尊：被推举到尊者面前。　[3]善人之贪：善人的偏好。贪，此处应作偏好、称许讲。　[4]行仰善：仰慕其善行。　[5]合信：相合无欺。　[6]相教：相切磋。　[7]相与：分享。　[8]相荐相保：互相保举、推荐。　[9]相谏正：互相规劝、劝止。　[10]相遗（wèi）：相互赠送。　[11]逮及：达到、实现。　[12]"唯天大神"以下五句：是说大神能懂得修道之人的辞令，督察其行为犯戒的情况，小有违纪之处则宽贷容忍，使其认识到错误。　[13]"天恩广大"以下五句：此言天恩广大，怜其人生不易，让其自思悔过得长寿，此即"大分之施。"　[14]而：能。恩贷：宽宥之恩。　[15]原其不及：体谅其没有做到的地方。　[16]愿蒙不见之戒：祈愿接受尚未聆听到的戒言。　[17]重敕：重新敕教。　[18]上天地各有文理：此言上天下地各有一套管理系统和理念。　[19]知用前不知自却：懂得遵行，便循此上进，直至登仙；不懂得遵用，便会被黜退。　[20]不惜爱戒而不教：此言并非吝惜戒条而不相授。　[21]相副：此言与以前所说的话相一致。　[22]辄见思念显现：往往在思念大神时，就会明显地出现大神的形象。　[23]复诣（yì）：反复去造访大神。　[24]自然之姿：天然资质。姿，通"资"。　[25]密：秘密。　[26]情实少双：履历很特别，少与人雷同。　[27]华：华丽，多修饰。　[28]空缺转补：此指虚伪

作假之人不能登上仙阶，留下空缺候补。　[29]是生短：是他们生命短促的原因。　[30]设意不失：考虑不周密。　[31]以文自防：文饰言辞，以防不测。　[32]哀之不：能得到您的怜悯吗？　[33]是亦出于知：此也是一种智慧。　[34]活生：给我以活路。　[35]曹事：职责范围之事。　[36]当知生辞勿离于内：此言往生之辞不得游离于内心，当铭记。　[37]禄命：贵贱、寿夭之命。　[38]约敕：规约、敕教。　[39]副恩：此言做得再好都难以与天神的恩德相匹。　[40]兼行诸部：兼任多部门神职。

"上德之人[1]，乃与天地之间，当化成之事，使各如愿。善者著善之文，不失其常，不失其宜，是为上德。无所不成[2]，无所不就，不失其明，不失其实，不失阴阳所生成，不失四时主生之气所出入，不失五行之成，不失日月星宿，不失其度数，不失吉凶之期，不失有灾异之变，不失水旱之纪，人命短长，不失所禀系星宿厚薄之意，是上德所当行也。故言有德之人，无所不照，无所不见。上下中和[3]，各从其宜，就其德，各不失其名，是为顺常。长生之文，莫不被荣。万物岩牙部甲而生[4]，垂枝布叶，以当衣裳；雾露霜雪时雨，以当饮食；生长自成，覆叶实令给人。地之长，名为水母，民名为瓜。盛夏热时，以当

上德之人，职在承天之统，为天行气，化成天地万物，使其各得其所；养育人民，教民作法，使民奉善弃恶，以报天恩。能当此誉者，自是德君无疑。德君之行，比之如地，体现天所施生之恩。

水浆，天下所仰，人无大小皆食之。是德人承天统[5]，成天形于地，以给民食，行恩布施，无不被德，以自饱满，是天恩非也？天所施生甚大[6]，不顺命，反言自然，是为逆耳。故使德人上知天意，教民作法，无失天心。育养长大，使得为人，复知文理[7]，行成德就，可上及天士。天上之事，功劳有差。德人主知地之事，令民依仰，重见恩施，不能以时报之。德人为天行气，上下中央不得其所者，人反轻天所施为，是正令天怒不止，神灵不爱人，侵夺年命，反自怨非天，是愚甚剧[8]。故下神书，使住敕，为施禁固，既民不犯，有豫知来事，远恶趣善，不犯所禁，复得见天道所师化[9]，无不从之化者。故使人主[10]，为作羽翼，开导头尾，成其所为城郭，倬然可知。知上及大化[11]，并理元气，复知人事，是亦有禄有命之人[12]，皆先知之。随人化可得延之期[13]，天亦爱之，善神随护，使不中恶[14]。心使见善[15]，恶者不得以为比等。故天重善[16]，使得从愿，不侵不克如其平。殊能过善，天复增其命年，不危陷[17]，是非大恩也？当报何疑。前有大善，所行合天心意。近之左侧[18]，恶气不来，不敢视之，延命无穷，是恩难报。报之不以珍奇，但写心归诚，自实有信，不负所言，是为有报。为报为[19]，知不乎？知善为善，见信行信，是人所长也，且宜照之，勿自疑。前有信人，已寿无极；化为神灵，所兼备足，功劳所致，复知之乎？故德人有知之士，所得上进，天甚爱之，不其文章[20]。知命不怨天，行各自慎，勿非有邪[21]。教人为善，复得天心意者，命自长。事皆天君出，不得留止[22]。俗人难化，化之以渐，无有卒暴[23]。详慎所言，勿为神所记，各慎所部文书；簿领自有期度，勿相逾越。见善进之，见恶当改，勿有所疑。贪生之人，自不忘天所施为，故重之者，诚爱人之命耳。念善得善，寿不疑也。天君爱信，知不乎？详慎神文，勿以自试[24]。天下之事，孝忠诚信为大，故勿得自放恣，（放恣）复夺人算，不得久长，慎之慎之，勿懈也。懈为自疑耳[25]，疑之自令不令[26]，知不乎？知不乎？”

右天上文、解六极大集、天上八月校书、象天地法、以除灾害。

"天下之事，孝忠诚信为大。"此即本经之道德价值观。此与儒家之"五常论"，并无二致。

[注释]

[1]"上德之人"以下四句：此言上德之人当顺从天地之道，参与改造客观世界、化民成俗的文化实践活动，助天地万物实现生存、发展之序。化成，人文化成。　[2]"无所不成"以下十五句：此言天地及天地间万事万物如阴阳、四时、五行、日月、星辰、灾异之变、水旱之纪、人命短长等等都各有其生成、运化、消长、生死之规律，德人之行不可违逆。　[3]"上下中和"以下五句：此言天、地、人各从其宜，体现自身的本性，如天主生，地主养，人则中和化成，各不失其名分即是"顺常"。顺常，遵顺常道。　[4]"万物岩牙部甲而生"以下七句：此言万物生长结实，供人成长以物质生活资料。　[5]"是德人承天统"以下六句：此言德人秉承上天统绪、成就天地心意，使人们得以生存和发展。　[6]"天所施生甚大"以下四句：此言皇天施生之恩何其伟大，如果不服从天命，反而说是理所当然，这就是忤逆天恩。　[7]"复知文理"以下三句：此言知文理、行成德就者可以上升为天庭的官吏。　[8]愚甚剧：愚蠢之尤。　[9]天道所师化：此言天师代天施行天道的教化，俗谓之传道。　[10]"故使人主"以下五句：此言天君任用天师和天子为天道之两翼，以神道设教，自始至终引导其修道，向道、修道之营垒，倬（zhuō）然可见。道家养生尝借"城郭"一词表示人体五脏之神协防邪神如城郭之坚不可摧，一如炼就的长寿之身。此言"倬然"，是表示得道登仙长寿之人很多。　[11]大化：上天的化生过程及其道理。　[12]有禄有命：此指上天安排了禄位和寿命的人。　[13]随人化：听从人的教化。　[14]中恶：遭遇邪恶蛊惑。　[15]"心使见善"二句：此言向善之人与恶神不可相提并论。比等，相当。　[16]"故天重善"以下三句：此言上天对向善之人一视同仁，不减其行善之功。　[17]危陷：陷入险境。　[18]左侧：指天君身边。　[19]"为

报为"二句：称为报恩，知道吗？为，通"谓"。　[20]不其文章：并不在乎如何文饰美化自己，言外之意是要看实际善行。　[21]勿非有邪：不要为非作歹，犯下邪恶。　[22]留止：扣留、积压。　[23]卒暴：仓促决断。卒，通"猝"，猝然意。　[24]自试：以身试法，此言试着违背一次。　[25]懈为自疑：懈怠是对真道尚有疑惑。　[26]疑之自令不令：怀疑就会动摇，动摇就会使自己放纵而不为善。不令，不善。

［点评］

此为大神代天君救赎因恶行夺算而痛悔之人的戒文。文中表达了天君对那些不可数闻的罪恶灵魂的慈悲关怀，记述了其中真诚弃恶从善者的转变故事，列举了上古圣人、上德之人为道的一般情况：一是修身正己，出于自然，始于自觉；二是人皆有智虑，不敢犯禁；三是心言口语，皆知人情，无文而治；四是参与天地化成之事，积善行功德，顺天心意；五是具见其信，各不相负。文章认为，上古之人皆有历纪，上天为他们分别著录了簿籍，"人命近在汝身"，今人亦然。因此人要求生索活、进而登仙长生，必须效古圣人之行，坚持行善不懈。天地各有文理，人之行必须与天地、四时、五行合信。具体而言，就是要尽忠、奉孝、敬顺、竭诚、守信、行善。如是，恶人可去恶从善延命，凡人则可登仙成为天庭官吏、享无尽寿。文章认为，人的先天禄籍不是固定不变的，其转变机制全在于其行为的善恶、信伪、大小、优劣、恒与不恒。人的行为都在天使之神的监视之下，因此不能图侥幸或失信于神灵，必须听大神之戒，清身、爱身、成身、念身、责身。本文列举事例虽然无稽，但其劝善的良苦用心却是昭然可鉴。本篇截取了戒文的首尾两部分，可供参究。

写书不用徒自苦诫

古者神圣之言，不失纲纪[1]，自有法度，无知之人，各戒此戒[2]，尤深彻生[3]。过罚轻重，皆从人起。非但空虚[4]，辄有所受。天性自然[5]，不可欺矣。熟念无置[6]，行成天神矣。变化有时，不失纲纪。四时之气，不可犯矣。辄有精神[7]，无复疏矣。以为不白[8]，天以占之[9]；神为之使[10]，不妄白上，乃得活耳。不者罚谪[11]，卖菜都市，不得受取[12]。面目为丑，人所轻贱，众人所鄙。过重谪深，四十年矣。乃得复上[13]，为诸神使。中者三十[14]，下者其十。夺其所主，各有分理。能复易心自责[15]，可复长久。勿易天言，自遗其咎，可不熟念[16]？为后仙士，计虑深浅[17]。咎自在己，无怨神言。出入表里，慎无误失，详谛所受[18]，被天奉使[19]。不可自

此言古神圣之言，自有理据，当奉为纲纪，以之为戒，不可背叛，否则就会招致殃咎。如果违犯天规，即便神仙也不能自保。修道之人当慎之戒之。

在，当辄承命，不得留久。辄有责问，不顷时矣[20]。过重使退[21]，地记所受；姓名如牒[22]，不得留止。处有空缺，下人补矣。所以然者，中心□尽；神仙尚退，何况愚士？自是之后，可无犯矣。天责人过，鬼神为使。不如天教[23]，辄见殃咎。不须鞭笞，行自得之耳。以为不然，见为所疑；不得久在，故复有言。所戒慎矣，不效俗人，以酒肉相和复止。仙道至重，故语人矣。有命当存，神神相使；乘云驾龙，周遍乃止。天有教令，当复行矣，无失法则。枉疏记[24]，为置证左[25]，不宜自服[26]，天亦止息[27]。各受其罚，可无怨矣。为神所白[28]，无妄（相）犯。天下地上[29]，中和之子，各不自敬，无怨天咎地。上下相留[30]，亦如民法令。辞不情实，为下得怨，亦不留久。

[注释]

[1] 纲纪：与下文"法度"均指天之道法和天神制定的戒律。　[2] 戒此戒：以此戒为戒，即以天之纲纪、法度约束自身。　[3] 尤深彻生：对于长生之道的了解，深而透彻。　[4] "非但空虚"二句：此言天戒并非虚言，可以时时感受到它的威严。

辄（zhé），副词，表经常、总是、往往等。　[5]"天性自然"二句：天之本性本诸自然，是客观公正、不可欺骗的。　[6]"熟念无置"二句：此是说只要反复精读、领会天之教戒，坚持付诸行为，便可成为天神。　[7]精神：此指一种具有人格的天使之神灵。　[8]不白：不上报于天。　[9]天以占之：天已经观察到了。以，通"已"。　[10]"神为之使"二句：此言天之神使，不会诬告人之善行。　[11]不者：否则。　[12]不得受取：不可接受。　[13]复上：重新上升到神仙行列。　[14]"中者三十"以下四句：此指天神倘若违犯了纲纪亦要受惩罚，并被剥夺其神权。中等罪行罚三十年，小罪则罚十年。　[15]复易：重新改过。　[16]可不熟念：经常唠叨，岂敢遗忘。　[17]计虑深浅：衡量利害、得失之大小。　[18]详谛：仔细审察。　[19]"被天奉使"以下四句：被上天差遣，不可掉以轻心，一旦接受任命，就得立即施行，不能拖延不决。自在，任意也。留久，积压。　[20]顷时：短时间，一霎时。　[21]"过重使退"二句：罪过严重的神职人员，上天命将其降退到凡间，夺其寿算。地记，地府的簿记、名册。　[22]"姓名如牒"二句：其人一旦遭到处罚，所有的文字档案都将一起吊销。牒，天庭颁发的文牒。　[23]不如天教：行为不合天规。　[24]枉疏记：此言神使的记载歪曲或疏忽了事实。枉，曲也。　[25]为置证左：准备好申辩的证明材料呈于天君之前。　[26]自服：自用，用自己的意见。服，听从。　[27]天亦止息：天君亦可裁定、平息。　[28]"为神所白"二句：是说作为神使，向上天禀报，不应妄言，要实事求是。　[29]"天下地上"以下四句：此言天地神灵和人，如有不自尊者，就不要埋怨天君执法了。自敬，自尊，不妄言。　[30]"上下相留"二句：此言对那些有过错的神灵去留的处罚，与对待俗民的法规是平等一致的。

此言修道之人，当奉承天法，随顺天和。一旦违背天神之意，就会打入地狱，不得复上。故天示经书，让人得戒邪、止恶、从善。

天上诸神争道之，何况凡人民？宜自奉承天法，随顺天和[1]，无赀之粮[2]，无赀之衣，有功复进，所主诸同[3]。（各）有所白[4]，岁有（所）定，承文而行，不得有疑。各有所白[5]，不两平相怨。同举者有罚[6]，更为贱矣。虽不时下[7]，为大神所使，不可神意，便付土主，不得复上。故有空缺[8]，身不处之，是上中下相参如一矣。行慎此言，亡身之寿[9]，与土相连。土者，非地之土，自亦有凶神业守之，为天土神使[10]。使不如所言，辄见苦矣。神仙尚有过失，民何得自在？故令司命[11]，近在胸心，不离人远人，为精神舍宅。吉凶自在，何须远避。自令扰祸，急不得活。命未尽算[12]，尽之后远之无益[13]。天下会神[14]，主知存亡。神自有失脱[15]，反受其殃。故令民命，不得复久长。故遣神人，示其文章[16]，得戒止恶[17]。神不上白，尚可须臾。

[注释]

[1]天和：阴阳平衡，自然和顺的状态。《庄子·知北游》："若正汝形，一汝视，天和将至。"　[2]无赀：取之不尽。　[3]所主诸同：其所分工职掌之权力与其他大神相同。　[4]"（各）有所

白"以下四句：大神如有事禀告，每年都有规定，依照文件进行就行了，不必迟疑。　[5]"各有所白"二句：是说遇到双方上书的意见相矛盾，不得在天君调和或裁决后仍然相互争执、仇怨。　[6]同举：相互串通举报。此指诬告。　[7]"虽不时下"以下五句：此言诬告之神灵虽然不会立时被罚，但其为大神之使，违背了神意，就会被交给土主处理，令其不得翻身。土主，地府阴神。　[8]"故有空缺"以下三句：此言尽管天庭神灵有上、中、下等级不同，一旦犯下过错就不配为神了，他们将一律被贬谪到人间去，交给土神处置。即便有空的神位，也不会让他们填补。　[9]"亡身之寿"二句：此言一旦被贬，阳寿也尽了，还要被打入地府受罪，可知神灵也不得妄言诬告以欺天。　[10]天土神使：天君管辖的地府凶神。　[11]司命：职掌凡人生死寿夭之神。本经有云："故言司命近在胸心，不离人远，司人是非。"（《见诫不触恶诀》）此亦称精神舍宅。　[12]算：寿算，寿命期限。　[13]尽之后远之无益：此言人之寿算尽了之时，即便逃得再远也是没有用的。　[14]"天下会神"二句：天庭诸大神定期会聚，决定人们的存亡寿算问题。　[15]失脱：失误，疏漏。脱，漏掉，放过了。　[16]文章：此指警戒条文、戒律。　[17]"得戒止恶"以下三句：此言凡人得戒，即止其恶行；神使不将民间恶事向天君禀告，其人寿命就可以多活一会。

饮食诸谷[1]，慎无烧山破石，延及草木；折华伤枝，实于市里，金刃加之，茎根俱尽。其母则怒[2]，上白于父[3]，不惜人年[4]。人亦须草自给，但取枯落不滋者，是为顺常。天地生长，如

此言人之饮食诸欲，当顺天之常道，不可妄意索取，俱应以保护生态为前提。不可伤天害命，否则必遭报应，贻害子孙。

人欲活，何为自恣^[5]，延及后生？有知之人，可无犯禁，自有为人害者^[6]。但仰成事^[7]，无取幼稚^[8]。给人食者，命可小长，终竟录籍^[9]。无兴兵刃，贼害威劫人命，天命此人不可久活。恶恶相及^[10]，烦苦神灵，精气鬼物^[11]，各各不得懈息，是非人过所为邪？先时为恶，殃咎下及，故令生子必不良之日^[12]；或当怀妊之时^[13]，雷电霹雳；弦望朔晦，血忌反支，以合阴阳。生子不遂，必有祸殃。地气所召，反怨仓狼^[14]。为恶报恶，何复所望？不知变易，自职当绝灭无户^[15]，死不与众等。部吏正卒比伍，特［持］至旷野不洁之处，才得被土。狐犬所食，形骸不收，弃捐道侧，魂神俱苦，适作不息^[16]。或著草木，六畜所食，何时复生？罚恶赏善人所知，何不自改？天报有功，不与无德。思之思之，赏罚可知。自可死独苦极，善恶之寿当消息^[17]。详之慎之，可无见咎，故以重诫，令自悔耳。吉凶之会，相去万里。故下此文，相敕相诫，勿怨天咎地，善恶当分。其文相录，知恶为善，魂神劳极。愚者不知，故文辞丁宁反复，展转相告，无为后生作咎。以此自证，复何怨咎？无所复恨，各得其理。此文当传，不得休止，知者减年，愚者自已。写书不用其言，但自苦耳！

[**注释**]

[1]"饮食诸谷"以下七句：此言人之物质生活资料的获取，不应破坏自然生态。更不应将其斩尽杀绝，运往城市牟利。　[2]母：指地神。　[3]父：指天神。　[4]不惜人年：不爱惜其生命。　[5]自恣：肆意妄为。　[6]自有为人害：本来就会给人带来祸害。　[7]但仰成事：仅依赖、取之于成熟之物。仰，仰仗，依赖。　[8]幼稚：此指尚未生长成熟的动植物。　[9]终竟录籍：此言救济、援助和保护了生态之人，可以寿终天算。竟，究竟，终极。　[10]恶恶相及：两恶相斗，残害彼此。　[11]精气鬼物：此指人之灵魂和鬼魅。　[12]不良之日：古人逢办喜事必要择日，看其宜、忌，不良之日即忌日。　[13]"或当怀妊之时"以下七句：是说每逢雷电霹雳之时或弦（月半圆时，初八日为上弦，二十三日为下弦）、望（月满时，即大月十六日，小月十五日）、朔（每月初一）、晦（月末）这四个时间段以及血忌（是日不能杀牲见血）、反支（干支术数认为，反支是凶日，不宜受孕。凡反支日，用月朔为正。如戌、亥朔一日为反支日，则申、酉朔二日为反支日）之日，男女不能同房，否则必有祸殃。合阴阳，此指男女交媾。　[14]仓：同"苍"，即苍灵星，岁星之异名。狼：即天狼星。　[15]自职当绝灭无户：合该断子绝孙。　[16]适作不息：被贬谪到劳苦没有生息之地服役。适，通"谪"。　[17]善恶之寿当消息：此言年寿是随着人的善恶行为变化而变化的。善事多做便增寿，

恶事做多了便减寿。消息，此消彼息的意思。阴进阳退曰"消"，阳进阴退曰"息"。

［点评］

本诫为四言文体，是针对曾经修炼到仙阶，然后又被天君处罚退回人间，夺其寿算，打入地府之人而发的。其人自己参与了天庭组织编写的经书和戒律活动却不遵循奉行，结果自酿苦果，是罪有应得。本来作为天君使者应该以身作则，奉承天法，可望"有功复进"，但却不知自敬，玩忽职守，欺天犯神，辞不情实，以致过重谪深，自遗其咎。它说明：第一，修道之人，即使成了神仙，也不可懈怠、动摇，幻想一劳永逸；而要坚持以天法律己、律人，公正无私。第二，天法是一视同仁的，不论是人是仙，触犯了天之纲纪都要被处罚。"神仙尚退，何况愚士"，"天责人过，鬼神为使。不如天教，辄见殃咎"。第三，"吉凶之会，相去万里"，吉者可以享受天庭"无赍之粮，无赍之衣"，"乘云驾龙，周遍乃止"，长寿不死；凶者将要"亡身之寿，与土相连"，"付土主"，"延及后生"。故"知恶为善"，"可不慎乎"！这些借助神道所设的劝善之教，彰显了法律、戒条的公正与公平，对于推行法制，实可借鉴。此外，诫文还有一段保护生态的论述，其中"慎无烧山破石，延及草木；折华伤枝……但仰成事，无取幼稚"等论述尤为精彩。

衣履欲好诫

自古及今，各有分部[1]，上下傍行，有所受取[2]。辄如绳墨不失，何有不睹死生之诀[3]？各且自慎，勿犯神灵，各如其职[4]，慎勿忽忘。命可疏记[5]，善者当上，恶者当退。吉凶之会，各其所愿。但可顺从，不得逆意。心意不端，反怨神使，行自得之，何所怨仇。人有难化[6]，知有不足，皆被其殃。枉行所不及[7]，反自誉满[8]，口出人事[9]，殊无知虑，而见当前[10]，不顾其后。合祸离爱[11]，谤讪善人。以天亡上[12]，地不在下，不知鬼神。有疏记之者。解人怨仇，多施酒脯，甘美自恣。当时为可，后为人所语，轻口骂詈[13]，咒诅不道[14]，诈伪诽谤。盗人妇女[15]，日夜司候；邀取便者，卖以自食。衣履欲好[16]，竞行斗辩，不从道理，欲得生活，何从得久？愚人所为，名（为）恶子。长吏闻知，属吏捕取，急刑其身，祸及亲疏，并得其咎。贫当自力，无为摇手[17]。此人命薄，生所禀受，恶鬼随之，安得留久。此辈众多有前后[18]，会当相得不中

此处以四言韵语对当时社会广泛流行的"摆手派"进行了深刻揭露。他们好逸恶劳，穿戴奢侈纵恶违善，无所不用其极。正是这批恶子，成了后汉政权的掘墓之人。上层失道，长上失教，以致青年失德，社会失范，能不令人警醒！

止。所以言者，恶鬼所取[19]，慎之小差，不慎自己。恶不可施，人所怨咎。当时自可，不念其后，见戒当止[20]。可复小生，竟其余算。有故记善恶寿所起[21]，增年之期，要当善矣。不见贤圣，知虑有余。念生恶死，上及仙士，寿可长年。何为弃世[22]，殃流后生，胞中之子，反言我同从父母生耳，是皆怨天咎地。言［善］恶当别，不可杂厕[23]，清浊分离，如君与奴使。故得行大道者生，不行为土[24]，古今相似。亦有善，亦有恶，世世相传未尝止，多与少耳。天知多逆，故出此文重之耳。知戒之后，可无有疑。十百相应，何有脱时？

［注释］

[1]部：汉代按察区域名，即分管部门。　[2]有所受取：指部主之神对其所辖部门内的管控对象的上进、下贬或平居都有具体安置意见。　[3]何有不睹死生之诀：怎么可能不去查看一下关于自己死生之期的宿命呢？　[4]"各如其职"二句：各部主之神要忠于职守，不可玩忽轻心。　[5]疏记：将管控对象的善恶行径爬梳分类，记述成文。　[6]难化：难以接受教化。　[7]枉行所不及：知其不可而强为之。　[8]自誉满：自我夸耀到极点。　[9]口出人事：随口评品人物和事件。　[10]而见：能见。　[11]合祸：谓聚恶。离爱：谓挑拨离间、拆散姻缘。　[12]"以天亡上"以

下四句：是说自以为天地间没有神灵监视自己的言行，殊不知有专门的鬼神在疏记。亡，无。　[13]骂詈（lì）：随口谩骂。　[14]咒诅不道：不讲道德，恶意诅咒人。　[15]"盗人妇女"以下四句：此指玩弄、贩卖妇女以谋生。　[16]"衣履欲好"以下五句：是说其人喜欢穿着打扮，装模作样，与人诡辩显口才，从来就不讲道理，这种求生混世之人，是不会长寿的。　[17]摇手：摆手派，游手好闲之人。　[18]"此辈众多有前后"二句：是说此类社会寄生虫前朝至今层出不穷，以其臭味相投而存在。　[19]"恶鬼所取"以下三句：此言凶神恶煞欲取此类人的性命，谨慎些可以稍微避免。不小心就会没命。小差，稍微。　[20]"见戒当止"以下三句：是说见到戒文后即停止恶行，可得允许多活几年，将未尽的寿龄活到头。　[21]"有故记善恶寿所起"以下三句：此言有专门的神使计算其人的善恶行为以折抵其寿龄，所增龄必须与为善价值相当。　[22]"何为弃世"以下五句：劝阻修道之人不要犯厌世轻生的罪过，那将会殃及后生乃至胎儿，他们将来会说：我之不肖也是从父母那里继承的。以此类推，岂不是埋怨天地吗？　[23]杂厕：良莠、香臭混淆一团。　[24]不行为土：此言让那些拒绝学道为善之人化为尘土。含消灭之意。

［点评］

　　此文名为告诫人不要讲究衣着华丽，实则是对当时社会上一批不愿修道积善的"恶子"（今谓之"废青"）的严正批判和警戒。指出他们这些"难化"之人"知有不足"，"行所不及，反自誉满"，不知天高地厚，目光短浅，毫无敬畏之心；他们"合祸离爱，谤讪善人"，索贿自恣，骂詈诅咒，"诈伪诽谤"，"盗人妇女"，"衣履欲好，竞行斗辩"，是家庭、社会、国家之赘疣、大害。而且"此辈众多有前后，会当相得不中止"，一代接一代，是社会严重的不安定因素。本诫文主要是劝诫这类人要敬畏神灵，告知其罪过上天都有疏记，其性命自有"恶鬼随之，安得留久"！如果"见戒当止"，"可复小生，竟其余算"；如果修道积善，还有可成仙长寿的希望。诫文触及了对社会的青年人层面的管教问题，有着"自古及今"的社会意义。

乐怒吉凶诀

此言人之喜怒之情与人之吉凶命运有内在联系。其表现有二：一、乐致吉，怒致凶；二、乐的程度有小、中、大之分。小乐吉人，中乐乐治，大乐乐天地。天地和乐，是《太平经》的最高理想。

"请问太平气俱至[1]，人民但当日相向而游，具乐器以为常，因以和调相化[2]，上有益国家，使天气和调常喜，国家寿，天下亦被其德教而无咎。其乐得与不得，以何为明哉？和与不和，以何为效乎？欲不及大师具问其事，恐固固，有不□□者。故前后重问，不敢懈怠，恐天怒也。""善哉！子为天问事，日益闲习[3]，得天意。真人必益年寿无穷，天所佑也。诺，安坐，复为诸弟子具更道其意，使其察察[4]，令可知也。乐[5]，小具小得其意者，以乐人；中具中得其意者，以乐治；上具上得其意者，以乐天地。得乐人法者，人为其悦喜；得乐治法者，治为其平安；得乐天地法者，天地为其和。天地和，则凡物为之无病，群神为之常喜，无有怒时也。是正太平气至，具乐之悦喜也。是故乐而得大角、上角之音者[6]，青帝大喜[7]，则仁道德出。凡物乐生，青帝出游，肝气为其无病，肝神精出见东方之类，其恶者悉除去，善者悉前助化，青衣玉女持奇方来赐人[8]，是其明效也。真人详思此意。”“唯唯。”“故上角音得，则以化上也；中角音得[9]，则以化中也；下角音得[10]，则以化下也，而得之以化。南方徵之音[11]，大小中悉和[12]，则物悉乐长也。南方道德莫不悦喜，恶者除去，善者悉前。赤气悉喜，赤神来游，心为其无病。心神出见，候迎赤衣玉女来[13]，赐人奇方，是其大效也。故得黄气宫音之和[14]，亦宫音之善者亦悉来也，恶者悉消去。得商音之和[15]，亦商音善者悉来也，恶者悉消去。得羽音之和[16]，羽音善者悉来也，恶者悉去。真人自详思其要意所致[17]，述效本行也。所以不悉究竟说五方者[18]，谓其大深。

上士见之[19]，自得其意，以一承万；中士得之，恐其大喜也；小人得之，或妄语也。故不悉露见[20]，使凡人各自思惟其意。上士且自以一承万，通知其意，亦不须为其悉说也；中士亦且自綝綝几知之[21]，亦不须为其悉说也；下士或得，而反妄语，亦不须为其悉说也。是故财成虑[22]。小举其纲见其事，以示凡人，使各自思其意，则可上下通达而无过。真人知之邪？""唯唯。"

[注释]

[1]太平气：太平气是本经作者所虚拟的一种理想的气运，其内涵十分丰富。它是一种从天地、天地间万事万物到人类、人类社会一切构设和人际关系全都平衡、和谐、平等相爱的状态。　[2]和调相化：音符与旋律协和的乐声对受众产生的一种熏陶教化。　[3]闲习：娴熟，得其要领。闲，通"娴"。　[4]察察：明察、透明。　[5]"乐"以下十三句：此言奏乐规模之大小，其所发功能亦相应不同。小规模的用以舒展陶冶人的情绪；一个中等乐团的演奏，则可以表达对社会之治的赞美；至于大规模的乐曲演奏，一般是对天地之德的感恩，可感天动地，如大祭乐舞，人之喜悦、治之平安、天地之中和，都是奏大乐之目的。　[6]大角、上角之音：角为五音（宫、商、角、徵、羽）之一。古人谓角为春天之音，属东方木行，象征阳气跃动，如叩木有声，故以"角"名。约相当于现今简谱上的3（mi）。古称三春：孟、仲、季。其中孟春律应太簇，谓之为"大角"。大角系指音高同十二

律（十二个不同高度的标准音）中阳律"太簇"（约相当于西乐D调）相应的角调调式。大角亦即上角。　[7]青帝：太微垣天区五帝神之一，名灵威仰。其于春，主木。在天主飞仙，在地镇五岳，在人主五脏、主肝，五德禀仁。春季木色青，故名青帝。详可参《春秋文曜钩》。　[8]青衣玉女：盖青帝之护法。《吕氏春秋·孟春纪》："天子居青阳左个，乘鸾辂，驾苍龙，载青旂，衣青衣，服青玉，食麦与羊。"高诱注："所衣服佩玉皆青者，顺木色也。"　[9]中角音：指音高同十二律中阴律"夹钟"相应的角调调式。相当于西乐#D调。夹者，万物剖甲而出也。《吕氏春秋·仲春纪》："仲春之月……其音角，律中夹钟。"高诱注："是月，万物去阴，夹阳而生，故竹管音中夹钟也。"又《淮南子》注作"去阴夹阳，聚地而生"。此之谓"中角音"。　[10]下角音：指音高同十二律中阳律"姑洗"相应的角调调式。相当于西乐Ē调。姑洗有万物去故就新，一色鲜明之义。《吕氏春秋·季春纪》："季春之月……其音角，律中姑洗。"高诱注："姑洗，阳律也。姑，故。洗，新。是月阳气养生，去故就新，竹管音中姑洗也。"此之谓"下角音"。　[11]徵之音：五声音阶之第四音，相当于现代简谱上的5（so）。《吕氏春秋·孟夏纪》："孟夏之月……其日丙丁；其帝炎帝；其神祝融；其虫羽；其音徵，律中仲吕。"高诱注："徵，火也，位在南方。"　[12]大小中悉和：此谓徵调的大中小三个调式完全和合。　[13]赤衣玉女：火行，女神名，盖亦为赤帝护法。《吕氏春秋·孟夏纪》："天子居明堂左个，乘朱辂，驾赤骝，载赤旂，衣赤衣，服赤玉，食菽与鸡。"高诱注谓："顺火也。"　[14]黄气宫音之和：《吕氏春秋·季夏纪》："中央土：其日戊己；其帝黄帝；其神后土；其虫倮；其音宫，律中黄钟之宫。"高注："戊己，土日。土王中央也。""宫，土也，位在中央，为之（五）音主。"《淮南子·时则训》亦同，但《淮南子》谓"律中百钟"。其注云："百钟，林钟也。是月阳盛阴起，生养万物，故曰百钟。"宫音约相当于现代简谱中的 1（do）。黄气，土行之气，取土色黄之义。宫音之和，谓百钟与林钟音律的和调。　　[15]商音：五行音阶之第二音。属金行秋音。《吕氏春秋·孟秋纪》："孟秋之月……其日庚辛；其帝少皞；其神蓐收；其虫毛；其音商，律中夷则。"高诱注："商，金也，其位在西方。""夷则，阳律也，竹管音与夷则和，太阳气衰，太阴气发，万物肃然，应法成性，故曰律中夷则。"其约相当于现代简谱上的 2（re）。商音之和谓孟秋之夷则、仲秋之南吕、季秋之无射，阴阳律和调。　　[16]羽音：五行音阶之第五音，约相当于现代简谱中的 6（la）。属水行冬音。《吕氏春秋·孟冬纪》："孟冬之月，日在尾，……其帝颛顼；其神玄冥；其虫介；其音羽，律中应钟。"高诱注："介，甲也，象冬闭固，皮漫胡也。羽，水也，位在北方。"谓龟鳖之甲周边有裙，皮长下垂如麟凤之羽，故得名。高注："应钟，阴律也。竹管音与应钟和也。阴应于阳，转成其功，万物聚藏，故曰律中应钟。"羽音之和谓孟冬之应钟、仲冬之黄钟、季冬之大吕，阴阳律和调。　　[17]"真人自详思其要意所致"二句：是说真人要详细思考体会五音、十二律与四季、五行之间的内在联系，去讲述和遵循其规则。　　[18]"所以不悉究竟说五方者"二句：是说之所以没有透彻地阐述东西南北中五方与木火土金水五行和春夏秋冬、孟仲季四季之间的关系，是因为太深奥了。　　[19]"上士见之"以下三句：此言上士修道，可以举一纲而明万目。　　[20]不悉露见：不把奥秘全都披露出来。　　[21]綝（chēn）綝：到此为止，不能深入之态。　　[22]"是故财成虑"以下五句：是说鉴于上述情况，才举起纲要，略作开示，使大家进一步思考道意而不犯过错。财，通"才"。

　　"故上士治乐[1]，以作无为以度世；中士治乐，乃以和乐俗人以调治；下士治乐，裁以乐人以召食[2]。此三人者各谕意[3]，太平气至，听其所为，从其具乐琴瑟[4]，慎无禁之。（禁之）则乐气不出，治难平。难平则气斗讼而多刑。夫乐者致乐，刑者致刑，犹影响之验，不失铢分也。凡乐者[5]，所以止怒也；凡怒者，所以止乐者也；此两者相伐，是故乐则怒止，怒则乐止。是故怒者乃生刑罚，斗之根也；喜乐者[6]，乃道德之门也。故当从之，使生道德之根，勿止之也；止之，反且生刑祸之门也。此者，吉凶之所出，安危之所发也。故乐者[7]，阳也；刑罚者，阴也。阴之与阳，乃更相反，阳兴则阴衰，阴兴则阳衰。阳者，君也；阴者，臣也。君盛则臣服，民易治；臣盛则君治侮乱。此天自然之法也。故当从其君乐也[8]，以厌其民臣[9]，止其数怒也[10]。下古之人愚，不深知其意，反多断绝之，故使阴气盛，阳气衰也。阴气盛则多盗贼，罪人不绝。凡万物不生也，多被阴害，大咎在此。乐气兴则阳气盛，以断此害。君气盛则致延年益寿，则上老寿。夫缓与乐者[11]，上属天也；急与怒刑者下属地[12]。

"喜怒哀乐之发，与清暖寒暑，其实一贯也。喜气为暖而当春，怒气为清而当秋，乐气为太阳而当夏，哀气为太阴而当冬。……人生于天而取化于天，喜气取诸春，乐气取诸夏，怒气取诸秋，哀气取诸冬。……寒暑移易其处，谓之败岁；喜怒移易其处，谓之乱世。"（《春秋繁露·阳尊阴卑》）

乐与怒是相互克杀的对立统一关系。此处于对立一面强调过多，意在通过倡乐制怒，力挺君权，贬抑权贵、外戚，指向性十分明确。

兴行其上者，万事理；兴行其下者，万事乱。真人戒之，此言可不深思乎？""唯唯。""子可谓深知之矣。传之以示下古之人，使各思其意，慎无闭绝也。乐则五方道德悉出[13]，怒则五方恶悉出也。乐则天地道德悉出也，怒则天地恶悉出也。故天地乐者，善应出也[14]；天地不乐者，恶应出也[15]。故五方乐而和者，五方善应出也；故五方不乐而怒者，五方恶应出也。是非小事也，故言毋断绝也。令凡人共惟思其意，俱一觉[16]，悉出之，然后悦乐气至，急怒气去也。""善哉善哉！""行，子已知之矣。"

右天上分别乐与怒所生吉凶诀。

[注释]

[1] 治乐：采用音乐。　[2] 召食：犹呼人吃饭。　[3] 谕意：表明心意。　[4] 具乐琴瑟：都以音乐为快乐。　[5] "凡乐者"以下七句：此言人之乐与怒两种情感的对立关系。相伐，指喜乐与愤怒是相互克杀的。　[6] "喜乐者"以下七句：此言喜乐是引向仁爱的途径、缘由，如果制止了喜乐便生愤怒，就会生出刑祸，故不可制止喜乐。　[7] "故乐者"以下十六句：是从乐与刑的关系，上升到阳与阴的政治伦理层面，论证阳尊阴卑、君盛臣服是自然之法。侮乱，乱伦不道。　[8] 从：通"纵"，任由。　[9] 厌：压制，遏制。　[10] 数怒：频繁、经常发怒。　[11] 缓与乐：从容致乐。此指德君的性格

特征。　[12]急与怒刑：气急败坏以施刑杀。此指阴恶之人臣的性格特征。　[13]五方道德：指五行所对应的东西南北中五方所分属的仁义礼智信五德，如：木行东方之仁，火行南方之礼，土行中央之信，金行西方之义，水行北方之智。　[14]善应：美好的兆应，亦称祥瑞之应，如河出图、洛出书、麟凤现世、禾生双穗、海晏河清等等。　[15]恶应：凶祸的兆应，如风雨失调、水旱蝗灾、山崩地震等等。　[16]俱一觉：全都在一念之中。

[点评]

　　本诀文通过对人的性情（喜乐、愤怒）与命运之盛衰和寿夭之间的内在联系的论述，表明了如下观点：第一，喜乐和愤怒是一对相互克杀的范畴。二者既相依又相伐。"乐则怒止，怒则乐止。"第二，喜乐为道德之门，道德因之而生；急怒为刑祸之门，盗贼多发，罪人不绝。故应从喜乐而止愤怒。第三，喜乐属阳，愤怒属阴；阳者象君，阴者象臣；君尊臣卑，阳兴阴衰是"自然之法"，故当纵君以抑臣民。君气盛则可以"延年益寿""上老寿"，"万事理"；反之则"万物不生，多被阴害"，"万事乱"。

　　诀文认为，欲致喜乐，调和琴瑟是一重要法门。春天要得角音之和，夏天要得徵音之和，季夏要得宫音之和，秋天要得商音之和，冬天要得羽音之和。小和可以乐人，中和可以乐治，上和可以乐天地。如是"则凡物为之无病，群神为之常喜，无有怒时"。《老子》主静，认为"五音令人耳聋"。儒家尚礼乐文化，孔子倡导雅乐，主张"雅颂各得其所"（《论语·子罕》）。他说："人而不仁，如乐何！"（《论语·八佾》）就是说，人之用乐，须有仁德。荀子说："夫乐者，乐也，人情之所必不免也，故人不能无乐。"（《荀子·乐论》）本经关于音乐的观点与荀子《乐论》有着异曲同工之处。

不孝不可久生诫

汉时标榜以孝德治天下，选官辄以孝悌廉耻为首要条件。本文是对先秦儒家孝道观的继承。汉末社会腐败，孝德崩溃，酿成严重社会危机。此文列举诸多劣子不孝之行进行批判，此可与《衣履欲好诫》参读。

惟古今世间，皆多不副人意，苟欲自可[1]，不忠任事，所言所道，乐无奇异[2]。见人为善，含笑而言，何益于事？轻言易口[3]，父子相欺，当目无声[4]，背去随后而言，或善或恶，不可法则[5]，无益世间。世间但为尘垢[6]，言谈自动，无应善书者。心言我善[7]，行不相副，无有循毂，语言浮沉，不可信验，名为不慎之人，何可久前？不可与善心有志之人等乎[8]！求生难死之人，不欲见是。恶人，而不自知，以为我健，少能相胜者，反晨夜候取无义之财[9]，而不攻苦得之[10]，以为可久在中和之中[11]。与人语言也[12]，傍人见之，非尤其言。神灵闻知，亦占其所为，动作其心，知其恶，不能久善，还语天神，言中和有轻口易语之人，不能久善。须臾之间[13]，恶言复见，无有信效，但佞伪相责，何益于人。令食诸谷[14]，衣缯布[15]，随冬夏易衣服，食欲快口[16]，衣欲快身；市有利入[17]，不肯求之；而所养老亲，明旦下床，未知所之；衒卖所有[18]，更为主宾[19]，酒家箕踞[20]；调戏谈笑，歌舞作声，自以为健；交头耳语，讲说是非。财物各尽，更无以自给，相结为非，遂为恶人，不可拘绊[21]，自弃恶中[22]，何有善半日之间邪？无益家用，愁毒父母，兄弟妇儿，辄当忧之，无有解已[23]。攻取劫盗，既无休止，自以长年，复见白首。不知天遣候神[24]，居其左右，入其身内，促其所为，令使凶，当断其年，不可令久。其扬声为恶不欲止，上至县官，捕得正法，不得久生。与死为比[25]，安得复生？或为鬼神所害。父母念之，常见其独泪孤相守，无有辅佐之者。老更弃捐[26]，饮食大恶，希得肥美，衣履空穿[27]，无有补者，是恶之极。岁月年长，空虚日久，面目丑恶，不象人色。如是为子，乃使父母老无所依，亲属不肯有之。此恶人之行，灭乃上[28]。亲属患之，名为蔽子[29]。死不见葬，无有衣木，便见埋矣。狐狸所食，骨弃旷野，何时当复见汝衣食时乎？

[注释]

[1]苟欲自可：得过且过，随遇而安。　[2]乐无奇异：此指以闲话家长里短为乐。　[3]轻言易口：信口开河。　[4]当目：即当面。　[5]不可法则：指所言不能作为根据。法则，规范，凭据。　[6]"世间但为尘垢"以下三句：是说轻贱人世如尘垢，其言谈与善道之书背离甚远。尘垢，尘土和污垢。《庄子·逍遥游》："是其尘垢秕糠，将犹陶铸尧舜者也。"　[7]"心言我善"以下七句：此言其人自我感觉良好，行为又不靠谱，不遵循善道，说话真真假假，经不起检验，这种人怎么可以长寿成仙呢？无有循榖，没有遵循善道。榖，善良。前，前往成仙。　[8]不可：此处当作"岂可"。　[9]晨夜：终日。　[10]不攻苦：不付出艰辛的劳动。　[11]久在中和之中：长久活在人世。　[12]"与人语言也"以下十一句：是说其人与人交谈，旁人都特别反对他的那些话语，神使通过观测他，还试探他的真心，断定其为恶人，不可长生。还禀报天君，言人间有信口雌黄之人，不可久活。非尤，尤非，特别不认同。久善，久活世间。　[13]"须臾之间"以下五句：其人变脸很快，翻口就是恶言，没有真话。让他们用奸巧虚言相互诋毁，对世人毫无益处。　[14]诸谷：五谷，稻、菽、麦、黍、稷等谷物。　[15]缯（zēng）布：布帛。　[16]"食欲快口"二句：此言吃穿都想最好的。快，爽快。　[17]"市有利人"以下五句：是说做生意可以赚钱却不去做。说是赡养父母，可家中父母早起下床，居然不知他跑去哪里了。　[18]衒（xuàn）卖：沿街叫卖。　[19]更为主宾：轮流坐庄请客。　[20]箕踞：张腿席地而坐，

坐姿如簸箕，十分失礼。　[21]拘绊：管束，控制。　[22]自弃：自甘堕落。　[23]无有解已：不可救药。　[24]"不知天遣候神"以下七句：此言其人尚不知上天已指派神使，入其五脏，促使其作恶遭凶，断绝其性命，不让他久活于人世。　[25]与死为比：与死亡为邻。　[26]弃捐：被放弃了资助。　[27]衣履空穿：衣服和鞋子一直那么穿着，没有替换的。　[28]灭乃上：此谓恶人之行为直到死灭为止。上，"止"之形误。　[29]蔽子：即劣子。

是为可知善恶之行，人自致之，何所怨咎乎？天下之人何其甚愚，不计其死生之间殊绝矣[1]。生为有生气，见天地日月星宿之明，亡死者当复知有天明时乎？窈冥之中[2]，何有明时。愚人不深计，使子孙得咎，祸不可救，殃流后生，是谁之过乎？人不化，自致亡失年。不当善仙士之行邪[3]？动作言谈，辄有纲纪，有益父母，使得十肥，衣或复好，面目生光，是子孝行。力非恶人[4]，亦独不当报父母哺乳之恩邪？为子不孝，汝生子当孝邪？汝善得善，恶得恶，如镜之照人，为不知汝之情邪？故有善恶之文[5]，同其文墨，寿与不寿，相去何若？生人久视有岁数，命尽乃终，后为鬼，尚不见治问[6]。恶人早死，地下掠治[7]，责其所不当为，苦其苦处，不

不孝之人，上天厌之，父母弃之，亲属患之，鬼神罚之。子孙得咎，祸不可救，殃流后生，不可久视天地、日月、星辰；死不见葬，不得善鬼同其乐，为鬼复恶。此虽为恫吓之辞，亦反映了作者对不孝之人的痛恨与无奈。

见乐时。是为鬼，何以独不有赦时[8]？是恶之极。为鬼复恶，何所依止。家无食者，乞丐为事。逐逋亡之气，自不可久，地下亦欲得善鬼不用恶也。如是宜各念善，不失其度，才可矣。不者，亦欲何望乎？人当同其计策，与生同愿，天不善之邪？而反为恶乎？恶行之人，不可久视天地、日月、星辰，故藏之地下，不得善鬼同其乐，得分别也。文书前后复重者，诚憎是恶人，不可久生耳。性善之人，天所佑也，子孙生辄以善日[9]，下无禁忌，复直月建、日月星光明之时[10]。用是生者，何忧不寿乎？是为善行所致也。善恶分别，念中可行者，自从便安，天不逆人所为也。念之复念之，思之复思之，可前可却[11]，自不贪生者，无可奈何也。书辞可知分明，疑之自令苦极。念生勿懈，致慎所言。辞复小止，使念其后。有不满意，乃复议之。

［注释］

[1]死生之间殊绝：此言生与死是绝对不同的两种体验。　[2]窈冥：无边的黑暗。　[3]"不当善仙士之行邪"以下八句：没有看见那些善人、仙士的孝行吗？他们的言行遵循道德纲纪，使父母

生活充裕，衣食美满，心情快乐，是其孝子之行啊。不当，岂不见。当，面对。十肥，丰满肥硕。　[4]"力非恶人"二句：严厉地指责恶人之不孝，难道就不该回报父母对自己的哺乳之恩吗？　[5]"故有善恶之文"以下四句：此言其人寿与不寿，尽在一纸文书的善恶二字之间。善恶之文，神使呈报天君关于其人善恶定性的文书。文墨，其人善恶行为事例的记录。　[6]治问：此言地府之神对死人灵魂的审问。　[7]掠治：刑讯。　[8]不有赦时：没有赦免的机会。　[9]辄以善日：每每遇到吉祥的日子。　[10]月建：又称斗建。北斗星旋转中，斗柄所指方向当值的农历月份。古以十二地支表十二方位，如子为北，卯为东，午为南，酉为西等。如十一月黄昏，斗柄指北，即称该月为建子之月。一月黄昏，斗柄指东北，该月即为建寅之月等。类推遂成十二月月建。星历家认为，阳建所生之干为"子母相从"，好养，故称"月恩"。　[11]可前可却：犹言可以向前进而长寿登仙，亦可以向后退而减寿夭亡。

[**点评**]

　　本诫文之主旨是论述人之不孝，不可以获得长生。诫文所谓的不孝是指不奉养双亲，游手好闲，盗卖家财，愁毒父母。诫文指出不孝之子的劣迹斑斑，诸如：以人世为尘垢，游戏人生，毫无敬畏之心；讥笑善人之行，结伙攻取劫盗，毫无仁爱之心；轻言易口，不可信验，调戏谈笑，讲说是非，自弃恶中；食欲快口，衣欲快身，歌舞作声，好逸恶劳等等。鉴于此，故神使上奏天庭，令其不得久活，而且还要殃及下一代。诫文后部分则以善孝子终得善报，从正面开示了为善尽孝的好处。

性善之人，天所佑也，可以长生久视，命尽乃终，进而可以登仙；子孙后代"生辄以善日，下无禁忌，复直月建"，日月星为之光明，何忧不寿！孝与不孝，一念之间，能不引人深思！

见诚不触恶诀

矢志修道之人，当谨遵天规，不得有怨悔言行。否则"寿命无常"。

惟夫圣德之人，各有所言，各有所语，各分别其能，各自第其功[1]，各成其宜[2]，使有可信而重天言，使天爱人而有盛功。得天之腹心[3]，是圣德之愿也。夫人皆欲承天[4]，欲得其意，无有怨言。故令各从其志，勿有非言而自可，是为富得人情，使报信同其知虑而从所宜。人居世间，大不容易，动辄当承（负）。所言皆不，失其规中而不自责[5]，反怨言人言是为不平[6]；行之各有怨辞，使天忿怒而不爱人言寿命无常。故天下有圣心大和之人，使语其意，令知过之所由从来，各令自改。乃为人寿从中出[7]，不在他人，故言司命近在胸心[8]，不离人远，司人是非，有过辄退，何有失时，辄减人年命为？知不相善之人[9]，欲闻其戒，使得安静；过失之间，使思其意，令其受罚亡年，不令有恨。天大宽柔忍人，不一朝而得刑罚也。积过累之甚多，乃下主者之曹[10]，收取其人魂神，考问所为，不与天文相应，复为欺，欺后首过[11]，罪不可贷。是故复敕下晓喻，为说行恶灾变所致[12]，使自改耳。不用其言，亦安可久久在民间为人乎？故分别善恶，各使不怨耳。天为设禁，使不犯耳，而故犯之[13]，戒命于天神，何以久与人等也？作行如此，为使人不死之道乎？中为天无所知邪？

［注释］

[1]第：次第，此作动词，品评之意。　[2]各成其宜：各自成就自己的功业地位。　[3]天之腹心：天意。　[4]"夫人皆欲承天"以下七句：人都具有了解天意，并无怨无悔地奉行天意的本性，做到了不被人诟病、非议就是真性情的充分体现，上天给予的信报会与其人的仰仗和善行相一致。报信，此指上天对人之诚信给予回报。知虑，仰仗和愿望。　[5]所言皆不，失其规中：此言有一种人，言语全不合天意，违失天道。　[6]反怨言人言是为不平：此言人不知自省，反而怨恨别人对其评价不公平。　[7]乃为：如是说。为，通"谓"。　[8]"故言司命近在胸心"以下六句：此言司命神实附着人身，人之寿命由其司掌。司命，掌管世人生死寿夭的神灵。有过辄退，犯了过错需减寿。为，

语末语气词。　[9]"知不相善之人"以下七句：司命知道有不向善的人想了解道诫，使其冷静地认识所犯过失，之所以受到减寿的处罚，而不至于产生怨恨。相，通"向"。　[10]主者之曹：主管审理该事的官吏。曹，或称曹官、功曹。　[11]欺后首过：此言其人对审问之神欺瞒罪过，经考问后再交待。　[12]为说行恶灾变所致：为下民解说灾变的根源是恶行所致。　[13]"而故犯之"以下六句：其人作奸犯科，自己性命已掌握在天神手中，其与一般自在活着的人是不同的。自己的这种德行，能是不死之道吗？你心中以为上天什么都不知道吗？中为，内心以为。

此言人若置天运、经文警诫而不顾，肆意为恶，一旦遇危难和疾病而求天保佑，是不可能的。

俗人之行[1]，不可采取乃如是，安可久置中和之中，使食可食之乎？而反善[2]，神所护，年尽乃止，无中天人时[3]，是善之证也。为善日久，何忧不尽年寿乎？是为可知人自不能力为善，而自害之。是恶之人何独剧自以为可久与同命[4]？不意天神促之，使下入土。入土之后，何时复生出乎？地下复相引[5]，浸益亡尸[6]，是复不得天福之人，可复计邪？行[7]，且各为身计，勿益后生之患，是为中善之人。不者，欲为恶人也，天所不佑，地不欲载，致当慎之。勿有愆负[8]，财得称人耳，可为父母、子孙得续[9]。行恩有施[10]，可复得增年。精华润泽，气力康强，是行善所致。

恶自衰落，亦何所疑？从今以来，当详消息[11]，善恶分别，念中何行者，自从便安[12]。天不逆人所为也，念之复念！不顺作逆[13]，而求久生，是行当可久见于天神？日月星辰安肯久照？为天神所佑[14]，而争欲危之，是谁过乎？不当是善行孝顺之人邪？辄有禄位，食于司农，久复子民[15]，使上下相事，是民之尊者也。是善所致，恶自不全身，相去几何乎？视其诚书[16]，不用其言，自快可意而行，是为人非乎？有恶[17]，不能自化有孝善、有忠诚信之心，而望天报；有病求愈，作恶过多无解时，为可久贷与不？故作此文，欲使俗夫之人，各不怨其得罚耳。

［注释］

[1]"俗人之行"以下四句：此言世俗间那些犯戒之人的言行如果不可采，怎么可以让其在世上照样生活呢？　[2]反善：反之行善的人。　[3]无中天：没有中年夭死之人。天，"夭"之形误。　[4]是恶人之何独剧：这种恶人竟如此狂妄。是，此也。剧，狂也。　[5]复相引：再遭反复勘问。　[6]浸益亡尸：不断加深对尸身的虐待。　[7]"行"以下四句：此言行为不加重子孙的承负之罪的人就可称中善之人。　[8]愆（qiān）负：犯有过错，让后代承负。　[9]可为父母、子孙得续：无愆负之人才有资格为人父母，其子孙亦可延续世系。　[10]行恩有施：善

行有恩于人和子孙。　[11]消息：生死。阳消阴息为死，阳息阴消为生。　[12]自从便安：择善而从便可身安。　[13]"不顺作逆"以下三句：此言违逆天道而求长生日后怎么可以面对天神呢？是，此也。　[14]"为天神所佑"以下四句：此言本应得天神护佑之人，却争相为恶，这能怪谁？这种人不能算是善行孝顺之人吧。　[15]"久复子民"二句：长期减免治下百姓的税赋，使上下尊卑相互依存。　[16]"视其诚书"以下四句：此言看到天神用以考验人的诚书而不听信，却肆意孤行，不怕遭人非议吗？　[17]"有恶"以下六句：此言有恶却又不能努力改造成有孝善、忠诚信之人，反而冀望上天施恩；有病求愈而又作恶过多，不可救药，这种人上天能够宽恕他、让他久活吗？贷，宽恕。

念生求活之人，自不为恶行而亡其年也。得书见诚[1]，使知避禁，不触恶耳。如是能自改为善，可得久见天地日月星辰，与人比等，是不善邪？而反不惜其命，以为死可得复生，如人知［之］不自知为恶[2]，自以为可也，谈语欲与人比等，衣食与部人同，是为可久不乎？畏死之人，不敢犯此诚文，是亦禄策所致[3]。其人相薄少可[4]，宜直命当直之[5]，何所顾乎？行，各自慎努力，念所行安危之事，书诚亦自可知也。天书文欲使人为善，不欲闻其恶也。故自命簿不全耳[6]，无可大怪也。详复思之，勿懈也。天有生籍^[7]，亦可贪也；地有死籍，亦甚可恶也。生死之间，不可比也，为知不乎？知恶当慎自责，不可须臾有（失），亡其年寿，甚可惜也。与人语言发声为善行，得人心意，是天善之。无出恶言，而自遗咎。同出口气，正等择言^[8]，出之无一小不善之辞，可得延命。殊能思行天上之事^[9]，得天神要言，用其诫动作，使所思可易命籍，转在长寿之曹。宜复各修身正行^[10]，无忘天之所施，宜置心念，报施大恩，乃为易行改志。天复追念，使不逢恶。可信天书言可得生^[11]，治不用书言自不全。择其可行乃行之，不强所为，各且念身善恶，天禀其性，勿有所嫌疑也^[12]。宜不欺善，（欺善）而恶人得福也^[13]，是言者明白，何有所疑乎？神仙之人，皆不为恶者^[14]，各惜其命，是善之证也。书所言，约敕前后^[15]，道人之所愿。为道善恶，使思之耳。不用而自已，勿自怨^[16]。自怨者，但当知怨身少知而穷老乃极，自咎之耳。余者自从其意，如欲贪生，不当有恶。故使自思，知其苦乐。乐独何人？苦亦何人？亦宜自念，勿有怨辞，勿妄轻言出气。令所思，思生为善，故丁宁相语者，令语言可知，不失天规矩。行成自然之道，何所不成，何所不化，人皆迎之，是天自然之恩非邪？念下愚之人，不念受天大分[17]，得为人，自以当常得久也，亦不意有巫灵之神者当止[18]，勿犯非也。书辞非一[19]，念之复出，文辞有副，故置重诫，顾其不及。用书念生为善[20]，为有活望。复有恶言不顺者，被疏记不息也。慎之且止[21]，止复有所思，思后不足，不满意者复申理。

[注释]

[1]"得书见诫"以下七句：此言见诫迁善，寿命与常一样，能久见天日，这不就是善德吗？　[2]"如人知[之]不自知为恶"以下五句：此言作恶而不自觉，反欲与常人攀比寿命、衣食，只是幻想而已。　[3]禄策：先天禄命被注之于簿策。　[4]相薄少可：谓其人骨相虽薄，但未至极。　[5]"宜直命当直之"二句：应当正视命运，无须顾虑、忧戚。宜直，当作"宜其"。　[6]命簿不全：此言天喜善而厌恶，故禄命簿籍记载善多恶少，不全面。　[7]"天有生籍"以下四句：此言人好生而恶死。贪，贪图，追逐意。　[8]正等择言：以正道为原则选择话语。　[9]"殊能思行天上之事"以下五句：倘若能特别思行天庭之事，获得天神的精要旨意，用其神戒指导自己的行为，便可使意念改变宿命，转到长寿之部去。曹，类也；部曹，即今行政部门。阴间仿之，如命曹、寿曹等。　[10]"宜复各修身正行"以下七句：如果修

身正行，易行改志，勿忘天恩，即可得上天眷顾，使不至于遭邪恶之害。　[11]"可信天书言可得生"二句：此言信经书之言便可全其生；如果不遵经书，就不能全其寿命。　[12]嫌疑：猜疑、犹豫。　[13]恶（wù）人得福：此指忌妒他人得福。恶，憎恶。　[14]不为恶：不嫉妒。　[15]约敕前后：规约戒饬前人和后生。　[16]"勿自怨"以下四句：此言不必自怨自艾，要怨就怨自己智慧少，贫且老，咎由自取。　[17]受天大分：犹言受天大恩。　[18]不意有巫灵之神者当止：没想到有巫鬼作祟，合当休命。　[19]"书辞非一"以下五句：此言戒文不止一份，都有副件，重复设戒是顾及人们不容易看到。　[20]"用书念生为善"以下四句：此言求长生当做善事，还有希望如愿；如果恶言抱怨，神使会不间断记录。　[21]"慎之且止"以下四句：此言天神还留有余地，只要小心谨慎，停止恶行，反思不足之处，如果上天还觉得不满意，可再向天神申述，以求宽恕。

［点评］

本诀通过对圣德之人虔诚遵循天言，行善不已而得善神护佑，精华润泽，气力康强，建功立业，年尽乃止，和作恶之人侮慢天言，逆天犯罪，自作聪明，心图侥幸，终遭"天所不佑，地不欲载"，死遭辱尸，子孙承负的对比描述，论述了善行和恶行之间的天壤之别，以此劝人择善而弃恶。

作者告诉世人，上天对人是十分宽恕的。首先是晓谕世人，灾变都是行恶所致，可令自改。天设禁忌，也是为了"使不犯耳"。其次是明示世人，神使就在你左右监视着你的言行，不可侥幸、欺瞒。其三，人生固有命籍，但改恶迁善，为善日久，就"可易命籍"，为你增寿，乃至登仙。欲求长生，"不在他人"，寿从积善中来。如果自取其咎，也不得怨天尤人。通篇给人指出了一条坚持修善德即可长寿的希望之路。

为父母不易诀

惟有善行之人[1]，自不犯天地四时五行、日月星辰诸神之禁，畏其所施，恐犯之，辄有上姓名，以故自欲为善，行孝顺之义。天地禁书[2]，故不欲令民犯之者，欲令民充盛[3]，何时欲令藏乎[4]？设施当生之物[5]，使得食之，何时欲使相危乎？人自犯耳[6]。故善人无恶言者，各有其文[7]，所诫所成，分明可知。善自得生，恶自早死，与民何争？故置善人文[8]，以示生民，各知寿命吉凶所起，为道其诫，使不犯耳。行善之人，无恶文辞[9]，天见善，使神随之，移其命籍，著长寿之曹。神遂成其功[10]。使后生之人[11]，常以善日直天王相，下无忌讳，先人余算并之，大寿百二十。其子孙而承后得善意，无有小恶，亦复得寿，白发相次；子子孙孙，家足人备，亦无侵者；佃作商贾，皆有利；入为吏数迁[12]；无刑罚之意，善所叔也[13]。人不能仿效，反倨笑之[14]。是善人之心行自善，有益于人。见人穷厄，假贷与之[15]，不责费息[16]。人得其恩，必不负之，小有先偿，酒肉相谢，两相得恩。天见其行，复善之，使其出入无干犯之者[17]。行善之人，天自佐之[18]，不令逢恶，是行所致。其余为不善之人，欲望坐得寿，复有子孙，是为不分别，故天别其寿[19]。殊能行天上之事，与天同心志合，可得仙度[20]，录上贤圣[21]，精神增加，其寿何极？故言善不可不为[22]，亦人所不及。故天重有善人，爱之不欲使有恶也。善恶之人，各有分部[23]，何得二千乎[24]？故天书辞具，自可知也。善者善之，恶者戒之，欲使不陷于危亡之失其年耳[25]。是天报善增其命，恶者使下不成人。是亦可知也，何为有疑乎？

[注释]

[1]"惟有善行之人"以下七句：世人行善孝顺，不犯天禁，乃是出于两种原因：一是"畏其所施"，怕遭天谴；一是畏其"上

姓名"，告到天君那里，故不敢为恶。 [2]天地禁书：此言天地禁诫民行的神书。 [3]充盛：茁壮。 [4]藏：埋藏，此谓让其死亡。 [5]设施：谋划，措置，安排。 [6]自犯：此指人所遭罪，不可怨天，实是咎由自取。 [7]"各有其文"以下三句：各自都有神使为其设置的文籍档案，功罪分明。 [8]善人文：关于善人为善拒恶的文籍档案。 [9]无恶文辞：神使上报于天神的文书中没有作恶的各种话语。 [10]神遂成其功：此言神使改造了一个修习善道者的命运，为天君建立了一大功德。 [11]"使后生之人"以下五句：此言得天神善报之人，其下一代亦会值吉月吉日出生，无须避讳时日；其先人生前尚未用完的寿龄会转到他名下，让他活到一百二十岁的高寿。善日，吉日良辰。比如干支与五行相配，每遇五行相生，即为吉日。如甲午日，甲属木，午属火，木生火故吉。直天王相，适逢吉利的时日。王相为"五行休王"说之术语，如"王气""相气"。释见前。余算，人未享尽的寿龄。算，即人出生前主管人寿命之神给其注册的寿龄。 [12]数迁：此言多次升官。 [13]叔：当为"致"，形近误。 [14]倨笑：傲慢地嘲笑。倨，通"踞"，踞席。 [15]假贷：借贷。 [16]不责费息：不收利息。 [17]干犯：干预、侵犯。 [18]佐：扶佐，助佑。 [19]天别其寿：天使将善良之人的寿命与善人寿命相分开。 [20]仙度：超凡成仙，度向仙界。 [21]录上贤圣：拔擢贤人、圣人，列入仙度簿录。 [22]"故言善不可不为"二句：此言人不可不为善，而做到善又是很难达到的。 [23]分部：畛域、区别。 [24]二千：两干，相互干扰，纠缠不清。千，"干"之误读。 [25]失其年：被减寿。

人从生至老，自致有子孙，各令长大成就，

在所喜随使安之，无逆其意，各得其宜，乃为各从其愿。为人父母，亦不容易。子亦当孝承父母之教[1]，乃善人骨肉肢节，各保令完全。父母所生，当令完，勿有刑伤。父母所生，非敢还言，有美辄进。家少财物，赇恭温柔而已[2]。数问消息，知其安危，是善之善也。邻里近亲，尽爱象之，成善之行。见有凶恶之人，不敢与语言，恐相反也[3]。相反之后，更失善入恶，天复憎之，故皆自重，惜损其子孙。慎无犯禁，使家不安。不但不安也，并及家亲，内外肃动[4]；更逢县官，亡减财产。故令自慎，不违书言。能亲安和邑邑，无有二言，各自有业，各成其功，是大善之人行，天必令寿，神鬼佑之不敢失。四时所奉进[5]，各有差序。市价取好[6]，不争价直。所以然者，夫有所奉进，皆有精神，随上下进退；小异不洁，辄有文墨不有失。故顺所贾所道[7]，乃为恭敬。神灵必喜[8]，上白司命，祠官各部吏安行或自行见其洁香，乃享食。食后，大曾五祖乃于处食[9]，食必欢喜。家遂富有，子孙皆善，无有恶子。郡县闻之[10]，取召使为有职之吏，辄转入府，府

孝子之行：一、承父母之教，完好保全生命、身体；二、非敢还言争辩，有美先进献父母；三、对父母温柔体贴，和颜悦色；四、经常探视，嘘寒问暖，知其危安；五、亲待邻里，勿与人争斗、惹祸，勿犯禁令，使家不安；六、各自有业，各成其功。

有署显职。州复闻知，辟召亲近，举廉茂才，是善所致也。行自得之，其位必至。是亦相禄禀命所得[11]，明其为善之征。恶不过其门[12]。天上诸神皆言，是行尤善。但未知天意耳，故使善文善人[13]，记其竹帛，使后生令得贪进遂善家。世世有荣，子孙不离朝堂，帝王爱之，常在善职。是功自然，皆其福所致也。故有善者，当法此书，言取信验，不空言也。

右天上说孝、以止逆乱、却夷狄、令下顺从易治。

[注释]

[1]"子亦当孝承父母之教"以下九句：孝子当仰承父母的教导，第一，要完整保护好形体骨骼，不使有刑伤、残疾，因为身体发肤，受之父母；第二，父母敕教责备，不得顶嘴、辩驳，得到上好的衣食物品要先送给父母。令完，使身体完好无损。　[2]赇（qiú）恭温柔：温顺礼让。赇，借作"俅"，温顺貌。　[3]相反：此指矛盾冲突。　[4]内外肃动：家庭和亲戚都被惊扰。　[5]"四时所奉进"二句：此言祭祀活动，根据不同季节，祭品有所不同。　[6]"市价取好"以下八句：为表虔敬，置办祭品当拣好的买，不要讲价钱，因为神灵一直都随着你，稍微不纯粹，就会被记录举报。　[7]顺所贾所道：接受商贾的要价。　[8]"神灵必喜"以下四句：此言天神看到洁净清香的祭品

才会享祭。　[9]大曾五祖：指亡父、祖父、曾祖父、高祖父、高祖父之父等血亲先祖。　[10]"郡县闻之"以下八句：是说郡县听说出了如此富家善子孙，遂录取其为官吏并转入府衙任显要职务；州衙则征辟其为属吏并向朝廷举荐为孝廉茂才，由朝廷授官。这都是上天对其家庭行善的回报。举廉，汉代任人选官遵循举荐制，即由乡里选拔孝子善行之人为孝廉。茂才，指有德才之人，本称秀才，后汉因避光武帝刘秀名讳，遂改称茂才。　[11]相禄禀命：亦称录命，即秉承上天所赐的官禄之命。相，骨相，禄相谓脱俗的做官之相。　[12]恶不过其门：凶恶之事不过其家门。　[13]"故使善文善人"以下三句：此言后辈人受到善人善文事迹的感染，争相习效，实现了做善人的愿望。

[点评]

　　本诀文以父母养育子女成人不易为中心话题，论述了为人子女必须奉天、承教、尽孝的理由和为善尽孝之方，表明了在孝德方面与儒家伦理的一致性。诀文起始就申明了皇天仁爱下民的本心，诸如设禁书使民不犯罪；"欲令民充盛"；"善者善之，恶者戒之，欲使不陷于危亡之失其年"；置善文、道诫"以示生民，各知寿命吉凶所起"；赏善罚恶，诚心孝善者可增寿至一百二十，甚至可"移其命籍""仙度"，其子孙还可以世代昌荣等等。总之，天给人择孝善而成就自己的机会太多。诀文还讲述了父母育儿作为过来人的种种不易。既是经验教训，也是具体要求。要做到这些，是有很高难度的。但若做到了这些，上天的回报也是很大的。

　　西汉中期以后，强调以孝德治天下，本经对此亦多有吸纳。孝善的直接意义固然可以全生、益寿、广嗣传家，更可以令后生"贪进遂善"，形成一种令人向往的社会风气，从而提高人的道德素质，净化社会环境。故读者当于此拨开天言的帷幔，看到里面的积极内容。汉末魏晋兴起的"诫子书""家训"文化，固然可以从独尊儒术中找到它的源头，亦可以在《太平经》中看到它的史影。

苦乐断刑罚诀

此言汉室中兴之机遇已至（疑其时有新皇即位或改元大赦），上天施乐于人间。同时申述了苦与乐的不同成因、不同表现和后果，表达了对乐的向往。

"请问今太平上皇气具至，天土［上］理何所先后，岂可闻乎？"

"今天上为法也，乐者顺之以乐，苦者顺之以苦，天上之为法如此矣。乃太平气至，故天上从其乐以顺奉之，大急兵杖而断刑罚[1]。地上亦然。乐者，阳也，天之经也[2]。兵杖刑罚者，阴也，地之怒也[3]。阴兴必伤阳化。今太平气至，乃天与神兵共治[4]，故断刑罚兵杖争讼，令使察察[5]，万世不复妄也。皆如日月，不可久蔽藏也。元气自然乐，则合共生天地，悦则阴阳和合，风雨调。风雨调则共生万二千物。凡物乐，则奇瑞应俱出[6]，生万物之应，精上著天[7]，三光更明察察也。三光乐而合，则四时顺行。春乐生，夏乐长，秋乐收，冬乐藏。四时乐喜，五行不逆，则人民兴。人民兴则帝王寿，帝王寿则凡民乐，凡民乐则精物鬼邪伏矣[8]。精邪伏则无夭病死之人，无夭伤人，则太平气至矣。万国不战斗，盗贼贪猾绝矣。天地六方神俱乐喜也，天地真仙人出。天地真仙人出，则正气悉见，而邪气悉藏，恶人悉坐自思矣[9]。善人行矣，神人策书尽出[10]，而邪伪文亡矣。人莫不悦乐喜[11]，阴阳和合同心为一家，传相生。凡事乐者，无有恶也。凡阴阳乐，则生之始也，万物所受命而起也，皆与人相似。男女乐则同心共生，无不成也。不乐，则不肯相与欢合也[12]，怒不乐而强欢合，后皆有凶。今吾之文，才举其大纲，见其始，以乐化之为不善[13]，安可胜记也。已知乐之善[14]，未及不乐之禁，复为开其纲纪。恍惚不乐，不肯并力合心，而共生元气，著自然也。元气自然不乐分争[15]，不能合身和德而共生天地也。天地不乐[16]，阴阳分争，不能合气四时五行、调风雨而盛生万二千物。万二千物不乐争分，多伤死，其岁大凶。凡事不乐争分[17]，三光为之失明，帝王愁苦，万民流亡也；善气蔽藏，恶气行也；正神远去，鬼物兴也；万物人民夭死，无有年也。万二千国分争不乐[18]，刑罚大起，兵革扬也，乐断废也，则刑大起；六方不和，则日日凶也。天气不调[19]，正从此起。而人不知其所由，反归过以罪上，而责帝王。不得其大过，反下责上，尽逆气，何能致太平？反致凶。故刑气日兴，乐者绝亡。咎在中古以来[20]，师教时时有设者，反开列兵之门，闭其乐户，故使邪奸得起，不可卒止。大咎在此。故今天上洞平气至，大纵乐，除刑罚也。

[注释]

[1]大急兵仗而断刑罚：以兵械为大忌讳并且禁止刑罚。急，借为"忌"。断，断绝。　[2]天之经：天之常道。　[3]地之怒：地之怨怒之气。　[4]神兵：疑为"圣君"，音近而误。　[5]令使察察：使人君明察而不犯浑。　[6]奇瑞应：稀奇的吉祥征兆。　[7]精上著天：精气上著于天，照彻日月星辰。　[8]精物鬼邪伏：此指一切精灵鬼怪此时潜伏不作祟。　[9]恶人悉坐：恶人全都受到惩罚。坐，落实罪行。　[10]策书：书策，此指经

典文书、神文。　[11]"人莫不悦乐喜"以下五句：此言全家人喜悦和乐，阴阳之气和同，喜事绵及下代，快乐而无愁苦。传，"转"之假借。　[12]相与欢合：指夫妻乐则交媾。　[13]以乐化之为不善：以欢乐化解那些不吉祥的事。　[14]"已知乐之善"以下三句：已知和乐之善，还未言及欢乐是有原则的，所以又开示出天之法则、道法。　[15]"元气自然不乐分争"二句：元气之自然分阴与阳，二者不乐而分争，不能相依而相交，也就不能生成天地。　[16]"天地不乐"以下六句：如果天与地不相乐，阴阳绝对对立，就不能合四时五行之气，调和风雨，使万物茁壮成长。如果万物不和乐而相互争斗，就会造成死亡众多的大荒年。　[17]"凡事不乐争分"以下十句：此言世间凡事没有和乐，只有分争，就会造成三光失明、万民流亡、善隐而恶行、正神去而鬼兴、民夭物死的恶果，谈何年岁。无有年，不能竟其天年。　[18]"万二千国分争不乐"以下七句：此言如果各分封国彼此之间或与中央朝廷闹矛盾，起兵戎，社会就会出现"乐断废""刑大起"的乱象，导致民不聊生，日日凶乱。　[19]"天气不调"以下十句：此言风雨不调乃起于阴阳失和，而下民不知情却反归过错于帝王，以下责上，逆气乱伦，故而招凶。　[20]"咎在中古以来"以下七句：此言中古以来，尽管国家有公私之学以施教化，诸子中却也有兵学科目和"非乐"之论，思想混乱，不可禁止，根本原因正在于此。

"地上亦然。吾不能胜记[1]，纵乐之为善也，纵乐之为恶也。是故阴阳之道[2]，从天上，尽地下，旁行无穷极。牝牡之属[3]，相嬉相乐。然后合心，共生成，共为理[4]，传天地之统，御无极之术。设使不相嬉，不肯合心为一，肯共生共成，共为理，共传天地之统，御无穷之术？力以刑罚[5]，威而合之，久久犹败。相背分争，阴阳相克贼害，不可禁止也。正使父子、子母、夫妇极亲，会相害也，共乱天道，断无世也[6]。其大过所致如此矣。乐为天之经[7]，太阳之精；孝为地之经，太阴之精。故乐者倡始，倡生，倡合乐成功。天者常嬉善嬉生，故常与天合，与同气也。乐合乃能相生[8]，当有上下。故乐为天为上，孝为下象地。地者下，承顺其上，阴事其阳，子事其父，臣事其君。君上事天，地亦事天，天事其上，故与地同气，故乐与孝最顺天地也。《易》者理阴阳气[9]，八风为节[10]，与六甲同位[11]，阴阳同体[12]，与天地连身，故为神道也[13]。刑者[14]，绝洞阴战，不和之气也，故常随阴节而起[15]。刑者[16]，得阴而剧，得春夏而服，得秋冬而兴。盗贼得夜而起，奸邪得幽冥间处而作，鬼物诸病得冥而发，怨咎得险狭而聚相杀也。此则不乐从刑之大征，可不慎乎？""愚

"夫孝，天之经也，地之谊也，民之行也。"（《孝经·三才》）

阴阳和合致乐，乐致善；阴阳克贼致苦，苦致刑恶。

阴阳之另一层关系为阳尊阴卑。乐为天之经，孝为地之经，天地乐合亦分上下尊卑，故当地顺于天，子顺于父。乐与孝最顺天地。

"忠臣之义，孝子之行，取之土。土者，五行最贵者也，其义不可以加矣。五声莫贵于宫，五味莫美于甘，五色莫盛于黄。此谓孝者地之义也。"（《春秋繁露·五行对》）

生畏之。""子知畏之，寿之征也；不知畏之，祸
之门也。戒子慎之。是故天上为政，各纵乐以
为化本[17]。人人使俱自乐相化，坐思其过得失，
莫（不）为善。""易哉。天上为政如此也。""地
上亦然。故理欲疾平者[18]，务断分争刑罚，倡
乐为先，皇平之气立至矣。"

[注释]

[1]"吾不能胜记"以下三句：此言作者无法一一把纵乐是好
还是不好的事例列举出来。　[2]"是故阴阳之道"以下四句：此
指阴阳这对范畴的本质联系及其规律性从天上到地下的普适性。
无穷极，无限之意。　[3]牝牡之属：指雌雄异体的生物，如人类
之男女，牲畜野兽之牝牡，飞禽之雌雄等。　[4]"共为理"以下
三句：此指牝牡之属相互感动相交媾而孕生下代的行为，共同体
现了天地阴阳之气相得相交而生万物之天理。传天地之统，传承
繁衍天地万物的统绪。御无极之术，驾驭、掌控世代无限绵延的
道术、方术。　[5]"力以刑罚"以下六句：此言假如不遵循天地
阴阳自然之道，运用刑罚威力等行政手段强制推行掌权者的个人
意志，必然会坏天地之纲纪，造成阴阳失衡、灾祸不可遏止的现
象。　[6]无世：断子绝孙。　[7]"乐为天之经"以下十句：包含
了几层意思：一、乐是天之本质属性，即天性；天属太阳，故乐
亦是太阳气之精粹。二、天阳乐生万物，是为生之始、生之成；
天具有了乐之本性方可成就其生万物之功能，政乐与天阳之气合
一，二者是一而二、二而一的关系。三、地之本性为孝，顺承天；
地属太阴，故孝亦为地之精粹。　[8]"乐合乃能相生"以下十四

句：是说上天下地，阴阳乐合，始能相生。其关系是地承天、阴顺阳，于人伦则为君承天，臣事君，子孝父，都是相对的阴阳关系。故乐与孝即天地阴阳之气最顺者，合则相生。　[9]《易》者理阴阳气：《周易》在于调整阴阳二气，使之平衡，从而趋吉避凶。　[10]八风为节：《易》有八卦，罗列为八方，其秉阴阳之气不同，故称八风。节，节制也。季有节，故有春、夏、秋、冬；风亦有节，故谓八节。《易纬》云："八节之风，谓之八风。"即"坎"（☵）居北方之广莫风，"艮"（☶）居东北之条风，"震"（☳）居东方之明庶风，"巽"（☴）居东南之清明风，"离"（☲）居南方之景风，"坤"（☷）居西南之凉风，"兑"（☱）居西方之阊阖风，"乾"（☰）居西北之不周风。《易纬通卦验》《春秋考异邮》《史记·律书》《淮南子·天文训》俱可参。《白虎通义·八风》亦有备述。　[11]六甲：此即六十甲子的日期排列顺序。按"八风"说，每一风为四十五日，倘若一年三百六十日以天干计日，则可以甲子日、甲戌日、甲申日、甲午日、甲辰日、甲寅日六甲包含；每甲十日，一轮六十日，一年有六个"六甲"，六度循环，故称"六甲同位"。　[12]阴阳同体：阴阳二气相待而成，不可切割。　[13]神道：天地阴阳神妙莫测之道。　[14]"刑者"以下三句：完全、绝对的肃杀之阴气，以其主刑罚，故称"不和之气"。　[15]阴节：指立秋、立冬等节气。　[16]"刑者"以下八句：刑罚遭遇阴气更厉害，遇到春夏之阳气则服帖，遇到秋冬阴气生长时便兴起。亦如盗贼、奸邪、鬼物和各种怨咎见不得天日一样，都是借阴暗而作祟。　[17]纵乐以为化本：大力倡导欢乐作为教化的出发点。　[18]理欲疾平：治理天下希望立致太平。

"请问天上太平气自时来至也，人皆当自化

为善，万物自当平安无病。令天上为法，何故反以人倡之，作乐以相化乎？""凡事在其先，导之教之。善恶[1]，是化之先也，开蒙愚之门也。故天将有所为[2]，皆先倡其先，其象见于天，神文出。古者圣人象之为作意。故上三皇乃教化以道，其人民尽有道，物亦然。五帝教化多以德，其人民多类经德也[3]，物亦然。三王教化多以文[4]，其人民多文，物亦然。五霸教化多以武，其人民多悉武好怒[5]，尚强勇，此非悉化之首也[6]。故善人之乡者多善人，恶人之乡者多恶人，此非相易也[7]。凡天上天下之事，各自有师法[8]，各象其师法，而所化悉相类似。天者好生兴物，物不乐，不肯生。今天上皇平洞极之气俱出治，阳精昌兴，万物莫不乐喜。故当象其气而大纵乐，以顺助天道，好是则天道大喜。今帝王理平，人民寿，故其纵乐，以奉天道，又使各坐思自化[9]，何有各乎[10]？又乐者，天也，阳精也。阳兴则阴精伏[11]，犹如春夏起，秋冬伏，自然之式也。真人务顺吾书言，刑自绝。为化如此，与神无异。故理难平[12]，化失之耳。"

天道之盛衰吉
凶，原因皆在于善
恶之师教化不同。
善师使善言善化，
则多生善物、善人；
恶师教化为恶，则
出恶物、恶人。此
处对师资素质的关
注，很有启发意义。

"今天道自有衰盛吉凶，何反言师化之首乎[13]？""天地不与人语也[14]，故时时生圣人，生圣师，使传其事，此主天。时且吉乐，故生善师，使善言善化。天道将乱凶衰[15]，则生恶师，使教化恶也。是主化天道，且自善自恶之征也者。天且乐岁生善物多[16]，五谷成以食人，其人好善。天且恶岁生恶物多，善者少，以恶物食人，其人色恶。是其化人之师明征也。故善师出[17]，恶师伏，是天盛衰之征，是主天也。今天道大周[18]，故使吾下，善说真人善事，乐其化为上善，故以第一事教之。天周备其事，具者必乐。子知其意[19]，若人物周遍，有其家为其乐。今天周遍，有何不乐，而曰凶乎？此书万世不改，天上之化如此矣！"

[注释]

[1]"善恶"以下三句：此言教导人们知善知恶，行善戒恶，是施行教化的前提，是启蒙的入门第一步。　[2]"故天将有所为"以下五句：是说上天欲教化下民，往往是先显示天象或神文，圣君贤相则据此以行政，恰如《易·系辞上传》所言，"天垂象，见吉凶，圣人象之"。象之为作意，立象以尽意。作意，以天象表达上天之意向。　[3]类经：此言行为与经书所言相似。　[4]文：

文饰。先人多以礼乐文饰政治，以示文明与野蛮的区别。　[5]"其人民多悉武好怒"二句：此言先秦战国诸侯争霸，百姓多习武好斗。　[6]悉化之首：悉使百姓受教化的首要任务。　[7]相易：相交换。　[8]师法：即老师传授弟子的学问。汉代经学以守师法为要求弟子的重要原则。皮锡瑞《经学历史》说："汉人最重师法，师之所传，弟之所受，一字毋敢出入。"　[9]坐思自化：端坐反思快乐之道以化解心中的疑虑。　[10]何有各乎：哪里还有保留呢？各，当作"齐"，形近而讹。　[11]"阳兴则阴精伏"以下四句：此言阴阳此消彼长如季节之轮退，是自然之法式。　[12]"故理难平"二句：理国难以实现治平，是教化的内容和方式失误所致。　[13]师化之首：此言师之教导是教化万民的首要作用。　[14]"天地不与人语也"以下八句：此言天地不言，故生贤圣代表天意行事、发令、化民。　[15]"天道将乱凶衰"以下五句：如果天道将发生衰败，上天则生恶师以教唆世人行恶，这正是代天化民的导师为善师或恶师的明证。　[16]"天且乐岁生善物多"以下八句：此言天欲乐生，其所生人物等具丰美；反之不乐，便会出现灾荒，所生谷物亦恶劣，人食后面目憔悴难看。这就是师化导人的明证。　[17]"故善师出"以下四句：天道之盛衰证明师是代天行化的，善、恶之师不可同日而语。　[18]"今天道大周"以下五句：此言太平气至，天道完满齐备，天师正是代天行教，向真人传授经书第一义的。大周，周遍，完备。　[19]"子知其意"以下六句：人物周遍有其家。此言知道上天乐生的教义、将它传到家喻户晓，则天下俱为之乐，何至于有灾祸。

[**点评**]

本诀文提出了以"乐"重建太平世界的治国方法论。

作者认为,在"太平气至"的大背景下,当听从天师化导,纵乐以顺天,去兵杖而断刑罚。"倡乐为先",以乐为治的理由有三:一、"天上之为法如此……地上亦然。"为政当奉天之道而行,违背天道必遭谴。二、乐是天阳之精,天乃生生之本。"元气自然乐,则合共生天地","凡阴阳乐,则生之始也,万物所受命而起也,皆与人相似"。无乐便没有天地和人类社会,还谈何治理。三、乐又是善的本质特征,"凡事乐者,无有恶也"。乐可以抑恶、化恶,化民成俗;乐与苦相对,帝王愁苦不治,人民生计不保乃至于绝世,都是恶所造成的。乐与孝相对,乐为天阳居上,孝为地阴居下,"地者下,承顺其上,阴事其阳,子事其父,臣事其君",是天经地义的,"故乐与孝最顺天地也"。此外,从社会现象看,纵乐,则人民兴,帝王寿,精物鬼邪伏,万国不战斗,盗贼贪猾绝,天地六方神俱喜,天地真仙人出,家族世代转相生。纵乐则四时乐喜,五行不逆,风调雨顺,人寿年丰。反之,如果自然元气恍惚不乐,阴阳分争,则是三光失明,其岁大凶,万民流亡、夭死,万国分争,刑罚大起,太平气绝。故"理欲疾平",当纵乐以断刑罚。

本经之所谓"乐",既非坐享其成之享乐,亦非纵情声色之逸乐,而是指阴阳相得、相交、相融、相和合而生的、彼此分享的快乐情感。它的本质特征是和谐、善美。

西方曾出现过一种快乐主义思潮。其始于古希腊的哲学家德谟克利特。他认为:"快乐是生活的目的,也是人生的目的;快乐是社会道德的基础。"后来也是希腊人的伊壁鸠鲁亦指出"快乐是人生最高的善"；"让人们快乐是权力的职责"。伊壁鸠鲁认为，追求快乐是人类的行为动因，也是生命愿意成长的动因。"致力于为大众提供健康、快乐、舒适、安全生活的权力者才是民众真正拥戴的君主。""对民众而言，个人行为要以不干扰他人的快乐（利益、权利、行为）为前提，是和谐社会的伦理思想、意识。"他还认为：只有把快乐与理性联系起来，以德行作指导，才能获得最高的快乐。伊壁鸠鲁生活在公元前四到三世纪之间，早于本经一百多年，相当于荀子时期。荀子《乐论》对于本诀文的影响是明显的。尽管在信仰方面他们存在无神和有神的区别，但其对于快乐的肯定则是一致的。而中国悠久的乐善传统直到今天依然具有积极的借鉴意义。

音声舞曲吉凶

"夫心同意合[1]，皆为大乐也。苦心异意，皆为乖错，悉致苦气也。夫乐者何？必歌舞，众声相和也。苦者何？必致斗争，众凶祸并起。相乐者，所以厌断刑也[2]；相愁苦者，所以致逆也[3]。""其相顺同心何谓乎？""凡人大小能同其意者，必乐也。""几类之哉[4]！宜复更自精详其意。""天上皇平洞极之师[5]，为天加一言，重解决其意也[6]。""然。未［乐］欲大得天地之心意，有益于帝王政理者，乃当顺用天地之心意，不可逆太岁诸神[7]。同合其气[8]，与帝王用事，同喜同心，同指同方，同运同枢，同根同意。故古者圣人陈法[9]，使帝王春东方，夏南方，秋西方，冬北方者，主与此天气共事也，气同故相迎也。是主所谓谨顺天之道，与天同气，故相承顺而相乐，主所言和同者[10]，相乐也。相乐者，则天地长喜悦，不战怒；不战怒，则灾害、奸邪、凶恶之属悉绝去矣。恶人绝去，乃致平气，天上平气得下治，地下平气得上升助之也。如不顺乐用皇天后土所顺用气而休废气也[11]，皆应错逆，逆天地之道，逆帝王之气，与天地用意异。天地战怒，万变并起，奸邪日兴，则致不安平，凶年气来，故当深知之也。""善哉善哉！愚生闻命矣。""易晓乎！天喜之，真人慎之。""唯唯。谨详记，不敢忘。""善哉善哉！""天明师既加不得已[12]，愿闻其春夏秋冬云何哉？""皆顺其气[13]，如其数。独六月者[14]，以夏至之日，并动宫音，尽五月；六月者，纯宫音也。又乐者[15]，乃举声歌舞。夫王气者宜动摇[16]，动摇见乐相奉顺，见奉助也。休囚死气皆欲安静，不欲见动摇，即不悦喜，（不悦喜）则战怒，战怒则生凶恶、奸邪灾害矣。是乃自然天地之格性，万不失一也。""当动摇何气乎？愿闻之以为法，不敢逆一气。""是常先动其帝气[17]，其次动王气，其次动相气，其次动候气，其次动微气。此气皆在天斗前日进[18]，欲见助兴，故动之。其余气者，皆在天斗后，天气所背去，气日衰，故不宜兴动。与天反地逆，不合天地之心，故凶。故天之所向者兴之，天之所背者废之，是为知时气，吉凶安危可知矣。"

候气：古人用十二律管所装进的苇膜灰观察其应二十四节气而飞动的状况以测验节气，到了某一节气，与其相应的律管内的灰就会自行被气吹散。此气即是候气。《后汉书·律历志》载有候气之法。今人研究，其法是古代一种将音律与历法、度量衡标准制定合而为一的学问。其灰飞现象是大自然中的一种共振原理，是地球公转中受太阳引力大小所产生的不同音律的律管中固有的频率发生重合造成的。

［注释］

[1]"夫心同意合"二句：此谓快乐的最高层次是心同意合，即阴阳相得、相交相融，实现了矛盾的同一性。　[2]厌断刑：此指因相乐而遏制、禁绝刑罚。厌，止也。　[3]致逆：此指不相乐、不禁刑罚是招致愁苦的原因。逆，相反。　[4]几类：差不多，近乎。　[5]皇平洞极之师：天师。　[6]重解决其意：请天师将其要诀重点阐释。　[7]太岁：岁神，职在管理四方之神，统正方位，斡运时序，总成岁功。太岁为古天文学用以纪年的理想天体，其

十二年行一周天，此为年太岁，其年徙一位则为一年。 [8]"同合其气"以下六句：心同喜爱，指向同一，枢机运转同一，根本意向同一，此谓"同合其气"。 [9]"故古者圣人陈法"以下七句：古时圣贤向帝王陈述天法，讲究四时休王之气，如：春则木王，火相，水休，金囚，土死；气旺于东方。夏则火王，土相，木休，水囚，金死；气旺于南方。六月则土王，气旺于中央；秋则金王，气旺于西方；冬则水王，气旺于北方。帝王治事，当与天同气，则旺气相通。 [10]和同：此言天与气相和则乐。 [11]"如不顺乐用皇天后土所顺用气而休废气也"以下五句：如果不乐意顺承皇天后土所顺用的时气而去逆用休、废之气，使轮应发生错乱，那就违背了天地本意，其后果可想而知。休废气，此指"八卦休王说"八气之休废二气。休气指退居休息之气；废气指废置遗弃之气。八气分别指王、相、胎、没、死、囚、废、休。它们分别与一年之八节（立春、春分、立夏、夏至、立秋、秋分、立冬、冬至）和八经卦（"艮" ☶、"震" ☳、"巽" ☴、"离" ☲、"坤" ☷、"兑" ☱、"乾" ☰、"坎" ☵）相轮应，以示吉凶、悔吝。八节之气各四十五日，合为一年。如：立春："艮"王、"震"相、"巽"胎、"离"没、"坤"死、"兑"囚、"乾"废、"坎"休；春分："震"王、"巽"相、"离"胎、"坤"没、"兑"死、"乾"囚、"坎"废、"艮"休；余类推。帝王之气，亦称和气，八气之第一气，有旺盛、兴旺之义，故又称旺气。以其至尊地位而象征天。 [12]"天明师既加不得已"二句：天师既然对弟子施教了，不可就此打住啊，还想听听关于四时如何用乐的情况。 [13]"皆顺其气"二句：是说四时之气不同，当顺应时气，按五音十二律同阴阳五行季节月份之配属规则从事乐舞活动。如《乐纬》云：春气和则角声调，夏气和则徵声调，季夏气和则宫声调，秋气和则商声调，冬气和则羽声调。 [14]"独六月者"以下六句：夏气和则徵声调，但同时与季夏六月之音交接，故须并用宫声调，直至五月底才结束；六月则纯粹只用宫声调。《淮南子·时则训》注："宫，土也，位中央，五音之主也。"历家以四季之日数另辟一季与五行、五音相对，称为季夏，即农历六月，其属土行，居中央。其时阳气盛极，然阴气亦于此时初生于地下。本经《却不祥法》有云："季夏六月，盛德合治，王气转在西南，回入中宫。"夏至，八节之一，农历五月下旬，值戊己土日。并动宫音，如前注。　[15]"又乐者"二句：欢乐就是演奏音乐，载歌载舞。《白虎通义·礼乐》："乐所以必歌者何？夫歌者，口言之也，中心喜乐，口欲歌之，手欲舞之，足欲蹈之。"　[16]"夫王气者宜动摇"以下三句：此言举声歌舞之时，旺气当动摇召感，即可见到快乐心情与时气、音乐相依顺、相辅助的和合情景。　[17]"是常先动其帝气"以下五句：此言旺气摇动的次第、顺序。帝气，此处指天帝之气。据《礼记·月令》《淮南子·时则训》所载，立春之日迎青帝，歌以角声，舞以羽翟；立夏之日迎赤帝，歌以徵声，舞以鼓鞞；立秋之日迎白帝，歌以商声，舞以干戚；立冬之日迎黑帝，歌以羽声，舞以干戈。王气，替帝气行道之气。《经钞》戊部《神吏尊卑诀》谓："王气乃为无气之长也，众气所系属，诸尊贵之君也。王气乃为天、为皇、为帝、为王、为太岁、为月建、为斗纲、为青龙、为大德、为盛兴、为帝王、为无上王、为生成主。"依"五行休王"说和"八卦休王"说，此王气即旺气。相气，辅相之气。相对于旺气，则有强壮之义。候气，《经钞》称为休气。微气，《经钞》作死囚气。候、微二气此处均指代民气。　[18]"此气皆在天斗前日进"以下八句：阳气日进于斗前，可助帝王兴旺发达；而阴气日渐衰败于斗后，可致王朝衰亡，故不宜助其动之。天斗，指北斗。《史记·天官书》："北斗七星……分阴阳，建四时，均五行，移节度，定诸纪，皆系于斗。"斗前，即斗柄（由北斗七星之第五至七星组成）由东向西旋转所对应的空间方位，即东方和南方，相对的时间在农历一至六月。斗后，即斗魁（由北斗七星之第一至四星组成）在斗柄旋转时其后面所对应的空间方位，即西方和北方，相对的时间在农历七月至十二月。

五音:《白虎通义·礼乐》:"土谓宫，金谓商，木谓角，火谓徵，水谓羽。""所以名之为角者何？角者，跃也，阳气动跃；徵者，止也，阳气止；商者，张也，阴气开张，阳气始降也；羽者，纡也，阴气在上，阳气在下；宫者，容也，含也，含容四时者也。"《汉书·律历志上》:"商之为言章也，物成孰可章度也。角，触也，物触地而出，戴芒角也。宫，中也，居中央，畅四方，唱始施生，为四声纲也。徵，祉也，物盛大而繁祉也。羽，宇也，物聚臧，宇覆之也。"

"请问今纯动五音[1]，五音不足，不成歌舞之曲，如何乎？""善哉，子之言也。然，但先动[2]。故为阴阳者，动则有音声。故乐动辄与音声俱。阳者有音[3]，故一宫、三徵、五羽、七商、九角，而二、四、六、八不名音也。刑者，太阴者无音而作，故少以阴害人，无音而作，此之谓也。""今军师何故有音哉？""善乎，子言也。然，君子有军师有音[4]，但倡乐却之耳，不必欲害之也。及怒发且害之时[5]，非有音声起中而已，不复相告语也。子知之邪？""唯唯。真如是，小愚生已觉矣。""故古者圣人，将从乐者左载[6]，将从刑者右载。吉事尚左，凶事尚右。左者阳，右者阴。言各从其类也。""善哉善哉！""故吾事为文也，随天为意，随地为理，顺之者吉且昌，逆之者凶也。与天不同其意，复何所望？故夫天乃有三气，上气称乐，中气称和，下气称刑。故乐属于阳，刑属于阴，和属于中央。故东南阳、乐、好生；西北阴、怒、好杀，和气随而往来。一藏一见，主避害也。故乐但当以乐吉事、乐生事，不可以乐凶事、乐死事，自天格法如此，不可反也。真人恻慎吾文言[7]。""唯唯。今说音独说一甲[8]，殊不尽说之。其余当云何，而悉得知其所尽引哉[9]？""然，宜拘校凡圣贤文[10]，各以家类引之，出入、上下、大小，莫不相应。以一况十，十况百，百况千，千况万，万况无极，众贤共计，莫不尽得。故但为子举其端首，不复尽悉言之也。上贤见吾文[11]，自悉得其意；中人见吾文，冀可上及之；小人见吾文，可仪而为之。不犯天地之禁，各使自生善意。尽说之，积文多，反且眩瞀于文[12]，则失其纲纪，令其文乱难理。故当财示其端首，使其自思之耳。""善哉善哉！""行，吾辞小竟，疑乃复来。""唯唯。"

[注释]

[1]五音：宫，属五行之土行；商，属五行之金行；角，属五行之木行；徵（zhǐ），属五行之火行；羽，属五行之水行。其中，角、徵为阳，宫、商、羽为阴。　[2]"但先动"以下四句：倘若

王音先动，必分阴阳，动则有声音同时相应。声为阴，音为阳，此所谓阴阳，是指大易之数：一、三、五、七、九为天数，属阳；二、四、六、八、十为地数，属阴。音声，音声原指二事。《礼记·乐记》："感于物而动，故形于声。"郑玄注："宫、商、角、徵、羽，杂比曰音，单出曰声。"隋萧吉谓"夫独发者谓之声，合和者谓之音"。《乐纬》："物以三成，音以五立，三与五如八，故音以八。八音：金、石、丝、竹、土、木、匏、革，以发宫、商、角、徵、羽也。"故此五声亦称五音。　[3]"阳者有音"以下八句：阳指音，故五音分别为一宫、三徵、五羽、七商、九角，而二、四、六、八之声属阴，故不以音名。本经以乐为阳，以刑为阴，阳德而阴刑，阴而无音，故很少起到危害人的作用。这也是王者重视音乐的原因。　[4]"君子有军师有音"以下三句：是回答与敌作战时为何要动用军乐。其认为动用军乐是为了却敌，并非想伤害对方。　[5]"及怒发且害之时"以下三句：即便欲置敌于死之时，只顾杀敌即可，并不要在军中奏起军乐去告知对方。　[6]"将从乐者左载"二句：此即指以左边承担乐事，以右边承担刑事，阴阳相互对应、制约。即两手治理。古俗尚左。常以左为大、为阳、为吉、为乐；以右为小、为阴、为凶、为刑。载，担负。　[7]恻慎：以慈悲之心审慎对待。　[8]"今说音独说一甲"二句：是说天师以上只讲解了一个甲子即五月自夏至之日起，并动宫音到六月纯动宫音这六十天的情状与理据，故意不把一年之意全部讲完。　[9]尽引：此指将五音所引动的对象全部推演上来。　[10]"宜拘校凡圣贤文"以下十三句：此三条是天师回答真人"不尽说之"的原因。其一是建议真人搜集整理往圣先贤之遗文，各以学派、部类推引，可知其与天师所言相应；其二是以少去比况多，以小去比况大，从众贤之文中去判定真伪、多少，可以全面地掌握乐动之妙道；其三是举一可反三，所以仅仅对真人解说了头绪和要领。端首，典型，具体事例，头绪。　[11]"上贤见吾文"以下八句：此言天师之文对不同品位之人都有不同作用：上贤见之即可开悟，中人见之可望靠近上贤，小人见之亦可效法而行，不再犯禁。仪，仿效。　[12]眩瞀（mào）：迷惑。

"请问音声和，得其意与不得，岂可知邪？""然，可知也。帝王之气，以其天数耳[1]。帝王之气得胜[2]，教令声响音得先发，是乃比若夫帝王得先发号施令于天下，则凡人万物悉随之而从，天下和平矣。有敢不从为反逆，则死矣。故先发其帝王之气，其余从矣。""善哉善哉！""然不先发帝王之气，反先动发休囚之气，而反当使帝王之气随从之，为大反逆也。此者，天地格法也，不可强也。子知之邪？""唯唯。""又五音乃各有所引动，或引天，或引地，或引日月星辰，或引四时五行，或引山川，或引人民万物。音动者皆有所动摇，各有所致。是故和合得其意者致善，不得其意者致恶。动音，凡万物精神悉先来朝乃后动，占其形体[3]。故动乐音，常当务知其事。审得其意，太平可致，凶气可去，真人详之。""唯唯。请问乐音者，动引之

五音之动，皆有所本。故凡举乐，先当务知其事，审得其意。得其上意者可度世；得其中意可致平；得其下意可乐人。上得其意可乐神灵；中得其意可乐精；下得其意可乐身。俱得其意天下可长治久安。所谓得意，即与天地四时五行之气相顺。本经"大顺之道"之"顺"，即和顺。社会国家，和顺则昌盛。

云何哉？”“善乎！子之问事也，得其要意。然，比若春者先动大角弦^[4]，动甲^[5]。甲日上则引动岁星、心星^[6]，下则引动东岳。气则摇少阳，音则摇木行，神则摇勾芒，禽则动苍龙，位则引青帝，神则致青衣玉女。上洞下达^[7]，莫不以类来朝，乐其乐声也。说一以求其类^[8]，无穷极也。自精详索其要意，悉自得也。与凡书文合之，为法式也。故举乐^[9]，得其上意者，可以度世；得其中意者，可以致平，除凶害也；得其下意者，可以乐人也。上得其意者，可以乐神灵也；中得其意者，可以乐精；下得其意者，可以乐身；俱得其意，上帝王可游而无事，乐起而刑断绝，精神相厌也。”

[注释]

[1]天数：此即前文所说大易之数之天数，其相对地数而言。《易·说卦传》：“参天两地而倚数。”《易·系辞上传》云：“天数二十有五，地数三十，凡天地之数五十有五。”天数为五奇，一、三、五、七、九，为阳、为生、为旺。又《易乾坤凿度·生天数》：“天本一而立，一为数源，地配生六，成天地之数，合而成（水）性。天三地八（木），天七地二（火），天五地十（土），天九地四（金）。”可证。　[2]“帝王之气得胜”以下五句：帝气居旺盛

之位，即可令音乐之声先发，如同帝王对天下臣民发号施令，天下臣民万物莫不顺从，天下是以太平。　[3]占其形体：观察各路神灵之形象与衣着颜色，可测知其阴阳属性。　[4]大角弦：角弦即角音之弦律。本经将角音之三种调式分为上（大）角、中角、下角，故有此名。《乐纬》云："春气和则角声调，夏气和则徵声调，季夏气和则宫声调，秋气和则商声调，冬气和则羽声调。""东方春，其音角。"其中孟春正月为上角，律中（应）太簇（阳律），仲春二月为中角，律中夹钟（阴律），季春三月为下角，律中姑洗（阳律）。　[5]动甲：天干第一位之甲日（属阳干）亦与大角弦相应而动。　[6]"甲日上则引动岁星、心星"以下八句：俱言天子于甲日动乐之仪式与效应。甲日，水、火、木、金、土之木日。《吕氏春秋》之"孟春纪""仲春纪""季春纪"均言："其日甲乙，其帝太皞，其神句芒，其虫鳞，其音角。"高诱注云："甲乙，木日也。太皞，伏羲氏以木德王天下之号，死，祀于东方，为木德之帝。""角，木也，位在东方。"岁星，木星。木星约十二年运行一周天，其轨道与黄道相近，因将周天分为十二份，称十二次。木星每年行经一次，即以其所在星次来纪年，故称木星为岁星。心星，东方苍龙七宿（角、亢、氐、房、心、尾、箕）之一。东岳，五岳（泰、衡、华、嵩、恒）之首山，以其位于东方，为万物始生之地，故称。少阳，此指阳气之微者。阴阳五行家以春属少阳，夏属太阳，秋属少阴，冬属太阴。勾芒，一作句芒，相传为少皞氏之子，名重，死为木德之神、帝太皞的辅佐，其执规以管理春季。禽，《说文》谓"禽，走兽总名"。《列子·黄帝》："傅翼戴角，分牙布爪，仰飞伏走，谓之禽兽。"苍龙，此处指骏马。陈奇猷《吕氏春秋校释》："此苍龙乃骏马之名。"《吕氏春秋·本味》："马之美者，青龙之匹。"青龙即苍龙。青帝，太微垣五帝神之一，其于春起受制，主木行；木色青，故称青帝。其在人则主五脏，护魂、主肝，为五神之领。青衣玉女，青帝之护法神灵。《吕氏春秋·孟春纪》"天子居青阳左个，乘鸾辂，驾苍龙，载青旂，衣青衣，服青玉"即是。　[7]"上洞下达"以下三句：此言圣君清明，政令通达于臣民百姓，各地邦国侯王咸皆顺服朝宗。可知音乐就是以声音达到快乐。　[8]"说一以求其类"以下六句：详解一个典型，可举一反三，触类旁通，推至于无限。求道人只要精心求索其中的要领，就会成为自己的学问。以之与圣贤和经书相偶，亦可以成为人们效法的榜样。　[9]"故举乐"以下十八句：此言上品之人得其动乐之核心理念，可以使神灵高兴而赐福寿；中品之人则可以享受精神灵魂之欢愉；下品之人亦可以使身体获得快乐。而各阶层的人都懂得了动用音乐之妙道，帝王就可以放心地逸乐，无为而治天下，从而断绝刑罚之威和精神上的恐惧与压抑。

"愿闻乐起刑断绝意诀。""善哉，子之言也。然，乐者，太阳之精也；刑者，太阴之精也。阳盛则阴服，阴盛则阳服。故乐盛则刑绝也。""乐何故为阳？刑何（故为阴）？""音和者[1]，其方和善得也；音不和者，其方凶恶。当为之时，精听其音。知音者，悉知其事吉凶，不知音者，亦不可知也。音声者，即是乐之语谈也[2]。占远占近，皆当合之。日时姓字[3]，分画境界，王相休废，更相取合，以为谈语，精者听之无失也。""善哉善哉！请问以乐除灾害奸猾凶恶，象天地法为数[4]。帝当晏早而动摇其乐器，而始唱其声，以解除愁苦之气，而致太平哉？""善哉子之问。法何其常巧也。皇天久疾灾害，怜帝王愁苦，令使真人主问凡疑事邪？诺诺，安坐，吾不敢有所匿也，匿之恐得天责，使吾久被重谪，无益于吾天年。子安坐详听之，为子一二分别道其至意。夫天道比若循环，周而复始。起乐也[5]，常以时加其王气，建向斗所加，方向其面，动其音声。人唱之亦可[6]，各以其音为之。数以六甲五行[7]。五六甲五行[8]，即天地之数也。时气者[9]，即天地之所向、所兴为也。假令立春之日[10]，斗加寅，名为上帝之时，先动大角。月半加甲[11]。二月斗加卯，月半加乙，三月加辰也。他行效此[12]。各次其时气晏早，为其度数。先动帝音帝弦[13]，次动王音王弦，次动相音相弦，次动候音候弦，次动微音微弦，各如其数。此名为承天之教，顺地之气，天地乃自乐用之，而况于人乎？人者，最物之尊者，天之所子也。天乃乐人严敬用其数[14]，地乃乐人谨顺用其数，此犹比若孝子之顺用父母之教，父母安得不爱而好

天道比若循环，周而复始，王相休废之气递相循环，故动乐之时，当择吉避凶，承天之教，顺地之气。人者，最为物之尊者，天之所子也。天乃乐人严敬用其数，地乃乐人谨顺用其数。此即言用乐不可违背天地自然的规律。

之乎？今天故使子来问事，吾主为天谈[15]，为上太平制数，不敢有所遗力，畏天地之谪，不敢欺诸真人，不敢有所隐匿也。唯不见问，问辄言之。吾睹真人问事□□，承知天欲语，故为子具言。真人得吾道，深思其意，以付下古之人，使其象而为之，以除群［辟］灾害之属，上以安天地之气，下以助帝王为治。令凡人心安不为邪，万二千物各得其所，岂不乐哉？”“大哉大哉！”“诸真人可谓知之矣。”

[注释]

[1]“音和者”二句：此言凡音乐和美之处，其地方之民也是和谐的。方，方所。善得，即“善德”。　[2]乐之语谈：此言音律即是音乐要表达的话语。　[3]“日时姓字”以下六句：是说音乐所发，无论人之生辰八字，处境之分别，以及五行休王之气运，都可以对号入座，如同被其告知，精于道者可听之无误。　[4]象天地法为数：此指以乐动象征天地之运化法则、规律。　[5]“起乐也”以下五句：乐动之时当乘其时序，增加王气，以助其发力。一般应当看北斗星斗柄所指的方向而动建其音。建，指月建。斗，指斗柄。　[6]人唱之亦可：当时若无乐器，亦可用人以相应的音调歌唱来代替乐动。　[7]数以六甲五行：即以六甲（甲子、甲戌、甲申、甲午、甲辰、甲寅）五行（木、金、水、火、土）之序数六与五相乘之积三十为数。此即为易数之天数。　[8]“五六甲五行”二句：即三十与五个五行之积（二十五）相加之和五十五。

此即天地之数。易之"天地之数"见前释。　　[9]"时气者"二句：此指天地之数因随时令、季节轮转而兴起之旺气。　　[10]"假令立春之日"以下四句：例如在夏历正月，月建在寅，斗柄指向寅，正值东方苍龙七宿角星所处方位，此亦为"天王帝廷"（《史记·天官书》）。角星分为大角、中角、下角，故先动大角之音。假令，假设，例如。立春之日，斗加寅，农历正月为立春之时，斗柄指向寅。寅为地支之阳支，位于东北方向。　　[11]"月半加甲"以下四句：此言立春以后之三个月随着时令变迁，斗建转动，时气亦发生相应变化，其乐动音调亦从大角改为中角、下角之音。如是循序不乱，便可致吉祥。月半加甲，甲为阳干，天干之首。此言立春过了半月至于雨水节，仍须用大角之音。二月斗加卯，卯为阴支，地支之四。此言夏历二月斗柄指卯方，即正东方，其为春分节，此时属仲春，应动中角之音。月半加乙，乙为阴干，天干之第二位，此言春分过了半个月仍然要用中角之音。三月加辰，辰为阳支，位列地支之五，进入东南，时在夏历三月，适值清明节。此时属季春，当改而动下角之音。　　[12]"他行效此"以下三句：此言举立春动乐为例，其他季节乐动时气的早晏均应以此为准，从而推测出具体的度数来。他行，指五行木行之外的金、水、火、土等行。　　[13]"先动帝音帝弦"以下六句：此言动乐首先要动用与帝气相应合的音调调式，接下来便是先后与王气、相气、候气、微气相应的音调调式。文中之二"微"字原误为"徵"。　　[14]"天乃乐人严敬用其数"以下四句：此言动乐严格遵循天地之数，顺乎时气变化而相应变更音调如同子女顺承父母之教，令父母喜悦一样，会使天地喜悦。　　[15]"吾主为天谈"二句：为天宣道，代表上天制定太平社会的法度、规则。

"请问六洞八方之事 [1]，最何等者为吉善，本经谓吉事乃得作乐，凶事不得有乐。太平盛世，得具作乐；凶年不得作乐。有德好生之君，天使得作乐；无德之君，不得作乐。此只是揭露了乐与吉凶之间的必然联系。其实音乐是表达情感的一种高级手段，人有七情，都可以用乐来表达，如昭君之出塞，文姬之胡笳，考妣之丧，故国之沦亡，宁能举乐乎？

最何等者为凶恶？"　"善乎，子之问事。然，详听之，为子说其意。最相顺相乐为善为吉，相逆相愁苦为凶为恶。相顺相乐为善声，相逆相愁苦为凶声。故乐者乃独乐，相顺乐为善乐，吉事乃得作乐，凶恶事不得有乐，有乐名为乐凶，凶日多。是故时加帝王之气相气、微气，皆在天斗前，吉事也。天地所乐，欲兴起也，天地所共，方兴用也。故当乐之顺之昌之也。休废之气，天地所共废共衰，故当废之，不宜兴乐之。乐之为逆天地心，名为大逆不顺时气。时气者，正天之时气也。天地为法，王相之气主太平也，囚废（死）绝气主凶年。王相之气多所生，多善事。故太平之岁，凡物具生，多善物，是明证也，天地之大效也。天地之喜善效，乃及见于人民万物，以是为大效证验也。故古者圣贤以是深自占相[2]，自知行之得失也，明以同类同事同气占相之也。得同气类之象[3]，则改性易行，不敢为非也。天地之语言，以此为效，不与人交头言也[4]。视象类所得，可自知矣。夫囚废死绝气少所生[5]，无成善事。是故凶年之岁，少所生，无善应，无善物，是其同事同气也。是故将太平者 [6]，得具作乐。乐者乃顺乐，王气、平气至也，先以道之。凶年者，不得作乐，不得无故兴乐，囚废之气与天地反逆，故凶年凶事，不得作乐也。故王相之气，德所居也。囚废之气，刑所居也。故有德好生之君，天使其得作乐；无德之君，不得作乐也。是天之明证也。真人知之邪？""唯唯。可骇哉！今日具问天明师，乃具知天乐意；不问之时，谓作乐但小事，凡人凡事皆得为之也。今日问，乃后不敢妄动摇也。""善哉晓事生！可谓知文书理长，得天之意矣。太平至，灾气悉去矣。"

[注释]

[1]六洞八方：天地与东、南、西、北称六洞，东南西北加上东南、西南、西北、东北为八方。　[2]"故古者圣贤以是深自占相"以下三句：往圣先贤往往以天地之气乐善这一经验去观察世象，审视自己的言行得失，同时掌握同类之事以同时气去观察的道理和方法。占相，此指排除成见，体察事物之实相。　[3]"得同气类之象"以下三句：此言观察得到同类时气之征象，便以之来戒惧自己，修正自己的性情和行为。　[4]交头言：面对面用语言交流。　[5]"夫囚废死绝气少所生"以下七句：此言时值囚、废等死绝之气，天之生物也少，地亦不能养成万物，人物亦受其影响不能交上好运，这就是同事同气之象啊。　[6]"是故将太平

者”以下五句：此言时气将致太平，须动乐以助王气发力，成为天下太平的前导。

"谨复重请问心所疑。""行，平，言勿讳也。""唯唯。今天地之气[1]，乃半王半休，比若昼夜，无有解已，乐宁可竟日作之邪？独加王乡，有王气时可作邪？""但始作之时[2]，以其帝王始耳，无以休气始也。岁亦然，月亦然，日亦然，时亦然。""今愚生未及其意。""然。欲乐岁[3]，岁在东方卯，以春二月乃乐之。欲乐月，各加其月，日者以王日，时者以王时。如是则可谓得天之道，灾气去矣。如不若此，皆为乱天之纪，生凶灾矣。是故古者圣王，深知天地心意，不敢乐凶事。凶事见乐，则凶事日兴多，兴多不可救，故不当乐之也。天之授性[4]，各自有精神。乐善，善精神至；乐恶，恶精神至。此自然之性也，无有怪也。但愚人不深计之耳。""善哉善哉！""真人欲知其大效，此比若天道也。诸清净者乐归天[5]，诸沉重者乐归地，各从其家，无可非也。故乐善得善，乐凶得凶，比若水从下，火从高，不失铢分。真人以此书付有德之君，以示凡人。今太平气至，天兴善，皆使乐善也，不得复有无故乐凶事者也。乐凶事者，乃与天为仇，与地为咎，其过不除。今天上名此乐凶事者，为大反逆之人也。天凶气，地中诸咎悉且来下归之也[6]。""请问卒有急，当以乐乐吉事，时不暇待加王乡斗前[7]，当奈何哉？""善乎，子之问事也，得其要意。然使乐人居王乡[8]；不得居王乡者，令乐人众人，亦向王请之，亦以其音，亦以其数。如但其人姓字[9]，举持律历，音气相应，亦可顺其王相时气，而依其人使作乐，亦可如此。如此者，皆为顺用天地之教，令无灾害也。如不若此，有与凶囚气合者，悉生凶事。又举音倡乐，亦当以吉，吉音善事。夫王相气，比若人之有君王，亦不欲听闻凶事、凶言、凶音也。所以然者，王相之气乃为皇天主生，主成善事，乃而助天生成也。恶音凶事，不而助天生成凡物。是故王气不欲乐闻之也，斗前之气，皆不欲乐闻之也。是故古者圣贤帝王，悉积聚善言善事，不内凶恶之事[10]。名为妖言，罪即诛死；其罪未足以诛死，

"五音之家，用口调姓名及字，用姓定其名，用名正其字。口有张歙，声有外内，以定五音宫商之实。"（王充《论衡·诘术》）

但恶其妖言不祥耳，故杀之也。真人岂知此禁重邪？""唯唯。可骇哉！可骇哉！""子知早骇，可长存；不知骇^[11]，死之根也。"

［注释］

[1]"今天地之气"以下七句：此是真人问天师，天地之间时气旺盛与休退二者各占其半，如同昼夜轮替而不间断，那么音乐也要不停顿地动下去吗？抑或是只有当斗柄转到王气所占的位置时再动乐呢？半王半休，此谓天地之气是王气和休气各占其半，依季节而循环轮替。如春季木行少阳气；夏季火行太阳气；秋季金行少阴气；冬季水行太阴气。本经丁部《兴衰由人诀》云："今天乃自有四时之气，地自有五行之位，其王、相、休、囚、废自有时。"王乡，此指北斗星斗柄所指向的标志，王气所在的方所。　[2]"但始作之时"以下三句：天师回答乐动应始于帝王之气值旺的时候，不可以处在休气之时动乐。　[3]"欲乐岁"以下七句：欲动乐以助一岁之欢乐，如果岁逢东方卯时，则应于农历二月动乐；如果想动乐以娱月，那就应于斗柄刚刚转到指向该月所在方位时动用音乐；至于选择日子，则应挑选旺气所在的日子，如春季之寅日，夏季之巳日，秋季之申日，冬季之亥日之类；时辰应选在王时。王日，适逢旺气的日子。按"支干休王"说，春则甲乙、寅卯王，夏则丙丁、巳午王，秋则庚辛、申酉王，冬则壬癸、亥子王。王时，指一日之早晨、正午、黄昏之前。一日凡十二时辰：夜半（子）、鸡鸣（丑）、平旦（寅）、日出（卯）、食时（辰）、隅中（巳）、日中（午）、日昳（未）、晡时（申）、日入（酉）、黄昏（戌）、人定（亥）。《经钞》壬部《治天为三时念道德诀》云："天有四时三部，朝主生，昼主养，暮主施。故

东南生，西南养，西北施。"《黄帝素问灵枢·顺气一日分为四时》："春生夏长，秋收冬藏，是气之常也，人亦应之。以一日分为四时，朝则为春，日中为夏，日入为秋，夜半为冬。朝则人气始生，病气衰，故旦慧。日中人气长，长则胜邪，故昼安。夕则人气始衰，邪气始生，故加。夜半人气入藏，邪气独居于身，故甚也。"　[4]"天之授性"以下六句：上天赋予人以性命，各有其匹配的精灵之神。乐善之人常招善精神，乐恶之人则招致恶精神。　[5]"诸清净者乐归天"二句：清阳之气，上浮于天。重浊之阴气，下凝于地。此以喻善恶之分。　[6]诸咎悉且来下归之：各种凶神恶煞、苦难灾祸全都降临，缠绕其人。　[7]时不暇待加王乡斗前：此谓事发仓促，没时间等候吉日旺时。　[8]"然使乐人居王乡"以下六句：如时间来不及，亦可变通。譬如，可令乐工居住在斗柄所指的方向。如果没有条件做到，还可以令乐人依其音调和程式虔诚向天君乞求吉祥以动乐。乐人，乐工。此指道门专为王室奏乐成员。　[9]"如但其人姓字"以下九句：此言此外还可以用祈福之人的姓字去与律历相合，如果声音时气相应，亦可顺其旺气令乐人奏乐。以上说明动乐的时机并非机械不变，而是可据实际情况变通，只要有顺天兴善之心，顺用天地之教动乐，可令无灾害。　[10]内：纳，收纳。　[11]"不知骇"二句：不知道敬畏天地神灵，是酿成败亡的根本原因。

"一曰先顺乐动天地四时帝气[1]，一事加三倍以乐天，令天大悦喜，帝王老寿，妖恶灭，天灾害悉除去，太阳气不战怒[2]，国界安[3]。而知常先动顺乐之者[4]，天道为之兴，真神为之出，幽隐穴居之人[5]，皆乐来助正也[6]，□□哉！

"二曰先顺乐动天地四时王气，再倍以乐地[7]，地气大悦，不战怒，令王者寿，奸猾盗贼兵革消，国界兴善。下悉乐承顺其上，中贤悉出[8]，助国治，地神顺养，□□哉！

"三曰先顺乐动相气微气，令中和之气大悦喜，君臣人民顺谨[9]，各保其处，则佞伪盗贼不作，境界保[10]。故和气日兴，王气生，凡物好善。

"四曰慎无动乐死、破之气[11]，致剧盗贼[12]，又多卒死者。国界常危难安，致邪气鬼物甚多，为害甚剧，剧则名为乱扰。极阴之气致返逆，慎之慎之。

"五曰无动乐囚、废之气，多致盗贼，囚徒狱事，刑罪纷纷，甚难安。民相残伤，致多痼病之人[13]。

"六曰无动乐衰、休之气，令致多衰病人。又生偷猾人相欺，多邪口舌，国境少财[14]，民多贫困。

"乐上帝、上王、相微气三部[15]，今［令］天地人悦，致时泽，灾害之属除去，名为顺天地人善气也，致善事。乐下三部^[16]，死破、囚、休衰之气致逆灾，天时雨，邪害甚众多，不可禁防也。此诸废气动摇乐之，则致恶气大发泄，贤儒藏匿，县官失政，民臣难治，多事纷纷，不可不戒之慎之也。天地凡事，有固常法。有气之乡而向尊者欲见乐^[17]；无气之乡，衰死者不宜见乐。故乐善者天上名为顺政，乐恶者天上名为逆令。顺政者得天力，逆令者得天贼。得天力者致寿，得天贼者致凶咎。所以然者，天之为政犹影响^[18]，不夺人所安。乐善得善，乐恶得恶，是复何言？夫善恶安危，各从其类，亦不失也，但愚人不计之耳。是故乐道者道来聚，乐德者德来聚，乐武者武来聚，乐正者正来聚，乐邪者邪来聚，何尝不若此乎？故吾深计天之法，以戒真人也。□□哉，天法不可犯也。故重丁宁子。"唯唯。"

[注释]

[1]"一曰先顺乐动天地四时帝气"二句：此指动帝气之事须以三倍的规模动乐。顺乐，此言遵循时令之乐调。如《乐纬》所云："春气和则角声调，夏气和则徵声调，季夏气和则宫声调，秋气

和则商声调，冬气和则羽声调。"五者不乱，谓之顺乐。　[2]战怒：此指动干戈、杀伐、征讨之类行为。　[3]国界：边境以内。　[4]知常先动：此指知晓气运之常道者循道先动音乐。　[5]幽隐穴居：身怀道术之隐士、遁世之人。　[6]正：指帝气，与邪气相对。　[7]再倍：此指以二倍的动乐规模。　[8]中贤：中等声名的贤者。　[9]顺谨：和顺而恭谨。　[10]境界保：国土安全有保障，不受异族侵扰。　[11]死、破之气："五行休王"说有死气和囚气，"八卦休王"说有死气和废气，俱指凶气。　[12]剧盗贼：指恶人之凶残者。剧，表程度过甚。　[13]痼（gù）：久治不愈之顽症。　[14]国境少财：此指国内贫穷。　[15]"乐上帝、上王、相微气三部"以下六句：此言以上六部之前三部中，顺天地之帝气、王气和人间相、微之气而动乐，可兴天、地、人之善气，令天、地、人皆欢喜，因而可以除灾害，招致吉祥、善应。时泽，及时之雨露。泽，润泽。　[16]"乐下三部"以下五句：此言乐动于下三部，将遭逢死、破、囚、衰之凶气，会招致违逆天地之灾祸。天时雨，此谓时雨至而不停。　[17]"有气之乡而向尊者欲见乐"以下三句：乐工在有帝气、王气和相、微之气的地方面向旺气的方所，遵尊者的意愿而动乐；在时气不到的地方，邪气鬼物甚多，且多衰死者，故不宜动乐，唯恐激活阴气，加剧灾病。　[18]"天之为政犹影响"以下四句：此言上天行政雷厉风行，如影之于形，响之于声，立竿见影，它不改变人们安居的风俗，不破坏人们认定的因果联系，乐善者必得善，反之就会遭遇恶。

"所以三倍帝气乐贤〔弦〕者[1]，帝气最尊无上，象天尊，故倍乐之。天者，而制御地与人[2]，故三倍之，象天地人也。夫天地人见乐兴理^[3]，而万物各得其所，瑞应善物万二千为其具出矣，故先乐之也。乐之当详听一意^[4]，端坐长思，心中悦喜，愉愉然也。忠信至诚，无有恶意，比若对帝王而坐，不敢邪僻。天应其行，妖恶灾害之属莫不悉去，因天为尊^[5]，因帝气为权，自然天述法，故致太平不难也。""善哉善哉！""所以再倍王气乐弦者^[6]，王气象地。地者与人并居，故再倍其乐，乐地也。地与人见乐悦喜，而万物并理得矣。又地者卑，故其乐少于天也。""善哉善哉！""又王气弱于帝气，卑于帝气为一等，故少之也。尊卑相次之法^[7]，其分自然也。""善哉善哉！""所以乐相气微气一行者^[8]，相气微气象中和人。夫中和人卑于天地，故其乐少。人者主为天地理万物^[9]，人乐则悦喜为善，为善则万物理矣。人不乐则为恶，为恶则万物凶矣。""善哉善哉！""又人者，是中和万物之长也。其长悦喜理，则其万物事理，其长乱则其物乱。故先乐其长，以顺乐天地人之道也。""善哉善哉！""是故上善之气最尊善，故乐得三重也，以乐善也。是故古者帝王治得善，得天心意者，

人者，主为天地理万物，人乐则悦喜为善，为善则万物理矣；反之则万物凶。

人者，是中和万物之长。其长悦喜理，则其万物事理，长欲乱则万物乱，故当先乐其长，以顺乐天地人之道。这里反复强调了人的主观能动作用。

得重乐也，是其明证也。今太平气至，故教其兴乐也。衰乱之气应凶年，故不得兴乐；如兴乐，名为兴乐凶衰，天上名之为大逆也，灾害之本，祸之所从起。可不慎乎？""善哉善哉！""是故其次乐再重，王气不若帝气[10]，故乐少。是故治少善者，乐为之衰少。所以衰少者[11]，气衰不而大善，故不敢重多乐也。中有凶气，故不敢具其乐也。比若人家有七善三恶，则心中为之不而乐，此之谓也。""善哉善哉！"

［注释］

[1] 乐贤：应为"乐弦"，即弦乐器。　[2] 制御：控制，驾驭。　[3] 见乐兴理：闻见乐动之音律而生发治国理政的兴致。此与下文"其长悦喜理，则其万物事理，其长乱则其物乱。故先乐其长，以顺乐天地人之道也"是一个意思。　[4] "乐之当详听一意"以下八句：此言赏乐之时应心怀虔敬，端坐长思，参悟天理。　[5] "因天为尊"以下四句：此言以天为尊，依恃帝气之神圣权威行自然之法，致天下太平，应该不会很难。权，权重。　[6] "所以再倍王气乐弦者"以下七句：此言王气与相、微之气所象之帝王、辅臣和民众都在民间，三者闻乐而兴治，则万物得到治理。　[7] "尊卑相次之法"二句：此言伦理的尊卑秩序之分是自然形成的。　[8] "所以乐相气微气一行者"二句：相对于帝气象征天、王气象征地，则强壮之相气和正滋生中的微气便象征中和之气的人。　[9] "人者主为天地理万物"以下三句：是

说人代天行令，治理万物；其因乐动而快乐，因而乐于行善事，于是万物遂各得其所，得到有效治理，天下秩序井然。　[10]"王气不若帝气"以下四句：此言王气不如帝气强大，王治亦不如帝治英明。故动乐之规模亦相应减少。　[11]"所以衰少者"以下七句：此言王气不及帝气为纯阳之气，其正气之外难免杂有凶气，有如三七开，故王者总有忧患之心，不敢大乐。

"夫七善三恶，善多恶少，安能止乐乎[1]？""人心中虽乐，时念三恶，则不而纯乐，此天性也。乃且尽善，无复一忧，乃能大乐也。故乐以乐善，不以乐凶也。""善哉善哉！""吾言乃天明券[2]，书不失一也。是故其次乐一行[3]，相气微气少所能安人[4]，德最少，不能若天地气也。故乃微少，不能若天地，故少其乐[5]。相气微气少所能化，乃其中国固多恶少善，故不敢多具其乐也。反名为乐凶恶，其善少，故其乐少也。所以少者，但乐其中善者，不敢乐其中凶恶也。乐其中凶恶，比若小人，有七凶三善，三善谪［适］得三从乐。有七凶恶反七愁苦悒悒，安而从乐乎？所以然者，十十为法者[6]，十乃三折之也。帝气十十皆善，王气者二善一恶，相气者二恶一善也。故帝气者象天，天者常乐生，无害心，欲施与，三皇象之，常纯善良，无恶无害心。天如三皇，三皇如天也。故上善之人无一恶[7]，但常欲为善，其象天也，其象真神乎？”“善哉善哉！”“王气者象地[8]，地者常养而好德，五帝象之也。地虽养者名为杀，故五帝时有刑也。”“善哉善哉！”“相气微气者象人[9]，人者无常法，数变易，三王象之，无常法也。夫和气变易，或前或退，故下上无常。和者睹刚亦随之，睹柔亦随之，故无常也。衰死囚亡之气象万物[10]，数变乱，无正相出入，五霸象之，其气乱凶，故不得有乐也。夫天地之性，乐以乐善，不以乐恶也。夫天地之武以诛恶，不以诛善。天地格法，不可反也。”

［注释］

[1]止乐：止于快乐，犹言下文之“纯乐”“大乐”。　[2]天明券：皇天著明之凭据。券，契券。　[3]次乐：相对于大乐，其规模较小。　[4]“相气微气少所能安人”以下三句：相、微之气的功能因其杂含阴气，德少而不能如天地之气那样使人安乐。　[5]少其乐：减少动乐的规模，即上文之“次乐”。　[6]“十十为法者”二句：以十全十满为标准，将其折成三等分。　[7]“故上善之人

无一恶"以下四句：此言人间被称道的上善之人，其德行如皇天十全十美，简直就是"真神"。　[8]"王气者象地"以下五句：三皇象天，五帝象地。天道好生而地德好养。然天道属阳，地德属阴，亦具有刑杀之性，故五帝时有刑杀之威。　[9]"相气微气者象人"以下五句：此言人间三王之气为和气，亦称人气，即相微之气。人不具天地之常法，故其善恶之行为经常变换。　[10]"衰死囚亡之气象万物"以下六句：此言相微之气等而下之是衰死囚亡之凶气，以五霸象之，亦称霸气。其气凶乱，经常变乱，是太平社会的不安定因素，故不可以为其动乐。

"善哉善哉！请问乐以乐善意，愿闻大诀，使愚生心悉解，而不敢复问，岂可闻乎？""子自若不解邪？""谨已小解。恐下古之人，积愚迷日久，虽与其文，犹复不解，复令犯天禁，故不敢不问其大诀易知者矣。""善哉子之言，得其意。诺。安座方解之。然，夫上善大乐岁[1]，凡万物尽生善，人人欢喜，心中常乐欲歌舞，人默自相爱，不变争，自生乐，上下不相克贼，皆相乐。故乐生于善以乐善[2]，天使自然如此也。""善哉善哉！""夫大凶年[3]，凡物无一善者，人人皆饥寒，啼呼哭泣，更相克贼。默自生愁苦忿恚，心中不乐，何能歌舞？乐默自废绝。

乐为乐善生，
武为兴凶作。

故凶年恶岁无乐，天使其自然无也。是则明天不乐凶恶之证也。是故乐为乐善生[4]，武为兴凶作。是故古者帝王将兴者，得应乐善也；将衰者，得应恶也。此者，自然之法也。是故乐生善[5]，善生乐；凶〈凶〉生〈乐〉武，武生凶；无为生乐，乐生无为；武生乱，乱生武；乐生歌舞，歌舞生乐；凶恶生愁苦，愁苦生凶恶。以吾文见下古之人，使其思之乐之。诀说小竟于此[6]。""善哉善哉！"

右五音、乐当所动发，前后得天地人心意，以致太平、除灾奸、致和气出大诀。

[注释]

[1]"夫上善大乐岁"以下九句：此为天师为真人开示音乐能使善德光大的根本法诀。憧憬在一个完美的丰收之年，天地万物无尽美好，人们都因高兴而欲歌舞。人际间亦生出仁爱无争、不相害、自生乐、皆相乐的情怀。　[2]"故乐生于善以乐善"二句：音乐产生于善美的事物更让成就善美之人去享受音乐之美妙快乐。这是天道之本然。　[3]"夫大凶年"以下十二句：此言凶年不举乐之缘由以证上天乐善而恶恶之本性。　[4]"是故乐为乐善生"二句：音乐是为促进善美而生，而兵戎暴力则是因凶恶而兴起的。　[5]"是故乐生善"以下十二句：疑有衍字，依字面去衍字，可作如下解：人欢乐便导生善良之行，而善德又使人快乐而

动乐舞；反之凶则生暴力，暴力更促生凶祸；上无为而君民欢乐，君民欢乐便行无为之治；暴力必致祸乱，祸乱导致兵戎；欢乐引发歌舞，歌舞更使人欢乐；凶恶使人愁苦，愁苦又促使凶恶发生。一切都是互为因果的。　　[6] 小竟：暂且告一段落。

[点评]

这是一篇全面论述声音乐舞与政事之盛衰、人事之吉凶之关系的长文。本文论及了声音乐舞的起源和本质，揭示了音乐的重要社会功能，因而也是反映早期道教音乐观的重要论文。

关于音乐的起源问题，本文论及了两点。一是提出："乐动辄与音声俱。阳者有音，故一宫、三徵、五羽、七商、九角，而二、四、六、八不名音也。""又五音乃各有所引动，或引天，或引地，或引日月星辰，或引四时五行，或引山川，或引人民万物。音动者皆有所动摇，各有所致。……动音，凡万物精神悉先来朝乃后动，占其形体。故动乐音，常当务知其事。审得其意，太平可致，凶气可去。"这里所说的"与音声俱""有所引动""皆有动摇，各有所致""知其事""得其意"等，虽然重在强调音乐之气感与情感，表达"乐之语谈"，但其于乐调之选择、乐律之运用、乐音之协和等对于动乐者和乐工是有指导意义的。二是提出了"举音倡乐，亦当以吉""乐生于善以乐善""乐为乐善生"等命题，从审美价值的角度指出了音乐与善德的因缘关系。在音乐的本质问题上，强调音乐是助帝王之气以推行天道天法，助相、微之气以代天行政，提出"乐但当以乐吉事、乐生事，不可以乐凶事、乐死事""凶恶事不得有乐""凶事见乐，则凶事日兴多，兴多不可救"。在音乐的功能问题上，本诀文特别强调，其上可以乐天，"令天大悦喜，帝王老寿，妖恶灭，天灾害悉除去，太阳气不战怒，国界安"。下可以乐地，令地气大悦不战怒，令王者寿。中可以令中和之气大悦喜，君臣人民顺谨各保其处。真人、神人、圣人出世辅政，天下致太平。

此外，音乐的教化功能还可以提高人的道德素质，让人们弃恶从善，相互仁爱，敬天孝祖等等。

本文关于乐理的论述，在继承春秋战国以来尤其是儒家的礼乐论的基础上，广泛吸收了汉中期以来兴起的阴阳五行说、谶纬说（如《乐纬》）和易学象数说，还有诸如"五行休王""四时休王""八卦休王"诸说，熔铸一炉，创出新见，故彰显出神秘色彩。但其始终没有背离善德与中和的价值取向；始终坚持了实现天下太平的社会理想。

天乐得善人文付火君诀

"今真人积善又贤，事事通。今天上皇洞平气具至[1]，今天上欲有可急得，子亦岂知之乎哉？""小生性愚且蒙，不及，唯天师。""行，诸真人安坐，为子悉陈之。今天上乐得善人[2]，可以调风雨，而具生凡物者。初，天地开辟以来，人为善者少，少能中天意者。天常以是为忧患，而今地上人无中天上可求者。""今天上何不自生人，而反乃取于地上人乎？""夫天地之生凡物也，两为一合[3]。今是上天与是下地为合，凡阳之生[4]，必于阴中，故乃取于此地上人也。又人含阴阳气之施[5]，必生于土泉，故皆象其土而生也。故五方异俗，天下小小而不同。故万二千国一部中人[6]，不相似也。子知之乎？""唯唯。""人生而常善者付于父[7]，故善人上付于天也。万物之精善者，上合为天，为三光也。其中者付于人[8]，使其仕，顺阴阳而理万物也。其下者付于土[9]，使步行而作事也。真人知之乎？""唯唯，善哉善哉！""是故今天上欲调风雨，具生万物，乐得善人，故吾见遣[10]，下简索之也[11]。以文付真人，以与谨民[12]，令付上火精道德之君[13]，使以示天下人，共思吾书言。故以付真人，慎毋断绝，子且病之[14]，加戒慎事[15]！""唯唯。今愚生以为天上乃无极[16]，而正独与此下地为合乎？""善哉！子之难也。

"两为一合"是指道生万物的过程。

天虽上行无极[17]，亦自有阴阳，两两为合。""今地下亦自有合乎？""然，地亦自下行何极，亦自有阴阳，两两为合。如是一阴一阳，上下无穷，傍行无竟。大道以是为性，天法以是为常，皆以一阴一阳为喉衿[18]。今此乃太灵自然之术也[19]，无极之政[20]，周者反始，无有穷已也。欲为真人分别一二而陈道之[21]，真人会不而知之耳。故略为子举其端，见其始[22]，著其大纲[23]，自思出其纪[24]，令天下地上贤圣自美之耳[25]。子知之耶？""唯唯，愿闻其教。""诺，自详记吾言。于吾教，子上而息[26]。""唯唯。"

[注释]

[1]上皇洞平气：此即代表皇天的太平之气。　[2]"今天上乐得善人"以下三句：此言上天因太平气至，急欲得到能代天理政之人，其人能象天使风调雨顺，万物丰长。　[3]两为一合：道生一，一生二，此即两为；二生三，三生万物，此为一合，亦即天地阴阳相得、互动、相合而生中和之气，以生万物。　[4]"凡阳之生"二句：比如八卦之"坎"，属阴，其象为"☵"，水行，居北方，于夏历十一月冬至日子时一阳之木始荫生其中。　[5]"又人含阴阳气之施"以下五句：天有阴阳，人亦含阴阳。人之阴阳得之于水土之施，一方水土养一方人。水土不同，其风俗自有小小差异。　[6]"故万二千国一部中人"二句：即五方异俗之

意。万二千国一部中人，统称整个天下之人。本经尝云"一大部乃万二千国"。　[7]"人生而常善者付于父"以下五句：此言人之先验善性是父亲遗传的；善人之善性则是上天所付与的。同理，万物之精粹善德乃与天相合，形成日月星三光。　[8]"其中者付于人"以下三句：此句是说，与上善人相应，中品之人的善性则是得之于人。其君主可使其做官，让其顺自然规律治理天下。　[9]"其下者付于土"二句：下品者的德性则是土地所付与，这种人生就了一辈子劳碌奔波之命。　[10]见遭：被挑选中，再被派遣下到人间。　[11]简索：依据各册档案搜寻。　[12]谨民：恭谨之民。此指纯良信道的百姓。　[13]上火精道德之君：此指在位的汉朝皇帝。汉以火德王天下，又称炎汉。上火精形容火行火德之精粹者。　[14]病：犹言殃咎。　[15]戒慎：戒恶、慎行。　[16]"今愚生以为天上乃无极"二句：此言天之阳气理当上行无限，难道竟为此事偏独下行与地阴相合吗？　[17]"天虽上行无极"以下三句：与下文"地亦自下行何极"三句对应，是说天气上行无限，地气下行无限，但不影响天阳地阴相合。且天地亦各自有阴阳之分。阳中有阴，阴中有阳，各自两两相合。　[18]喉衿：咽喉与衣衿，此指要领、关键。　[19]太灵自然之术：此言天地阴阳，两两相合是天道之本然。《易》言"一阴一阳之谓道"，亦是指阴阳互动是道的存在方式。太灵，天道。灵，道之真谛、本然。　[20]无极之政：此言阴阳两两相合是道的根本职能。无极，道也。政，职事也。　[21]一二：逐条。陈道：陈述。　[22]举端见始：揭示事物原初本相。端，开端。　[23]著其大纲：说明道的纲领所在。　[24]自思出其纪：自我思考体味出道的关键、要点。　[25]自美：自我感到满足、疑义顿消。　[26]上而息：进一步思考去。息，"思"之形误。

[点评]

太平气至，火精道德之君在位，上天希望征召到一批才德兼具的善士为其辅政。这是本诀文的宗旨。其设定的条件是能顺天地阴阳理万物，助天地调风雨、生万物，使人君实现太平之治。可惜这种善人，自天地开辟以来人间一直少有能中意者。诀文在为真人宣道时提出了一些论题，如："夫天地之生凡物也，两为一合"；"凡阳之生，必于阴中"；"天虽上行无极，亦自有阴阳，两两为合"；"地亦自下行何极，亦自有阴阳，两两为合"；"一阴一阳，上下无穷，傍行无竟。大道以是为性，天法以是为常，皆以一阴一阳为喉衿"等。这些论述，是对易道的阐发，具有丰富的哲理，对古代辩证哲学的发展有重要的贡献。

天咎四人辱道诫

"今天上有何大憎恶，名为天咎[1]。真人学用日久，岂亦深知之邪哉？""今愚生不及何等也，愿闻之。""然。古今诸为道者[2]，乃皇天之所取法也。最善之称。冠无上[3]，包无表，内无里，出无间，入无孔，天下凡事之师也；生之端首[4]，万事之长[5]，古今圣贤所得之长；今帝王

此言道是无具体形质却又是万化之所起的最无上的本体，是最完美的善之至、事之师、生之端、事之长。

之所以得天心[6]，以自安民之父母，凡化之所从起也。真人知之邪？""唯唯。""夫道，乃天也，清且明，不欲见污辱也。而今学为道者，皆为四毁之行[7]，共污辱皇天之神道，并乱地之纪，讫不可以为化首[8]，不可以为师法[9]，不可以为父母，俱共毁败天之宝器，天之皆名之，名为大反逆之子。汝居地上[10]，不中师法，上天安能反中师法哉？子欲知其审实[11]，此若小人居民间，不中师法也。至于帝王之前，宁能中师法不哉？如使处下不中师法[12]，而上天反畜之以为师法中类，天上与帝王之前反当主畜积邪恶之人邪哉？故天上深知其失道意，非故疾咎之也[13]。今洞上皇气至[14]，不能复容此四人。此四人也，乃使天上、天下共贱为道者[15]，反名为恶子。是故令使人道日衰消、休废不复起。今天下之人共为恶，正此四人所毁败也。今天上大憎咎之，故欲更选七也[16]。真人知之邪？""愚生今受性顽钝，讫能不解，何谓也？愿闻之。""子尚不即解，何望于俗人哉？诺。开耳精听，为子详陈道大瑕病所起[17]，使天下后学者，令昭然知其失道也。其第一曰不孝，第二曰不能性真，生无后世类，第三曰食粪饮其小便，第四曰行为乞者。故此四人者，皆共污辱天正道，甚非所以兴化而终古为天上、天下师法者也[18]。假令得道上天，天上简问之[19]，尽为恶人。今［令］不可以调风雨而兴生万二千物，为其师长也。"可骇哉！可骇哉！小生聋暗，讫不知有过于天。今唯皇天明师，愿见为复重察察分别解之，冀蒙心得更开[20]。""行，详聆听，为真人具道其意，使可终古以为万世之法。后生谨良为道者，不复犯天禁，令使得道而上天，天上更喜之。比若地上帝王得善人，与共为治，亦喜之也。故天上所进，地上亦然，岂不善哉！""唯唯，闻命矣。"

［注释］

[1]天咎：为上天所憎恶。咎，厌恶，憎恨。　[2]"古今诸为道者"以下三句：古今以来凡被人称为"道"的东西，都是皇天所取法的，"道"是对它最高的称呼。　[3]"冠无上"以下六句：真道其大无外，没有冠戴；其小无内，没有中心；其体无形，出入其中没有缝隙；它是成就万物的师长。　[4]端首：始。　[5]长：尊长，引领者，决策者。　[6]"今帝王之所以得天心"以下三句：此言"道"是帝王得天心意的精神源泉，百姓赖以生存发展的精

神支柱，一切教化莫不始于此。　[7]四毁之行：四种毁败神道的行为，即下文所指的第一曰不孝，抛弃父母、家庭，只顾自去修行；第二曰不能性真，遏抑性欲，不娶妻，使不能生子传后；第三曰以食粪、饮其小便作为一种科仪；第四曰不劳作，沿门托钵，乞讨谋生。　[8]化首：施以教化的榜样。　[9]师法：师徒相传的学问、技艺和行为。　[10]"汝居地上"以下三句：是说这些人处在人间，其修道的行为方法不能成为供人遵循的榜样，上天怎么可以反而选中为师法，认可其恶行呢？汝，此指四毁之人。中（zhòng），切中。　[11]审实：考察实际情况。　[12]"如使处下不中师法"以下三句：此言此行在人间都不被认可，难道上天会宽容许可吗？师法中类，师法中之一种类型。畜，容纳，畜养。　[13]非故疾咎：并非无端故意严厉指斥其罪过。　[14]洞上皇气：亦即光明正大的上皇太平之气。　[15]贱为道：作贱道的行为。　[16]选七：选，《说文》训"遣"；七，疑为"之"之坏文。遣之，放逐，贬谪也。　[17]道大瑕病：此指真道遭毁败，出现了大的错谬。　[18]兴化：兴行道的教化功能。终古：永久。为天上、天下师法者：使道成为天上人间行为的楷模。　[19]简问：考核，查对。　[20]冀蒙心得更开：希望蒙昧之心更加开悟。

"道者[1]，乃皇天之师，天之重宝珍物也。为者，其行当若天；成道者，当上行，天乃好爱之仕也。今或有过[2]，误得道而上天者，天上受如问之，反皆有不谨孝之行。道为化首，天为人师法，何可反主畜舍、匿养天下不谨孝子哉[3]？子亲有此恶行，而天何宜使此人长生，与其共事

得天独厚者，必为孝善之人。为恶之人，甚至是不谨之人，天不仅不与其共为治，甚至会令其遭遇大凶。是故人当法天地之道，象天而行。

乎！若此，天反当主舍此恶人反逆之子邪？地上尚不仕，天安肯仕之乎？故不孝而为道者，乃无一人得上天者也。虽去[4]，但悉见欺于邪神佞鬼耳，会皆住［往］死于不毛之地、无人之野，以戮其形。天之应人如影响，安得行恶而得善者乎？古今希有之也。地王虽为道，前后众多者，其度者少。今天上乃少善人，无可与共事者也，其行悉凶恶也。”“如是，天何不即杀之，乃使到不毛之地、无人绝气之野乎？”“所以不即灭杀之者，天地之间[5]，其气集多所而畜容，故名为中和。比若人和，无不能包容也，故得须臾。天者，主执清明，比若居帝主之前，不可得容奸恶人也。故天上本不与等子为治也，地上亦然也。天不与不谨孝子为治，比若圣王不与不谨孝人为治也。圣王尚不肯与为治，天何肯独与为治乎哉？古者圣贤，所以不与为治者，乃深睹天法，象天为行也。与愚者为治[6]，天即大恨矣。”“何以明之？”“人君与之为治，天为其多灾变怪，夷狄数来，是明天恨恶之证也，与重规合矩、券书何异哉？今天乃见人与之为治，尚憎恶疾之，何肯乃自与其共事乎？人所恶，天亦恶之也；人所爱，天亦重爱之也。是故古者贤圣睹天意深，故常象天而为行，不敢失铢分也。故而常独与天厚，得天心也。如不与天心合，不得天心，则大凶矣。人行尚如此，何况今乃当为天上简士哉[7]！天上简士，乃当与天共事，治无穷极之术也，长相与并力同心调气。真人宁解不邪？宜自慎！吾言纯天心意也，不可犯也，犯者死矣，□□哉。""善哉善哉！愚生心意，一善解于是。"

[**注释**]

[1]"道者"以下八句：是说真道与皇天之关系。皇天的行为当师法道，即"天法道"；凡人修道，其行为当效法天，即"人法天"，修成即可上行为仙，成为天之爱仕。 [2]"今或有过"以下四句：此言侥幸得道上天的人中，经过考问亦会发现其中有不孝谨之人。过，罪过。 [3]畜舍、匿养：私藏于室中，包庇养护。 [4]"虽去"以下五句：是说那些不孝谨之人虽然能蒙混上天，但也只能蒙骗邪神佞鬼的眼睛，他们合当戮尸于不毛之地、无人之野，永不超生。 [5]"天地之间"以下六句：此言天下地上是阴气和阳气集聚之处，其集气名为中和之气。因其包容性强，故那些不孝谨之人可以暂时混居其中，苟延残喘。须臾，短暂，一会儿。 [6]"与愚者为治"二句：让那些不解天道的人去参政，治理社会，上天就会十分憎恨。 [7]简士：此指上天挑选充任神职的天宫神吏。

此处强调了天道广嗣的宗旨。认为天道永恒，"常行施化之功"。故皇天之法，当为"天下圣贤所取象"。同时，对多纯无后的原因进行了分析、批判：其一是贞者因"气有不及"，不能进行男女交合；其二是不贞者滥交而不负责任，以至杀妻弃子。认为对此后一种人，应处以殛刑，令其不得好死。

"子尚裁一善解，俗人不解，冥冥愦愦是也。天疾之，故使吾下大言，具出天法。自是之后，学者戒之慎之！今天乃贵重传相生，故四时受天道教，传相生成[1]，无有穷已也，以兴长凡物类[2]。故天者名生，称父，地者名养，称母。因六甲十二子八卦之气以为纪[3]，更相生，转相使，故天道得常在，不毁败，是常行施化之功也[4]。今学道者[5]，纯当象天为法，反多纯无后，共灭消天统。其贞者[6]，尚天性也，气有不及。其不贞者[7]，强为之壅塞，阴阳无道，种其施于四野，或反弃杀、穷其妻子而去者，是皆大毁失道之人也，无可法。是大凶一分之人也。不可以为人师法，安而中天师法乎？夫皇天，乃是凡事之长，人之父母也，天下圣贤所取象也，何用等失道妄为无世类之子为与共事乎[8]？如天但与此子共为治，天名为主舍匿恶人，兴凶术，何可以为圣、治人上师乎[9]？故不舍止之也[10]。古者圣人大贤尚知讳[11]，不肯与无后世类之人共事，与之为治，悉不得天心。故圣贤，天使其皆贵重有后世，而共憎恶人无后世也。圣人乃深知天意，故独常法象之，不失铢分也，而况天乎哉？今天上久纯无善人，故使吾下大语，以示敕后来，使愚者悉自知。若天上仕此人，天上反当主聚无后世人邪？行如此反得上天，天上反爱无后世而不好生邪？故皆死于不毛地、不生之土、无人之野[12]，令使各归其类也。汝不好生，与天反，故投汝不生之处；汝好无人，故投汝无人之野。俗人冥冥不睹，则言其已度世矣，实不也。吾不敢欺真人也，吾亲以天上行而下。睹与不睹，比若示盲者以日[13]，言人欺之，反掩其口而笑，愚者比若此矣。真人慎之，天上所恶也，（地）上亦然也。""善哉善哉！愚生未尝见是天上事，真真一觉于是。""子努力为善，行吾之文，疗天地之病，解帝王之愁苦。子功满得上天，自往睹见之，吾言乃大效矣。""唯唯，不敢道留，不敢懈忽也。""子慎之，无懈忽，审沮懈忽[14]，大命绝矣。""愚生甚畏天威，诚受行之。"

[注释]

[1]受天道教，传相生成：此言让百姓常年蒙受上天关于真道的教诲，辗转相生。传，通"转"。 [2]兴长凡物类：此言人和

万物得道而生长兴盛。　[3]六甲：谓干支循环一个周期六十年中有六甲如"甲子、甲戌、甲申、甲午、甲辰、甲寅"。十二子：亦称十二地支、十二辰，是古时为表时间方位等而创制的专用序号如：子、丑、寅、卯、辰、巳、午、未、申、酉、戌、亥，常与十天干：甲、乙、丙、丁、戊、己、庚、辛、壬、癸相配应。八卦之气：指由汉孟喜创制、京房发挥而成的用以推测气候变化、推断人事吉凶以及用于历学的占候学说。其说以阴阳二气的运化法则解释《周易》原理，以阴阳五行为框架，将六十四卦与四时、十二月、二十四节气、七十二候相配合。"卦"指八经卦、六十四别卦，"气"指二十四节气。以"坎""离""震""兑"为四正卦，主春、夏、秋、冬四时，其二十四爻主二十四节气。其余六十卦之三百六十爻，主一年三百六十五又四分之一日，每卦主六日七分。内自"复"卦至"乾"卦，"姤"卦至"坤"卦为十二消息卦，主十二辰。其爻共七十二，主七十二候。以卦象变化模拟四时更迭、星移斗转的节律性。如：依京房八卦卦气说："坎"居北，当十一月，主冬至；"离"居南，当五月，主夏至；"震"居东，当二月，主春分；"兑"居西，当八月，主秋分；"乾"居西北，当十月，主立冬；"坤"居西南，当七月，主立秋；"巽"居东南，当四月，主立夏；"艮"居东北，当正月，主立春。每卦用事四十五天，执持四时变化。其中还有"阴从午，阳从子，子午分行；子左行，午右行"之说。　[4]施化：此指阳施、阴化。　[5]"今学道者"以下四句：是说学道之人本应完全法象于天，天主生，可是却有很多人完全拒绝婚育，不要子嗣，断绝天之统绪。天统，天、地、人三统之首。天为阳，主生，故本经言："夫男者乃承天统。"（《分别贫富法》）不生育谓"灭消天统"。　[6]"其贞者"以下三句：此言没有交合能力的人固然遵循天性，但其阳气不足，不必为怪。贞，无牝牡之合曰"贞"，即不能或不愿性交的行为。　[7]"其不贞者"以下十句：此言一些不守贞节之人强行交合，完全不通男女阴阳之道，随处施精遗种。甚者还有人弃杀幼婴、遗妻弃子而去，这都是逃避责任、践踏天道之人。这种人是一种极恶之徒，既不可以为人效法，又怎么可能被上天选中而立为效法的榜样呢？贞，此作贞节。壅塞，不通。无道，不讲道德。四野，谓郊外，行到之处。　[8]等：此等，这种。指示代词。无世类：无后嗣。　[9]上师：高尚至尊之师长。　[10]不舍止：不收容隐藏。　[11]知讳：知道世人的忌讳是什么。　[12]"故皆死于不毛地、不生之土、无人之野"二句：此言令无生之人葬于不生之地是同类相聚，各适其所。　[13]示盲者以日：对盲人说太阳是怎样的。此喻对愚人揭示真理，如同对牛弹琴。　[14]"审沮懈忽"二句：此是说真阻断或忽视了天师之言，便会遭到致命惩罚。审，果真，确实。沮，阻止，败坏。

"善哉善哉！得天意矣。""今天乃清且明，道乃清且白，天与道乃最居上，为人法。清明者好清明，故三光上著天，各从其类，合而为形。天之为形，比若明镜，比若人之有两目洞照，不欲见污辱也。若比圣王之前，常欲清明，不欲见污辱，污辱之则得灭死之过也。真人知之耶？""唯唯。可骇哉！可骇哉！""是故人头口象天，不欲乐见污辱也，常欲得鲜明，得善物。故天下人以淹污辱恶[1]，与人食之，天乃遣雷电此处批判了佛教传播中主张食粪饮小便等辱恶天道的行为。查诸佛教史，此种主张或行为不见诸文字，然亦有蛛丝马迹可寻。王充《论衡·雷虚》有云："道士刘春荧惑楚王英，使食不清。"东汉时佛法初传，佛教派系复杂，其与方仙道混而难分，楚王刘英于宫中将浮图与老子同祀便可知道道士刘春就是佛徒（或为外道）。使食不清，就是使刘英食便溺。王充说是"荧惑"，又说："人误以不洁净食人，人不知而食之耳。"可知食便溺并非佛教门规。当然也不排除汉时其他邪教奉此术，亦有可能是讹传。

下，自捕取之。真人知是逆恶邪！""唯唯，愚生甚畏之。""今大中上古以来，人自言为善，绝殊于俗人也。学为道者，反多相示教食粪、饮小便，相名为质直善人[2]。天与道大憎之。天上名此为大反逆之子，天上不欲见其人形也。此大邪所著[3]，犬猪之精所下也。夫道之生天，天之有道也，乃以为凡事之师长。正道者，所以兴善，主除恶也。是故古圣贤帝王将兴，皆得师道，入受其策智，以化其民人。师之贵之，乃言其能知天心意，象天为行也。天上亦尊贵善道人，言其可与和风气，顺四时，承五行，调风雨，助日月星宿为光明也，而使万物兴也。今如此食粪饮小便，何可以为师？今地上师尚不中[4]，名为逆子，何能反中天上师乎哉？小人甚愚也，甚淹污辱天道，真人得极文[5]，思其意。地上所恶，天上亦恶之；天上所恶，地上亦然。是地上人恶食粪饮小便，天上亦恶之，故乃遣雷电霹雳下杀之也。此辞者，但可以晓地上人耳。天上恶之剧，于是地上尚憎恶之，天上何用为哉？天乃清明而鲜，何以反当主舍聚此食粪、饮小便人乎？锥［虽］

过误[6]，须臾得道，会不得上升天也，悉往死于五废绝气败凶之地，以顺其行，以彰其过，各归其所求，不欺之也。真人年有善竟[7]，戒之慎之，以示后来，令洞上皇平气至，不得容此恶行，犯之死，明矣。""可骇哉！可骇哉！""真人知骇，是子觉也；子不骇，与之同罪；知而故为之，罪不除。""唯唯，不敢不敢。"

[注释]

[1]淹污辱恶：腐臭肮脏。　[2]相名为质直善人：自我标榜为质朴行善之人。　[3]"此大邪所著"二句：此言这等大邪恶人是犬猪等食粪的畜生精灵所转生的。　[4]"今地上师尚不中"以下三句：其人之行，人间视为逆子，尚且不能令世人师法，怎么可能让上天认可？　[5]极文：此指天师传授于真人的天书。极，最高道理。　[6]"锥〔虽〕过误"以下四句：这种人虽然被相关之神一时误判，让其一时侥幸得道，但不会让其升天，反而会让他们葬身于风水绝恶的败凶之地。　[9]真人年有善竟：此言修道真人年寿会得圆满善终。

"今上皇天之为性也[1]，常欲施与，故主施主与，主生主长，主出不主纳，主胜不主服，服则为逆，故天道不可威劫也[2]，劫迫之则令人灭亡矣。天主善，主清明，不乐欲见淹污辱。今天与道，乃与上之称也，故帝王象天为行也，称无上之君。不敢失天行之铢分则吉[3]，失之则大凶。今学道为长生，纯当象天也。天者好生[4]，故学长生者，纯守天第一生之气，其为行，当随天道意也。故地者主辱杀，主藏，不当随地意也。夫道者，乃大化之根[5]，大化之师长也[6]，故天下莫不象而生者也。今下愚小人欲为道，反无益于民人，而共淹污辱天道，甚逆无状，天上名之为逆子，大凶之人也，天上不欲见之也。""何谓也？愚生心结闭，未及之也。""善哉，子之问乎！天使子言，详开耳目而听。夫天与道[7]，不好施好生好称邪？为之何不卜卦、赋药，有益于民人？而使神治人，病固止也。此三人也，皆得称师，不利天道，不敢淹污辱天道。夫天道不欺人也[8]，常当务至诚。天道不欺，以欺，即其后久久，日凶衰矣。天之为道也[9]，不乐淹污辱不欲利人。天乃无上[10]，道复尚之，道乃天皇之师法也，乃高尚天。是故天与道者，主修正凡事，为其长，故能和阴阳，调风雨，正昼夜，列行伍，天地之间，莫不被恩受命，各得其所者。

今下愚为道^[11]，反为欺慢痴狂，乃共惑乱天之道，毁败天之化首。反行乞丐求人之物，无益于民间，淹污辱天道，内利百姓^[12]，不可以为师法。反使后生者相教，每为道道^[13]，令人痴狂慢欺，又行被淹污辱而乞丐，因以此行而名之，谓为痴狂乞丐者之道。反使凡人共骂天，共贱正道，断绝大化^[14]。天甚恶之，道甚疾之，天上不欲见其形也。今天上皇洞正气大至^[15]，日月星罗列皆重光，道与天当调风雨，和阴阳，使万物各得其所，而前人邂逅得道而升上天，无可仕者也。天上问之，悉有过，不可与共事。汝等乃居地上，尚见谓为痴狂乞丐者，不中帝王之师，安而中天上之师哉？天其恶之。大道衰废，咎在下古人相学失法度。天病之，大悒悒。天道不通，故遣吾下，与真人共谈，分别道得失，乐天下人一觉，俱知天上意，改其行，易其心，不复犯天禁，则学者成矣。如修其故行^[16]，天不上之也^[17]。会当复往死于五辱之地^[18]，付命于五污之土，绝洞无人痴狂之野，上无三光，下无良土。"

此处主要批佛教徒之"痴狂乞丐"者，指斥他们淹污辱天道、毁坏天之化首、纳利于百姓，不可以为师法。

[注释]

[1]"今上皇天之为性也"以下七句：此言皇天之本性属阳，阳施阴受、阳尊阴卑是天则，故主施与、生、长，出而不纳。又阳刚阴柔、阳强阴弱，亦是天则，故天胜而不服。服即顺从，为阴德，如果阳服从阴，便是相逆。　[2]天道不可威劫：此言对天道只能顺服，不可恃威权劫迫。威劫，与天道争胜。　[3]失天行之铢分：与天道失误了那么一点点。　[4]"天者好生"以下八句：天道属阳，主生；地道属阴，主辱杀，故学长生之道的人当象天行而不应随地道之阴杀。　[5]大化之根：天地阴阳运化的根本。　[6]大化之师长：天地万物变化的楷模。　[7]"夫天与道"以下十句：天道不是好施、好生、好称美吗？难道那些修道之人为何不去作卜筮师或开处方的医师，抑或是请神仙治病的方伎家呢？这三种人他们不直言利天道，但亦不敢污辱天道。　[8]"夫天道不欺人也"以下六句：此言天道不欺人，人若不务至诚欺骗天道，久后必遭凶衰。　[9]"天之为道也"二句：天道不喜欢侮辱她，说她不愿意利人。　[10]"天乃无上"以下十四句：此言天乃至高无上，而道则更上于天，故天之道职在统领天地间一切事物。天地间万物和人类莫不受天生生之恩德和安排而成就自己。　[11]"今下愚为道"以下四句：此谓真道是天用以施行教化的第一法宝，而四毁之行的愚人则以欺慢痴狂的旁门左道祸乱天道。　[12]内利百姓：纳利于百姓。内，借为"纳"。　[13]每为道道：每每讲述道之时。　[14]断绝大化：此言上述病狂慢欺之人的妖术邪行断绝了真道与皇天所教化民众的正常渠道。　[15]"今天上皇洞正气大至"以下七句：是说值此皇洞正气大至、日月星辰罗列重光之际，正需用人代天行道调风雨、和阴阳、规范万物，可是皇天看着身边前此偶然侥幸得道之人，却没有一个是可以任命的善德之人。　[16]修其故行：修持

原本信仰的宗教，此指佛徒坚持修持佛教。　[17]天不上之：天不会让其上而为仙。　[18]"会当复往死于五辱之地"以下五句：此言上天还会将那些坚持"四行"的信徒遣送到最恶劣的污烂之地，让他们上不能看星辰，下不能卧沃土，终被豺狼野兽凌虐。

"何也？愿闻之，其过何重也！""不谪之也[1]。天道为法[2]，各从其类，下夺之也[3]。""如是，何以不即杀之，乃到此乎？""欲即灭杀之，又其人自言，欲长生而至信；欲中杀之，又反且哭天啼地，自言甚冤，又不自知其过所由出。故天考之、徒之[4]，其后投于五辱痴狂之土[5]，使自知也。子欲知其实审，比若明王考人过责，非肯即杀之也，犹当随其罪大小诣狱[6]，大罪大狱，小罪小狱，治之使其人服，自知乃死，不恨而无言也。如不穷其辞语[7]，会自言冤，怀恨而死。故五霸之君，其民臣多怀恨而死者也。子欲知天上之治刑如此矣。真人解邪？""可骇哉！可骇哉！""子知惊骇，生之门也；不知惊骇，死之根也。子慎吾言，吾言正天之兵[8]，不可诋冒[9]。诋冒令人伤，小诋小伤，大诋灭亡也。戒真人一言，下古之人积愚[10]，信其无知之心，且言不然，

上天对犯有四毁之行的人容忍而不灭杀，是让其知罪、服罪。

自穷矣。吾亲以天上行而下，知其□□，万不失一也。吾不敢欺子也，欺子不畏真人，乃畏天威，故吾言乃信复信[11]。所以言复重者，乃恐其固固有失之者，故复重，使其言多文□□。天上之事，实远难知，故文时时下合于地也[12]。地上善，即天上善也；地上恶，即天上恶也。故人为善于地上，天上亦应之为善；人为恶于地上，天上亦应之为恶，乃其气上通也。'五气相连上下同[13]，六甲相属上下同，十二子为合上下著[14]，无有远近皆相通。'其下善，其上明；其下恶，其上凶。故五行兴于下，五星明于上[15]。此者，天所以晓于天下人也。凡三光皆然，天上复与地下三光相通，三光明于下，天上亦然；天上明于上，地上亦然。两两相应[16]，和以为经，于天上大善，地上亦然。犹天有六甲十二子，地上亦然；地上有六甲十二子，天上亦然。故常上下相应，不失铢分也。真人其慎之，吾言虽远，慎无闭藏，以示学者，传之必斋戒。其慎之，案文为法，勿得暗诵也[17]。""唯唯。"

[注释]

[1]不谪之：不是将他贬谪了就完事了。　[2]"天道为法"二句：此言天之道法，人有多途，当允许有不同信仰。　[3]下夺之：其人将由地下之神去收取。　[4]考之、徒之：考察其罪过，收服其徒众。徒，徒党，信徒。此作动词。　[5]"其后投于五辱痴狂之土"二句：然后驱赶到苦难之地，使其自知其过。　[6]诣狱：送往监狱。　[7]穷其辞语：此言让其完全招供，理屈辞穷。　[8]正天之兵：真正为黄天之刃。兵，兵器。　[9]诋冒：诋毁、冒犯。　[10]"下古之人积愚"以下四句：此言下古（当世）之人长期被灌输愚昧邪说，墨守成见，使自己陷入牛角尖里而没有退路。　[11]信复信：信之又信，言确信无疑。　[12]文时时下合于地：此言文书与现实是相应合的。　[13]五气：五行之气。木行春气，火行夏气，土行六月中和气，金行秋气，水行冬气。"六甲、十二子"见前释。按卦气说，阴阳、五行、干支、四时都融通在天道系统中。　[14]著：疑衍。　[15]五星：指东方岁（木）星、南方荧惑（火）星、中央镇（土）星、西方太白（金）星、北方辰（水）星。　[16]"两两相应"二句：此谓天上地下如阴阳相对、相交而和是其常道、规律。经，常也。　[17]暗诵：犹言不拘礼仪，不求甚解，独自默诵。

"愿请问太上中古以来，诸相教为道者，反多有去家弃亲，捐妻子；反多有乞丐，痴狂详欺[1]，食粪饮小便。后学者多以相教示[2]，皆有师法，亦不苟空也。""善哉！子之难问，得其恶意[3]。天疾之，教子问之邪？其言何一巧也！子佛教初传中土，个性并不鲜明，常与黄老道相混，基本立足以后，衍生诸多流派，其戒律、仪轨、经籍各异，其中与中国儒道传统多有抵触者，譬如出家僧人戒婚、削发、左衽、素食、不敬王者等，常遭致当权者和儒家挤压。其在中国化的过程中也不断更新理念，以与传统文化相融合。"佛以孝为先"的提出便是一个鲜明的例证。

本经尊王贱霸之论和以无后为不孝之首的观念，当是本诸儒家思孟学派。

何故问此乎？""怪其久矣，无于质问[4]，常若悒悒[5]。""善哉，天果使子主问事邪？诺，开两耳，且为子分别言之。夫上天初出真道之时，不如此也，悉作孝养亲，续嗣有妻子，正形容，不痴狂、食粪饮小便也。皆以其道，动作中法[6]，上士为帝王之师辅[7]。传类相养[8]，无有伤者。于此之时，比若三皇五帝，动以正道，务相利，不相害伤也，故得以正道行，不自匿藏。三王紊乱[9]，五霸将起，君臣民更相欺慢，故伪作痴狂，尚恐见知，乞丐，食粪饮小便，是困穷之行也，困穷之辞也。夫道，亦有衰盛，比若此三皇五帝、三王五霸矣。下古多见霸道，乞丐弃其亲，捐妻子，食粪饮小便，是道之衰，霸道起也。故三皇五帝多得道上天，或有尸解[10]，或有形去[11]。三王以寿，五霸无得正道者，皆战斗死于野。今下古守此霸道，亦皆死于野，此之谓也。吾不欺真人，是亦道之霸[12]，与霸王同耳，安得上升天哉？""善哉善哉！愚生之心，真真已解矣，不意道亦有霸也。天师解之，乃后知之，诚诚□□哉！""子可谓开矣。"

[**注释**]

[1]详欺：假冒欺骗。详，通"佯"，假装。　　[2]"后学者多以相教示"以下三句：邪道也有其教条教义和传承师法，并非凭空杜撰，信口开河。苟空，信口开河。　　[3]恶意：思想关键。恶，当为"要"，"恶"字讹。　　[4]无于质问：无从询问。无于，无处。　　[5]悒悒：苦恼，不开心。　　[6]动作中法：行为正中上天法度、规范。　　[7]上士：得道人中的优秀者。　　[8]传类相养：为帝王传承世类、教养子孙。　　[9]"三王紊乱"以下九句：是说三王时期正道被扰乱，王道衰微，霸道兴行，社会从上到下弥漫欺慢之风，装疯卖傻唯恐被揭穿，所谓自食粪便、饮自尿等都是世乱之极所出现的怪象，是穷极无聊之辞。三王，指夏、商、周三代开国之君大禹、成汤、文王武王。五霸，春秋末期五个诸侯盟主：齐桓公、晋文公、秦穆公、楚庄王、宋襄公。一说齐桓公、晋文公、楚庄王、吴王阖闾、越王勾践。　　[10]尸解：道教称得道者遗弃躯体，精神升天而去为尸解。解，神灵解脱于尸体之谓。　　[11]形去：指得道人径自遁去，隐于无形。　　[12]道之霸：比同春秋末期出现的王道和霸道，道门亦分为真道与霸道，此指背离真道的歪门邪道、旁门左道。

"请问今学者，当奈何乎哉？""然。今者天道大周备，自今以往，与古异[1]。欲修中古霸道法，真道不得来，真人宜戒之慎之。欲乐长存修吾文，失铢分之间命不全，可不守乎？道之元[2]，皇道已起，火光行之[3]，霸道绝矣。天虽浩大[4]，自有分理，以示文凡人，令共议之。宜属上者属其实佛教的"诸恶勿作，众善奉行""利乐有情"之教，与中国儒家的仁爱之说和本经的劝善弃恶之论乃异曲而同工，并无本质区别。佛教之所以能在中国立足，并成功地实现中国化的转型，自有其历史原因。其在思想文化上则有一个共同的结合点：中道。儒以中和为道之极，道以守中为致道之门，佛以观中为识道之法。故"中"为三者合一的共同道德价值观。《易》谓"天下同归而殊途，一致而百虑"，正适于此。

上，宜属中者属中，宜属下者属下，宜上下中共之。何不睹其诚信□□[5]，比若与天语？""善哉善哉！时气平矣。""真人何以知之乎？""见天亲遣天师下言，知天气平矣。""善哉善哉！子得其意。""愿复请问一两事，不敢多言。""行，道之。""自今以往，求道皆当于何哉？""皆求之于闲室，无远父母而去妻子，以渐为之[6]，僻漏乃止。或内不善而僻漏，无可益也，反且先死。各自考实[7]，行不负天。人乃可欺，天不可欺也，勿忧［扰］人为非也[8]。使各以是自治，不敢为道者，即恶人也，欲欺伪者也。以是占之，万不失一也。学人若此，奸猾绝矣，善人与恶人可见矣。此名为皇天简士书[9]，上可得度世，中可为帝王辅，下愚无知，固固可为民间谨子。真人重知之。""唯唯。愿闻僻漏得道去云何？""然，道成，去而已。如道未成，为日守父母，保妻子，日日以渐，清静为之，旦自知其意矣。贤者共策此言。""唯唯。"

　　右天上简士文、兴道断为、弃霸续命、人自易心、奸猾消守、亲保妻子。

[注释]

[1] 与古异：此谓时人修道当与以往那些修霸道的邪法划清界限。 [2] "道之元" 二句：真道之元始皇天正道已经兴起。 [3] 火光行之：火行的光华正在照耀人们奉行皇天大道。此火光当指东汉新登基的皇帝。 [4] "天虽浩大" 以下八句：天虽然浩大，但对下民之治亦有分工。现在把上天的文书公示于众，让大家讨论，对号入座，按上、中、下各归其类，从而从上、下、中三类中看到共同之处。 [5] "何不睹其诚信□□" 二句：这是说可以从分类行为中看出修道人的诚意，就如同求教于上天一样。 [6] "以渐为之" 以下五句：这是说修道需循序渐进，生活水准要逐渐减损到清静简易的程度，但要具备维持生存的条件，否则会伤害性命。僻漏乃止，此指修道室能做到清静、简易就可以了。漏，屋漏，指没人看见的地方。 [7] "各自考实" 二句：各自要根据自身的实际情况决定，不可欺天。 [8] "勿忧〔扰〕人为非也" 以下五句：此言不要以恶行扰乱别人，各人修道，自循其法，自治自制，那些不修道的是恶人、伪人。 [9] 皇天简士书：即皇天挑选神吏的告示。

[点评]

本诫文被传道天师宣布为 "皇天简士书"。文中以问答方式对欲通过修道成仙、入仕天庭之士，介绍了社会上修道派别的混乱状况，提出了修炼真道的基本要求和方法，标示了真道与其他邪门外道的本质区别和特点。尤其是对外道的 "四毁之行" 进行了揭露和批判。此所谓 "四毁"，一曰不孝，远离父母，自毁形容；二曰不能性真，不循天地阴阳交合之道和牝牡、男女交媾之性事，致身无后世类；三曰食粪自饮小便，行同猪犬，脏污清净环境；四曰行如乞丐，不务正业，不能治生。其所指，除了食粪一条不见其他经传，恐系讹传以外，其他三条都明显地指向了当时传入中国的早期佛教。佛教正式传入中土，当在东汉后期。据《后汉书·西域传》所记：明帝时"楚王英始信其术，中国因此颇有奉其道者；后桓帝好神，数祀浮图、老子，百姓稍有奉者，后遂转盛"。佛教初传之盛，是借黄老道之声名，得益于明帝对楚王刘英网开一面。但最终刘英亦因行为过分而遭罪，在流放中自杀，佛教亦被株连，一度转入地下，本经对其批判亦是情理中事。太平道与早期佛教的矛盾，集中表现在以下三方面：一是尊奉的偶像不同，其信仰亦自有别。太平道是元气之主、皇天上帝，其信仰天道，主张修道以实现人间的太平之治。浮图则是佛祖释迦牟尼，不信天道，自修成佛。二是教义、教规、教仪、教律不同。譬如早期佛教不尊孝德，不敬王者，弃家不婚、剃发左衽、沿门乞食等，与中土传统的伦理道德相背离。三是早期佛教不尊王者，不论贵贱，不行祭祀，与传统的礼乐文化相违背等。本诫文指斥其不好生、灭天统、不孝顺、欺慢痴狂，是"大邪所著"，"天上名之为逆子，大凶之人"，必遭天谴，死无善葬之地。本经所言，反映了佛教初传中土时所遭遇的排斥情况。不过，从另一方面也应该看到佛教的传入，对于中国道教的形成、组织化也是起了示范和促进作用的。

禁烧山林诀

"请问皇天上洞极之师，师幸哀愚生不肖，乃告语以天上之事，诚非小生所敢望也。既加得已[1]，开其道路，使得知天上事，愿闻天上皆何所喜，何所禁。唯得其戒，诚日夜思惟其意，不敢犯之，以示后生。""善哉！子之问也，得其要意。真人安坐，为子道之，可传万世，无有去时也[2]。""唯唯，受命厚厚。""勿谢，子为天地问疑，吾主为天谈，非子之私也，俱共公事，何须谢哉？""欲不谢，若为轻道易事愁师[3]，谢又触忌讳，不谦也。""但恐书益文多辞[4]，令难知，故止真人言耳。夫辞者[5]，道之柄，文之所从起也。忽悒悒，方为子分别之。""唯唯。""今天上乃上皇洞平气俱至[6]，兴盛阳，日光明，邪气止休，正气遂行，衰者消去，道德阳。""天上急禁绝火烧山林丛木之乡，何也？愿闻之。""然，山者[7]，太阳也，土地之纲，是其君也。布根之类，木是其长也，亦是君也，是其阳也。火亦五行之君长也，亦是其阳也。三君三阳，相逢反相

"恐书益文多辞"，作者的担忧是事实。与《老子想尔注》相较，《太平经》体量大超，其中重复、赘言太多，严重影响了是书的传播。

辞以成文，文以载道，道以辞达。故辞者道之柄，道者文之魂，文者道之华，辞者文之基。

衰，是故天上令急禁烧山林丛木。木不烧，则阴中阴者称母[8]，故倚下也[9]。天所以使子丑寅最先发去兴多[10]，兴多则火王[11]，火王则日更明；丙丁兴[12]，巳午悦[13]。""何也？愿闻之。""此天格也[14]，性也，其母盛多而王[15]，则其子相。其子相，则受气久长，得延年，故天上止之也。阳盛即阴奸日消[16]，阳衰则阴奸日起，故奸猾者常起暮夜，是阳衰而奸起之大证也。故天上乃欲除奸，故禁之也。此自然之术法也，天上亦然，地上亦然。""善哉善哉！请问三阳相得，何故凶衰乎？""善哉，子之问也，得其意。然。三阳者[17]，应天阳、地阳、人阳。三尽阳也，无一阴；三尽君也，无一臣；三尽男也，无一女，名为灭亡之路，无后之道也。不敢复传类，不能复相生成，故凶也。是所谓有天而无地，有日而无月，有上而无下，有表而无里，天上名此为立败之纪[18]，故恶之、禁之也[19]。""善哉！愚生过问此，甚畏之矣。""子知畏之，生之根也；不知畏之，凶之门也。""唯唯。"

［注释］

[1] 既加得己：既然承蒙对我看重有加。　[2] 无有去时：此谓传之万世而没有除去的时候。　[3] 轻道易事：轻慢了真道是把大事小看了。　[4] 益文多辞：此谓解说经书的文字增益了很多，唯恐混淆不清。　[5]"夫辞者"以下三句：是说辞语是真道的文字载体。　[6]"今天上乃上皇洞平气俱至"以下七句：此处言天急于禁绝火烧山林丛木的原因：上皇洞平之气同时降临，使得阳气兴盛；太阳大放光明；邪气被遏止，正气得以兴行；衰败气绝而道德兴隆等，呈阳气过旺之态势，故须抑阳平阴，使阴阳调和。道德阳，道德属于阳性。　[7]"山者"以下十二句：此言上文之山是老阳之凝聚，土地之主宰，相当于君；木是众根属植物之首，也相当于君，俱为阳；火是五行之阳，也是君。按照阴阳五行之法则，三阳聚首必相争胜而斗，斗则有伤害而致衰败。　[8] 阴中阴者称母：阴中阴指水行，土中含水，俱为阴，故云。水生木，故为木之母。《春秋元命苞》："木者阳精，生于阴，故水者，木之母也。"　[9] 倚下：指火行倚于木行之下。木生火，故在下。　[10] 子丑寅最先发去兴多：此言天使子、丑、寅之阳气先发生，让其带动诸阳兴旺。子、丑、寅为地支之一、二、三位，分别代表农历十一月、十二月和次年一月；处于北方、东北和偏东北方，名为三正。正（zhēng），农历之岁首。天正（周历）、地正（殷历）、人正（夏历）岁首的起点，分属水行、土行和木行。俗称"三正之月"。其间万物返本后重又始萌、布根、破孚甲而生芽，进而蓬勃生长，开始一年的新生命的过程，故言"先发去兴多"。　[11]"兴多则火王"二句：万木欣荣则火为旺气。依"五行休王"说，继木王之后为火王。火气旺则日更明亮。　[12] 丙丁兴：丙丁为天干之第三、四位，丙为阳干，居偏东南方，丁为阴干，居偏西南方，俱属火行，属夏季。　[13] 巳午悦：巳午为

地支之第五、六位，巳为阳支，居东南方，午为阴支，居正南方，亦俱属火行。干支交错于农历四至六月之间，适值木旺火兴之时，故兴盛、喜悦。隐喻炎汉逢中兴之运。　[14]天格：天之格法，犹天所固有的常则。　[15]"其母盛多而王"以下六句：是说作为母的木，其为王气，则作为子的火便为相气，王气旺盛，则相气久长。隐喻汉王朝有木德作背景，便可以延祚绵长，故本经禁止烧伐树木。　[16]"阳盛即阴奸日消"以下六句：常道是阳盛则阴（此表奸邪）消，阳衰则阴邪盛。昼阳夜阴，故奸邪常趋阴盛之夜作祟。上天欲除奸，必去阴邪之气，故禁止焚烧树木。布根之类木为君，故焚烧树木本身是克阳伤君的行为；又木生火，火旺到极致便转衰，阴气生于其中。如果木不燃烧，火就会延缓极致的过程，长享木之荫护。　[17]"三阳者"以下十三句：从另一角度解说禁烧树木的理由：天阳地阳人阳为三阳，却无阴；阳为君，却无臣；阳为男，却无女。孤阳不生，这就是死亡之旅，绝后之道。不传其同类，不转生后辈，所以是凶灾。　[18]立败之纪：立即败亡的关键、根本原因。　[19]恶之、禁之：厌恶焚烧树木之事，禁止焚烧树木的行为。

[点评]

焚烧山林是破坏自然生态、危害人类生存的罪恶行为，故遭到历代统治者的禁止。而禁止的理由都大同小异，无非是从国计与民生立论，都不及今天的科学生态观。也有从神学立论的，如唐代韩愈就认为人们垦原田、伐山林、燧木以燔，"悴然使天地万物不得其情"，是"天地之仇"，必将遭到天地的惩罚。（参柳宗元《天说》引）本文的理由应该说是别开生面。本文是以阴阳之气对立、五行生克和五行休王诸说为论据，论证了烧伐山林的危害性："阴奸日起"，"灭亡之路，无后之道"，"立败之纪"。文章间接地表达了对汉朝火德政权的维护之情。其论证方法虽难免有穿凿之处，客观上却也反映出保护自然资源的主张。

三者为一家阳火数五诀

"下愚之生愿一请问，今天道当具，无不有无不包容也。天上何睹，何故一时悉欲生[1]，而急刑罚乎？""善哉！子之难问，得其意。吾常甚好子之言，子之言，常发起吾意，使吾道兴。子向不能难问，谁复能难问者乎？故天道久断绝，闭而不通，天甚疾苦之。吾久悒悒，欲言无可与言者，故天道失其分理久矣。岁岁至岁[2]，至于今。天运生圣人[3]，使其语无能尽解除其病者，故乃使真人自来，与吾相睹，乃一得为天具语，子难常独深得天意。安坐，为子悉陈道之。吾欲不言，畏天威也，故得子问者，辄欲言，无可匿也。真人亦知之邪？""唯唯。""然，子解解矣。今天上所以尽悉欲生长，而急害伤者，天道常有格三气[4]。其初一者好生[5]，名为阳；二者好成，名为和；三者好杀，名为阴。故天主名生之也[6]，人者主养成之，成者名为杀，杀而藏之。天地人三共同功，其事更相因缘也。无阳不生，无和不成，无阴不杀。此三者，相须为一家，共成万二千物。然天道本、末、中也[7]，今者，天道初起以来，大周复反，来属人属阳。阳好生而恶杀[8]，生者须乐，乃而合心为一相生，而中有杀气辄伤，不能相生成。子欲知其信实，比若胞中之子，不可有小害，辄伤死，死不复生，辄弃一人，为是连伤而不止[9]，便绝灭无后世矣，一家无统，绝去矣。故尤大急刑罚杀伤也。

天地人三共同功，是为天道。天地人三者相互因缘：无阳不生，无和不成，无阴不杀。此三者分别表示天道运化之过程：本者主生，为阳；中者主成，为中和；末者主杀，为阴。三者相须为一家，共成天地万二千物。

[注释]

[1]"何故一时悉欲生"二句：此是说天既生万物为何又急于施刑罚于万物呢？　[2]"岁岁至岁"二句：犹言年复一年，从古到今。　[3]"天运生圣人"以下六句：天之运化固然生出圣人代天言道，但圣人并不能完满地解除天道紊乱而造成刑罚泛滥的痼疾，所以复令真人和我见面，详解真人难以深解的天意。　[4]天道常有格：此言天道有其固有的格法、规则。　[5]"其初一者好生"以下六句：此即第一阳气，其性好生、乐生、重生；第二中和之气，其性好合成、养成；第三阴气，其性主肃杀。　[6]"故天主名生之也"以下十二句：进而言上述之三气即天气、人气、阴气

之辩证统一关系。三气同功，相因相成，互为因缘，不可缺一。杀，敛藏之意。　[7]"然天道本、末、中也"以下五句：此言天道运化分本（生）、中（成）、末（死）三个阶段，周而复始地循环，方今正值属人属阳之时。大周复反，一轮周天甲子大循环，或谓汉室而复衰，衰而复盛。　[8]"阳好生而恶杀"以下五句：此言阳之德好生而恶杀，而生则需要天地人三共同功，如果中有杀气侵扰就会造成伤害而万物不得生。　[9]"为是连伤而不止"以下五句：此言如果连续死伤就会有绝灭世系的危险。故上天以刑罚杀伤为大急、大忌之事。此似隐喻东汉王朝之绝嗣无后世的政权危机。

　　"天道同[1]，不常如此耳。今者大急，复更为真人察察分别之，使下古人大觉，知天道今不欲杀伤诀意。所以更为真人察察言者，俗人随吾但无事习文辞，而作巧语也。故更为其陈刑天证[2]。今甲子[3]，天正也，日以冬至，初还反本。乙丑[4]，地正也[5]，物以布根[6]。丙寅[7]，人正也[8]，平旦人以初起[9]，开门就职。此三者[10]，俱天地人初生之始，物之根本也。初生属阳[11]，阳者，本天地人元气。故'乾''坎''艮''震'[12]，在东北之面，其中和在'坎''艮'之间[13]。阴阳合[14]，生于中央，故凡怀妊者[15]，在头下足上，中腹而居。微在中和之下，阳合者生[16]，于最

"三统三正"之说，同见于《春秋繁露》。"三统"，即本经谓天、地、人三合相通；"三正"即三代不同历法：周以十一月为正月，商以十二月为正月，夏以十三月即一月为正月。故此处谓"此三者，俱天地人初生之始，物之根本也"。

先发去，出其形气[17]，投于他方者，此主天地人三气初生之处，物之更始[18]，以上下不可有刑杀气居其中也。置其德气阳气[19]，乃万物得遂生。如中有凶气[20]，辄伤。故出其刑[21]，去之也。今者天道大周更始以上下，纯阳治天治（地）[22]，故急断刑罚也。天者称神[23]，阳亦称神，故今天使神治人。真人欲知吾书文与天相应不，自今以往，犯吾书文，欲好刑杀者[24]，天上亦且考之，人亦且更急之，神亦且考之。天上地上[25]，异处同谋，鬼神不与人同家，亦且同谋，是天平气且至也。

[注释]

[1]"天道同"二句：是说古今天道未变，但世事却出现了不同如往常的情况。　[2]天证：即以阴阳和干支历法来分析论证。　[3]"今甲子"以下四句：此谓正月初一即夏历十一月冬至日，万物经过了春生、夏长、秋获、冬藏一个周期又返还到开始之时。甲子，天干与地支的首配，二者俱属阳。古人以此为历法计算的始点。《黄帝内经素问·六微旨大论》："天气始于甲，地气始于子，子甲相合，命曰岁立。"本经《解师策书诀》云："凡物生者，皆以甲为首，子为本。"北斗星之斗柄所指之子位即正北方，时当夏历十一月。天正，指夏历十一月为岁首的周历。《乐纬·稽耀嘉》云："周以十一月为正。"据孙星衍《尚书今古文注疏》注

引《白虎通·三正篇》云："十一月之时，阳气始养根株，黄泉之下万物皆赤。赤者，盛阳之气也。故周为天正。"冬至，为四时八节之一节，居正北"坎"位，水行。《孝经援神契》云："斗指子为冬至。至有三义：一者阴极之至，二者阳气始至，三者日行南至，故谓为至。"本经《解师策书诀》云："天（阳）气还复初九，甲子岁也；冬至之日也，天地正始起于是也。"　[4]乙丑：天干与地支相配的第二位，俱属阴。　[5]地正：即殷商以十二月为岁首的殷历。《乐纬·稽耀嘉》云："殷以十二月为正。"《白虎通·三正篇》曰："十二月之时，万物始牙［芽］而白，白者阴气，故殷为地正。"　[6]物以布根：植物开始生根。　[7]丙寅：为天干地支相配之第三位，俱属阳。　[8]人正：即夏以正（十三）月为岁首的夏历。《乐纬·稽耀嘉》云："夏以十三月为正。"《白虎通·三正篇》曰："十三月之时，万物始达，孚甲而出，皆黑，人得加功，故夏为人正。"　[9]"平旦人以初起"二句：平旦是十二时辰之一，拂晓黎明时分。因历法不同，此时人当起床，开始从事自己一日的本职工作。　[10]"此三者"以下三句：此指天正、地正、人正三者因历法不同，都曾是一岁之始，为万物初生之时，故为万物之本根。　[11]"初生属阳"以下三句：元始之气，属阳，主生。道家称其为其中"有精""有物"的混沌之气，是天、地、人气之"母"。　[12]"故'乾''坎''艮''震'"二句：乾（☰）、坎（☵）、艮（☶）、震（☳）为八经卦之四卦，按文王后天八卦方位图，分布在东北之间，俱为阳卦。　[13]其中和在"坎""艮"之间："坎"卦居正北方，"艮"卦居正东北方，中和恰居于"乾""坎"与"震""艮"之中。　[14]"阴阳合"二句：中央为土行，属阴，其与"坎""艮"之阳合而生中和于"坎""艮"之间。　[15]"故凡怀妊者"以下四句：由上可知，凡是怀孕者之胎胞都是安居腹中，稍微在脐部以下。　[16]"阳合者生"二句：

阳与"坎""艮"交合而生成生命和形体,最先显现出来。 [17]出其形气:驱走刑杀之气。形气,此即"刑气"。 [18]物之更始:此言万物、生命于此时开始其新一轮运化运动。 [19]德气阳气:道与德相对应。天道为阳,则德气为阴。阴阳相得,相匹相交;"乃万物得遂生"。 [20]"如中有凶气"二句:如遇凶恶之气,新生事物往往被伤害。 [21]出其刑:犹言驱去刑杀之凶气。 [22]"纯阳治天治(地)"二句:此指"乾""坎""艮""震"在东北之面,时值冬至至立春之时,俱为天道纯阳之治,此为物新生成长之时,此际急欲断刑罚以防伤害。天治,下夺一"地"字。 [23]"天者称神"以下三句:此言天阳之神受皇天指派,治理人世,禁绝刑罚。 [24]"欲好刑杀者"以下四句:对于仍然坚持刑杀者,如今要受到天君、人君、地神的拷问。 [25]"天上地上"以下五句:此言天上人间所处虽为异地,但其智虑却是相同的;鬼神与人不同类,其智虑也相一致。这种现象就是皇天太平之气到来的征兆。

"天初气更始于天上[1],地初气更始于地下,人初气更始于中央。此三气,方俱始生,不欲见刑恶凶气,俱欲得见乐气,故自今以往,天与地乐断刑也。真人知之乎?""唯唯。愚生暗昧,以为天上行疾人为恶,而禁刑杀伤也,不意乃天地人在怀妊之气[2],更始之本元也。见天师说之,甚惶甚骇。""子知惶且骇,可谓觉悟,知天道意矣。善哉,晓事生!戒此文慎无断绝,为身害。""唯唯,不敢不敢。""行,去重之!凡人学问，各为身计，务顺天道。""唯唯。""出此天上禁忌勿藏[3]。""唯唯。请问天道何故正以今为大周[4]，为元初，乃更大数考正文哉？""善乎！子之难问也，大得天心意。然，今者五阳之上长也[5]，五火之始也[6]。火之最上者[7]，上为天，为日月之色者。火赤与天同色，天之色赤[8]，火亦赤，赤者乃称神。天与神者常昌[9]，得凡事之元[10]，是故十一月为天正。天上亦然[11]，故其物气赤，赤者日始还反，其初九气属甲子[12]，为六甲长上首也[13]。甲者为精[14]，为凡事之心，故甲最先出于子，故上出为心星[15]，故火之精神，为人心也[16]。人心之为神圣，神圣人心最尊真善[17]，故神圣人心乃能造作凡事，为其初元首。故神圣之法，乃一从心起，无不解说[18]。故赤之盛者，为天，为日，为心。天与日与心常明，无不而照察，故自今以往，行此道者，奸邪之属悉绝去矣。夫阳之生者，于幽冥之中，是故阳气起于北，而出于东，盛于南，而衰消于西，天之为法如此矣。""善哉！愿闻今阳之生者，何故正于幽冥中乎？""夫生者[19]，皆反其本，阴阳相与合乃能生，故且生者，悉复其初始也。天地未分[20]，初起之时，乃无有上下日月三光，上下洞冥，洞冥无有分理。虽无分理[21]，其中内自有上下左右表里阴阳，具俱相持，而不分别。若阴阳相持始共生，其施洞洞[22]，亦不分别。已生出，然后头足具何知。阴阳之初生之始如是矣。故人今将变化而施生者[23]，悉往就幽冥闲处，天使不忘其本也。人初受天地之法，是其先也，故天使其不忘也。"

[注释]

[1] "天初气更始于天上"以下三句：此言新一轮的天气、地气和人中和之气都各自在其所处之处实现更始。初气，新生的本元之气。　[2] "不意乃天地人在怀妊之气"二句：真人竟然没想到天、地、人各自所处的孕育万物的元阳之气才是构成万物更始新生的本原。　[3] 出此大上禁忌勿藏：将上天的禁忌对世人公示出来，不得藏匿。　[4] "请问天道何故正以今为大周"以下三句：此为真人问天师：天道何故以现今为一个大的循环周期的开始？为何要重新大规模校正经籍文书？　[5] 五阳之上长：此言五为生数之主、阳数之极。《易·系辞上传》曰：易有天地之数，"天数五"：一、三、五、七、九；"地数五"：二、四、六、八、十。又按"五行生成数"，生数：一、二、三、四、五；成数：六、七、八、九、十。可知五既为天数，又为生数，属阳。《尚书·洪范》："五行，一曰水，二曰火，三曰木，四曰金，五曰土。"此全为生数；

《五行大义》引《礼记·月令篇》："木数八，火数七，金数九，水数六，土数五。"全为成数，唯土为生数。常从《数义》云："然五行皆得中气而后成，土居中而王四季，并须土以成之也。"《五行大义》引《五行传》及《白虎通》皆云："木非土不生，根核茂荣。火非土不荣，得木[土]著形。金非土不成，入范成名。水非土不停，堤防禁盈。土扶微助衰，应成其道。故五行更互须土，土王四季而居中央，不以名成时。"明张介宾《类经图翼》引邵雍："天地之本起于中，夫数之中者，五与六也。五居一、三、七、九之中，故曰五居天中，为生数之主。"此亦是"五阳之上长"一解。　[6]五火之始也：五行之土数五，依五行相生法，火生土，故曰"五火之始也"。　[7]"火之最上者"以下四句：此言火之性炎上，其上为天，火与天相副，故与天之日月之色一致。　[8]"天之色赤"以下三句：天于日升日落之时，其色赤，故火之色亦赤。"赤者乃称神"，故火亦称神。　[9]常昌：常年昌盛繁荣。　[10]得凡事之元：万事之始。元，元初，元始，元本。见前释。　[11]"天上亦然"以下三句：此言天亦象天行赤气，太阳亦于天正日，即十一月冬至之日返归到原初的起点，万物亦随之开始下一轮的生长发育、收获、敛藏过程。　[12]初九气属甲子：甲子为干支交轮之第一时间，阳气始入藏其中。其于卦象表现为"坤"（☷）之"复"（☷）。十月卦为"坤"，纯阴之卦，十一月冬至是阴极生阳之时，初九一阳入而"坤"阴气始消。　[13]六甲长上首：谓甲子是六甲之第一位，为长。六甲，见前释。　[14]"甲者为精"以下三句：此言甲是万物之精粹、人之精神，阳干、生物之始，故其首先必与地支之第一支子相结合。　[15]上出为心星：谓甲子反应在天上即为心宿。心宿是东方苍龙七宿之第五，亦称商星、大火星，有星三颗。　[16]为人心：此言五行与五脏相配，心以配火，脾以配土，肺以配金，肾以配水，肝以配木。本经《天谶支干相配法》谓"甲，天也，王者之本位也，故甲为心星"。《易》以九五为至尊之位，心统五脏、五行，故为王者之心。　[17] 神圣人心：神妙圣明之心。此隐喻当今所谓"圣明天子"。　[18] 解说：犹言解脱。说，通"脱"。　[19]"夫生者"以下五句：此言天道周统，循环不殆，故凡物之新生，都要返回到生前的本然状态，通过阳施阴受的交合过程才得以化生，新生必须恢复到开始时的原点。　[20]"天地未分"以下五句：此言天地孕生之时，处于一种无光的幽冥混沌之中，分不清天地、三光、上下。　[21]"虽无分理"以下四句：此言虽不可辨识，但实际上还是有阴阳方所的，只是阴阳绷缊，难以区别罢了。　[22]"其施洞洞"二句：阴阳交合施化的过程都是在洞冥中进行，也不可辨别。　[23]"故人今将变化而施生者"以下三句：此言男女交合选择回避是有传统的，是人法自然、法天之行。

"善哉善哉！见皇天师言，乃知分理也。""子可谓易示晓矣。""请问阳与火何独伍乎[1]？""行气者各自有伍[2]，非独火也。金火最为伍，赤帝之长[3]，故《天策书》非云邪[4]？'丙午丁巳为祖始'[5]。始者，先也，首也，故书言祖始也。万事之始，从赤心起[6]。心者洞照知事。阳始于阴中[7]，亦洞照。故水者，外暗内明而洞照也，中有阳精也。故阳始起于北[8]，而阴始起于南[9]，十一月地下温，五月地下寒。""今阴阳始起，何不于天上而正于地中乎？""善哉！子之难问也。
然地为母，父施于母，故于阴中也，其施阳精，
同始发于天耳。阳者[10]，其化始气也，微难睹，
入阴中成形，乃著可见，故记其阴中，不记其阳
也。""今天雨雪，同是其施化之道，见可睹，而
言阳施精，微不可睹乎？""善哉，子之言也，
难得其意。欲为真人分别说之，恐天道大形见，
故不为子说也。然恐真人心恨，夫为人师，为人
上者难。请安坐，为子微说之。天雨雪[11]，造将
为之时，呼吸但气耳，阴阳交相得，乃施可睹。
于此之时，天气下，地气上，合其施，故雨雪有
形而可见也。""请问：今或有山溃云上，皆可睹，
而言不可睹，何也？欲不问，苦悒悒，今故具问
之，为弟子，不谦不也，不问无以得知之，致当
问之，无所疑也。""诺，为子微说之，不可穷极。
然云雨溃山[12]，此者阴之盛怒，而不自忍伤阳化，
凶事也，非善变也。有伤于化之道[13]，阴之失也，
阴之伤也。真人勿复穷问，天道亦不可察察尽言
也。子自思其意。""唯唯。""行，去。"

[**注释**]

[1]阳与火何独伍：阳气与火行为何偏偏能相互配伍？伍，并列正配。　[2]行气者各自有伍：指谓行气之五行各自都有配伍。譬如金火之伍，其关系是火克金，金遇火即柔化的意思。　[3]赤帝：传说中五帝神之一，其色赤，着赤衣，主南方火行。　[4]《天策书》：此指本经之《师策文》。　[5]丙午丁巳为祖始：此为《师策文》之第二句。丙午为天干第三位与地支第七位相配，干支俱属火行。本经《解师策书诀》云："丙午者，纯阳也。"丁巳为天干第四位与地支第六位相配，为纯阴。本句是说："阴阳气，当复和合天下而兴之也。"（《解师策书诀》）"祖始"既言汉以火德王天下，又含有始之新生、中兴汉室的意思。　[6]赤心：此指火。　[7]阳始于阴中：此以八经卦坎（☵）卦之卦象言。"坎"为水，其九二爻居阴中。"坎"居北方值冬至交子，阴极而阳生之时。故下文说"故水者，外暗内明而洞照也，中有阳精也"。　[8]阳始起于北：北方为阴之极，极则反阳。十一月冬至，一阳初生，故言"十一月地下温"。　[9]阴始起于南：此以八经卦之离（☲）卦言。离居于正南，为阳极之时，亦为阴起之时，六二生于阳中。故说"五月（夏至）地下寒"。　[10]"阳者"以下七句：此言阳气运化之始，其气也微，动也微，故难睹其动态。当它入阴中与其结合成胚胎之形，便有见其形了，故计阴中之形态，而不计阳气。事实上孤阴或孤阳都是不见的。　[11]"天雨雪"以下五句：此是以天雨雪为例，说明雨雪形成之前，唯气互动，不见其形；而雪形成后，施于天地，便可见其状。　[12]"然云雨溃山"以下五句：是天师答真人之问，谓：云雨溃山的现象不是阴阳施化的问题，而是阴气盛怒又不忍伤害阳化之道，是凶事将发生的象征。　[13]"有伤于化之道"以下三句：此言阴阳施化失败，在于阴之失误，是阴对阳的伤害。

［点评］

"三者为一家"，即阳、阴、和气三者共处于一个辩证统一体中，交相为用，相辅相成。这在本经中是一个一以贯之的论题。本诀文则进一步提出："天地人三共同功，其事更相因缘也。无阳不生，无和不成，无阴不杀。此三者，相须为一家，共成万二千物。"又说：天、地、人三正，甲子、乙丑、丙寅，"此三者，俱天地人初生之始，物之根本也。初生属阳，阳者，本天地人元气"。从而丰富了"一分为二""三合相通""三统共生""和三气以兴王"的学说。而本诀文提出的"阳火数五"论，则是对阴阳、五行说，干支、象数说又一继承和创新。所谓"阳火数五"，包含了两个内容：一是"五阳之上长"。即在天数一、三、五、七、九中，五为长上，五居中，统诸阳。二是"五火之始"。即在五行水、木、火、金、土中，火行为始。若以生数一、二、三、四、五配五行，火则为启始之数。火之最上者为天，与日月天同为赤色；其上出者为心星，其精神为人心，为神圣。"神圣人心最尊真善，故神圣人心乃能造作凡事，为其初元首。""金火最为伍，赤帝之长，故《天策书》非云邪？'丙午丁巳为祖始'。"其对汉季新君嗣位，中兴刘汉，致治太平的期许跃然纸上。利用谶纬之说表达政治诉求，本文应该是很有特色的。

钞壬部

文字大急十事不得污辱诀

　　《太平经》正是依据本诀文的思想构成于今的卷帙次第、文字规模而不同于当时的《太玄》、纬书和官修的《白虎通义》诸书。然其内在各部之文，并无阴阳五行、干支象数之必然联系，重复之处亦不少。

　　"十事不得污辱"是言本经天干十部之文乃是综合拘校三道文书仓促而成，不可亵渎轻视之意。

　　问："《太平经》何以百七十卷为意？"曰："夫一者[1]，乃数之始起，故天地未分之时，积气都为一。分为二，成夫妇。天下施于地，怀妊于玄冥，字为甲子；布根东北，丑为寅始；见于东，日出卯；毕生东南，辰以巳；垂枝于南，养于午；向老西南，未以申也；成于西方，日入酉；毕藏于西北，戌与亥。故数起于一[2]，而止十二。干之本[3]，五行之根也。故一以乘十，百而备也。故天生物[4]，春响百日欲毕终。故天斗建辰[5]，破于戌。建者[6]，立也，万物毕生于辰。破者，败也，万物毕死于戌。故数者[7]，从天下地八方，十而备。阴阳建破[8]，以七往来，还复其故。随天斗所指以明事，故斗有七星[9]，以明阴阳之终始。故作《太平经》一百七十卷[10]，象天地为数，应阴阳为法，顺四时五行以为行，不敢失铢分也。失之则为脱天事，无所据，不应天地之心意，不随天数而为经，无益于理世之用也；不象天地之法，不能去害也。欲知其效，收世之闲文，积之三十里，乃至天，行之，不能消灾害矣。

"大天之下，八十一域，万二千国中，各自有文书，悉欲除恶致善，消灾害。今尽收录聚之，方圆百里，上可将至天，终不能消去灾害。此文虽少，帝王能行，必俟明效矣。"

[注释]

[1]"夫一者"以下二十三句：这段文字是论述万物乘天地阴阳之气孕生、成长、成熟、敛杀的大致过程。积气都为一，元气全部统合称为"一"。二，天地。夫妇，阳与阴。玄冥，幽深玄远之地，为水神玄冥之居所。字为甲子，孕生于十一月冬至。甲子，见前释。丑为寅始，丑、寅为地支之第二和第三位，处东北方之间，时在十二月和次年一月。见于东，指物随阳光增强而出现在东方。日出卯，日出在卯时。毕生东南，言万物全部生长于东南"巽"卦之位。辰以巳，辰、巳为地支之五和六位，时在三月、四月之间。垂枝于南，稚果垂枝于南方"离"卦之位，时在五月夏至午时，盛阳催果成熟，故曰"养于午"。向老西南，西

南为“坤”卦居所，土行。阳极生阴，阴始进则阳向衰老。未以申，未、申分别是地支第八和第九位，处正西南方向，其时为六月和七月，七月始立秋。成于西方，此言万物于阳消而得成熟，处于西方，值秋分之时。日入西，与日出卯相应。酉为地支之第十位，时在八月，酉为日入土之时。毕藏于西北，西北为“乾”卦所居之地，金行。万物于此时随阳气敛藏于地下，其种子则待时准备开始新一轮运化。戌与亥，分别为地支之十一与十二位，处于西北方，其时在九月至十月之间。　[2]“故数起于一”二句：一为元气混沌未分之一，剖判而分天地为二。自十一月甲子一阳初生，至次年十月完成其萌生、成长、成熟、收获、衰亡、敛藏一个周期，正好十二个月，故言。　[3]“干之本”二句：十二为地支之数，此言地支是十天干之本。地支与天干相配，六十为一周期，中怀“六甲”，故言十二为天干之本。按五行与支干相配，隋萧吉《五行大义》说：“甲乙、寅卯，木也，位在东方；丙丁、巳午，火也，位在南方；戊己、辰戌、丑未，土也，位在中央，分王四季，寄治丙丁；庚辛、申酉，金也，位在西方；壬癸、亥子，水也，位在北方。甲为干首，子为支初相配者，太阳之气动于黄泉之下，在建子之月；黄钟之律为气之源，在子，故以子为先。”按北方为水行，居“坎”之位，值阳支之首冬至日子时，万物孕生于此时，成长于丑、寅、卯月，值东方之木行。故言十二支为五行之根。　[4]“故天生物”二句：此言天之生物在春天，春天三个月即寅（一月）、卯（二月）、辰（三月），至此百物悉皆生出完毕。《春秋元命苞》言：“数成于三，故合于三月。阳极于九，故一时九十日也。”此处“百日”，是言其概数。　[5]“天斗建辰”二句：此谓北斗星之斗柄指向辰位，于时令为建辰之月，即夏历三月。而当斗柄指向辰位之时，其斗魁恰恰对准了戌位，即夏历九月，辰戌形成对冲。　[6]“建者”以下六句：建为成立，而破即败亡。

所以说万物于三月之辰完全生长完毕，到了九月之戌则会全部衰亡。　[7]"故数者"以下三句：数，指生数和成数，即一、二、三、四、五和六、七、八、九、十。其成因是天、地和八方之和。数至十便完备了。　[8]"阴阳建破"以下三句：此是以建除方术说事。建除，全称为"建除十二辰（神）"。十二辰指：建、除、满、平、定、执、破、危、成、收、开、闭。术家以此与十二地支相配，以定日之吉凶。建除之方有二，一从岁数，一从月数。自王莽朝以后，多以月数为用。《淮南子·天文训》云："寅为建，卯为除，辰为满，巳为平，主生；午为定，未为执，主陷；申为破，主衡；酉为危，主杓；戌为成，主少德；亥为收，主大德；子为开，主太（大）岁；丑为闭，主太阴。"《协纪辨方书·义例二·建除十二神》谓："历书曰：历家以建、除、满、平、定、执、破、危、成、收、开、闭，凡十二日，周而复始，观所值以定吉凶。每月交节，则叠两值日，其法从月建上起建，与斗杓所指相应，如正月建寅，则寅日起建，顺行十二辰是也。"建寅则天下皆春，春属阳；其破在申则天下皆秋，秋属阴。斗柄由建经除、满、平、定、执至破为七日，破又经危、成、败、开、闭返至建亦为七日，故云。　[9]斗有七星：北斗星由七颗星组成。其一曰天枢，二曰天璇，三曰天玑，四曰天权，五曰玉衡，六曰开阳，七曰摇光。第一至四为魁，五至七为杓，全称斗。《史记·天官书》："北斗七星，所谓旋玑玉衡，以齐七政。……斗为帝车，运于中央，临制四乡。分阴阳，建四时，均五行，移节度，定诸纪（指'天道'运行，四季更换，节气推移，纪之确定等），皆系于斗。"　[10]"故作《太平经》一百七十卷"以下十句：此言《太平经》之所以定为一百七十卷，与天地生成之数，阴阳施化之规律，四时、五行、干支之配应都是十分吻合的，具有充足的理法依据。如果偏离了经书行事，就是背离天意，违背天道。失去了理据，无益于天下治理。

[点评]

本诀文两次为《太平经》正名，直言其于数、于理、于法、于用的合法性和神圣性。首先，一百七十卷经书起于一。一乃数之始起，统宇宙之元气，因其无旁而自分为二，成阴阳，结夫妇，施化于一个特殊生态中，巧妙地运用干支、五行、四时之资源和功能，从而演化出一幅万物生成、发育壮大、收获硕果、老死敛藏、传种新生的万物生成涅槃画卷。其次，本经"象天地为数，应阴阳为法，顺四时五行以为行"，阴阳建破，周而复始，自成规则。天神创世的功能在这里被淡化了，而自然之道的力量则得到了平实的展现。俨然给了读者一个"人法地，地法天，天法道，道法自然"的论证。而这个思想既是对《老子》的继承，又是对《太平经》的肯定。《太平经》者何？"收世之闲文，积之三十里，乃至天"，"万二千国中，各自有文书"，"尽收录聚之"，都不可以与之相比。"阅尽奇文总不如"！这便是作者定《太平经》于一尊的理由。

附　录

敦煌写本《太平经》目录

按：敦煌文献中《太平部》卷二有手抄《太平经》总目录，包括甲、乙、丙、丁、戊、己、庚、辛、壬、癸十部，每部十七卷，共一百七十卷，三百六十六篇。这部总目录，贵在完整。依据它，既可与明正统《道藏》本《太平经》的残存篇目作比较，究其异同；又可以窥见《太平经》的基本原貌和散佚情况，也可以从《太平经钞》里找出若干有关的篇目。现录存于后，以便读者了解全经崖略，并同《合校》本所编目录相观照。

甲部（十七卷）

乙部（十七卷）

戊部（十七卷）

癸部（十七卷）

右十部，一百七十卷，三百六十六篇。乙第二云：人三百六十脉，脉一精，精一神，思神至，成道人。

主要参考文献

太平经　正统《道藏》　文物出版社、上海书店、天津古籍出版社1988年版

太平经合校　王明编　中华书局1960年版

太平经注译　罗炽主编　西南师范大学出版社1996年版

《太平经》正读　俞理明著　巴蜀书社2001年版

太平经全译　龙晦、徐湘灵、王春淑　廖勇译注　贵州人民出版社1999年版

太平经　杨寄林译注　中华书局2013年版

中国道教史（第一卷）　卿希泰主编　四川人民出版社1988年版

饶宗颐史学论著选　饶宗颐著　上海古籍出版社1993年版

老子想尔注校证　饶宗颐著　上海古籍出版社1991年版

《太平经》研究　姜守诚著　社会科学文献出版社2007年版

《太平经》政治思想研究　张鸿著　南开大学出版社2016年版

《中华传统文化百部经典》已出版图书

书　名	解读人	出版时间
周易	余敦康	2017 年 9 月
尚书	钱宗武	2017 年 9 月
诗经（节选）	李　山	2017 年 9 月
论语	钱　逊	2017 年 9 月
孟子	梁　涛	2017 年 9 月
老子	王中江	2017 年 9 月
庄子	陈鼓应	2017 年 9 月
管子（节选）	孙中原	2017 年 9 月
孙子兵法	黄朴民	2017 年 9 月
史记（节选）	张大可	2017 年 9 月
传习录	吴　震	2018 年 11 月
墨子（节选）	姜宝昌	2018 年 12 月
韩非子（节选）	张　觉	2018 年 12 月
左传（节选）	郭　丹	2018 年 12 月
吕氏春秋（节选）	张双棣	2018 年 12 月
荀子（节选）	廖名春	2019 年 6 月
楚辞	赵逵夫	2019 年 6 月
论衡（节选）	邵毅平	2019 年 6 月
史通（节选）	王嘉川	2019 年 6 月
贞观政要	谢保成	2019 年 6 月
战国策（节选）	何　晋	2019 年 12 月
黄帝内经（节选）	柳长华	2019 年 12 月
春秋繁露（节选）	周桂钿	2019 年 12 月
九章算术	郭书春	2019 年 12 月
齐民要术（节选）	惠富平	2019 年 12 月
杜甫集（节选）	张忠纲	2019 年 12 月
韩愈集（节选）	孙昌武	2019 年 12 月
王安石集（节选）	刘成国	2019 年 12 月
西厢记	张燕瑾	2019 年 12 月

书　　名	解读人	出版时间
聊斋志异（节选）	马瑞芳	2019 年 12 月
礼记（节选）	郭齐勇	2020 年 12 月
国语（节选）	沈长云	2020 年 12 月
抱朴子（节选）	张松辉	2020 年 12 月
陶渊明集	袁行霈	2020 年 12 月
坛经	洪修平	2020 年 12 月
李白集（节选）	郁贤皓	2020 年 12 月
柳宗元集（节选）	尹占华	2020 年 12 月
辛弃疾集（节选）	王兆鹏	2020 年 12 月
本草纲目（节选）	张瑞贤	2020 年 12 月
曲律	叶长海	2020 年 12 月
孝经	汪受宽	2021 年 6 月
淮南子（节选）	陈　静	2021 年 6 月
太平经（节选）	罗　炽	2021 年 6 月
曹操集	刘运好	2021 年 6 月
世说新语（节选）	王能宪	2021 年 6 月
欧阳修集（节选）	洪本健	2021 年 6 月
梦溪笔谈（节选）	张富祥	2021 年 6 月
牡丹亭	周育德	2021 年 6 月
日知录（节选）	黄　珅	2021 年 6 月
儒林外史（节选）	李汉秋	2021 年 6 月
商君书	蒋重跃	2022 年 6 月
新书	方向东	2022 年 6 月
伤寒论	刘力红	2022 年 6 月
水经注（节选）	李晓杰	2022 年 6 月
王维集（节选）	陈铁民	2022 年 6 月
元好问集（节选）	狄宝心	2022 年 6 月
赵氏孤儿	董上德	2022 年 6 月
王祯农书（节选）	孙显斌	2022 年 6 月
三国演义（节选）	关四平	2022 年 6 月
文史通义（节选）	陈其泰	2022 年 6 月